Keith Thompson, 1958 geboren, beschäftigt sich als freiberuflicher Journalist hauptsächlich mit Kulturfragen. Er ist Mitarbeiter der Zeitschrift *ReVISION* und lebt in Kalifornien.

Dieses Buch wurde auf chlor- und säurefreiem Papier gedruckt.

Vollständige Taschenbuchausgabe März 1996
Droemersche Verlagsanstalt Th. Knaur Nachf., München

Redaktion: Dr. Brigitta Neumeister-Taroni, Zürich

Titel der Originalausgabe »Angels and Aliens«

Originalverlag Addison & Wesley, New York
Umschlaggestaltung Agentur ZERO, München
Umschlagabbildung Zefa, Düsseldorf
Druck und Bindung brodard & taupin
Printed in France
ISBN 3-426-77172-1

5 4 3 2 1

Keith Thompson

Engel und andere Außerirdische

UFO-Phänomene in neuer Deutung

Aus dem Amerikanischen
von Esther Mattil und Brigitta Neumeister-Taroni

Knaur

’s ist nichts Erniedrigendes, fremd, noch ist’s besonders lästig, im Exil zu sein. Der Regen ist der Erde fremd, der Fluß dem Meer, Jupiter in Ägypten und die Sonne uns allen. Die Seele ist dem Körper fremd, eine Nachtigall der Luft, eine Schwalbe in einem Haus und Ganymed im Himmel, ein Elefant in Rom, ein Phoenix in Indien; und am besten gefällt uns gewöhnlich solcherlei, was uns am wenigsten vertraut ist und von ganz weit her.

Robert Burton

Die Anatomie der Melancholie (1621)

Inhalt

Prolog

Ich habe niemals ein Ufo gesehen. Ich habe niemals am Himmel etwas bemerkt, was nicht dorthin gehört hätte, und ich kann auch nicht behaupten, jemals in eine gelandete Untertasse eingeladen – oder gar gegen meinen Willen dort hineingeholt – worden zu sein.

Auch habe ich während meiner Entwicklungsjahre keinerlei Bücher verschlungen, die versprachen, »verblüffende, nie zuvor enthüllte Tatsachen« über Ufos aufzudecken. Bevor ich an der Universität einen Kurs über Phantastische Literatur belegte, kannte ich noch nicht einmal die Welt der Science-fiction. (Wenn ich auch in den sechziger Jahren wahrscheinlich sämtliche Folgen der TV-Serie »Green Acres« gesehen habe, kann ich mich doch nicht wirklich daran erinnern, mehr als zwei oder drei Folgen von »Raumschiff Enterprise« von Anfang bis Ende angeschaut zu haben.) Und über die Jahre haben mich weder die Beteuerungen von Ufo-Anhängern noch jene von Ufo-Entlarvern von der Notwendigkeit zu überzeugen vermocht, zu verbindlichen Schlußfolgerungen über das elementare Wesen und die Ursprünge dieses verwirrenden Phänomens zu gelangen.

Statt dessen habe ich fasziniert verfolgt, wie eine hartnäckig sich haltende Anzahl von bemerkenswerten Geschichten (oder, um im Ufo-Jargon zu sprechen, »Sichtungsmeldungen«) aufregende mythische Horizonte und neue Bereiche der Vorstellungskraft eröffnete. Auf den nachfolgenden Seiten erforsche ich die Art und Weise, in der diese symbolischen Welten real, von entscheidendem Einfluß und bedeutungsvoll sind, *unabhängig davon*, ob irgendeines all dieser Ufos nun tatsächlich die Venus oder ein venusisches Raumschiff war.

In seinem Buch *Creation Myth* definiert der schottische Religionswissenschaftler R. J. Stewart den Mythos als »eine Geschichte, die einem Beziehungsmuster zwischen der Menschheit, anderen Lebensformen und der Umwelt Gestalt verleiht und es erklärt«. Joseph Campbell schreibt: »Der erste und wichtigste Dienst, den die Mythologie leistet, ist der, Herz und Geist für das gewaltige Wunder all dessen, was ist, zu öffnen.« Beide Definitionen stehen im Zentrum dieser Untersuchung, dazu die Fragen nach den Parallelen zwischen modernen Ufo-Erscheinungen und den Schilderungen von menschlichen Interaktionen mit ungewöhnlichen Wesen in den mythologischen Überlieferungen der ganzen Welt. Im selben Ausmaß, wie die mythischen Gestalten in ihrem Wesen als typisch streitlustig, betrügerisch, verletzlich, rachedurstig, zerstörerisch und innerlich zerrissen geschildert werden, finden wir in der Art und Weise, wie sich konkurrierende Ufo-Forscher dafür einsetzen, dem Ufo-Phänomen einen folgerichtigen Mythos oder Handlungsablauf zu verschaffen, Anzeichen für »mythische Muster«, und ihre Bemühungen darum lassen wiederum einen eigenen Mythos entstehen: ein episches Theater einzelner Menschen, die danach trachten, epischen Ereignissen und Erfahrungen Bedeutung zu verleihen, in denen (um eine treffende Formulierung des Psychologen James Hillman zu benützen) »die angebliche Gewißheit der Tatsachen und das Illusorische der Fiktion ihre Kleider tauschen«.

Mal um Mal endet dieser Tausch in derselben Sackgasse: auf der einen Seite stehen Zeugenaussagen des »Volkes«, auf der anderen ablehnende Reaktionen der »Behörden«. Und in der fruchtbaren Leere dieses toten Punktes kommen außergewöhnliche Möglichkeiten für Diskussionen ins Spiel – über das Wesen von Geist und Materie, Geist und Seele, Himmel und Erde, das Schicksal des

Kosmos, *deren* Pläne für *uns*–, und sie verwandeln das traditionell himmlische Ufo in ein metaphysisches.

»Wir haben hier eine Gelegenheit zu sehen, wie eine Sage entsteht«, schrieb der große Philosoph und Psychologe C. G. Jung über fliegende Untertassen. Ich stimme ihm von Herzen zu. Während über vierzig Jahren hat das so eigenartig anziehende Akronym »Ufo«, *als eine in der Weltseele wirkende Idee*, den menschlichen Glauben und die menschliche Vorstellungskraft auf komplizierte Weise geformt. Mitten unter uns ist damit ein unverwüstliches, zeitgenössisches Wunder aufgetaucht, das uns mit der anregenden Vieldeutigkeit seiner Bilder verführt, sich einer gültigen Erklärung systematisch entzieht, erbitterte Diskussionen auslöst und ein provokatives Rätsel von globaler Tragweite darstellt. Dies hier ist eine Chronik der Irrungen und Wirrungen dieses Wunders.

1

Im Frühsommer 1947 kam in den Zeitungsredaktionen der gesamten Vereinigten Staaten folgende Meldung von Associated Press über den Ticker:

PENDLETON, Oregon, 25. Juni (AP) – Neun strahlend helle Objekte von der Form einer Untertasse seien in einer Höhe von 10 000 Fuß mit »unglaublicher Geschwindigkeit« über ihn hinweggeflogen: dies meldete der Pilot Kenneth Arnold heute aus Boise, Idaho, und er fügte hinzu, er wage nicht einmal zu vermuten, worum es sich bei diesen Objekten handeln könnte.
Kenneth Arnold, ein Angestellter der amerikanischen Forstwirtschaftsbehörde, war auf der Suche nach einem vermißten Flugzeug. Eigenen Angaben zufolge hat er die rätselhaften Objekte gestern um 15 Uhr gesichtet, und zwar zwischen Mount Rainier und Mount Adams im Bundesstaat Washington. Es habe ausgesehen, als würden sie aus einer Formation aus- und wieder einschwenken. Arnold sagte, er habe die Zeit gestoppt und schätze ihre Geschwindigkeit auf 1200 Meilen pro Stunde.
Auf diesbezügliche Fragen gestern abend in Yakima hätten die Leute ihn nur verständnislos angeblickt, doch heute

> habe er, wie er hinzufügte, südlich von hier mit einem nicht identifizierten Mann aus Utah gespochen, und der habe gesagt, er habe gestern ähnliche Objekte über den Bergen in der Nähe von Ukiah gesehen.
> »Es scheint unmöglich«, sagte Arnold, »aber es ist so.«

Arnold erzählte zuerst mehreren Leuten, die er auf dem Flughafen Yakima im Bundesstaat Washington sah, von seiner Beobachtung. Während er, später am selben Tag, nach Pendleton in Oregon weiterflog, rief einer, der ihm in Yakima zugehört hatte, den Flughafen von Pendleton an und gab Einzelheiten seines Berichts weiter, woraufhin sich dort mehrere skeptische Berichterstatter einfanden, um Arnold bei seiner Ankunft zu empfangen. Auf ihre Bitte hin wiederholte er seine außergewöhnliche Geschichte. Weil er ein respektabler Bürger war – bekannt als Rettungspilot, Geschäftsmann und Hilfssheriff –, »verwandelte sich die Skepsis in Verwunderung, und die Journalisten brachten den Vorfall als seriöse News-Meldung«, schreibt der Historiker David Jacobs in seinem Buch *The UFO Controversy in America* (Die Ufo-Kontroverse in Amerika).
Dem Lokalreporter Bill Bequette wird zugeschrieben, daß er Arnolds beiläufige Bemerkung festhielt, die neun scheibenförmigen Objekte hätten sich wellenförmig bewegt wie »Untertassen, die man übers Wasser schlittern läßt«. Innerhalb von wenigen Stunden machte Arnolds Geschichte – lanciert unter der suggestiven Überschrift »Fliegende Untertassen«, einer Schöpfung anonymen Ursprungs – Schlagzeilen in allen amerikanischen Tageszeitungen.
Am nächsten Tag nahm ein Bericht der Associated Press mit folgendem Vorspann den Faden wieder auf:

> Sprecher der Armee wie der Zivilluftfahrtbehörde äußerten Skepsis gegenüber einem Bericht über neun rätselhafte Objekte – von der Größe eines Flugzeugs –, die mit 1200 Meilen pro Stunde über den Westen des Bundesstaates Washington geschwirrt sein sollen.

Binnen weniger Tage war Kenneth und Doris Arnolds Haus in Boise im Bundesstaat Idaho von Presseleuten belagert, die zusätzliche Einzelheiten über die neun geheimnisvollen Flugkörper in Erfahrung bringen wollten. »Ich könnte nicht einmal annähernd abschätzen, wie vielen Leuten auf wie viele Briefe, Telegramme und Anrufe ich zu antworten versuchte«, erinnerte sich Arnold später. »Nach drei Tagen Chaos kam ich zu dem Schluß, daß ich noch der einzige normale Typ in dem ganzen Verein war.« Am 27. Juni übermittelte United Press sämtlichen Zweigstellen die folgende Nachricht:

> PENDLETON, Oregon, 27. Juni (UP) – Kenneth Arnold sagte am Freitag (27. Juni), er würde am liebsten eine seiner mit 1200 Meilen pro Stunde »fliegenden Untertassen« besteigen, um dem Rummel zu entfliehen, den seine Geschichte von rätselhaften, über den Süden des Bundesstaates Washington flitzenden Flugkörpern ausgelöst hat.

Überall in den Vereinigten Staaten reagierten Leute – manche davon ziemlich glaubwürdig – auf Arnolds Geschichte mit eigenen Schilderungen von ungewöhnlichen Objekten, die sie am Himmel gesehen hatten. Weil viele dieser Sichtungen *vor* jener von Arnold stattgefunden hatten, war die Berichterstattung in der Presse am Anfang noch neutral, teilweise sogar wohlwollend; doch nicht lange. Den Presseleuten erschien die Sache in dem Maß fragwürdiger, als die Geschichten bizarrer wurden und einige sich als Schwindel herausstellten. In Ermangelung von unumstößlichen physikalischen Beweisen für die Existenz fliegender Untertassen verlegten sich die Zeitungen auf Spott und Hohn.
Die *New York Times* schrieb in einem Leitartikel, Arnold habe doch wohl nichts weiter gesehen als »Atome, die aus einer diesbezüglich überladenen Bombe entwichen«, und äußerte später die Vermutung, ob die silbernen Objekte nicht vielleicht Münzen gewesen seien, die »hochfliegende Regierungsbeamte« verstreut hätten, um den wirtschaftlichen Druck, der auf dem Land laste, zu reduzieren. Ähnlichen Geistes zitierte *Life* die Theorie eines Harvard-Anthro-

pologen, Untertassen seien »fehlgeleitete Heiligenscheine auf der Suche nach all den Leuten, die am 4. Juli [Tag der amerikanischen Unabhängigkeit, A. d. Ü.] umkamen«. Als nunmehr einschlägig bekannter Untertassen-Sichter stellte Arnold mit seiner bereits legendären Schilderung ein leichtes Ziel dar.
»Und wenn ich ein zehnstöckiges Gebäude durch die Luft fliegen sähe, ich würde darüber kein Wort verlieren«, erklärte Arnold, nachdem er verschiedene Berichte gelesen hatte, in denen seine Kompetenz als Beobachter in Frage gestellt wurde. »Die Hälfte der Leute, die ich treffe, betrachten mich als eine Mischung aus Einstein, Flash Gordon und Spinner.« Die US-Luftwaffe ihrerseits fand offenbar nur Beweise für letzteres. In einer persönlichen Stellungnahme berichtete ein Untersuchungsbeamter der Luftwaffe seinen Vorgesetzten, der gesalbte Vater der fliegenden Untertasse werde mittlerweile »von der Mehrheit der Bevölkerung in den Vereinigten Staaten mehr oder weniger als Schwachsinniger« betrachtet.

Streng faktisch genommen, ist die weitverbreitete Ansicht, das Ufo-Phänomen habe mit Arnolds Beobachtung begonnen, falsch. Bereits im Jahr davor und dann bis ins Jahr 1948 hinein hatten Zeugen in Schweden und Finnland wiederholt berichtet, sie hätten nahe der sowjetischen Grenze merkwürdige, zigarrenförmige Objekte fliegen sehen, was Agenten des amerikanischen Geheimdienstes befürchten ließ, bei diesen »Geisterraketen«, wie man sie nannte, könnte es sich um sowjetische Geheimwaffen handeln, die in Zusammenarbeit mit deutschen Wissenschaftlern entwickelt worden waren. Für zwanzig Prozent dieser Sichtungen gab es keine Erklärung. Schon während des Zweiten Weltkriegs hatten Piloten von ungewöhnlichen Lichtkugeln und scheibenartigen Objekten berichtet, die ihnen gefolgt seien – ja, in einigen Fällen sogar auf den Flügelspitzen ihrer Flugzeuge »getanzt« hätten –, als sie Bombeneinsätze flogen. Der Ursprung dieser Phänomene ist nach wie vor rätselhaft.
Ein halbes Jahrhundert zuvor, zwischen November 1896 und Mai 1897, berichteten Tausende von Leuten in neunzehn verschiede-

nen amerikanischen Bundesstaaten, hauptsächlich im Westen und Mittleren Westen, sie hätten lenkbare, zylindrische Luftschiffe durch die Lüfte schweben sehen. Dies geschah fünf Jahre, bevor die Gebrüder Wright in Kitty Hawk ihre berühmten Flugexperimente unternahmen, und diese Berichte verursachten deshalb einen Wirbel, der den ersten Reaktionen auf fliegende Untertassen nicht unähnlich war. Es ist ganz typisch, daß heutige Ufo-Forscher sich über die Bedeutung dieses Phänomens des späten neunzehnten Jahrhunderts uneinig sind; die einen schreiben diese Sichtungen einer Kette von Gerüchten und absichtlichen Falschmeldungen zu, die andern vertreten die Meinung, daß zumindest einige dieser Vorkommnisse denselben rätselhaften Dimensionen außerhalb von Raum und Zeit entsprangen wie ihre Nachfahren, die fliegenden Untertassen.

Doch im Hinblick auf das, was C. G. Jung als einen »moderne[n] Mythus von Dingen, die am Himmel gesehen werden« bezeichnen sollte, kann kein Zweifel darüber bestehen, daß Kenneth Arnolds legendäre Sichtung in der Tat den Beginn des Ufo-Phänomens markiert. Eine viel publizierte Gallup-Umfrage vom 19. August 1947 – also weniger als zwei Monate nach Arnolds legendärer Beobachtung – zeigte, daß neun von zehn Amerikanerinnen und Amerikanern von den fliegenden Untertassen wußten, während bedeutend weniger jemals vom Marshallplan für den Wiederaufbau von Europa nach dem Krieg gehört hatten.

Das Zeitalter der Untertassen war angebrochen, und das gleich in großem Stil.

Der Arnolds Beobachtung folgende Sommer und der Herbst des Jahres 1947 zeichneten sich durch eine Flut von Aktivitäten aus; sie bereiteten in der Phantasie der Öffentlichkeit den Nährboden, auf dem sich der Begriff »fliegende Untertassen« rasch festsetzen konnte und wo er alsbald zu flackern begann wie ein schadhafter Neonschriftzug. Betrachten wir doch die nachstehende geradezu unsinnige Abfolge von Reaktionen, die im Zusammenhang mit Arnolds Sichtung veröffentlicht wurden:

- Gemäß einer offiziellen Verlautbarung der Luftwaffe vom 4. Juli ergab eine Voruntersuchung über Ufos »nicht genug Fakten, um eine weitere Untersuchung zu rechtfertigen«. Dieselbe Verlautbarung hält jedoch fest, daß die Luftwaffe mehrere interessante Sichtungen in Texas und im Nordwesten zum Pazifik *weiterhin verfolgen* werde.
- »Neun mit hoher Geschwindigkeit fliegende leuchtende Objekte, wie die von einem Piloten aus Boise, Idaho, beschriebenen, wurden gestern vom Schreiner W. I. Davenport gesichtet« (Associated Press, 26. Juni, Kansas City).
- Berichte über fliegende Untertassen nach der Sichtung von Kenneth Arnold wurden, laut Gordon A. Atwater, Astronom am Hayden Planetarium, durch eine »milde Form von meteorologisch bedingter allgemeiner Nervosität«, kombiniert mit »Massenhypnose«, verursacht (*New York Times* vom 6. Juli).
- »Fliegende Untertassen jetzt in den meisten Staaten gesichtet« (Schlagzeile des *San Francisco Chronicle* vom 7. Juli).
- »Luftwaffe erbeutet fliegende Untertasse in der Gegend von Roswell. Keine Einzelheiten über fliegende Scheiben enthüllt« (Roswell, New Mexico. Schlagzeile des *Daily Record* vom 8. Juli). »Die zahlreichen Gerüchte über die fliegende Scheibe wurden gestern zur Realität, als der Aufklärungsdienst des 509. Bombergeschwaders der Air Force in Roswell das Glück hatte, in Zusammenarbeit mit einem örtlichen Rancher und dem diensthabenden Sheriff von Chaves County in den Besitz einer solchen Scheibe zu gelangen« (*San Francisco Chronicle* vom 9. Juli; aufgegriffen von Associated Press, vom Kabelservice der *New York Times* und von der renommierten Londoner *Times*).
- Ein Privatpilot namens Vernon Baird berichtet, er habe über Montana ein »perlgraues, venusmuschelförmiges« Raumschiff, das aussehe wie ein »Jo-Jo«, vom Himmel geholt. Die Geschichte geht durch die Zeitungen der ganzen USA. In einer Kurzmeldung gesteht Baird dann tags darauf, er habe sich das Ganze beim Rumblödeln mit anderen Piloten, die auch gerade nichts zu tun hatten und vor den Hangars herumhingen, ausgedacht. Er verspricht, es nicht wieder zu tun.

- Dr. Newton Smith vom United States Bureau of Standards beharrt auf dem Standpunkt, fliegende Untertassen gehörten in dieselbe Kategorie wie das Ungeheuer von Loch Ness (*New York Times* vom 27. Dezember 1947).
- Eine klevere Presseagentur wirbt für ein Radioprogramm im Zeichen des »Fliegenden-Untertassen-Blues«.

In Geheimdienstkreisen wie etwa der technischen Abteilung AMC (Air Material Command) mit Hauptsitz in Wright Field in Dayton im Bundesstaat Ohio war die Lage kaum vielversprechender. In dieser Luftwaffeneinheit hatte man, noch bevor ein geheimzuhaltender Befehl ausgegeben wurde, daß alle eingegangenen Berichte zu überprüfen seien, bereits auf informeller Basis damit begonnen, Zeitungsartikel zu sammeln und abzulegen. Die AMC-Angehörigen, von 1951 bis 1953 unter der Leitung von Captain Edward J. Ruppelt, spalteten sich in das Lager derer, die überzeugt waren, daß Ufos sich als irdischen Ursprungs herausstellen würden (als atmosphärische Erscheinungen, sowjetische Geheimwaffen oder vielleicht sogar als ein bislang geheimes Flugzeug der amerikanischen Luftwaffe, das Gerüchten zufolge »Fliegender Pfannkuchen« heißen sollte), sowie derer, die der Ansicht waren, diese unidentifizierten fliegenden Objekte würden sich letztlich als außerirdischen Ursprungs erweisen (als Raumschiffe oder »Weltraumwesen«).
Eines der bedeutungsvollsten Ereignisse dieser frühen Jahre ereignete sich jedoch gänzlich hinter den Kulissen. Aber wie bei geheimen Regierungsaktivitäten üblich, erreichten die (kleinen wie die größeren) Wellen, die diese verdeckte Operation in Bewegung versetzte, nach geraumer Zeit doch die Öffentlichkeit, wo sie auf verschiedenen Ebenen Wirkung zeitigten.
Am 23. September 1947 antwortete Lieutenant General Nathan F. Twining, Kommandant des AMC, auf die Aufforderung des Pentagons, einen Ufo-Zwischenbericht abzugeben: »Die gemeldete Erscheinung beruht auf Wirklichkeit und nicht auf Visionen.« Er erwähnte die in den Schilderungen angegebenen Betriebsmerkmale wie extreme Steiggeschwindigkeiten, Manövrierbarkeit und

Ausweichverhalten, und empfahl, sofort mit einer detaillierten und methodischen Geheimstudie über die Scheiben zu beginnen.

Twinings Bericht führte zur Aufnahme eines geheimen Projekts der Luftwaffe, um herauszufinden, ob fliegende Untertassen ein nationales Sicherheitsrisiko darstellten. »Die Haltung gegenüber dieser Aufgabe reichte von einem nahezu panikartigen Zustand im Anfangsstadium des Projekts bis hin zu abgrundtiefer Verachtung gegenüber jedem, der die Bezeichnung ›fliegende Untertassen‹ auch nur in den Mund nahm«, erinnert sich Captain Ruppelt in *The Report on Unidentified Flying Objects* (Der Bericht über unbekannte Flugobjekte), seinem Standardbericht über jene Zeit.

Die Arbeit an Projekt »Sign« [Zeichen], das in der Öffentlichkeit als »Projekt Untertasse« bekannt war, wurde am 22. Januar 1948 in Wright Field aufgenommen, zwei Wochen nachdem sowohl militärische als auch zivile Zeugen über dem Luftwaffenstützpunkt Godman in Kentucky ein Ufo gesichtet hatten, das aussah wie eine »Eiswaffeltüte mit rotem Deckel«. Vier Flugzeuge der Nationalgarde vom Typ F-51 brausten mit Alarmstart los, um es sich genauer anzusehen.

Der Einsatzleiter, Captain Thomas Mantell, teilte dem Tower von Godman über Funk mit: »Es scheint ein metallisches Objekt zu sein [...] von riesiger Größe [...] direkt vor und etwas über mir. [...] Ich versuche näher ranzugehen, um einen besseren Eindruck zu erhalten.« Es war sein letzter Funkkontakt mit dem Tower.

Später am gleichen Tag wurde Captain Mantells Leiche in der Nähe von Fort Knox im Wrack seines Flugzeugs gefunden – enthauptet. Die folgende Untersuchung ergab Hinweise, daß Mantell wegen Sauerstoffmangels das Bewußtsein verloren hatte und vor dem Absturz erstickt war. Aber was hatte Mantell gesehen, und hinter was war er her gewesen?

Das vorläufige Urteil der Luftwaffe – *Mantell ist umgekommen, während er hinter dem Planeten Venus her war, den er mit einer fliegenden Untertasse verwechselt hatte* – erntete höhnisches Gelächter in der Presse und auch bei einem Großteil der amerikanischen Öffentlichkeit. Die Spottrufe verwandelten sich in ein wahres Geheul beleidigter Befriedigung, als nachfolgende Untersuchungen keinerlei Zusammenhang von Bedeutung zwischen dem fraglichen Objekt und der Venus ergaben. Drei Jahre später enthüllte die Kriegsmarine, zu dem Zeitpunkt sei ein streng geheimer, für fotografische Aufnahmen eingesetzter Aufklärungsballon des Typs Skyhook, der sich bis zu einem Durchmesser von über hundert Fuß ausdehnen und besonders hoch steigen kann, in der Gegend gewesen. Man entschied, daß Mantell hinter diesem her gewesen sei.

Doch da war es für die Luftwaffe bereits zu spät, ihre schicksalhafte Behauptung, Mantell habe den Tod auf dem Weg zur Venus gefunden, noch zurückzunehmen. In der Zwischenzeit hatte nämlich eine muntere Legende die Leere ausgefüllt, die die wenig überzeugende Reaktion des Militärs hinterlassen hatte: *Ein Mann war während einer tragischen Begegnung mit einem Ufo ums Leben gekommen, und die Luftwaffe hatte sich verschworen, um die Wahrheit zu verbergen.* Ob diese Legende völlig oder auch nur teilweise der Wahrheit entsprach, ist ganz unwichtig, was den Primäreffekt auf die kollektive Phantasie angeht. Die Legende hat sich jedenfalls gehalten.

Und so setzte sich die provokative Vorstellung fest, die Regierung sei im Besitz schlüssiger Antworten und enthalte sie der Öffentlichkeit systematisch vor. Während der folgenden Jahrzehnte beherrschte dieses Thema alle Kraft und Leidenschaft eines kleinen, aber lautstarken Kerns von selbsternannten zivilen Forschern, deren Aufschrei »Vertuschung!« einem gewissen Prozentsatz von Anhängern mit einem Hang zu Verschwörungstheorien als Blitzableiter diente. (Einigen konnten die Einzelheiten der Theorie nicht abwegig oder unverifizierbar genug sein.)

Als Clarence Chiles und John Whitted, Pilot und Kopilot einer DC-3 der Eastern Airlines, sechs Monate später berichteten, in einer Höhe von fünftausend Fuß zwischen Montgomery und Mobile in Alabama einen torpedoförmigen, flügellosen Flugkörper von über hundert Fuß Länge gesehen zu haben, der Captain Chiles zufolge »von einer Düse oder etwas ählichem angetrieben wurde, das Energie in Form einer etwa fünfzig Fuß langen Stichflamme nach hinten schoß«, verschlimmerte sich die Lage für die Luftwaffe noch.

Das umfangreiche Objekt mit zwei horizontalen Reihen großer quadratischer Fenster, das mit annähernd siebenhundert Meilen pro Stunde um Viertel vor drei Uhr in der Frühe an seinem Flugzeug vorbeiflitzte, erinnerte Whitted an »eins jener phantastischen Raumschiffe von Flash Gordon in den Comics«.
Das Pentagon reagierte mit der Behauptung, Pilot und Kopilot (sowie ein Passagier, der rechtzeitig aufgewacht war, um einen kurzen Blick darauf zu werfen) hätten einen Wetterballon gesehen, doch diese Erklärung wurde sehr schnell wieder zurückgezogen. J. Allen Hyde, ein Berater der Luftwaffe, hielt fest, es sei »keine astronomische Erklärung« möglich, »wenn wir den Bericht wörtlich nehmen«. Ufo-Erzskeptiker Donald Menzel, ein angesehener Harvard-Astronom, tat die Sichtung als einen ungewöhnlich hellen, mit flugmüder Phantasie ausgeschmückten Meteoriten ab, doch der Pilot und der Kopilot widersprachen heftig. Die Luftwaffe schloß sich schließlich Menzels Theorie an und verzeichnete das Objekt als »Feuerball«.
Entgegen den zunehmend forcierten Beteuerungen, am Himmel sei alles in Ordnung, waren die an Projekt »Sign« Beteiligten offensichtlich beunruhigt über die Auswirkungen der Fälle Mantell und Chiles/Whitted auf die öffentliche Meinung. Sie kamen zum Schluß, daß ein kühner Zug angesagt sei, und verfaßten einen vertraulichen Bericht zur »Situationsbeurteilung«, der die Geschichte der Ufo-Sichtungen dokumentierte und zum erstenmal die Schlußfolgerung zog, Ufos seien außerirdischen Ursprungs. Der damalige Stabschef General Hoyt S. Vanenberg, an den das Schreiben gerichtet war, wies diese Hypothese mangels Beweisen zurück und sandte das Dokument mit dem Befehl, sämtliche Kopien zu verbrennen, an das »Sign«-Hauptquartier zurück.
Als Folge davon verloren jene am Projekt Beteiligten, die an der Hypothese des extraterrestrischen Ursprungs festhielten, ihren Einfluß zugunsten derer, die glaubten, Ufo-Sichtungen könnten und würden schließlich eine Erklärung irdischen Ursprungs finden. Im Februar 1949 veröffentlichten die »Sign«-Angehörigen einen weiteren Bericht; darin hieß es, es gebe nicht genügend Daten, um die objektive Realität von Ufos zu beweisen (was die

Skeptiker ermutigte); es wurde jedoch eingestanden, daß für zwanzig Prozent der Sichtungen keine »vernünftige und überzeugende Erklärung« habe gefunden werden können (was wiederum die Befürworter ermutigte).

Am 16. Dezember 1948 erhielt die militärische Untersuchung einen neuen Code-Namen, nämlich Projekt »Grudge« [Groll] – ein Name, der, wenn auch unabsichtlich, die kaum verhüllte Verachtung der Luftwaffe für das Thema widerspiegelte. Mit »Grudge« war der Auftrag verbunden, eine Erklärung für jede gemeldete Sichtung zu finden, um die Öffentlichkeit davon zu überzeugen, daß die Luftwaffe die Situation im Griff hatte. »Anstatt den Ursprung eines möglicherweise einmaligen Phänomens zu suchen, wie man es mit Sign unternommen hatte, stellte man mit Grudge kurzerhand die objektive Realität dieses Phänomens in Abrede«, schreibt dazu der Historiker David Jacobs.

Der erste Versuch der Mitarbeiter von »Grudge«, die öffentliche Meinung zu beeinflussen, indem sie, in bester Absicht, mit dem Verfasser einer zweiteiligen Artikelserie für die *Saturday Evening Post* zusammenarbeiteten, war ein bemerkenswerter Fehlschlag. Obwohl die Beiträge Ufos ausdrücklich entlarven und die Leute, die sie meldeten, lächerlich machen wollten, gab der Verfasser Sidney Shallet auch zu, daß für ein paar Sichtungen keine Erklärung gefunden werden konnte. Wenige Tage nachdem die zweite Folge in die Zeitungsständer gekommen war, verzeichneten Ufo-Sichtungen ein bisher nicht dagewesenes Hoch. Als Antwort darauf gab die Luftwaffe eine längere Pressemitteilung heraus und wiederholte darin ihr allmählich sattsam bekanntes Mantra: *Sämtliche Ufos lassen sich als Schwindel, Halluzinationen und Fehlidentifikationen erklären.*

Anstatt die Öffentlichkeit zu beruhigen, weckte dieses Vorgehen nur neue Zweifel. Zum erstenmal begann man sich auch außerhalb der Armee mit dem Ufo-Phänomen gezielt auseinanderzusetzen, was den Beginn eines neuen Kapitels in der Entfaltung des Ufo-Epos einleitete. Das zivile Interesse stieg rapide, als Projekt »Grudge« nur sechs Monate nach seiner Einsetzung enthüllte, daß dreiundzwanzig Prozent der untersuchten Sichtungen nicht hatten identifiziert werden können. Die »Grudge«-Mannschaft beschloß, es mit einem neuen Kurs zu versuchen: sie brachte das Argument vor, bereits die Meldung über ein Ufo vermöge die nationale Sicherheit zu gefährden. Gemäß dieser Logik war es dann nur noch ein kleiner Schritt zur Einsicht, daß die fortwährende Existenz einer Ufos untersuchenden Körperschaft, also von Projekt »Grudge« selbst, solche Meldungen nur *fördere.* Und so stellte man folgerichtig am 27. Dezember 1949 Projekt »Grudge« mehr oder weniger ein.

Als 1950 die Januar-Ausgabe des Magazins *True* mit einem sensationellen Artikel des pensionierten Majors des Marinekorps Donald E. Keyhoe aufwartete, verlegte sich der Brennpunkt der gärenden Ufo-Debatte auf die schreibende und publizierende Zunft. Mit wenig Fakten und um so mehr Spekulation wurde in diesem vielgelesenen und kontroversen Artikel das neuerliche offizielle Schweigen in der Ufo-Frage als klarer Beweis dafür identifiziert, daß die Luftwaffe etwas Großes verberge. Für Keyhoe konnte das nur eines bedeuten; in gewohnt unverblümten Worten schrieb er: »Während der vergangenen hundertfünfundsiebzig Jahre stand der Planet Erde unter systematischer Überwachung und Beobachtung durch lebendige, intelligente Wesen eines anderen Planeten.« Diese und ähnliche Beteuerungen beruhten hauptsächlich auf rekonstruierten Gesprächen mit anonym bleibenden Personen, die angeblich »Bescheid wußten«, Gesprächen, die außerordentlich starke Ähnlichkeit mit Dialogen mittelmäßiger Kriminalromane jener Zeit hatten.

> »Charley, es kursiert ein Gerücht, daß Piloten privater Fluggesellschaften den Befehl bekommen haben, den Mund zu halten«, sagte ich zu Planck. »Weißt du was darüber?« – »Meinst du einen Befehl der Luftwaffe oder der jeweiligen Gesellschaft?« – »Der Luftwaffe und der Zivilluftfahrtbehörde.« – »Wenn die Zivilluftfahrtbehörde mit drin hängt, ist es eine Sache auf höchster Ebene«, sagte Charley.

Keyhoe erweiterte seinen Artikel später zum einflußreichen und nicht weniger aufsehenerregenden Buch *The Flying Saucers Are Real* (Die fliegenden Untertassen sind real), von dem über eine halbe Million Exemplare verkauft wurden.

Ungefähr zur selben Zeit schrieb ein populärer Autor namens Frank Skully ein dramatisch aufgemotztes Buch mit dem Titel *Behind the Flying Saucers* (Was hinter den fliegenden Untertassen steckt). Darin erzählte er die Geschichte von der angeblichen Erbeutung dreier gelandeter Untertassen sowie mehrerer vier Fuß großer, dabei umgekommener Außerirdischer durch die Luftwaffe. Obwohl sich die Geschichte als Humbug entpuppte, war ihre Wirkung – wie die von Keyhoes Artikel und Buch – gewaltig. Skully wird in die Annalen der »Saucerology« eingehen, weil er Themen eingeführt hat, die über die Jahrzehnte hinweg zum Rohstoff einer immer reichhaltiger werdenden Ufo-Mythologie werden sollten: abgestürzte Untertassen, Leichen von Außerirdischen und kunstvoll in Szene gesetzte Manöver zur Vertuschung der Wahrheit, die nur darauf warten, von furchtlosen Ermittlern aufgedeckt zu werden.

Kurz hintereinander erschienen in amerikanischen Zeitschriften mehrere Artikel zum Thema: *Time* versicherte, sämtliche Ufos seien in Wirklichkeit Skyhook-Ballone, *U.S. News and World Report* verkündete, sämtliche Untertassen seien in Wirklichkeit geheime Waffen der Kriegsmarine, *Cosmopolitan* bezeichnete Leute, die die Sichtung von Ufos meldeten, mit beißendem Spott als »wahre Gläubige«, »Spinner«, »Witzbolde« und der »Randgruppe der Verrückten« zugehörig.

Diese ersten Bücher zum Thema und die Verarbeitung des Stoffes in Zeitschriften vermochten die fliegende Untertassen oder Ufos genannten ungewöhnlichen »Vorkommnisse« ebensowenig zu erklären wie die emotional unbefriedigende Beurteilung der Fälle Mantell und Chiles/Whitted durch die Luftwaffe sowie deren offizielles Eingeständnis, daß sich ein hartnäckiger Prozentsatz der Sichtungen einer definitiven Identifizierung entziehe. Sie trugen auch nichts dazu bei, die Faszination zu verringern, welche die sich gegenseitig aufhebenden Vorwürfe und Gegenvorwürfe von

Befürwortern und Skeptikern (von denen einige sich mit Entzükken daranmachten, das Ufo-Phänomen als Ganzes zu »entlarven«) auf die Öffentlichkeit ausübten.
Im Gegenteil, die beginnende Kontroverse unterstrich noch den mythischen Status einer offenbar neuen Gattung von Ereignissen, die sich an einer Schnittstelle zwischen Geist und Materie zu bewegen schienen: in einem »Zwischenbereich«. Ein seltsam in sich stimmiger Handlungsverlauf begann Form anzunehmen.

2

Mythisch gesprochen waren die ersten Vorkommnisse rund um das Ufo-Phänomen Gründungsereignisse – Vorläufer dessen, was kommen sollte –, und sie widerspiegelten psychische Grenzen, die viel fundamentaler waren als einfache zeitliche Anfänge, die ein Kalender anzeigt.

Mythische Ereignisse, schreibt der große ungarische Geisteswissenschaftler Karl Kerényi, »bilden den Grund der Welt, da alles auf ihnen beruht«. Sie umfaßten, so fährt er fort, archetypische erste Grundsätze, »auf die alles einzelne auch für sich besonders zurückgreift und sich unmittelbar aus ihnen schöpft, während sie unveraltet, unerschöpflich, unüberwindlich bleiben: in einer zeitlosen Urzeit, einer Vergangenheit, die sich durch ihr Wiedererstehen in ewigen Wiederholungen als unvergänglich zeigt«.

Kenneth Arnolds berühmt gewordenes Erlebnis vom 24. Juni 1947 stellte einen solchen Ewigen Anfang dar. Mit der Tatsache, daß die AP-Meldung von Arnolds Sichtung über die »neun strahlend hellen Objekte von der Form einer Untertasse«, die mit »unglaublicher Geschwindigkeit‹ in einer Höhe von 10 000 Fuß über ihn hinweggeflogen« seien, in die kollektive Psyche sickerte, rückten Zeiten erster Ordnung näher. Löst man Arnolds Bericht aus der Zeitungssprache des zwanzigsten Jahrhunderts und versucht man seine Sichtung als modernen Schöpfungsmythos zu betrachten und dementsprechend wiederzugeben, könnte dies so klingen:

> Am Anfang waren neun strahlend helle Objekte, und Kenneth Arnold betrachtete sie, und er sah, daß ihre Geschwindigkeit gewaltig war, und er war bestürzt, denn er wußte nicht, was sie waren und wie er sie nennen sollte. Darauf sprach er aus, was er sah, und in der unerschöpflichen Dunkelheit widerhallten zwei Worte: *fliegende Untertasse.* In diesem Augenblick war die Welt geboren.

Die »Welt« war die des Ufo-Phänomens, ein Universum, das um die bestrickenden Beobachtungen seltsamer *unbekannter* Objekte mit einem eigenen mythischen Namen aufgebaut worden war: Unidentified Flying Objects – Unidentifizierte [im Deutschen auch: unbekannte, A. d. Ü.] Flugobjekte, oder kurz Ufos. Dieses Akronym hatten Ermittler der Luftwaffe ins Leben gerufen, denen der Ausdruck »fliegende Untertasse« viel zu phantasieanregend vorkam und die sich deshalb für das Kürzel »Ufo« entschieden, weil seine farblose Objektivität dem vorherrschenden Rationalismus und der Wissenschaftsgläubigkeit der Nachkriegszeit entgegenkam. Aber selbst so hatten von Anbeginn so manche Außenstehende ihre lieben Mühe mit der Logik dieses Kürzels, nicht zuletzt weil es schlicht von vornherein festhielt, was sich ja erst erweisen sollte, daß nämlich in der Tat *Objekte* gesehen wurden. Und »unidentifiziert«? Mag sein, daß gewisse Augenzeugen in bestimmten Fällen nicht erkannten, was sie sahen, doch das ist etwas anderes als die Vorstellung, die beobachteten Ereignisse seien *unidentifizierbar.* Dies waren wichtige sachliche Überlegungen, wenn sie auch nicht ganz den Punkt trafen. Denn von einem mythischen Standpunkt aus betrachtet, bestand eine unausgesprochene *zeremonielle Notwendigkeit,* daß diese Ereignisse die formelle Bezeichnung »unidentifiziert« erhalten mußten, ganz unabhängig davon, was sie letztlich waren oder wo sie herkamen. Wie die Akronyme »CIA« (Central Intelligence Agency) und »Laser« (Light Amplification by Stimulated Emission of Radiation) erweckte auch das Kürzel »Ufo«

schon bald breitgestreute Assoziationen, die weit über die bloße Bedeutung von drei Anfangsbuchstaben hinausgingen: Besuche von außerirdischen Wesen – Schwindel – Engel – Vertuschung – Fehlidentifikationen – planetarische Poltergeister – Halluzinationen – visionäre Gerüchte.

Diese Themen – und noch unzählige mehr, als die Sache ins Rollen kam – waren Gegenstand heftiger Debatten zwischen Akteuren mit je eigenen mythischen Rollen als »Entlarvende«, »Skeptische«, »Befürwortende« (und »Kontaktierte«, wie wir in späteren Kapiteln noch hören werden). Es war tatsächlich eine Welt entstanden, und zwar eine offensichtlich neue, wenn auch, wie wir noch sehen werden, an manchen nicht deutlich abgrenzbaren Stellen ein Abglanz vom Geist ganz alter Zeiten aufschien.

Auf einfache historische Begriffe gebracht, steht Arnolds Sichtung als zeitlicher Bezugspunkt für den Anfang dessen, was in weiten Kreisen als neues Phänomen angesehen wurde. Mythisch aber bedeutet Arnolds Sichtung etwas sehr viel Weitergehendes: der *laufende* Anfang der Ufologie, ihre *primordiale* Gegenwart, ihr *dauerhaft unvollendeter* thematischer Untergrund. Und in der Tat, je mehr Zeit zwischen dem Heute und der formellen Geburt des Ufo-Phänomens am 24. Juni 1947 vergeht, desto mehr Ausstrahlungskraft erhält das Datum.

1967 wurden zum Beispiel Ufo-Forschungskonferenzen zum Thema »Zwanzig Jahre Ufos« abgehalten. 1987 war daraus »Vierzig Jahre Ufos« geworden. Es ist beinahe unmöglich, eine der jährlich im Sommer abgehaltenen Ufo-Forschungskonferenzen zu besuchen und nicht zu vernehmen, wie jemand – oder auch viele – den »primordialen Anfang« heraufbeschwört, oft im Stil: »Wenn nun Kenneth Arnold *persönlich* heute hier wäre, würde er fordern, daß die Ufo-Forschung Bilanz zieht und eine neue Richtung einschlägt ...«

Durch eine stillschweigend ablaufende Verwandlung, die lange vor seinem Tod im Jahre 1984 begonnen hatte, war Kenneth Arnold der archetypische Vorfahre der Ufologie, ihr Erzeuger, ihr »erster Mensch« geworden. Doch das besagt keineswegs, daß Ufologen Arnold schlicht als Helden, Märtyrer oder Heiligen verehren; die Sache ist viel komplexer. Natürlich ist es wahr, daß Kenneth Arnolds Fall nach über vierzig Jahren regelmäßig von Ufo-Befürwortern als Beginn eines neuen und äußerst wichtigen Kapitels in der sich ständig entwickelnden Geschichte wissenschaftlicher Entdeckungen dargestellt wird. Aber sämtliche Einzelheiten seiner Sichtung werden ebenso regelmäßig auch von Leuten, die sie entlarven wollen, wieder aufgegriffen. Diese verweisen auf Widersprüche in Arnolds Schilderung, um darzulegen, daß schon seine grundlegenden Beobachtungen falsch waren und deshalb das ganze Ufo-Phänomen als kaum mehr als eine erweiterte Abwandlung – ein Aufmotzen – von Arnolds ursprünglicher Täuschung betrachtet werden muß.

Martin Kottmeyer betrachtet sich nicht als einen Entlarver, ja noch nicht einmal als einen Ufologen. Dennoch ist er ein heftiger Kritiker dessen, was er als die abgrundtiefe Naivität des größten Teils der Ufo-Forschung und ihrer Theorien ansieht. Das macht er auch in den Artikeln deutlich, die er verfaßt, wenn er nicht gerade auf seiner kleinen Familienfarm im ländlichen Illinois arbeitet. So berichtete er in einem Beitrag für das englische Magazin *Magonia,* er habe auf Arnolds ursprüngliche Sichtungsmeldung zurückgegriffen und entdeckt, daß Arnold ganz im Gegensatz zur gängigen Meinung die neun Objekte nicht hinsichtlich ihrer Form mit Untertassen verglichen, sondern gesagt habe, die Objekte *bewegten sich wie* Untertassen, die man über das Wasser schlittern läßt.

Kottmeyer stellt die These auf, die Reporter hätten die Objekte deshalb als *fliegende Untertassen* bezeichnet, weil sie die metaphorische Absicht der Beschreibung durcheinanderbrachten. Arnold beschwerte sich später darüber und meinte, dieser gängige Begriff sei das Resultat »einer ganzen Menge Mißverständnisse«, aber schließlich stand der Öffentlichkeit nur die Zeitungsmeldung zur Verfügung, und niemand hatte Arnolds Skizzen der Objekte je gesehen.

»Die Leute begannen Ausschau nach fliegenden Untertassen zu halten, und genau das fanden sie dann auch«, fährt Kottmeyer fort. »Sie berichteten von flachen, runden Objekten, die wie fliegende Untertassen aussahen, also exakt so, wie sie auszusehen hatten.«

Was alles mit diesem journalistischen Irrtum einhergehe, sei »schwindelerregend bis ins Extrem«, schreibt Kottmeyer. Außer der Tatsache, daß er auf einen kulturellen Ursprung des ganzen Untertassen-Phänomens hinweise, sagt er, führe dieser Tatbestand einen Widerspruch ersten Ranges in die Bemühungen ein, Ufos nach außerirdischen Gegebenheiten zu interpretieren. »Weshalb sollten Außerirdische ihre Raumfahrzeuge umgestalten, damit sie mit Bequettes Irrtum übereinstimmen?« meint er zum Beispiel mit Bezug auf den Lokalreporter, der jenen ersten irreführenden Bericht geschrieben hatte.

Kottmeyers Artikel, der über vierzig Jahre, nachdem der Ausdruck »fliegende Untertasse« zum erstenmal ausgesprochen worden war, erschienen ist, nahm getreulich seinen Platz in einer Debatte ein, die zunehmend der Art glich, wie Religionswissenschaftler ihre Meinungsverschiedenheiten darüber austragen, wenn es darum geht, was Jesus denn nun *wirklich* zu seinen Jüngern über das Königreich gesagt hat. Auch wer in Zukunft auf den Fall zurückkommen wird – vielleicht um Kottmeyers Sicht in Frage zu stellen –, wird den »ersten Boden« betreten, den Arnolds schicksalhafte visuelle Koinzidenz geheiligt hat. Dies ist nur um so mehr ein Beweis dafür, daß Arnolds Sichtung – für beide Seiten – der *notwendige* Ausgangspunkt für den gesamten Ufo-Mythos bleibt. Unter diesem Gesichtspunkt ist die Einführung durch Arnold – wie der Ursprung aller Schöpfungsmythen – für alle »innerhalb« des Ufo-Universums gleichbedeutend mit *Authentizität*. Das kommt daher, daß ein Mythos gemäß dem Geisteswissenschaftler Kerényi »immer einen Präzedenzfall als Ideal und als Garantie für den Fortbestand des Ideals aufstellt«. Mit dem Auftauchen der Gottheiten in der griechischen Geschichte tauchte auch eine neue Welt auf, eine Welt, in der die Griechen unter der Herrschaft von Zeus lebten. Auf die gleiche Art tauchte mit Kenneth Arnolds Bericht über Objekte, die über den Himmel schlitterten, eine neue Welt auf, und zwar eine Welt unter der »Herrschaft« einer »Gottheit« namens Ufo. Der Mythologe Bronislaw Malinowski führt aus:

> Der Mythos [...] in seiner lebendigen ursprünglichen Form, ist keine bloß erzählte Geschichte, sondern eine gelebte Realität. Er ist nicht von der Art einer Erfindung, welche wir heute in unseren Romanen lesen, sondern lebendige Wirklichkeit, von der geglaubt wird, sie sei in Urzeiten geschehen, und sie beinflusse die Welt und die Schicksale der Menschen. [... Der Mythos ist] die Aussage einer ursprünglichen, größeren Wirklichkeit, durch die das gegenwärtige Leben, Schicksal und Wirken der Menschheit bestimmt ist und deren Kenntnis den Menschen einerseits mit Motiven zu rituellen und sittlichen Handlungen, andererseits mit Anweisungen zu ihrer Ausführung versieht.

Kerényis faszinierender Gedanke, daß ein Mythos »in seiner lebendigen ursprünglichen Form« den Menschen »Motive zu rituellen [...] Handlungen« bietet, hilft uns zu verstehen, wie im Gefolge von Arnolds Bericht andere Themen im entstehenden Ufo-Mythos festen Boden faßen konnten, wo wiederum sie die Ufologen »mit Anweisungen zu ihrer Ausführung« versehen.

Es muß ein Muster geben, nach dem die Punkte miteinander verbunden werden können, nach dem das, was verborgen ist, enthüllt werden kann, nach dem das Ufo-Phänomen sofort gelöst werden kann. Dies ist die Quintessenz der einzigen Annahme, der alle Hauptfiguren in den Anfangsjahren des sich mehr und mehr entfaltenden Ufo-Theaters anschlossen. Wenn sie sich noch so sehr in allem anderen widersprachen, bestand doch eine unbestrittene Verpflichtung, die Ufos zu *erklären.* Der Schlüssel, auf den man sich geeinigt hatte, hieß, zu *enthüllen,* was *verborgen* war.

Täuschung – beabsichtigt und unbeabsichtigt – war das zentrale Problem. Führende zivile Kräfte der Ufo-Forschung behaupteten, die Luftwaffe täusche die Öffentlichkeit, indem sie ihr die Tatsachen über die Ufos vorenthalte. Nein, diese, hielt die Luftwaffe dem entgegen, täuschten die Öffentlichkeit, indem sie diese

absurde Behauptung noch und noch wiederholten. Gemäß denen, die das Ufo-Phänomen entlarven wollten, gab es nur zwei Sorten von Ufo-Zeugen: solche, die von ihren Sinnen getäuscht wurden, und solche, die die Öffentlichkeit ihrerseits mit unwahren Behauptungen zu täuschen trachteten. Nein, die größte Täuschung überhaupt, sagten dagegen Ufo-Beobachter und ihre Fürsprecher, bestehe in der unverrückbaren Absicht der Entlarvungswilligen, jede Sichtung mit konventionellen Mitteln erklären zu wollen, ganz egal, was das Beweismaterial ergab.
Unter der Oberfläche – jenseits von Verschleierung, Verzerrung, Verstellung und Desinformation –, dort liegen bedeutungsvolle Gesetzmäßigkeiten wartend verborgen: so lautete das vernehmlich verkündete Mantra fast aller, die in den Anfangsjahren in diesem Stück mitspielten. Einmal *offengelegt,* würde das Phänomen *seine Wahrheiten enthüllen.* Die Herausforderung bestand, einfach genug, nur darin, die Aufmerksamkeit auf die erkennbaren variablen Größen des Phänomens zu lenken und von diesen variablen Größen eine Theorie abzuleiten.
Doch ganz so einfach lagen die Dinge nicht. Mit der Formel »Zuerst beobachten, dann die Theorie ableiten« überging man ein zentrales Argument, das Einstein bereits 1926 vorgebracht hatte, daß nämlich die Theorie darüber entscheidet, was wir beobachten können. Und ebenso ließ man auch eine wichtige Beobachtung außer acht, die der deutsche Physiker Werner Heisenberg gemacht hatte, nämlich daß sich uns die Natur niemals so enthüllt, wie sie ist, sondern immer nur durch die Fragen, die wir an sie stellen. Aus diesem Blickwinkel kann es nicht genügen, die Behauptung, das Ufo-Phänomen sei ohnehin nur Schall und Rauch und daher ohne jede Bedeutung, in Frage zu stellen. Die wichtigere – und schwierigere – Frage hängt damit zusammen, *nach welchem Muster, oder nach welchen Mustern, zu suchen ist.*
Der Mathematiker G. Spencer Brown hielt fest: »Wenn zwei Leute gewohnheitsmäßig nach verschiedenen Arten von Mustern suchen, werden sie mit Sicherheit über die Reihen unterschiedlicher Meinung sein, die sie als Zufallsreihen bezeichnen.« Dies trifft den Kern des Vexierbildes, das die Ufo-Debatte von allem Anfang an

belastet hatte: die Fähigkeit dieser seltsamen Vorkommnisse in der Luft, sich jeglichem Versuch zu entziehen, sie endgültig in die Enge zu treiben.

Weil sie das Beweismaterial vom Gesichtspunkt aus untersuchten, daß es um extraterrestrische Besuche gehe, fanden die Verfasser des Berichts »Situationsbeurteilung« von 1948 das Muster, das sie gesucht hatten. General Hoyt Vanenberg konnte jedoch diese Schlußfolgerung mangels Beweisen zurückweisen – was er auch prompt tat. Die Verfasser des Berichts und ihr Adressat hatten in denselben Daten nach verschiedenen Mustern gesucht und sie gefunden – oder eben nicht, wie in Vanenbergs Fall, was auf dasselbe hinausläuft.

Nach dem gleichen Prinzip führte Donald Keyhoes Untersuchung dazu, das Muster einer breitangelegten Regierungsverschwörung zu entdecken. Andere – einschließlich Keyhoes befürwortende Freunde – werteten dasselbe Beweismaterial aus, kamen jedoch zu anderen Schlüssen.

Donald Menzel, der die Daten aus seiner »Optik« des geübten Beobachters astronomischer und meteorologischer Phänomene betrachtete, fand eben derartige Phänomene in den Ufo-Fällen, die er untersuchte – im Gegensatz zu anderen, die dieselben Fälle prüften, aber nicht nach dieser Art Muster suchten.

Der französische Wissenschaftler Aimé Michel seinerseits fand Beweise dafür, daß das Ausmaß an Intelligenz hinter den Ufo-Sichtungen die begrenzte menschliche Denkfähigkeit bei weitem übertreffe. Wenn die gemeldeten Kontakte Wirklichkeit seien und sich der Kontakt eher auf ihrer Ebene abspiele als auf unserer, »dann«, so führte Michel aus, »wird es, was immer wir auch tun, für uns unfaßbar bleiben, genauso wie den Tieren unsere Beziehung zu ihnen verschlossen bleibt«. Das heißt, weil wir höchstens in der Lage sind, Phänomene wahrzunehmen, die sich auf unserer psychischen Ebene oder darunter abspielen, ist unsere Chance als Menschen, Ufos zu verstehen, ungefähr so groß wie die Fähigkeit einer Maus, die an der Ecke einer ledergebundenen Ausgabe von

»Macbeth« herumknabbert, Shakespeares Dichtung zu verstehen. Michel stand mit dieser Sicht der Dinge nicht allein da.

Die *New York Times* nahm eine prosaischere Haltung ein. Ufo-Sichtungen stellten weiterhin wenig mehr als den neuesten Beitrag zur »Sauregurkenzeit« dar, von dem man hoffte, er werde, ebenso wie zuvor die Meldungen über das Ungeheuer von Loch Ness, bald wieder vorbei sein. Die Beweise für diese – wie auch für alle andern – Behauptungen lagen »auf der Hand«.

Wie konnte ein Phänomen gleichzeitig so viele einander scheinbar widersprechende Interpretationen zulassen? Diese Frage ist ein Zeichen dafür, daß es an der Zeit ist, uns in den Bereich der mythischen Vorstellungskraft zurückzuziehen und die Bekanntschaft eines der Hauptcharaktere in unserem Epos zu machen – wenn er auch selten in »seiner Person« auftritt. Er ist im Laufe des vorhergehenden Kapitels eingetroffen, und zwar unbemerkt, obwohl er bereits in den Eröffnungsszenen eine Hauptrolle spielte – und dies auch in vielen noch folgenden Episoden tun wird.

Die Rede ist vom griechischen Gott Proteus, dem Sohn von Okeanos und Thetis. Er bewohnte die Tiefen des Meeres und ahmte dessen Wandelbarkeit mit seiner außergewöhnlichen Fähigkeit nach, sich in Myriaden verschiedener Formen zu verwandeln. So konnte er die Gestalt eines Löwen, eines Panthers, eines Schweins, einer Schlange oder, wenn er in einer besonders kniffligen Lage war, auch die Form von Wasser oder Feuer annehmen, um sich denen zu entwinden, die ihn dazu drängten, seine prophetischen Fähigkeiten zu demonstrieren und ihnen zu weissagen. Gemäß dem Psychologen James Hillman stellt Proteus' »sich unendlich wandelndes Bild, das jede Gestalt und Beschaffenheit annehmen konnte, nichts anderes als die vielfältige und mehrdeutige Form der Seele dar«.

Ufologen, die versuchten, die außerordentliche Beschaffenheit – die »prophetischen Fähigkeiten« – der proteischen Ufos zu verifizieren, wurden, oft zu ihrer Bestürzung, mit ähnlich gelagerten ästhetischen Schätzen belohnt, etwa mit Arnolds prächtigem Bild von neun himmlischen, sich wiegenden Objekten, die wie Untertassen über das Wasser hüpfen; Captain Mantells verhängnisvoller

Verfolgungsjagd auf ein Objekt, das Augenzeugen als eine Eiswaffeltüte mit rotem Deckel beschrieben; einem torpedoförmigen, flügellosen Flugkörper, der einen mächtigen Flammenschweif hinter sich herzog und über Alabama beinahe eine Maschine der Eastern Airlines rammte; Lichtkugeln, die während des Zweiten Weltkriegs auf den Tragflächen von Flugzeugen tanzten; »Geisterraketen« über Schweden und Finnland. Zusätzlich zu alledem wurden Ufos auch in Gestalt von Sternen, Zigarren, Kugeln, Feuerbällen, Hanteln, Fußbällen, Hüten, Rhomben, Rand auf Rand gelegten Tellern und Waschbütten gesichtet.

Nun sind der Ausdrucksweise dieses Gottes allerdings Grenzen gesetzt. An einer Stelle in Homers *Odyssee* wird all denen, die von Proteus lernen wollen, folgende Anweisung gegeben: »Aber greift unerschrocken ihn an und haltet noch fester.« Doch Joseph Campbell verweist darüber hinaus auf eine weitere wichtige Einzelheit: »Aber selbst der geschickteste Frager vermag dem Listigen nicht das ganze Wissen zu entlocken. Nur auf die Frage, die er stellt, erhält er Antwort, und je nach der Frage fällt diese aus.«

So gesehen, kann man jede Hypothese, mit der das Ufo-Phänomen zu erklären versucht wird – als Besuch aus dem All, als Verwechslung mit der Venus, als sowjetische Waffe, als US-Waffentest, als das Produkt eines gestörten Geistes und vieles andere mehr –, als eine *ganz bestimmte und beschränkte* Frage betrachten, die von ganz bestimmten Leuten mit ganz bestimmten Erwartungen an ein Ufo gestellt wird. Die am Projekt »Sign« Beteiligten befaßten sich mit den vorliegenden Daten und »fragten« das Ufo-Phänomen (»Proteus«), ob seine Ursprünge extraterrestrisch seien. Die Frage war so gestellt, daß sie den Bereich möglicher Antworten bereits eingrenzte, wie das bei allen Suggestivfragen der Fall ist. (»Fährst du immer noch Auto, nachdem du Alkohol getrunken hast?«)

Das Ufo-Phänomen »beantwortete« deshalb die Frage von Projekt »Sign« nicht schlüssig und absolut, sondern entsprechend den spezifischen Kriterien, die spezifische Beobachter nach ihren eigenen Gesichtspunkten eingeführt hatten. Von da an war es für die Ermittelnden nur noch ein kleiner Schritt, zu vergessen, daß das, was dabei herauskam, Antworten auf ganz bestimmte, auf bestimmten Differenzierungen beruhende Fragestellungen waren, und dann von der Annahme auszugehen, sie hätten jetzt eine Sicht des Ufo-Phänomens, »wie es wirklich ist«. General Vanenberg stellte dieselbe Frage – *E.T. oder nicht E.T.?* – und erhielt, wie so viele, die die Ufo-Präsenz am Rande der Realität in den ersten Jahren ihres Erscheinens beobachteten, wieder eine andere Antwort.

Indem man sich also hauptsächlich auf die Frage nach außerirdischen Ursprüngen konzentrierte – eine Frage, deren Beantwortung sich in Mutmaßungen erschöpfen mußte, knapp vor der sprichwörtlichen Landung auf dem Rasen vor dem Weißen Haus –, war es möglich, verschiedene befriedigende Antworten auf viele verschiedene Fragen zu geben. Das aber, so erkannte bereits der Renaissancephilosoph Giambattista Vico, sollte uns nie überraschen, »da menschliches Wissen doch nichts anderes ist als das Bestreben, alles in den ihm entsprechenden Proportionen zueinander in Beziehung zu setzen«.

Es ist deshalb nicht verwunderlich, daß die Ufo-Debatte, die 1947 einsetzte, in den folgenden Jahrzehnten zumeist einem Grabenkrieg sehr ähnlich war. Proteus fühlte sich nicht verpflichtet, denen, die ihm Fragen stellten, darüber Auskunft zu geben, ob ihre Frage nach »seinen« Ursprüngen sinnlos war. Er schien keinerlei Bedürfnis zu verspüren, die eine oder den anderen mal zur Seite zu nehmen und ihnen vorzuschlagen, daß es letztlich ergiebiger sein könnte, wenn sie ihre Aufmerksamkeit auf andere Fragen richteten – zum Beispiel auf den Gedanken, daß Ufos unbekannte Dimensionen der materiellen oder psychischen (oder beider: der psychophysischen) Realität darstellen könnten. Einen solchen Rat würde ja auch viel eher Apollo gegeben haben, der Gott des Lichts, der Ordnung und der Klarheit; dafür aber, daß dieser Gott irgendwo in der Nähe gewesen wäre, hat es keinerlei Anzeichen gegeben (wie groß auch inmitten des Aufruhrs die Sehnsucht nach seiner Gegenwart war).

Statt dessen blieb Proteus den Aufgaben treu, die seine mythische Natur als Verwandlungskünstler, als Hüter eines göttlich ambivalenten (*ambi-:* von zwei Seiten, *valens:* stark, mächtig) Bodens, erforderte, indem er manche Fragen seiner unwissenden Jünger dazu benutzte, ein paar Teilaspekte seiner ganzen Weisheit preiszugeben – seien sie nun »tiefgreifend oder läppisch«. Wenn wir bedenken, daß die Hauptfiguren im Ufo-Epos an *abschließenden* Antworten auf ihre Fragen interessiert waren, gewinnen wir ein gewisses Verständnis dafür, welch göttliche Verwüstung Proteus' heimliche Anwesenheit in den Dialog gebracht hat.

Aufschlußreich sind an dieser Stelle die Erwägungen der Psychologin Lynn Segal in *The Dream of Reality* (Der Traum der Realität) über den beharrlichen menschlichen Wunsch, die »Realität« möge eine bestimmte Form und Gestalt annehmen:

> Als erstes wünschen wir uns, daß es die Realität unabhängig von uns, die wir sie beobachten, gibt. Als zweites wünschen wir uns, daß die Realität entdeckbar ist, sich uns enthüllt. Wir möchten ihre Geheimnisse kennen, das heißt, wissen, wie sie funktioniert. Drittens wünschen wir uns, daß diese Geheimnisse eine Gesetzmäßigkeit haben, damit wir die Realität voraussehen und letztlich beherrschen können. Viertens wünschen wir uns Gewißheit; wir möchten wissen, daß das, was wir über die Realität herausgefunden haben, auch wirklich wahr ist.

Der Wunsch, die Realität möge mit den Intentionen der Menschen übereinstimmen, beschränkt sich keinesfalls etwa nur auf die Ufo-Forschung. Zur Zeit ist in den meisten Wissenschaftszweigen die Diskussion darüber entbrannt, ob es überhaupt noch angebracht sei, weiterhin von der Realität als von etwas gänzlich oder unveränderlich von unseren Beobachtungen und Gedanken Unabhängigem zu sprechen. Entgegen der alten, beruhigenden Vorstellung, daß sich die Wissenschaft immer mehr dem Wissen annähere und die genaue Beschaffenheit eines vermeintlich von außen zu betrachtenden Universums aufzeichne, zwingen uns neue Entwicklungen in den Erkenntniswissenschaften dazu, die aktive Rolle derer, die etwas beobachten, in die wissenschaftlichen

Erklärungen zu integrieren, ja, ausdrücklich darüber Rechenschaft abzulegen.

Obwohl wir doch Augenblick um Augenblick am sozialen Aufbau einer in ihren Grundzügen proteischen Realität beteiligt sind, kommen wir meist recht gut zurecht, indem wir von der Annahme ausgehen, daß wir einen fest etablierten Platz in einer Realität einnehmen, die dauerhaft, solide und voraussehbar ist, in einer Realität zudem, die uns vor allem dadurch entgegenkommt, daß sie hübsch »draußen« bleibt. Hin und wieder ändert sich diese Beziehung allerdings, so daß wir unsere diesbezügliche Gewißheit in Frage stellen müssen.

Vor einigen Jahren führte der Psychologe Jerome Bruner ein Experiment durch, das die »Wahrnehmungsbereitschaft«, wie er es nannte, untersuchen sollte, die Tendenz der Menschen, Erwartungen an ihre Umwelt zu haben und dadurch bis zu einem gewissen Grad vorauszubestimmen, was sie letztlich wahrnehmen. Bruner zeigte seinen Versuchspersonen für Sekundenbruchteile Karten aus zwei Kartenspielen, eines davon mit vertauschten und eines mit den richtigen Farben.

Erwartungsgemäß bereitete es den Versuchspersonen jeweils größere Schwierigkeiten, die Karten mit den vertauschten Farben zu erkennen. Was Bruner jedoch besonders interessierte, waren die Anstrengungen der Versuchspersonen, ihre Wahrnehmungen anders zu interpretieren und zu »vereinheitlichen«, um sie mit ihren Erwartungen über die Beschaffenheit von Spielkarten in Einklang zu bringen. Eine von ihnen behauptete, die rote Kreuz-Sechs sei in Wirklichkeit eine Kreuz-Sechs, aber die Beleuchtung im Tachistoskop (dem Gerät, das die Karten zur Ansicht präsentierte) sei leicht rosa. Natürlich gab es keine solche Färbung innerhalb der Vorrichtung.

»All das ist soweit recht banal, doch die Implikationen sind alles andere als banal«, sagte Bruner. »Sie besagen nämlich, daß Wahrnehmung in einem nicht näher zu bestimmenden Umfang ein Instrument eben der Welt ist, die wir mit unseren Erwartungen aufgebaut haben. Darüber hinaus ist es ein Kennzeichen komplexer Wahrnehmungsprozesse, daß sie dazu neigen, das Gesehene oder Gehörte den Erwartungen anzugleichen, wo immer das möglich ist.«

Die Analogie zwischen diesem Experiment und dem laufenden »Ufo-Test« scheint offensichtlich, es gibt jedoch auch einen entscheidenden Unterschied. Nach Bruners experimentellen Versuchsreihen konnten sich die Versuchspersonen sowohl beide Kartenspiele als auch das Tachistoskop genau ansehen und dann diese verifizierbaren physikalischen Parameter mit ihren Beobachtungen vergleichen. Daraufhin konnten sie sich überlegen, was die Abweichung ihrer Reaktionen aufgrund der Einschränkungen während des Tests bedeutete, und dadurch zweifellos neue Einsichten in die unterschwelligen Erwartungen gewinnen, die ihre Lebenserfahrungen von einem Moment zum nächsten bestimmen.

Was sind dagegen die einhelligen Anhaltspunkte nach einem Ufo-Erlebnis? Wer wird mit konkreten Kriterien aufwarten und uns zeigen, »was sich während des ›Tests‹ wirklich abspielte«, damit die Versuchspersonen unterscheiden können, wieviel davon wirklich »es« war und wieviel davon »sie«? Die am meisten verbreitete Reaktion in der Ufo-Debatte lautet, daß die »Tatsachen für sich selber sprechen«. Dabei ist nichts klarer, als daß gerade die »Tatsachen« (und die darin verborgenen Werte) verschiedenen Leuten ganz Verschiedenes mitteilen, so daß sogar die »unumstößlichsten« physikalischen Beweise (wie zum Beispiel Ufo-Fotos) unter angesehenen, auf Optik spezialisierten Physikern beider Seiten vollkommen verschiedene Interpretationen zuließen.

So fand sich das tapfere Ufo am Ende des ersten Akts als Objekt scheinbar grenzenloser Spekulation wieder, während es sich daran machte, die Grenzen zwischen Materiellem und Immateriellem, zwischen Geist und Seele zu überschreiten und sich dabei schamlos des Repertoires beider zu bedienen. In der Pause vor dem zweiten Akt hätten sich die Ufologen nur hinter der Bühne treffen und auf die Methoden einigen müssen, die sich für den Dialog mit einem Phänomen eignen, dessen Erscheinungen zu fesselnd waren, als daß man sie hätte ignoriern können, gleichzeitig aber auch zu absurd, um sie für bare Münze zu nehmen. Das Treffen fand natürlich nie statt, weil die Mehrheit der Ufo-Detektive dessen Notwendigkeit nicht einsah, war sie doch prädisponiert, entweder Beweise für Maschinen aus Metall oder für Maden im Gehirn zu finden, aber keinesfalls etwas dazwischen.

Unterdessen erlaubte sich Proteus die Frage, ob diejenigen – auf beiden Seiten –, die beschlossen hatten, seinen Spuren zu folgen, nicht dazu gebracht werden könnten, *ihre* Form zu verändern, ihren Horizont über die langweilige eindimensionale Debatte, die sich bis dahin ergeben hatte, hinaus auszudehnen. Doch er hatte seine Zweifel. In der augenblicklichen Verwirrung war nur eines klar: der Verwandlungskünstler selbst würde seine eigene Bewegungsfreiheit sowohl in die Breite als auch in die Tiefe bewahren. Ihn erfüllte das allgemeine Durcheinander mit Entzücken.

3

Zwischen 1950 und Mitte 1952, als die fliegenden Untertassen auf so ungewöhnliche Weise wieder verschwanden, wie sie gekommen waren, setzte sich eine neue Meinung durch: Was immer sie waren und wo immer sie herkamen – die Ufos waren weg, wahrscheinlich ein für allemal. Nicht alle teilten allerdings diese Ansicht, insbesondere nicht Jim und Coral Lorenzen aus Sturgeon Bay in Wisconsin: Sie gründeten Anfang 1952 die APRO (Aerial Phenomena Research Organization), eine zivile Ufo-Untersuchungskommission, die die Frage »wissenschaftlich« angehen wollte. (Einmal gegründet, war die APRO natürlich in gewissem Sinn auf fliegende Untertassen *angewiesen.*) Für den Großteil aller anderen, vor allem für die Experten, die ihrer Zeit immer ein wenig voraus sein wollten, schien es jedoch am unverfänglichsten, die Ufos als etwas Abnormales abzutun, das kommt und wieder geht.
Im April, Mai und Juni 1951 gingen bei der Luftwaffe nur siebzehn Sichtungsmeldungen ein. In dem Sommer war für das zurückgestufte Projekt »Grudge« gerade noch ein Ermittler tätig. In den Schlagzeilen und Leitartikeln interessierte man sich wieder einmal stärker für die politischen Geschicke von Präsident Truman als für die phantastischen Behauptungen eines Kenneth Arnold. Der Historiker David Jacobs schreibt: »Es sah ganz so aus, als hätte die

Luftwaffe nach achtzehnmonatigen Anstrengungen mit ihrer Kampagne, die Ufo-Meldungen zu eliminieren und das Geheimnis, das sich um das Phänomen rankte, zurechtzustutzen, endlich Erfolg gehabt.«

Dann kam das Jahr 1952. Allein im Juli und August gingen bei »Grudge« 862 Sichtungsmeldungen ein. So plötzlich, wie die Ufos verschwunden waren, waren sie wieder da, diesmal auch in England, Frankreich und Südamerika, doch vor allem in den Vereinigten Staaten.

Am Abend des 14. Juli befand sich eine Maschine der Gesellschaft PanAm auf der Strecke von New York nach Miami in einer Höhe von achttausend Fuß auf dem Anflug nach Norfolk im Bundesstaat Virginia. Abgesehen von ein paar lockeren Zirren oberhalb von zwölftausend Fuß war die Nacht klar und die Sicht unbehindert. Kurz nach zwanzig Uhr sahen Captain William B. Nash und sein Kopilot William Fortenberry einen roten Glanz am Himmel, und zwar offenbar hinter und etwas östlich von Newport News.

Sie meldeten später:

> Praktisch gleich darauf sahen wir [...] sechs strahlend helle Objekte mit enorm großer Geschwindigkeit auf uns zurasen [...] sie sahen aus wie glühend heiße Kohlen, aber mit einer sehr viel stärker leuchtenden Glut – vielleicht zwanzigmal heller [als die Lichter der Stadt unten ...] ihre Form war ganz klar umrissen und offensichtlich rund; die Ränder waren scharf abgegrenzt, also nicht phosphoreszierend oder verschwommen [...] die orange-rote Außenfarbe der oberen Hälfte war bei allen Gefährten einheitlich.

Dann sah es aus, als würden die in einer Linie hintereinander fliegenden Ufos, die etwa doppelt so groß wie eine DC-3 waren, ihre einheitliche Geschwindigkeit drosseln, und das zweite und dritte schienen das führende Licht zu überholen. Für die Piloten

sah es »fast aus, als hätte sich ein ›menschlicher‹ oder ›intelligenzbedingter‹ Fehler eingeschlichen«.
In ihrer Meldung hieß es weiter:

> Miteinander kippten sie ab auf die Kante, die Seiten zu unserer Linken hoben sich, und all die glühenden Oberflächen neigten sich nach rechts [...] sie sahen aus wie Münzen [...] dann, ohne einen Bogen oder Schwenk, schnellten sie wieder auf die flache Höhe [sic] zurück und flitzten in eine Richtung davon, die in spitzem Winkel zu ihrem anfänglichen Kurs stand [...] die Wendung [...] war so abrupt [... wie bei] einem Ball, der von einer Wand abprallt.

Captain Nash schätzte die unbeleuchteten seitlichen Kanten der Gefährte auf etwa fünfzehn Fuß in der Höhe, oben waren sie abgeflacht. Als plötzlich noch zwei zusätzliche Gefährte zu den ersten sechs stießen, gingen die Lichter von allen acht zuerst aus, dann wieder an. Immer noch hintereinander sausten die Ufos in einer Linie Richtung Westen, und während sie in einem eleganten Bogen hochzogen, gingen ihre Lichter – eins nach dem anderen – aus. Die ganze Vorstellung dauerte fünfzehn Sekunden.
Die Nash-Fortenberry-Sichtung (als die sie in die Ufo-Annalen einging) erregte rasch große Aufmerksamkeit, wurde aber nur fünf Tage später von einer spektakulären Sichtung in den Schatten gestellt, deren Bekanntmachung landesweit mit folgenden Schlagzeilen eingeleitet wurde: JET-PILOTEN ANGEWIESEN, FLIEGENDE UNTERTASSEN ABZUSCHIESSEN und LUFTWAFFE SCHWEIGT. Am Samstagabend, den 19. Juli, erschienen kurz nach Mitternacht acht unbekannte Anzeigen auf dem Radarschirm des Inlandflughafens von Washington. »Unsere Schicht war seit etwa vierzig Minuten im Dienst«, erinnerte sich Harry Barnes, der Leiter der Zentrale für Luftverkehrskontrolle. »Was [den Kollegen Ed Nugent] veranlaßte, mich zum Schirm hinüberzurufen, war eine unregelmäßige Anordnung von sieben Blips in einer Ecke. [...] Wir wußten sofort, daß wir eine höchst merkwürdige Situation vor uns hatten.«
Sobald ihm klar geworden war, daß die Bewegungen dieser sieben

»Blips total anders als die eines normalen Flugzeugs« waren, rief er die Radartechniker im Flughafen-Tower und auf dem Luftwaffenstützpunkt von Andrews an und erhielt voneinander unabhängig in beiden Fällen Radarbestätigungen, die mit visuellen Sichtungen von unerklärlichen Lichtern durch Piloten vor Ort und verschiedene Zeugen am Boden übereinstimmten. Bald darauf begannen mit Radar ausgerüstete Düsenjäger von einem Stützpunkt in Delaware aus den Himmel abzusuchen. Sie meldeten, es sei nichts zu sehen, was von den Radartechnikern am Boden bestätigt wurde. Nur wenige Augenblicke jedoch, nachdem die Düsenjäger den Schauplatz verlassen hatten, tauchten die unbekannten Ziele auf den Radarschirmen des Washingtoner Inlandflughafens wieder auf. Visuelle und Radarsichtungen dauerten sechs Stunden lang bis in den frühen Morgen hinein an.
Für Barnes und seine geplagten Kollegen hatte die »lange Nacht« jedoch eben erst begonnen. Eine Woche später – es war Samstag, 26. Juli, gegen 21 Uhr – erschienen erneut, diesmal sechs nicht erklärbare »Blips« auf dem Radarschirm; sie bewegten sich auf einer südlichen Flugbahn. Wie bereits in der Woche davor wurden über einen längeren Zeitraum übereinstimmend mehrere Radar- und visuelle Beobachtungen gemacht. Barnes rief das Pentagon an. Binnen Minuten erreichten Abfangjäger vom Typ F-94 das Zielgebiet über Washington, wo ausgezeichnete Sichtverhältnisse herrschten. Während der folgenden Stunden wurden Objekte mehrmals visuell gesichtet und wieder aus den Augen verloren. Einmal, nachdem drei geografisch weit auseinanderliegende Radareinheiten dasselbe Ziel direkt nördlich der Stadt ins Visier genommen hatten, verschwand es mit einem Schlag gleichzeitig von allen drei Schirmen. Sobald sich Abfangjäger den Lichtern näherten, beschleunigte das Ufo und verschwand aus ihrem Gesichtsfeld.
Die ganze Nacht hindurch reichten Piloten der Zivilluftfahrt, das Bodenpersonal und Radartechniker laufend neue Meldungen ein. Schließlich verschwanden sowohl visuell gesichtete Objekte als auch Radarblips, es gab keine Meldungen mehr; dann setzten die Erklärungen ein. Die Luftwaffe hielt entschieden fest, es sei

»keinerlei Gesetzmäßigkeit festgestellt worden, die auch nur entfernt auf eine Absicht oder eine Beschaffenheit schließen ließe, die wir auf irgendeine Weise mit einer Bedrohung der Vereinigten Staaten verbinden könnten«. Die Radar- wie auch die visuellen Sichtungen seien »das Resultat von Luftspiegelungen aufgrund einer Inversionslage mit Umkehrung der sonst üblichen Temperaturverhältnisse«.

Harry Barnes hatte das Aufspüren der Objekte auf dem Radarschirm an beiden Wochenenden überwacht, und er blieb in engem Kontakt mit zahlreichen Augenzeugen. Er widersprach der Lagebeurteilung der Luftwaffe mit aller Vehemenz. »Ich kann zu keinem andern Schluß kommen, als daß [...] sich mindestens zehn nicht identifizierte fliegende Objekte über Washington bewegten [...] und Manöver [ausführten] welche kein bekanntes Flugzeug ausführen könnte«, schrieb er in einem weit verbreiteten, in mehreren Zeitungen gleichzeitig veröffentlichten Artikel. Viele andere teilten seine Skepsis: technische Angestellte, welche die schwer dingfest zu machenden Lichter auf dem Radar aufgespürt hatten, Presseleute, angriffslustige Mitglieder der Aerial Phenomena Research Organization, Augenzeugen und ein großer Teil der Öffentlichkeit.

Sie alle fanden die Beurteilung des Geschehens durch die Luftwaffe etwa so zufriedenstellend wie die des Ufo-Entlarvers Donald Menzel, der allen Ernstes behauptete, die Piloten Nash und Fortenberry hätten lediglich Leuchtkäfer, die sich zwischen den Scheiben des Cockpitfensters verfangen hatten, mit etwas Außergewöhnlicherem verwechselt.

Menzel ließ seine »Glühwürmchen hinter-Glas«-Theorie aber auch bald wieder fallen und verkündete, die Piloten seien durch dasselbe Phänomen genarrt worden, das auch die Radarablesungen sowie die Augenzeugen während der zwei heißen Sommerwochenenden in Washington getrogen habe, nämlich durch die von unterschiedlichen Temperaturschichten und Dunst verzerrten Spiegelungen der Bodenlichter.

Also Düsenjäger, die hinter den Auswirkungen einer Inversionslage her waren? Vielleicht; vielleicht auch nicht. Das war das

Problem – wie sollte man in Ermangelung einer verbindlichen Definition für den Begriff »Ufo« Behauptungen über Luftphänomene bewerten, die ungewöhnlich, überirdisch, außerordentlich, phantastisch zu sein *schienen*. Intelligente und offenbar durchaus ehrliche Männer und Frauen beschrieben das neue Phänomen unterschiedlich, und sie legten es auch unterschiedlich aus. Als die Sichtungen in Washington schließlich sogar kurz die Berichterstattung über den Nationalkonvent der Demokraten überschatteten, wurde selbst diese Tatsache für kurze Zeit zum Thema, was darauf hinweist, daß die Diskussion über die Ereignisse an den beiden Wochenenden – und die gärende Kontroverse um Ufos ganz allgemein – die öffentliche Aufmerksamkeit erregt hatte und in Bann hielt.

Man kann sich unschwer vorstellen, daß die offizielle Begründung mit einer »temperaturbedingten Inversionslage« die Nerven der Nachkriegsbevölkerung vorübergehend zu beruhigen vermochte, die durch unverantwortliche Behauptungen von Senator Joseph McCarthy, wie etwa, die Kommunisten seien dabei, das Außenministerium, die Filmindustrie Hollywoods und die wichtigsten amerikanischen Universitäten in ihre Gewalt zu bekommen, schon zur Genüge verunsichert war. Trotzdem besteht kein Grund zu der Annahme, daß die Millionen Amerikanerinnen und Amerikaner, die sich an jenem Wochenende kaum noch von ihren Rundfunkempfängern und Zeitungen lösen konnten, bereit oder überhaupt fähig waren, die folgende, breitgestreute Meldung einfach so aus ihrem Gedächtnis zu verdrängen:

> WASHINGTON, 28. Juli (INS) – Die Luftwaffe gab heute bekannt, daß Abfangjägerpiloten für 24 Stunden landesweit in »Alarmbereitschaft« gegen »fliegende Untertassen« versetzt wurden mit dem Befehl, »diese abzuschießen«, falls sie sich einer Landung widersetzen sollten. Es war zu erfahren, daß Piloten bei mehreren Gelegenheiten aufstiegen, mit der Absicht, das rätselhafte Objekt herunterzuholen, jedoch nie nahe genug kamen, um von ihren Waffen Gebrauch zu machen.

Einmal ging es lediglich um »durch die von unterschiedlichen Temperaturschichten und Dunst verzerrten Spiegelungen der Bodenlichter«, und dann plötzlich hieß es, daß die Jäger »nie nahe genug kamen, um von ihren Waffen Gebrauch zu machen«. Langsam und unerbittlich tat sich eine Kluft auf: zwischen sensationellen Zeitungsberichten über Ufos und faszinierenden Zeugenaussagen aus erster Hand auf der einen Seite sowie ausgeklügelten Dementis von Luftwaffenpersonal und nüchternen Entlarvern auf der anderen Seite. Die Öffentlichkeit – genauer gesagt, die *Psyche* der Öffentlichkeit – fand sich genau dazwischen, und dort sollte sie während der folgenden Jahre auch bleiben und dabei unerbittlich Bilder eines stets ausweichenden und doch rätselhaft greifbaren »Anderen« absorbieren.

SIND BESUCHER AUS DEM ALL UNTER UNS? Diese Balkenüberschrift der Ausgabe in einem bekannten amerikanischen Nachrichtenmagazin vom 7. April 1952 hätte man einfach als ein weiteres Beispiel sensationslüsterner Berichterstattung abtun können, die sich an der Ufo-Mehrdeutigkeit gütlich tat, wären da nicht zwei wichtige Tatsachen gewesen. Der Artikel erschien nicht in irgendeinem Supermarkt-Boulevardblatt, sondern in *Life*, einem Magazin, das ein beträchtliches Maß an Glaubwürdigkeit genoß. Und er fuhr einen nicht minder außergewöhnlichen Kurs:

> Die Luftwaffe ist nun bereit, einzuräumen, daß es für viele Untertassen- und Feuerballsichtungen noch immer keine Erklärung gibt; LIFE liefert jetzt wissenschaftliche Beweise für einen echten Fall von interplanetarisch fliegenden Untertassen.

Der Artikel – einer der einflußreichsten, die je über Ufos erschienen und, was einigermaßen verblüfft, in eingestandener Zusammenarbeit mit Projekt »Blue Book« (Blaubuch) entstanden, dem Nachfolgeprojekt von »Grudge« – konzentrierte sich auf zehn Sichtungsmeldungen aus dem ganzen Land, welche die Luftwaffe weder als psychisch bedingte Wahrnehmungsstörungen oder Tests von Geheimtechnologien noch als russische Waffen, Skyhook-Ballone oder Folgen von Atomversuchen aus der Welt zu schaffen vermochte. Der Artikel brachte überdies Stellungnahmen von zwei bekannten Fachleuten, die im Gegensatz zu den Mitarbeitern der APRO nicht als »befangen« gelten konnten.

Dr. Walther Reidel, ein angesehener Konstrukteur von deutschen Raketen und Missiles, wurde mit folgender Aussage zitiert: »Ich bin vollkommen davon überzeugt, daß sie [Ufos] eine außerirdische Basis haben.« Und Dr. Maurice A. Boit, ein Experte auf dem Gebiet der Astrodynamik und mathematischen Physik, stimmte ihm zu: »Die am wenigsten unwahrscheinliche Erklärung ist die, daß diese Dinge künstlich und gesteuert sind. [...] Ich bin seit einiger Zeit der Meinung, daß sie extraterrestrischen Ursprungs sind.« Damit hatten zum erstenmal Sachverständige, die nicht weniger angesehen waren als der Harvard-Astronom Donald Menzel, dessen zunehmend automatisch erfolgenden Bemühungen, das Rätsel um das Phänomen der fliegenden Untertassen zu entkräften, widersprochen.

Der Artikel in *Life* zog provokative Schlußfolgerungen, die für Millionen von Amerikanerinnen und Amerikanern Zündstoff für Stammtisch- und andere Runden boten:

> Die wahren Tiefen des Rätsels um die fliegenden Untertassen entziehen sich einer Ergründung, ebenso wie der Nachthimmel den Strahl einer Taschenlampe verschluckt. Was hat es mit den anderen Erscheinungsformen auf sich? Warum machen sie kein Geräusch? Welche Macht schickt sie mit solch furchterregender Geschwindigkeit über den Himmel? Wer oder was ist an Bord? Wo kommen sie her? Weshalb sind sie hier? Was planen die Wesen, die sie steuern?

Nicht weniger bedeutend als Fragen, wie sie in *Life* gestellt wurden, war die Tatsache, daß die Luftwaffe es zum erstenmal an einem alles einschließenden Dementi fehlen ließ: »Der Artikel entspricht den Tatsachen, doch die daraus gezogenen Schlüsse sind Folgerungen von *Life.*« Auf diesen Positionswechsel stürzten sich sogleich all jene mit Feuereifer, die einer Verschwörungstheorie anhingen – und deren Zahl laufend zunahm –, denn sie sahen ihn als Beweis dafür an, daß sich die Luftwaffe endlich entschlossen habe, »alles zu gestehen«, indem sie – in kleinen Dosen, um eine voraussehbare Massenpanik zu vermeiden – enthüllte, daß Ufos intelligent gesteuerte Raumschiffe aus dem Weltall seien. (In den folgenden Jahrzehnten entwickelte die Prophezeiung, *die Regierungsverschwörung könne nun jederzeit auffliegen*, eine Eigendynamik, die dazu diente, die Getreuen wieder zu vereinen, wenn wiederkehrende Zweifel an der Realität von Ufos die Daseinsberechtigung von Fan-Klubs für fliegende Untertassen und entsprechende Forschungsgruppen in Frage stellten.)

Indirekt bot der *Life*-Artikel auch eine neue Grundlage, um eine Lieblingstheorie der Ufo-Entlarver anzuzweifeln, daß nämlich die große Publizität der Ufos ein »ansteckendes« Umfeld schaffe, welches zusätzliche Ufo-Meldungen zur Folge habe. Denn obwohl 350 Zeitungen im ganzen Land auf den Artikel hinwiesen, übermittelte der landesweite Fernschreiber von Associated Press in dem Monat, als der Artikel in *Life* erschien, nur gerade drei Ufo-Geschichten, und davon stand eine einzige in Zusammenhang mit einer Sichtung.

Da nun eine nationale Zeitschrift vom Format der *Life* der Realität von Ufos offenbar ihren Segen erteilt hatte, sah es ganz so aus, als hätten die Verfechter der fliegenden Untertassen den Sieg davongetragen, zumindest in einer ganz bestimmten Schlacht. Aber ihr Sieg war nur von kurzer Dauer. Die *New York Times* holte unverzüglich zum Gegenschlag aus. Sie stellte nicht nur die Glaubwürdigkeit des Artikels, sondern gleich auch die Analyse der zehn fraglichen Sichtungen durch die Luftwaffe in Frage, was nur allzu deutlich machte, daß der weit größere Kulturkrieg um Ufos und ihre Realität noch lange nicht ausgefochten war.

Walter Kaempffert, der Wissenschaftsjournalist der *Times*, verwies auf Widersprüche in den Meldungen und griff erneut das Argument auf, die meisten Sichtungen von Ufos seien in Wahrheit schlicht Wetterballone. In einem Leitartikel der *Times* wurde bedauert, obwohl der Schlußbericht von Projekt »Grudge« den Ufos jede faktische Grundlage für eine Existenz entzogen habe, sei »die Vorstellung offenbar zu faszinierend, als daß man sie einfach sterben lassen könne. Schließlich begleitete uns die Seeschlange auch vier Jahrzehnte lang, und es hat einige Jahre gedauert, bis das Ungeheuer von Loch Ness zu Grabe getragen wurde«.

Die *Times* hatte zum Teil recht: Projekt »Grudge« hatte tatsächlich den meisten Ufo-Sichtungen überzeugende prosaische Erklärungen zuzuordnen vermocht und war gar so weit gegangen, die Ufo-Faszination der Öffentlichkeit als gefährlich für Moral und Sicherheit des Landes zu verurteilen. Aber im Bericht war auch ein bedeutender Prozentsatz von Sichtungen als unbekannten Ursprungs aufgelistet, eine Tatsache, die überall publiziert worden war und die den journalistischen Bemühungen, den Auswirkungen des *Life*-Artikels zu begegnen, diametral zuwiderlief. Außerdem versetzte die Luftwaffe, wenn auch unabsichtlich, sowohl ihren Verbündeten Menzel als auch andere Ufo-Entlarvungswillige in Zorn, indem sie weiterhin unbekümmert widersprüchliche öffentliche Erklärungen abgab und damit alle Anstrengungen unterlief, das »Charisma« der fliegenden Untertassen zu verringern.

> DAYTON, Ohio, 19. Juli (AP) – Ein Sprecher des Luftwaffenstützpunkts Wright-Patterson bemerkte, die Luftwaffe habe für fünfzehn Prozent der nahezu tausend eingegangenen Meldungen von fliegenden Untertassen noch keine Erklärung. [...] Capt. E. J. Ruppelt, Leiter des Projekts »Untertasse« vom Air Technical Intelligence Center, sagte: »Wir sind der festen Überzeugung, daß die Leute, die diese Meldungen machen, tatsächlich etwas am Himmel sehen.«

Diese Meldung erschien kurz vor dem Höhepunkt der Ufo-Welle von 1952, an deren Ende die treibenden Kräfte der Kontroverse sich mehr oder weniger in einem Dreiecksverhältnis präsentierten. Eine erste Partei bildete die Luftwaffe, die sich offensichtlich in internen Widersprüchen festgefahren hatte, und zwar zwischen der Behauptung, Ufos stellten auf die Dauer kein ernstzunehmendes Phänomen dar, und dem Eingeständnis, am Himmel sei etwas Reales zu sehen. Die zweite Seite beherrschte Donald Menzel, dessen hartnäckige Anstrengungen, sämtliche Ufos auf Luftspiegelungen, Reflektierungen, Eiskristallwolken, Lichtbrechungen und temperaturbedingte Inversionslagen zurückzuführen, sowohl bei der Mehrheit der Presse als auch in akademischen und wissenschaftlichen Kreisen mit großer Genugtuung aufgenommen wurden. Die dritte Seite aber gehörte Donald Keyhoe und seinen Anhängerinnen und Anhängern, deren rührige Unterstellungen einer Regierungsverschwörung zur Verschleierung des Ufo-Phänomens ebenso zur Selbstparodie zu verkommen drohten wie die stets vorhersehbaren Erklärungen der Luftwaffe und des Entlarvers Menzel.

Das Ufo-Phänomen war damit an seinem ersten veritablen Wendepunkt angelangt, es hatte einen erkennbaren Handlungsablauf und erkennbare Konfliktpunkte vorzuweisen, die nun fest etabliert waren. Auf der Höhe des damaligen Diskussionsstandes schien eines von zwei möglichen Endresultaten unausweichlich: die Spannungen würden entweder einen Punkt erreichen, an dem sich die Luftwaffe gezwungen sah, mit ihrem gesamten Ufo-Material an die Öffentlichkeit zu treten, oder die Dreiecksdebatte würde so lange weitergeführt, bis das Interesse der Öffentlichkeit erschöpft war.

Aber es gab auch noch eine dritte Möglichkeit. Warum sollte nicht ein unerwartetes Element auftreten, eine neue Idee oder handelnde Person, die ermöglichte – oder erzwang –, daß die Handlung im Ufo-Drama eine völlig neue Richtung einschlug? Dieser neue Faktor hätte allerdings, in welcher Form er sich auch präsentierte, so überzeugend zu sein, daß er gleichzeitig die Aufmerksamkeit der von seiten der Luftwaffe Ermittelnden, der Entlarver sowie der Befürworter radikal auf sich zu lenken vermag – oder mit anderen Worten: so überzeugend, daß er die immer langweiliger werdende Dreiecksgeschichte unterlief.

Und genau dies geschah auch. So wie Homer seine *Odyssee* dadurch erweiterte und bereicherte, daß er seinen Helden Odysseus immer wieder in neue, bedeutsame Gegenden schickte, war der immer breitere Kreise ziehende Handlungsverlauf des Ufo-Dramas im Begriff, sich einem neuen aufregenden Bereich von Ereignissen und Erscheinungsbildern zu öffnen, die allein schon durch ihr bloßes Auftreten die zentrale Fragen der bestehenden Debatte als gegeben erwiesen und zugleich provokative neue Probleme schufen.

Die Kontaktierten treten auf.

»Es war nicht zu vermeiden, daß irgendwo, früher oder später, irgend jemand behaupten würde, er oder sie habe Kontakt mit außerirdischen Wesen an Bord einer fliegenden Untertasse gehabt«, schreibt der Journalist und Ufo-Chronist Dennis Stacy. Diese zweifelhafte Auszeichnung fiel schließlich George Adamski zu, einem polnischen Einwanderer, der sich an der amerikanischen Westküste niedergelassen hatte.

Nach einem kurzen Abstecher als Soldat und einer unspektakulären Karriere als Plakatmaler, Fabrikarbeiter, Hamburgerkoch und Autor des wenig erfolgreichen Science-fiction-Romans *Pioneers of Space* (Raumpioniere) war George Adamski Mitte der dreißiger Jahre in der Okkultszene Südkaliforniens so etwas wie eine Leuchte geworden, hatte unter dem Namen »Royal Order of Tibet« (Königlicher Orden von Tibet) seine eigene religiöse Gruppierung gegründet, hielt Vorträge über das »universelle Gesetz« und trat auch in entsprechenden Radioprogrammen auf.

Doch erst aufgrund eines unglaublichen Ereignisses – ob echt, erfunden oder eine Mischung aus beidem –, das sich in der Nähe des Desert Center in Kalifornien ereignete, erlangte George Adamski Weltruhm – wobei er allerdings bei all denen, die den Ufos auf der Spur waren und sich einfachen, praktischen Lösungen des sogenannten Ufo-Problems verschrieben hatten, in Verruf geriet.

Man schrieb das Datum 20. November 1952. Adamski – von seinen Kultjüngern »Professor« genannt, obwohl er keinen Abschluß besaß – und sechs seiner Getreuen fuhren mit der ausdrücklichen Hoffnung in die Wüste, eine fliegende Untertasse zu sehen und ihre Besatzung kennenzulernen. Schon bald sahen sie denn auch ein großes, zigarrenförmiges Gefährt hinter einer Bergkette aufsteigen, dem kurz darauf ein zweites folgte; dieses erschien mit einem unvermittelten Blitz am Himmel. Diesen Zeitpunkt wählte Adamski aus, um sich allein zu Fuß auf den Weg zu machen; nach einer Weile stellte er das kleine Fernrohr auf, das er wie üblich bei sich trug, und wartete auf die Kontaktaufnahme, die – das spürte er deutlich – unmittelbar bevorstand.

Kurz danach bemerkte Adamski, wie ihm jemand winkte. Als er näher trat, wurde ihm klar, daß er sich »in der Gegenwart eines Menschen aus dem All befand – EIN MENSCHLICHES WESEN AUS EINER ANDEREN WELT!« Der Raummensch hatte blondes Haar und eine sehr hohe Stirn, war ungefähr einen Meter siebzig groß, wog etwa sechzig Kilo, trug eine glänzende, schokoladenbraune Uniform und schien Ende Zwanzig zu sein. »Die Schönheit dieser Gestalt«, sagte Adamski, »übertraf alles, was ich je gesehen hatte. [... Ich] fühlte mich wie ein Kind in der Gegenwart von jemandem mit großer Weisheit und viel Liebe.«

Mit Hilfe einer Mischung aus Zeichensprache und Telepathie erfuhr Adamski, daß der Raummensch von der Venus gekommen war, um die Irdischen von ihrer kriegerischen Praxis abzubringen, und zwar insbesondere, um zu einem Stopp von Atomwaffentests aufzurufen, denn diese, so erklärte der nordisch aussehende Raummensch, störten die Harmonie des Universums. Auch berichtete ihm der freundliche Reisende, daß viele Venusierinnen und Venusier bereits im verborgenen in den verschiedensten Lebensbereichen unter den Menschen lebten; er erlaubte dem »Professor« außerdem, das gelandete Raumschiff zu besichtigen und zu fotografieren, unter der Bedingung allerdings, daß er keine Bilder von der venusischen Besatzung schoß. (Leider war eine seiner Kameras unscharf eingestellt und die andere versagte ihre Dienste, so daß Adamski mit nur einem einzigen, und erst noch verschwommenen Bild zurückblieb.)

Daß Adamski der einzige menschliche Zeuge dieser angeblichen Begegnung war, tat seinem Erfolg in der Untertassen-Szene keinen Abbruch, wo er ein ergebenes Publikum mit Schilderungen von seinen laufenden Kontakten mit den »Space-Brothers« ergötzte, den kosmischen Brüdern, wie er sie nannte, von denen er mehrere in den Bars und Cafés von Los Angeles kennengelernt hatte. Dies war möglich, weil sie den Menschen so ähnlich waren. Bald schon war Adamski zum Autor von zwei Bestsellern avanciert, machte die Runde bei Radio- und Fernseh-Talkshows, wurde von der niederländischen Königin empfangen und behauptete, er habe beim Papst eine Privataudienz erhalten, was allerdings vom Vatikan vehement bestritten wurde.

George Adamski war sowohl einer unter vielen als auch der erste einer neuen Art von Zeugen, die von persönlichen Ufo-Erlebnissen berichteten, aber nicht den Polizeibehörden oder den Ermittlern des Militärs davon erzählten, sondern Hunderttausenden von Mitbürgerinnen und Mitbürgern, in Büchern, Vorträgen, Radio- und Fernsehauftritten. Während es früher typisch war, daß man auf persönliche Ufo-Erlebnisse mit Verwirrung reagierte und Angst davor hatte, öffentlich mit dem Stigma versehen zu werden, das den fliegenden Untertassen anhaftete, hält David Jacobs folgendes fest:

> Die Kontaktler hatten keine Angst vor Spott und waren auf Publicity geradezu erpicht. Aufgrund ihrer Erlebnisse organisierten sie oft regelrechte Untertassen-Klubs und benutzten diese dazu, um ihre Geschichten besser veröffentlichen zu können. [...] Gewisse Kontaktler behaupteten sogar, sie seien in einer fliegenden Untertasse mitgeflogen, und gaben detaillierte Beschreibungen des Flugs und der Planeten, die sie besucht hatten. Außerdem meldeten die meisten Kontaktler, ihnen sei von den Leuten aus dem Weltraum eine Mission aufgetragen worden, und schon deshalb sei es ihnen geboten, nach Publicity zu streben.

Nach Publicity zu streben – und sie zu erhalten – ist etwas, was die ersten und bekanntesten Kontaktierten außerordentlich gut beherrschten. Truman Bethurum, ein Mechaniker aus Kalifornien, trat 1954 mit seinem Buch *Aboard a Flying Saucer* (An Bord einer

fliegenden Untertasse) in Adamskis Fußstapfen, einem Bericht, der damit beginnt, daß er mitten in der Nacht in der kalifornischen Wüste von »acht oder zehn Männchen« mit olivfarbener Haut und in Uniformen gekleidet geweckt wurde. Anders als die telepathisch kommunizierenden Venusier von Adamski sprachen Bethurums Außerirdische fehlerfrei Englisch (nach einem Fehlstart in einer fremden Sprache). Sie luden Bethurum in ihre fliegende Untertasse ganz in der Nähe ein, wo sie ihn ihrer Kommandantin Aura Rhanes vorstellten, deren »Figur und Aussehen« Bethurum als »spitze« bezeichnete. Aura Rhanes gab ihm eine genaue Beschreibung von ihrem Heimatplaneten Clarion, einem wunderbaren Ort ohne Krankheiten (also auch ohne Medizin) sowie ohne Politiker (also auch ohne Steuern).
Ebenfalls eine Wüste – diesmal in New Mexico – gab den Schauplatz ab von *White Sands Incident* (Der Zwischenfall von White Sands), Daniel Frys Schilderung eines dreißigminütigen Flugs nach New York an Bord einer fliegenden Untertasse, in dessen Verlauf er sich zur Übernahme der Aufgabe bereit erklärte, die Welt davor zu bewahren, sich mit den Atomwaffen in einen »furchtbaren Abgrund« zu stürzen. Es gab aber noch weitere Kontaktler, die bekannt wurden. Orfeo Angelucci, ebenfalls ein Untertassen-Passagier, beschrieb, wie er vom Raummann Neptune in universellen Wahrheiten unterrichtet wurde. Angelucci berichtete von einem Treffen mit einem Außerirdischen in einem Terminal für Greyhound-Busse. Howard Menger erzählte in seinem Buch *From Outer Space to You* (Aus dem All zu dir), wie er als Kind auf dem Mond gewesen sei, sich in eine Außerirdische namens Marla verliebt und herausgefunden habe, daß er ein reinkarnierter Jupiterianer sei, der auf die Erde gesandt worden war, um für das Wohl der Menschheit gute Taten zu vollbringen.

In dieser Art ging es weiter von der Mitte bis zum Ende der fünfziger Jahre. Die Kontaktler als Gruppe wären wahrscheinlich nicht mehr als eine merkwürdige Fußnote in der fortschreitenden Geschichte der Ufos geblieben, hätten sie nicht die Fähigkeit besessen, mit ihren Behauptungen Publicity zu erregen, und hätten sie sich nicht so phänomenal als »Stars« von Features in Zeitungen, im Rundfunk sowie Fernsehen geeignet. Die ganze Nation war nun mit der Möglichkeit vertraut, daß die fliegenden Untertassen vielleicht aus dem All stammten, und die Kontaktler trugen zudem gehörig dazu bei, die Spannungen abzubauen, die mit dieser Vorstellung, aber auch dem Ufo-Phänomen im allgemeinen, verbunden waren. Selbst wenn sie also letztlich bei vielen nicht mehr als ein befreiendes Lachen hervorriefen, war es immerhin *befreiend*.

In gewisser Hinsicht behinderten und unterstützten Adamski, Fry, Bethurum, Angelucci, Menger und viele andere die Ufo-Kampagne der Luftwaffe gleichermaßen – ersteres, indem sie den fliegenden Untertassen öffentliche Bekannheit verschafften, was sich gegen die ausdrücklichen Bemühungen von Projekt »Blue Book« auswirkte, mit dem man eben diese zu reduzieren trachtete, letzteres, indem sie die Aura des Absurden, die um die fliegenden Untertassen ohnehin waberte, so sehr verstärkten, daß sich die Luftwaffe weniger unter Druck fühlte, die Ufo-Meldungen ernst zu nehmen. Für Donald Menzel und andere Entlarver, die ja längst davon überzeugt waren, daß man diesen angeblichen Phantasieobjekten am Himmel am besten durch irdische Erklärungen gerecht wurde, waren die Kontaktler ein Geschenk Gottes. Sie entwickelten einiges Geschick darin, auf sich selbst entlarvende Elemente in deren Behauptungen hinzuweisen (»Ich flog in einem Raumschiff zur Venus«) und sie mit Meldungen von Nichtkontaktlern in Verbindung zu bringen, die nur gerade seltsame Lichter und Objekte in der Luft gesehen hatten. Das Ziel war, alles zusammmen in Zweifel zu ziehen, was mit dem Kürzel »Ufo« in Verbindung gebracht wurde. Diese Anstrengungen waren von beachtlichem Erfolg gekrönt. Es war für die meisten Ufo-Zeugen schon schlimm genug, daß sie berichten mußten, sie hätten silbern leuchtende Objekte gesehen, die zuerst bewegungslos schwebten, um dann mit enormer Geschwindigkeit himmelwärts zu rasen; jetzt mußten sich solche Zeugen auch noch auf unvermeidliche Witze über »kleine grüne Männchen« gefaßt machen.

Donald Keyhoe seinerseits war sichtlich entsetzt über die nachhaltige Fähigkeit der Kontaktler, den Grad an Bekanntheit zu erlangen, der seiner Meinung nach der »rechtmäßigen« Ufo-Forschung zugestanden hätte. Und dennoch waren Keyhoes Bemühungen, die Behauptungen der Kontaktler als Betrügereien zu entlarven, nur am Rande erfolgreich. Dies lag zum Teil daran, daß es, zumindest in den Köpfen der Öffentlichkeit, Parallelen gab zwischen den extremen *Behauptungen* von Keyhoes Ufo-Forschungsgruppe NICAP (National Investigations Committee on Aerial Phenomena) über eine bestehende Regierungsverschwörung und dem extremen *Verhalten* von Gruppierungen, wie sie sich am Giant Rock Spacecraft Convention des Kontaktlers George Van Tassel trafen, einer jährlichen Zusammenkunft, bei der sich die Gläubigen versammelten, um das interplanetare Evangelium zu hören (und Geld für Dinge wie ein Päckchen Haare eines venusischen Hundes auszugeben).

Im Laufe der Zeit, zum Teil aufgrund der erfolgreichen Aufdeckung offensichtlicher Betrügereien seitens der Kontaktler, begann die Faszination zu schwinden, die von ihnen ausgegangen war. Obwohl dies in mancher Hinsicht für die nichtmilitärischen Gruppen, die nur darauf warteten, die »seriöse« Ufo-Forschung wieder aufzunehmen, natürlich ein Segen war, stellte der Verlust der Kontaktler als ein Brennpunkt, auf den sich das Interesse richtete, APRO und NICAP vor neue Probleme. Denn nun tauchten widersprüchliche Berichte auf über *offenbar tatsächliche* Begegnungen mit eigenartigen humanoiden Insassen von Untertassen, Berichte, die nur noch wenig mit den alten Kontaktler-Geschichten gemeinsam hatten und deshalb schwieriger von der Hand zu weisen waren.

Die »Ufologie«, wie nichtmilitärische Ufo-Forscher ihren noch im Embryostadium befindlichen Forschungszweig inzwischen nannten, sah sich vor die problematische Entscheidung gestellt, ob derlei Meldungen ernst zu nehmen seien oder nicht. Wäre der junge brasilianische Bauer Antonio Villas-Boas danach gefragt worden, hätte er bestimmt ja gesagt.

Es war Sommer auf der Südhalbkugel. Die Hitze war so groß, daß die brasilianischen Bauern wenn immer möglich nachts arbeiteten. In der Nacht des 14. Oktober 1957, etwa um 1 Uhr in der Frühe, war auch der dreiundzwanzigjährige Bauer Antonio Villas-Boas mit einem Traktor beim Bestellen seines Feldes. Er war allein. Da sah er ein »leuchtendes eiförmiges Flugobjekt mit gewaltiger Geschwindigkeit auf [sich] zufliegen«. Schon in den Nächten davor hatten Antonio und sein Bruder ein helles, silbernes Licht bemerkt; es hatte den Pferch erleuchtet wie ein starker Suchscheinwerfer, war dann über das Dach des Hauses gestreift und unvermittelt verschwunden. Doch in jener Nacht sah Antonio Villas-Boas viel mehr als nur ein Licht.
Während sich drei metallene »Beine« aus dem schwebenden Gefährt herabsenkten, um es zu stützen, gingen an Antonios Traktor die Lichter aus, und der Motor erstarb. Weil er nicht mehr fähig war, den Traktor zu starten, versuchte er wegzulaufen, wurde aber von vier menschenähnlichen behelmten Wesen an Händen und Füßen gepackt und in das Raumschiff geschleppt. Antonio wurde in einen spärlich eingerichteten Raum geleitet, wo die »Besatzung« ihm mit einem seltsamen Gerät am Kinn Blut entnahm. Dann zogen die Einheiten, die mit einer Art Bellen, ähnlich dem von Hunden, »sprachen«, ihn mit Gewalt nackt aus und wischten ihn am ganzen Körper mit einer ihm fremden Flüssigkeit ab.

Darauf betrat eine splitternackte Frau mit leuchtendrotem Schamhaar den Raum, und die anderen Wesen gingen hinaus. Diese Frau, deren Körper »viel schöner war als der sämtlicher Frauen, die ich je gesehen hatte«, fing an, den verwirrten Gefangenen zu umarmen und zu liebkosen, bis er erregt war und sie mit ihm Geschlechtsverkehr haben konnte. Er beschrieb es als »einen normalen Akt [...] sie verhielt sich mehr oder weniger so, wie es Frauen gewöhnlich tun« (abgesehen von den eindeutig abstoßenden bellenden Lauten, die sie von sich gab, während sie mit ihm zugange war).
Beim Hinausgehen zeigte die Frau zuerst pointiert auf ihren Bauch und daraufhin auf Villas-Boas, dann auf den südlichen Himmel;

das alles zusammen verstand er als einen Hinweis auf ein künftiges außerirdisch-menschliches Zwitterkind. »Was sie wollten, [war] ein guter Beschäler, um ihre Rasse aufzubessern«, meinte Villas-Boas und brachte damit ein Thema ins Spiel, das über Jahrzehnte hinweg in derartigen Entführungsgeschichten einen festen Platz bekommen würde: die Vorstellung, menschliches Erbgut werde als Auffrischung degenerierter außerirdischer Arten des gesamten bekannten oder unbekannten Universums gebraucht. Nachdem man Antonio Villas-Boas seine Kleider zurückgegeben hatte und er wieder angezogen war, wurde ihm ein Rundgang durch das Raumschiff gewährt, und dann brachte man ihn wieder auf seinen Bauernhof zurück.

Oberflächlich betrachtet, kopiert Antonio Villas-Boas in seiner Schilderung einige der phantastischeren Motive bereits bekannter Kontaktler-Geschichten, etwa den flüchtigen Rundgang durch die Untertasse oder die Vorstellung, die Außerirdischen hätten ihn *nötig*, aber es gab entscheidende Unterschiede, die diesen Bericht für die Ufologie besonders interessant machten. Zum Beispiel war Villas-Boas nicht darauf aus, bekannt zu werden, sondern bewahrte über sein Erlebnis Stillschweigen, bis er in der Zeitung einen Aufruf las, Ufo-Sichtungen zu melden. Zudem gibt es keinen Grund anzunehmen, Antonio Villa-Boas, ein einfacher südamerikanischer Bauer, habe jemals Ufo-Geschichten gehört oder einen Grund gehabt, sich einen Schwindel auszudenken.

Doch die vielsagendsten Beweise waren körperlicher Natur. Olivo Fontes, ein angesehener ortsansässiger Arzt, stellte fest, daß Villas-Boas offenbar eine Strahlenvergiftung erlitten hatte, was mit seiner Behauptung, er sei in Kontakt mit einem technisch fortgeschrittenen Gefährt gekommen, durchaus in Einklang stand. Überdies hatte er auch zwei Narben am Kinn, und zwar genau an der Stelle, wo ihm nach eigener Aussage Blut entnommen worden war. Nun könnte dieser junge Bauer die Narben selbstverständlich schon vor seiner angeblichen Begegnung gehabt haben, genauso wie er die ganze Schilderung auch erfunden – oder sich eingebildet – haben kann. Doch was war mit der offensichtlichen Strahlenvergiftung? Und wie sollte man den ganz deutlichen Eindruck entkräften, daß Villas-Boas in gutem Glauben etwas erzählte, was für ihn ein reales Erlebnis war?

Dieser und andere Fälle, in denen ähnliche Beobachtungen von oder Interaktionen mit menschenähnlichen Wesen in der Nähe von oder in ungewöhnlichen Gefährten gemacht wurden, bewirkten, daß die bereits bestehenden Spannungen zwischen APRO und NICAP, den zwei Hauptgruppen der nichtmilitärischen Ufo-Forschung, sich verschärften. Die APRO-Mitbegründerin Coral Lorenzen hatte zwar ursprünglich die Regierungsverschwörungs-Theorien des NICAP-Gründers Donald Keyhoe unterstützt, aber nun erschien ihr Keyhoes Leier immer zweifelhafter. Sie hatte selbst für die Luftwaffe gearbeitet, und ihr kam die Operation Ufo der Luftwaffe nicht wie eine große Verschwörung vor, sondern viel eher wie ein nicht eben wirksamer Versuch in Öffentlichkeitsarbeit.

Dazu kam, daß von APRO Meldungen über Ufo-Insassen viel bereitwilliger entgegengenommen wurden als von NICAP, offenbar aufgrund der Annahme, daß ein von außen zu sehendes Gefährt auch ein Inneres haben müsse, einschließlich solchen, die es steuerten und bedienten – selbst wenn es nur Roboter waren. Keyhoe dagegen wollte nichts von diesen neuen Berichten über menschenähnliche Wesen wissen; sie erinnerten ihn zu stark an die geschwindelten Behauptungen der Kontaktler.

Diese Spannungen zwischen den Organisationen widerspiegelten eine tiefergehende Auseinandersetzung innerhalb der Ufologie darüber, wie diese Kontaktmeldungen mit Ufo-Besatzungen insgesamt zu klassifizieren waren. Ein Teil gab sich sämtlichen derartigen Behauptungen gegenüber skeptisch und zog es vor, alle Bemühungen darauf zu konzentrieren, unumstößliche physikalisch erhärtete Beweise zu sammeln, vor allem Radarmeldungen, Fotos und hin und wieder einen »Landungsabdruck«. Andere wollten die bisherigen Behauptungen von Kontaktlern als blanken Unsinn abtun und sich ausdrücklich auf die herausfordernden neuen Berichte von anscheinend echten Interaktionen mit wirklichen Ufo-Besatzungen beschränken.

Und noch einmal andere, solche, die sich in Parapsychologie und kulturübergreifenden okkulten und geistigen Traditionen auskannten, hatten keine Mühe, die Begegnungen der Kontaktierten wie auch die Entführungen als gleichzeitig reale und surreale Manifestationen desselben komplexen halluzinatorischen Vorgangs zu betrachten, der in der Vergangenheit sowohl engelhafte und dämonische Phänomene als auch prophetische Visionen hervorgerufen hatte. Sie interessierten sich vor allem für die Art und Weise, wie die Naivität von Kontaktierten wie auch von Ufologen von diesen multidimensionalen Geist-Kräften geschickt für ihre eigenen mutwilligen Zwecke ausgenutzt wurde.

Zu behaupten, dieser Minderheitsflügel der Ufologie sei beim harten Kern der Anhänger der extraterrestrischen Hypothese nicht besonders beliebt gewesen, wäre ganz erheblich untertrieben. Die Verfechter dieses provokativen Standpunkts gewannen jedoch in späteren Jahren enorm an Einfluß, dies insbesondere in Zeiten, in denen das länger andauernde Ausbleiben von konkreten Beweisen für abgestürzte Untertassen und dabei erbeutete außerirdische Leichen darauf hinzuweisen schien, daß sich die Hauptströmung der Ufologie auf ein verhängnisvoll trügerisches und fruchtloses Unterfangen eingelassen hatte.

Die Ermittler der Luftwaffe und die nichtmilitärischen Entlarver verzichteten ihrerseits auf solche vergeistigten Spekulationen und philosophischen Unterscheidungen. Man begnügte sich dort damit, den ganzen Verein – Forschende, Kontaktler, Entführte und wer immer sich noch daran beteiligen wollte – diesen Konflikt unter sich austragen zu lassen.

4

Vor dem Hintergrund all der verschiedenen Ufo-Abenteuer Mitte der fünfziger Jahre ist es an der Zeit, die dramatische Struktur dieser Ereignisse unter die Lupe zu nehmen. Aristoteles nannte einst als das wesentliche Element von Drama und Epos »die Anordnung der Bestandteile« zu einer Erzählung. Was hat es also mit der Erzählstruktur der Ufo-Ereignisse auf sich, daß sie eine derart starke Reaktion in der kollektiven menschlichen Psyche hervorruft?

Gemäß Angus Fletchers Abhandlung *Allegory: The Theory of a Symbolic Mode* (Allegorie: Die Theorie eines symbolischen Modus), »sagt die Allegorie etwas und meint etwas anderes. Sie macht unsere Erwartungshaltung der Sprache gegenüber zunichte, die davon ausgeht, daß die Wörter ›meinen, was sie sagen‹.« Danach erzählt ein allegorisches Werk etwas, um etwas anderes, darüber Hinausgehendes auszudrücken, und impliziert dabei vieles, was allein an der Oberfläche der ursprünglichen Geschichte nicht aufscheint. Im sechzehnten Jahrhundert beschrieb der Gelehrte Henry Peacham die Allegorie als eine Art Rätsel, dessen Sinn in der Dunkelheit verborgen liegt und daher kaum erfaßbar ist. Fletcher vertritt eine ähnliche Auffassung, wenn er die Allegorie als einen »fundamentalen Prozeß zur Kodierung unserer Sprache« bezeichnet.

Das Ufo-Phänomen wurde noch kaum als »literarisches Problem« betrachtet, doch nehmen wir einmal an, es erscheinen in zweihundert Jahren aus irgendeinem Grund keine Ufos mehr. Alles, was von dem Phänomen dann übrigbleibt, ist die Literatur darüber: die Fülle von Augenzeugenberichten und die unzähligen Bücher und analysierenden Artikel dazu. Ich wage vorauszusagen, daß die Literaturwissenschaft des zweiundzwanzigsten Jahrhunderts frei von allen Emotionen, die heute mit den Ufos verbunden sind, dieses beinahe unerschöpfliche schriftliche Zeugnis als Allegorie für das ausgehende zwanzigste Jahrhundert betrachten würde. Und auch wenn man zweifellos von der physikalischen Natur der Ufos ebenso fasziniert wäre wie wir heute, würde man sich womöglich doch noch stärker dafür interessieren, wie die Ufos als eine Form von »kodierter Sprache« auf uns gewirkt haben, die uns fortwährend herausgefordert – und bis zu einem gewissen Grad dazu gezwungen – hat, die rätselhafte »Grammatik« eben dieser Sprache zu entschlüsseln.
Ich würde mich nicht wundern, wenn diese Wissenschaftler dann davon besonders beeindruckt wären, wie das Ufo-Phänomen mittels Implikation zahlreiche Bedeutungsebenen zusammenhielt, auch wenn es die Aufmerksamkeit beim Betrachten vor allem auf das lenkte, was sich an der Oberfläche abspielte: Überflüge, Landungen, Begegnungen mit Insassen. Ein definierendes Merkmal einer reinen Allegorie ist gemäß Angus Fletcher, daß sie auf ihrer formellen, also wörtlichen äußeren Ebene nicht ausdrücklich nach einer Interpretation verborgener Bedeutungen verlangt, weil sie oft bereits an sich »plausibel genug« klingt. »Doch irgendwie suggeriert diese wörtliche Ebene eine *eigentümliche Duplizität der Intention*, und obwohl sie gleichsam ohne Interpretation auskommen kann, wird sie viel reichhaltiger und interessanter, wenn sie interpretiert wird.« (Hervorhebung vom Verfasser)
Die Nash-Fortenberry-Sichtung von 1952 bietet ein überzeugendes Beispiel für die Wirkungsweise einer Allegorie. Zwei Berufspiloten sehen, wie »sechs strahlend helle Objekte mit enorm großer Geschwindigkeit auf uns zurasen«. Rein formal betrachtet ist das bereits eine sinnvolle Aussage, selbst wenn die beiden nicht

identifizieren konnten, was sie gesehen hatten. Aber auch dies ist verständlich: Sie haben gesehen, was sie gesehen haben, und sie waren verblüfft. Zugleich war der Drang der Öffentlichkeit unvermeidlich, die Sichtungsmeldung zu interpretieren, an der Oberfläche der wörtlichen Geschichte zu kratzen. Die Psyche – die kollektive und die individuelle – konnte gar nicht anders als zu fragen: »Was *waren* diese Dinge mit dem Aussehen ›von glühend heißen Kohlen, aber mit einer sehr viel stärker leuchtenden Glut‹?«

Eine ähnliche Spannung zwischen Oberfläche und Untergrund, Text und Subtext zeigt sich in der Kontroverse über die Ereignisse, die am darauffolgenden Wochenende über Washington stattfanden. Zahlreiche zuverlässige Beobachterinnen und Beobachter erlebten mit bloßem Auge und auf Radar Sichtungen von ganz offensichtlich ungewöhnlichen Objekten in der Luft. Die Luftwaffe reagierte, indem sie Alarm für die Abfangjäger blies, welche Jagd auf die Objekte machen sollten. Einmal mehr fanden also Ereignisse von klarer formaler Logik statt: *Etwas Ungewöhnliches wird gesehen und gejagt.*

Erst in der Folge dieser Ereignisse wurde die ganze Angelegenheit undurchsichtig. Weshalb erwischten die Düsenjäger keines dieser Objekte? Wie konnten die Ufos einfach »verschwinden«, wenn sich die Flugzeuge näherten? *Waren sie etwa gar nicht das, was sie zu sein schienen?* fragte sich die Psyche. Da schaltete sich die Luftwaffe ein und bestätigte, daß es Grund gab für einen Verdacht mit der Meldung, schuld daran sei eine »Inversionslage mit Umkehrung der sonst üblichen Temperaturverhältnisse« gewesen. *Gut,* sagte sich da die Psyche, und an der Oberfläche der Geschichte stellte sich wieder Harmonie ein: alles war wieder gut.

Doch nicht ganz.

Der Leiter der Luftverkehrszentrale, der die Radarüberwachung beaufsichtigte, bezeichnete den Bericht der Luftwaffe als Unsinn: Es hätten »mindestens zehn unidentifizierte fliegende Objekte Manöver [ausgeführt], welche kein bekanntes Flugzeug ausführen könnte«. Und noch einmal schossen in der Öffentlichkeit heftige Zweifel ins Kraut, als Entlarver Donald Menzel »zu weit« ging, indem er erklärte, die Piloten Nash und Fortenberry hätten zwei Wochenenden davor lediglich »Leuchtkäfer« mit ungewöhnlichen Objekten in der Luft »verwechselt«.

Damit tauchte Fletchers *eigentümliche Duplizität* wieder in voller Stärke in der Erzählung auf. Es gab nun einen parallelen Handlungsablauf: Es wurde etwas gesehen, aber die Regierung versuchte es mit allen Mitteln weg zu erklären. Die breite Öffentlichkeit fragte sich deshalb unweigerlich: *Weshalb muß das sein?* Selbst als Menzel seine Hypothese von den Leuchtkäfern fallenließ, selbst als die Luftwaffe bekräftigte, die Inversionslage sei die »unanfechtbar« zutreffende Erklärung, landeten die drei berühmtesten Fälle von 1952 trotzdem in einem dunklen Zwischenbereich, wo sie wie die meisten bekannteren Ufo-Fälle weder definitiv als »echte« Fälle von Ufos bestätigt wurden, noch eindeutig aufgezeigt werden konnte, daß sie irdischen Ursprungs waren.

Beide Seiten konnten »Sieg« rufen; entscheidender war jedoch, daß die kollektive Psyche die erregende Vorstellung, daß »etwas Außerordentliches geschehen war«, gründlich in sich aufgenommen hatte. Dasselbe geschieht in einer formalen Allegorie, wo eine Spannung besteht zwischen den wörtlich geschilderten Ereignissen an der *Oberfläche* und den evozierenden, suggestiven und implizierenden Assoziationen darunter. Die Lösung erfolgt weder auf der einen noch auf der andern Ebene; die Mehrdeutigkeit ist garantiert. Die bekannteren Werke Franz Kafkas veranschaulichen diese Dynamik bestens.

»Jemand mußte Josef K. verleumdet haben, denn ohne daß er etwas Böses getan hätte, wurde er eines Morgens verhaftet.« So beginnt Kafkas eindringlich beklemmender Roman *Der Prozeß*. K.s entschlossene Anstrengungen, herauszufinden, weshalb er verhaftet ist und was ihm vorgeworfen wird, scheitern durchweg: Es wird angenommen, daß er dies *weiß*. Im Verlauf des rätselhaften Geschehens wird klar, daß K. weder gefangen noch frei ist. In der Tat bekommt er das Gericht nie zu Gesicht, sondern nur dessen Agenten, die Boten und Schergen. Sein Prozeß findet nie statt, jedoch durchdringt dessen unsichtbare Gegenwärtigkeit K.s ganzes Leben.

Kafka braucht seinem Lesepublikum nicht mitzuteilen, daß Josef K. »Jedermann« ist, daß wir nämlich alle unter einem nicht näher spezifizierten Urteil stehen oder, mit anderen Worten, alle im Todestrakt warten. In der Tat verbieten die Regeln der Allegorie solch eine öffentliche Enthüllung gerade. »Durch ihre surreale Oberflächenstruktur ruft die Allegorie bei den Lesenden sofort eine interpretierende Reaktion hervor«, sagt Fletcher und fährt fort: »Das Verschwiegene in einer Allegorie ist ebenso voller Bedeutung wie die ausgefüllten Stellen, weil wir beim Überbrücken dieser Leerstellen zwischen merkwürdig zueinander nicht in Beziehung stehenden Bildern die versunkene Tiefenstruktur des Denkens erreichen.«

So ist *Der Prozeß* zu einem wesentlichen Teil deshalb ein meisterhaftes Kunstwerk, weil Kafka eine nicht realistische Oberflächengeschichte aufrechterhält, die die Aufmerksamkeit beim Lesen durchweg auf implizite, viel umfassendere Bedeutungen *hinlenkt*, sie jedoch niemals *aufzwingt*. Wäre es Kafkas alleiniges Ziel gewesen, klarzumachen, daß »Jedermann« auf dem Prüfstand steht, wäre die Oberflächengeschichte wahrscheinlich denselben Weg gegangen wie viele klassische Allegorien und wenig mehr als ein mechanistisches, ritualisiertes Vehikel geworden, um eine abstrakte Wahrheit zu transportieren. Die wesentliche Spannung zwischen dem Leben eines Einzelnen, nämlich des Josef K., und damit den Implikationen seines Lebens für uns wären so verlorengegangen.

In ähnlicher Hinsicht, nämlich weil die Ereignisse um Begegnungen mit Ufos typisch surreal sind – traumähnlich, phantastisch wie auch gleichzeitig weniger und mehr als realistisch –, greift die Psyche nach Interpretationen, um die Lücken darin zu überbrücken. Manche Ufo-Forscher suchen erschöpfende Antworten, indem sie sich ganz auf die oberflächlichen Ereignisse konzentrieren, um beweisen zu können, daß alles so geschieht, wie es zu geschehen scheint. Dies sind die »Buchstabengläubigen der Oberflächenstruktur« in der Ufologie. Andere sehen sich unter der

Oberfläche nach einer erschöpfenden Wahrheit um, versuchen zu beweisen, daß bei Ufo-Begegnungen nichts das ist, was es zu sein scheint, daß die Wahrheit nie in den Ereignissen selbst zu finden ist, sondern immer »woanders«. Dies sind die »Buchstabengläubigen der Tiefenstruktur« in der Ufologie.
Beide Seiten scheinen sich gleichermaßen intensiv darauf versteift zu haben, daß es eine einzige, definitive Lösung geben müsse. Und beide Positionen sind auch im gleichen Ausmaß mechanistisch und ritualistisch, wenn auch auf verschiedene Weise. (Buchstabengetreuer Materialismus vereinfacht nach unten, buchstabengetreue Symbolisierung nach oben. Das Ergebnis ist letztlich dasselbe: eine eingeebnete Weltsicht.)
Die Kontinuität der Ufo-Mythologie wird insgesamt durch eine seltsame Dialektik zwischen den beiden Extremen aufrechterhalten. Jedesmal wenn die, die einen rein symbolistischen Zugang befürworten, gewonnen zu haben scheinen, erscheint das Phänomen in Form von neuen Sichtungen mit einer ausgeprägten physikalischen Komponente und unterstützt so die Haltung derer, die sagen, Ufos bedürften keinerlei »sekundärer Interpretation«. Sobald diese Seite jedoch zuversichtlich ist, endlich die unumstößlichen, endgültigen Muster gefunden zu haben, erneuert sich das Phänomen durch verblüffende neue Entwicklungen: zum Beispiel das Auftauchen vom Motiv der Entführung durch Außerirdische im Jahr 1957.
Es sieht so aus, als würde sich das Ufo immer dann, wenn die Redundanz den kollektiven Geist allmählich langweilt, in sein thematisches Gewächshaus zurückziehen, um neue Gestalten und Gesichter, Taktiken und Temperamente, Motivationen und Motive ersprießen zu lassen. Diese werden dann ihrerseits selbst wieder standardisiert, ritualisiert und übermäßig ausgeführt, was das allegorische Pendel einmal mehr auf die Seite der Haltung jener ausschlagen läßt, die die Meinung vertreten, nichts davon sei so, wie es scheint, und die wichtigsten Bedeutungen des Ufo-Phänomens müßten deshalb unter der Oberfläche liegen.
So blickt das Ufo-Phänomen als Ganzes betrachtet janusköpfig in zwei Richtungen gleichzeitig: auf Ereignisse in Raum und Zeit, die

sich althergebrachten Erklärungen zu entziehen scheinen, und auf das symbolisch-mythische Umfeld, das durch und um diese Vorfälle entsteht – genauso wie sich Kafkas *Prozeß* sowohl als surreales Dokument von der alptraumhaften Begegnung eines einzelnen mit der wahren Hölle *als auch* als Parabel über den unbestimmteren Alptraum der menschlichen Existenz überhaupt lesen läßt.

Jacques Vallee, der unsere Geschichte als führender Analytiker von Ufo-Gesetzmäßigkeiten erst im neunten Kapitel offiziell betreten wird, stellte Spekulationen an über die symbolische Bedeutung der Widersprüche innerhalb eines Großteils der Augenzeugenberichte. Er sagt: »Wer danach strebt, eine Wahrheit zu vermitteln, welche die durch die Sprache der Zuhörenden ermöglichte semantische Ebene übersteigt, muß offensichtliche Widersprüche zu den normalen Bedeutungen schaffen.« Und das sei es, meint Vallee, was das Ufo-Phänomen erreiche, indem es eine »doppelte Sprache« spreche.

Durch die Projektion von Bildern, die die Glaubensstruktur der Zielgesellschaft knapp übersteigen, gelingt es dem Phänomen, »gleichzeitig zu verunsichern und zu beruhigen, die Leichtgläubigkeit der Eifernden und die Engstirnigkeit der Entlarver auszunutzen«, sagt Vallee. Das stetige Mitschwingen eines gewissen Maßes an Absurdität »führt zur Zurückweisung der Geschichte in den oberen Schichten der Zielgesellschaft und der Absorption der [von Ufo-Begegnungen] übermittelten Symbole auf einer tiefen, unbewußten Ebene«, fügt er hinzu.

Von seiten der Literaturkritik folgerte Angus Fletcher aus der offenkundigen Tatsache, daß Allegorien zwei oder mehr Bedeutungsebenen haben, daß »für deren Verständnis mindestens zwei Geisteshaltungen erforderlich sind«. Die Duplizität in der Intention einer Allegorie erfordere also auch eine *doppelte Aufmerksamkeit*, und zwar einerseits eine auf das erzählte Geschehen an der Oberfläche und andererseits eine auf dessen psychische Auswirkungen und verborgene Tiefen gerichtete; dies geschieht, um die *Spannung* der allegorischen Form zu bewahren und um ihrer *Intention* Rechnung zu tragen.

Mitte der fünfziger Jahre war allerdings die Idee, daß es nützlich sein könnte, dem Ufo-Phänomen mit zwei oder mehr Geisteshaltungen entgegenzutreten, noch nicht einmal als Möglichkeit im Dialog aufgetaucht. Weil die Kontroverse sich so sehr polarisiert hatte, war der Gedanke, Ufos könnten mythisch und real zugleich sein, unvorstellbar. Dasselbe galt für die Vorstellung, daß plötzlich jemand von außerhalb der Ufo-Debatte kommen, ein paar treffende Kommentare machen, den ganzen Dialog in ein neues Licht rücken und sich dann wieder in sein Zuhause in den Schweizer Alpen zurückziehen könnte.

So war die Lage, bevor C. G. Jung den Schauplatz betrat.

Als C. G. Jung 1959 sein schmales Bändchen mit dem Titel *Ein moderner Mythus. Von Dingen, die am Himmel gesehen werden* publizierte, wußten die Freischärler der Ufologie kaum, was sie damit anfangen sollten. Denen, die Ufos befürworteten und stets auf der Suche nach schwer faßbarer außerirdischer Hardware waren, kamen psychologische und mythologische Erklärungsversuche verdächtig vor. Wer sie jedoch entlarven wollte, interessierte sich nur insofern für psychologisch untermauerte Erklärungen, als sie es erleichterten, Ufo-Sichtungen als Halluzinationen und Verwechslungen mit Planeten und Flugzeugen abzutun.

Trotzdem kann es Jungs Einfluß auf die Vorstellungskraft in bezug auf Ufos mühelos mit dem jedes anderen ernsthaften Denkers zu diesem Thema aufnehmen. Nicht so sehr, weil er einen Bericht über ihre Ursprünge geliefert hätte – er machte gar nicht erst den Versuch –, sondern vielmehr, weil er dem Thema einen völlig neuen Horizont eröffnete, und zwar einen, der in den folgenden Jahrzehnten eine unermeßliche Kreativität hervorrief.

Man war weithin der Ansicht, die Debatte, in die Jung eingetreten war, werde von monomanischen Kultanhängern geführt, die sich nur durch ihre Glaubensinhalte voneinander unterschieden. Deshalb hatte bereits die Bereitschaft eines bedeutenden Philosophen und Psychologen, Ufos als ernsthafte Frage zu betrachten, zur

Folge, daß der Dialog auf eine höhere Ebene gehoben wurde. Von Sigmund Freud früh gefördert, hatte sich Jung mit Religion, Philosophie, Mythologie und Mystik in einem Dutzend Sprachen befaßt und sich in Asien, Europa, Indien und Nordamerika aufgehalten. Obwohl er sich in erster Linie als Arzt und wissenschaftlicher Empiriker betrachtete, war das für ihn kein Grund, seine produktive Feder nicht auch anderen Themen zuzuwenden, zum Beispiel der Funktionsweise des Unbewußten, dem Werk von James Joyce und Pablo Picasso, Spiritismus und Séancen, Märchen und Astrologie, Alchemie und der Doktrin von Mariä Himmelfahrt. Jung war ohne jeden Zweifel einer der großen – und geistvollen – Köpfe seiner Zeit.

Bereits 1946, also ein Jahr vor Kenneth Arnolds Sichtung in den Vereinigten Staaten, wandte der einundsiebzigjährige Jung seine Aufmerksamkeit Berichten über unidentifizierte fliegende Objekte in Europa zu. Über mehrere Jahre hinweg sammelte und studierte er Zeitungsmeldungen, Aussagen von wissenschaftlichen, militärischen und behördlichen Institutionen sowie Berichte von zivilen Ufo-Forschungsgruppen. Anfang Februar 1951 schrieb Jung an einen Freund, er habe nicht herausfinden können, ob man Ufos am besten als »ein von Einzel- oder Massenhalluzinationen begleitetes Gerücht« betrachten solle oder als »konkrete Tatsache«. Beides wäre interessant, sagte er.

> Ist es ein Gerücht, dann muß es sich bei der Erscheinung der runden Scheiben um ein aus dem Unbewußten hervorgegangenes Symbol handeln. Was das vom psychologischen Gesichtspunkt aus bedeutet, ist bekannt. Stünde jedoch fest, daß es ein konkretes Objekt ist, dann wären wir mit etwas Ungewöhnlichem konfrontiert. [...] Das Phänomen der Teller könnte sogar beides sein: Gerücht und Objekt. [...] Zu schade, daß wir nicht genügend darüber wissen.

»*Es wird etwas gesehen, aber man weiß nicht was*«, sagt Jung. »Es ist sogar schwer, ja fast unmöglich, sich eine richtige Vorstellung von diesen Objekten zu machen, denn sie benehmen sich nicht wie Körper, sondern schwerelos wie Gedanken.« Zumindest schien es Jung, »daß das offenbar komplizierte Phänomen neben einer möglichen physikalischen Grundlage auch eine wesentlich ins Gewicht fallende psychische Komponente besitze.« Was für ihn jedoch unklar blieb, war die Frage, »ob eine primäre Wahrnehmung ein Phantasma im Gefolge hat, oder ob umgekehrt eine primäre, im Unbewußten sich vorbereitende Phantasie das Bewußtsein mit Illusionen und Visionen überfällt«.

Im ersten Fall wäre ein physikalischer Prozeß die Grundlage für einen damit einhergehenden Mythos; im zweiten Fall schüfe ein psychischer Prozeß eine damit übereinstimmende Vision. Jung zog darüber hinaus eine dritte Möglichkeit in Betracht: Ufos konnten *Synchronizitäten,* das heißt durch Raum und/oder Zeit getrennte sinnentsprechende Koinzidenzen sein, Vorfälle, die auf unbemerkte Zusammenhänge zwischen dem Bewußtsein und der Materie hindeuteten. Diese Hypothese widerspiegelte das Interesse, das Jung zeitlebens paranormalen Phänomenen und außergewöhnlichen Bewußtseinszuständen entgegenbrachte. So sehr aber derlei Spekulationen Jung auch interessierten, fühlte er sich als Psychologe doch nur qualifiziert, zur psychischen Komponente oder zu den Ufos als »Gerüchten« Stellung zu nehmen.

Die Gerüchte über Ufos seien vielleicht nicht sachlicher Art, sondern vielmehr »visionäre Gerüchte« von derselben Gattung wie religiöse Visionen. Solche Visionen, hielt Jung fest, würden in Zeiten persönlicher und kollektiver Angst oder Gefahr erfahren oder als Reaktion auf ein »vitale[s] seelische[s] Bedürfnis«. Vielleicht entsende das kollektive Unbewußte derlei Visionen, genauso wie es bei einzelnen Personen abnorme Überzeugungen, Visionen und Illusionen gebe, wenn bewußte von unbewußten Einstellungen dissoziiert seien.

Mit einer gewissen Düsternis konstatierte Jung, daß er nur ungern daraus schließe, daß die Erscheinung von Ufos eindeutig darauf hinweise, »daß der Menschheit Ereignisse warten, welche dem Ende eines Aeons entsprechen«. Solche Massenanomalien treten in der Regel dann auf, wenn sich umfassende Veränderungen im

Kräftegleichgewicht des kollektiven Unbewußten ankündigen – dem riesigen Gefäß mit den Bildern und Motiven, die den Mythen und Träumen aller Völker der Welt gemeinsam sind, als komplexe Matrix miteinander verbunden, die über Raum und Zeit hinausgeht. Jung zweifelte nicht daran, daß die Menschheit einer Ära des grundlegenden Übergangs von einer Gruppe vorherrschender Bilder – denen des Zeitalters der Fische, das mit dem Entstehen des Christentums zusammenfiel – zu einer neuen kollektiven Anordnung von psychischen Elementen im Zusammenhang mit dem Zeitalter des Wassermanns entgegengehe.

Die oft beschriebene runde Form der Objekte erinnerte Jung an die *Mandala,* ein wiederkehrendes Symbol seelischer Ganzheit, das man in den Mythologien auf der ganzen Welt unter Begriffen wie »Sonnenrad« oder »Zauberkreis« wiederfindet. Ufos könnten das mythologische Konzept der Seele darstellen, von dem man in der Antike sagte, es habe die Form einer Kugel. Jung fand es interessant, daß ein Bild, das Ordnung, Ganzheit und Rettung ausdrückt, nun »eine *sächliche,* ja sogar eine technische Form annimmt«, um die Nachteile mythologischer Assoziationen in einem Zeitalter zu umgehen, in dem Magisches von Maschinen überlagert werde (wenn auch nur scheinbar, fügte Jung hinzu, denn die Sehnsucht der Menschheit nach Rettung von oben habe in den Ufos einen neuen Brennpunkt gefunden).

Jung war der erste angesehene Wissenschaftler, der Parallelen entdeckte zwischen den Motiven bei Ufo-Vorfällen und einer Vielzahl religiöser und mythologischer Motive in der gesamten überlieferten Geschichte. Als Bild erster Ordnung des Selbst ist die runde Form des Ufos das »eines Elias, der Feuer vom Himmel herunterruft, auf feurigem Wagen zum Himmel steigt und ein Vorläufer des Messias ist«. *»Im religiösen Erlebnis begegnet der Mensch einem seelisch übermächtigen Anderen«*, sagte Jung und an anderer Stelle, Ufos könnten auf dem Niveau der Antike »deshalb leicht als ›Götter‹ verstanden werden«.

Jung lieferte also keine Lösung für das Rätsel des Ursprungs von Ufos, aber er diskutierte eingehend das Verhältnis zwischen Ufos auf der einen und Parapsychologie und Psychokinese – das geistige Beeinflussen lebloser Gegenstände – auf der anderen Seite.

Er zog die Möglichkeit in Betracht, daß Ufos »materialisierte[s] Psychische[s]« sein könnten, das heißt aus dem kollektiven Unbewußten geformte, regelrechte physische oder paraphysische Materialisierungen. Seine Bemerkung dazu, daß schon allein eine derartige Vorstellung »vollends den Boden unter sich verloren zu haben« scheine, weist darauf hin, wie sehr er Herausforderungen genoß, vor die derlei Überlegungen herkömmliche Betrachtungsweisen der Wirklichkeit stellen.

Der Gedanke einer beweglichen anstelle einer absoluten Grenzlinie zwischen Geist und Materie, Geist und Natur, war für C. G. Jung, den Begründer einer provokativ weitgehenden Lehre über die grundlegende Struktur der Existenz, jedoch nicht Neues. Ausgehend von seiner intellektuellen und kulturellen Reise durch Geschichte und Sozialgeschichte, Religionen, Mythologien, Sagen und Märchen, Träume und Phantasien unzähliger Kulturen wandte Jung seine Aufmerksamkeit den Gesetzmäßigkeiten zu, die der menschlichen Psyche zugrundeliegen. Er bezeichnete diese Gesetzmäßigkeiten als *archetypisch*, vom griechischen Wort für »Urbild« oder »Stempel« abgeleitet. Archetypen sind unsichtbare kollektive Muster, die der Form zugrunde liegen, die Bilder erster Ordnung, die unsere Gedanken, Gefühle und Handlungen formen und ständig beeinflussen.

Obwohl Archetypen an sich nicht erkannt werden können, sind wir, laut Jung, in der Lage, ein archetypisches Erlebnis immer dann zu erkennen, wenn wir in der Gegenwart dessen sind, was uns als *tiefgründig, notwendig, universell, grundlegend und fundamental* anspricht. Biologische Archetypen sind zum Beispiel: die Frau, der Mann, die Mutter, der Vater, der Bruder, die Schwester; psychologische Archetypen enthalten die gute oder schreckliche Mutter und den tyrannischen Vater; beruf- oder tätigkeitsbezogene Archetypen sind unter anderem forschend, heilend, diktatorisch und kapitalistisch. Archetypen »halten ganze Welten zusammen und können doch nie aufgezeigt, erklärt oder auch nur angemessen umschrieben werden«, schreibt der Jungianer James Hillman.

Jung verstand Archetypen ursprünglich als die am tiefsten liegenden Muster der Psyche, als die Wurzeln der instinktiven Verhaltensmuster. Indem er sein Gedankengebäude allmählich weiterentwickelte, begann er Archetypen jedoch mehr und mehr als das *allen* Strukturen innewohnende Potential zu sehen, das dem Sein aller lebendigen Organismen zugrunde liegt. Im Laufe der Zeit wurde der Archetypus für Jung zur Brücke zum Stofflichen überhaupt. Im neunten Band seiner Gesammelten Werke findet man:

> Die tieferen »Schichten« der Psyche verlieren mit zunehmender Tiefe und Dunkelheit die individuelle Einzigartigkeit. Sie werden nach »unten« [...] zunehmend kollektiver, um in der Stofflichkeit des Körpers, nämlich in den chemischen Körpern, universal zu werden und zugleich zu erlöschen. Der Kohlenstoff des Körpers ist überhaupt Kohlenstoff. »Zuunterst« ist daher Psyche überhaupt »Welt«.

Damit war klar, daß die Unterscheidung zwischen organischer und anorganischer Materie – und die Unterscheidung zwischen Geist und Körper – für Jung nicht statisch oder absolut war, sondern dynamisch und proteisch. So wird deutlich, weshalb eine neue Generation in der Forschung, losgelöst von der rein praktischen Ausrichtung in der Ufologie, die Reichhaltigkeit von Jungs Gedankengut über die archetypische Realität zu schätzen wußten, während sie sich über die grundlegende Beschaffenheit der Ufo genannten Vorkommnisse den Kopf zerbrachen.

Wenn das Verhältnis zwischen geistiger und materieller Realität in gewissem Sinn reziprok ist, dann gibt es möglicherweise Zwischenbereiche der Realität – eine feine Substanz, vielleicht sogar in vielen verschiedenen Abstufungen. Vielleicht sind manche Ufos vorübergehende Ausformungen von psychischer oder quasiphysischer Materie, unabhängig von individuellen Psychen, die ihren Ursprung in Fluren jenseits unserer Koordinaten von Raum und Zeit haben, jedoch »genau hier« wirken.

Eine solche Hypothese widerspricht den typischen Verhaltensweisen von Ufos nicht, als da sind: klar sichtbare Flugkörper führen bemerkenswerte Richtungsänderungen aus, halten an, schweben, wechseln Form und Farbe, verschwinden auf der Stelle und erscheinen wieder, beschleunigen dann binnen Sekunden auf außergewöhnliche Geschwindigkeiten – charakteristischerweise ohne Überschallknall –, gehen einher mit elektromagnetischen Auswirkungen, einschließlich des Versagens sich in der Nähe befindender Automotoren und landwirtschaftlicher Maschinen (wie zum Beispiel Antonio Villas-Boas' Traktor) und können eindeutig vom Radar aufgezeichnet werden, während sie eigentümlich örtlich beschränkt und in ihrem Auftreten wählerisch bleiben.

Genausowenig widerspricht die »paraphysische Hypothese« den Berichten von den rätselhaften Männern in Schwarz, den sogenannten »MiS«. Gegen Ende der fünfziger Jahre tauchten zum erstenmal Berichte über das Auftreten eigenartiger Männer auf, die ohne Ankündigung, manchmal allein, manchmal zu zweit oder zu dritt, im Haus von Zeugen bestimmter Ufos erschienen, in der Regel noch bevor diese ihre Sichtung irgend jemandem erzählt hatten. Sie schienen oft mehr über die Zeugen zu wissen, als Fremde wissen konnten, und warnten sie davor, ihre Sichtungen oder nahen Begegnungen zu melden. Sie sollen ein typisches, eigenartiges Hinken in ihrem Gang haben, mit mechanischer Monotonie oder in unangenehmem Singsang sprechen, schwarze Anzüge und schwarze Schuhe tragen, oft in schwarzen Autos vorfahren und alles in allem eine unheimliche »unirdische« Ausstrahlung haben.

Pure Einbildung? Wenn das der Fall wäre, müßte es sich um eine seltsam zusammenhängende, kollektive Einbildung handeln. Massenübertragung? Über Ufos Forschende trafen unabhängig voneinander auf viele solcher übereinstimmender Berichte von einer Vielzahl verschiedener und glaubhafter Zeugen, noch bevor das Phänomen öffentlich verbreitet war. Professor Peter M. Rojcewicz, ein Volkskundler, der sich in der Ufo-Literatur und kulturübergreifenden Schilderungen außergewöhnlicher Erfahrungen auskennt, fand interessante Parallelen zwischen Berichten über MiS in der Ufologie und Berichten verschiedener Traditionen von ominösen

»dunklen Männern« in Zusammenhängen, die nichts mit Ufos zu tun hatten. Für Rojcewicz sind die Parallelen Beweise für die proteische Anpassungsfähigkeit und Vitalität des Archetyps des Teufels in der Welt des Lebendigen.
Der Ufologie-Veteran John Keel berichtete von verwirrenden persönlichen Begegnungen mit MiS innerhalb eines Jahres, nachdem er begonnen hatte, hauptberuflich Ufo-Forschung zu betreiben. Keel berichtete von Zusammenkünften mit schwarzen Cadillacs, die in Nebenstraßen verschwanden; wie er in zufällig gewählten Motels abgestiegen sei und dort eine Reservierung unter seinem Namen vorgefunden habe, begleitet von einer unverständlichen Botschaft; daß er mitten in der Nacht aufgewacht sei, und eine dunkle Erscheinung über ihm gestanden habe; und daß er pausenlos Anrufe erhalten habe, die sich durch ein merkwürdiges Knacken und Summen von anderen unterschieden und mit körperlosen Stimmen Botschaften von den »Raummenschen« überbrachten. Es war ihm, als sei er in ein dämonisches Phantasiereich geraten, das sich in der normalen Welt eingenistet hatte und das dieselben Grenzen besaß wie das Ufo-Phänomen.
Als er herausfand, daß viele Ufo-Zeugen von ähnlichen Erlebnissen berichteten, verlor er den Glauben an die Hypothese von außerirdischen Besuchen und kam zu dem Schluß, daß die Legende von den fliegenden Untertassen nur ein Faden in einem größeren Gewebe sei:

> Die wirkliche Ufo-Geschichte muß sämtliche beobachteten Manifestationen mit einbeziehen. Die Geschichte handelt von Geistern und Phantomen und eigenartigen Fällen von Geistesgestörtheit; von einer unsichtbaren Welt, die uns umgibt und manchmal überflutet; von Propheten und Prophezeiungen, Göttern und Dämonen. Es ist eine Welt der Illusion und Halluzination, wo das Unwirkliche wirklich wird und die Realität von seltsamen Kräften verzerrt wird, die scheinbar Raum, Zeit und physikalische Materie beeinflussen können – Kräfte, die unser Verständnis fast vollständig übersteigen.

Jung kam zur Auffassung, daß Archetypen kein rein psychisches Phänomen sind, sondern daß ihnen ein Impuls innewohnt, ihren psychischen Rahmen zu überschreiten und sich in sichtbaren Formen zu materialisieren. *Die Archetypen des kollektiven Unbewußten tendieren zur Manifestation*. Er hatte diesen Gedanken zwar nicht im Zusammenhang mit Ufos entwickelt, aber eine neue Ermittlungsgeneration stellte den Bezug her. Viele von ihnen erkannten wie Keel Aspekte, die ihnen die Hypothese von den Besuchen aus dem All als einschneidend beschränkt erscheinen ließen, sobald sie sich mit dem gesamten Ufo-Material beschäftigten. Die neue Schule suchte in der Parapsychologie, den Religionswissenschaften, der Volkskunde und Mythologie nach neuen Erkenntnissen über ein Phänomen, dessen Auswirkungen die Grenzen zwischen Geist und Materie in Frage stellten.

Im großen und ganzen befand die Hauptströmung der Ufologie, daß derartige Assoziationen angesichts der Herausforderungen der modernen Welt keinen Bezug zu den wirklich bedeutenden Fragen im Zusammenhang mit Ufos darstellten: *Von welcher Galaxie kommen die Untertassen, und was haben sie mit uns vor?* Obwohl die Ufologie sich in ihrem organisatorischen Gebaren in den fünfziger Jahren eher freimaurerisch als wissenschaftlich gab, verstanden sich ihre Anhängerinnen und Anhänger als »Wissenschaftler« und bestanden darauf, daß Belege für Erscheinungen, die überzeugende physikalische Formen annahmen, den Volkskundeinstituten an den Universitäten überlassen wurden. Die neue Schule, die den Irrtum dieser Sichtweise erkannte, argumentierte zu Recht, die Wissenschaft sei eine Methode von Beobachtung und Auswertung und keine Religion (zumindest nicht offiziell), die ganze Bereiche von ihren Untersuchungen ausschließe.

So begann ein völlig neues Kapitel in der Ufo-Forschung: Es befaßte sich mit der Frage nach dem wahren Ausmaß des Phänomens. Im wesentlichen hatte sich die alte Schule nur für Außerirdische interessiert; die neue Schule dagegen sah Parallelen zwischen Engeln und Außerirdischen und war bestrebt, diese Anhaltspunkte im Hinblick auf psychologische, mythologische und religiöse Schlußfolgerungen von größerer Tragweite weiterzuverfolgen. Die Frage, ob solche Parallelen substantiell oder nur zufällig waren, sollte im Universum der Ufologie zu einem ungeheuren Streitpunkt werden.

Proteus seinerseits sah keine Notwendigkeit für derart feine Unterscheidungen. Er war Verbindungen mit Ursprüngen im Weltraum ebenso zugänglich wie solchen mit Ursprüngen in parallelen, an Zwischenbereiche angrenzenden Dimensionen, die unsere Begriffe von Raum und Zeit übersteigen. Er war ebenso vertraut mit Außerirdischen in einem entschieden modernen Mythos, der auch Untertassen und Entführungen einschloß, wie mit Engeln in einem fortwährend sich ausbreitenden Mythos, der die gesamte Bandbreite menschlicher Begegnungen mit Phänomenen umfaßte, die außerhalb der Norm liegen.

Wer wollte es der Ufologie übelnehmen, daß sie versuchte, Proteus von seiner offensichtlichen mehrfachen Persönlichkeitsstörung zu heilen? Joseph Campbell hatte die ermutigende Nachricht bereits überbracht: »Nur wenn der Wanderer Ernst macht mit der Anweisung: ›Aber greift unerschrocken ihn an und haltet noch fester!‹, nimmt der Gott seine wahre Gestalt an, um Rede zu stehen.« Seine *wahre Gestalt* – dies allein fand sein Echo in den Köpfen der Durchschnittsufologen, und sie verstanden es so, daß sie nur weiter ihre festgelegten Fragen stellen mußten, um die einfachen Antworten in Schwarzweiß zu erhalten, denen ihre Träume bereits Form verliehen hatten.

Proteus seinerseits gab weiterhin Antwort – viele verschiedene Antworten auf viele verschiedene Fragen. Den Terminus *Allegorie* führte er zwar nicht in seinem Wortschatz, doch er kannte seine Bedeutungen nur zu gut. Diese polyphone (*poly,* viel; *phon,* tönend) Gottheit verfügte über ebenso viele Lieder wie Stimmen, und sie hatte noch kaum zu singen begonnen.

5

Gegen Ende 1957 willigte Donald Keyhoe ein, in der beliebten CBS-Fernsehsendung »The Armstrong Circle Theater« aufzutreten. Der Titel der Folge lautete: »Ufo – Rätsel der Lüfte«, und neben Keyhoe waren weitere Schlüsselfiguren in der Kontroverse um die fliegenden Untertassen als Teilnehmer vorgesehen: Kenneth Arnold (der Mann, der alles ausgelöst hatte), Clarence Chiles, Pilot der Eastern Airlines, Edward Ruppelt, vormaliger Leiter des Luftwaffenprojekts »Blue Book«, sowie der Harvard-Astronom und verbissene Entlarver Donald H. Menzel. Keyhoe wollte zuerst nicht teilnehmen, weil ihm die Form der Sendung nicht erlauben würde, der Luftwaffe harte Fragen zu stellen, aber er willigte dann doch ein, als man ihm von seiten der CBS zugestand, sein Skript selbst zu schreiben.

Keyhoe lieferte eine Stellungnahme ab, in der er seine bekannte Litanei wider die Glaubwürdigkeit der Luftwaffe wiederholte und auf die gerüchteweise existierende, streng geheime »Situationsbeurteilung« aus dem Jahre 1949 verwies, wonach Ufos interplanetaren Ursprungs seien. Dies wollte er mit späteren Aussagen der Luftwaffe kontrastieren, welche die Realität von Ufos in Abrede stellten. Aber dieser Teil von Keyhoes Skript wurde von einem CBS-Mitarbeiter unter dem Vorwand gestrichen, sein Anteil an der Sendezeit werde sonst zu groß. Es wurde ihm zudem ausdrücklich verboten, etwas über Dokumente zu sagen, deren Existenz die Luftwaffe bestritt, obwohl Edward Ruppelt die fragliche »Situationsbeurteilung« in seinem Buch von 1956, *The Report on Unidentified Flying Objects* (Der Bericht über unbekannte Flugobjekte), bis in alle Details besprochen hatte.

Bis zum Tag, an dem die Sendung ausgestrahlt werden sollte, dem 22. Januar 1958, hatten Ruppelt, Arnold und Chiles ihre Teilnahme abgesagt. Arnold war ausgestiegen, weil er der Meinung war, die Sendung sei einseitig auf die Interessen der Luftwaffe ausgerichtet. »Ich bin nicht bereit, an einer Sendung teilzunehmen, die offensichtliche Tatsachen verdreht«, hatte er in einem Telegramm an CBS geschrieben. Keyhoe teilte zwar Arnolds Ansicht, beschloß aber, doch dabeizubleiben, als er erfuhr, daß er bei einer kleineren Anzahl von Teilnehmern mehr Zeit für seinen Vortrag haben würde. Die Sendung eröffnete Lieutenant Colonel Spencer Whedon, indem er den Katechismus der Luftwaffe herunterleierte, alle gesichteten Ufos beruhten entweder auf Schwindel, Halluzinationen oder Fehlidentifikationen.

Der Ufo-Chronist Jerome Clark beschreibt das, was danach geschah, so:

> Ein durch und durch frustrierter Keyhoe kam ins Bild, las während ein paar Minuten gehorsam sein Skript vor und schockierte schließlich alle Anwesenden, indem er plötzlich davon abwich. Er begann: »Und jetzt werde ich etwas enthüllen, was bis heute nie aufgedeckt worden ist. Während der vergangenen sechs Monate haben wir mit einem Ausschuß des Kongresses zusammengearbeitet, der die offizielle Geheimhaltung von Ufos untersucht. Wenn alles Beweismaterial, das wir diesem Ausschuß übergeben haben, in öffentlichen Hearings bekannt gemacht würde, wäre bewiesen ...« An diesem Punkt schalteten die Tontechniker das Mikrofon aus, und nur das Bild mit Keyhoes sich stumm bewegenden Lippen war weiterhin zu sehen. Da ihm nicht bewußt war, was eben geschehen war, sprach er weiter und beendete seinen Satz mit den Worten: »... daß

Ufos real existierende Maschinen mit intelligenter Steuerung sind.«

Keyhoe schrieb später, er habe seinen Entschluß, die vereinbarten Einschränkungen der Sendung zu mißachten, sogleich bereut. Seine empörte Kollegenschaft (und immer mehr auch die Konkurrenz) in der APRO, der anderen führenden nichtmilitärischen Ufo-Gruppe, ging bedeutend weiter und unterstellte ihm, mit dem Schachzug habe er »darauf abgezielt, Zensur zu insinuieren, ob es sie nun gab oder nicht«. CBS reagierte mit einem verblüffend unverblümten Eingeständnis auf das Debakel und gab zu, daß Keyhoe tatsächlich zensiert worden sei – auf Anordnung der Luftwaffe. Die Sendung sei aus Sicherheitsgründen im voraus abgesegnet worden, erklärte die Chefredaktion des Senders. »Jeder Hinweis auf eine Abweichung davon konnte dazu führen, daß Erklärungen abgegeben wurden, zu denen weder diese Sendekette noch Personen in der Sendung ermächtigt waren.« CBS bestand darauf, ihre Entscheidung im Interesse der Öffentlichkeit getroffen zu haben.
Bei der Luftwaffe sah es dagegen so aus, als wollte man sich auf Keyhoes Seite schlagen, denn sie vertrat die Ansicht, CBS habe mit dem Ausschalten des Tons »die sensationellen, unbestätigten Behauptungen [...] von Major Keyhoe eher unterstützt als davon abgelenkt«. Und trotz allem betrachtete die Luftwaffe die Sendung unter dem Strich als Gewinn, denn Keyhoe hatte sich landesweit bei den Nachrichtenmedien unbeliebt gemacht, weil er lediglich einen persönlichen Rachefeldzug gegen die Luftwaffe zu reiten schien. Der erstaunlich unverwüstliche Keyhoe selbst kam jedoch spielend über den Vorfall hinweg und verfolgte rasch wieder von neuem eine weitergreifende Strategie: eine Kampagne mit dem Ziel, im Kongreß Hearings über Ufos zu erzwingen.
Bald darauf aber mußten Keyhoe und seine Kollegen von der NICAP zusammen mit der gesamten zivilen Untertassen-Forschungsgemeinde eine weit bedeutendere Schlappe einstecken: Edward Ruppelt widerrief öffentlich seinen lange Zeit vertretenen Standpunkt, Ufos stellten etwas wirklich Unbekanntes dar. In

einem Brief mit dem Datum vom 6. Mai 1958 schrieb Ruppelt auf eine entsprechende Frage hin: »Ich habe das Projekt Blue Book seit 1953 erforscht und bin jetzt davon überzeugt, daß die Berichte über Ufos nichts weiter sind als Berichte über Ballone, Flugzeuge, astronomische Phänomene und so fort. Ich glaube nicht, daß sie aus dem Weltraum stammen.« Das war ein verblüffendes Eingeständnis für einen Mann, der sich noch vor ein paar Jahren über einen Aufklärungsboß der Luftwaffe beklagt hatte, der eine

> Vogel-Strauß-Politik betreibt und glaubt, [die Ufos] würden wieder weggehen, wenn er den Kopf in den Sand steckt und wartet. Er hat unrecht. [...] Sie behaupten, sie hätten die unbekannten auf etwa zehn Prozent reduzieren können, doch soviel ich gesehen habe, war das nur das Resultat einer skeptischeren Haltung. Die Berichte sind so gut, wie der, den wir haben, bloß ihre Methoden, sie zu analysieren, sind verdammt viel schlechter.

Als man Keyhoe eine Kopie von Ruppelts Widerruf zeigte, folgerte er daraus sofort, daß sein alter Freund – der damals für einen mit der Luftwaffe vertraglich verbundenen Flugzeughersteller arbeitete – »direkt oder indirekt unter Druck stand, [...] seine Position zu ändern«. Ein Jahr später erzählte Ruppelt Keyhoe, er plane eine Neuauflage seines Ufo-Klassikers *The Report on Unidentified Flying Objects.* Als sich herumgesprochen hatte, daß Ruppelt die Anti-Ufo-Haltung der Luftwaffe übernommen hatte, sagte Keyhoe, Ruppelt sei nun in der merkwürdigen Lage, »sein eigenes Buch zu entlarven«.

In einem offenen Brief an das APRO-Nachrichtenblatt *APRO Bulletin,* den nicht nur Ruppelt, sondern auch eine größere Ufo-Gemeinde lesen sollte, beschwor Keyhoe Ruppelt: »Lassen Sie sich nicht reinlegen. Wenn Sie zu widerrufen versuchen, werden Sie von einem großen Teil des Lesepublikums, einschließlich einflußreicher Rezensenten, hart angegriffen werden, weil Sie sich erdreisten, das ein für allemal klarzustellen.« Keyhoes Bemühungen, seinen Freund bei der Stange zu halten, waren jedoch vergeblich.

Die überarbeitete Ausgabe von Ruppelts Buch erschien mit drei neuen Kapiteln. Darin spielte er wilder Phantasie entsprungene Schilderungen von Kontaktlern hoch, bestritt in Übereinstimmung mit der Luftwaffe die Echtheit mehrerer neuerer Sichtungen, die für viele Ufologen als »erwiesen« galten, und äußerte sich herablassend über Keyhoe und die NICAP.
Die Ufologen waren sichtlich niedergeschlagen. Ein entmutigtes Mitglied der NICAP bemerkte:

> Es scheint eigenartig, daß Ruppelt als Leiter des Luftwaffen-Projekts Blue Book keine Erklärungen für [...] echte Fälle finden konnte; und jetzt, wo er keinen Zugang zu den nötigen Informationsquellen mehr hat, um Ufo-Sichtungen zu prüfen, wartet er plötzlich mit Lösungen auf.

Ruppelt starb 1960 im kalifornischen Long Beach an seinem zweiten Herzinfarkt. Obwohl es keinerlei dahingehende Beweise gibt, bestehen heutige Verschwörungstheorieanhänger noch immer darauf, Ruppelt sei von der Luftwaffe »gezwungen« worden, seiner früheren Haltung abzuschwören. Seine Witwe berichtete der Presse, die ständige Auseinandersetzung mit den wilden Behauptungen von südkalifornischen Kontaktlern habe ihrem Mann das Ufo-Phänomen »vermiest«. Edward Ruppelt sollte nicht der letzte vernünftige Mensch bleiben, der dem gesellschaftlichen Druck, für einen Ufo-Befürworter gehalten zu werden, nicht länger standzuhalten vermochte.

Im selben Monat, in dem Keyhoe Ruppelt öffentlich flehentlich darum bat, seine Seele nicht zu verkaufen, fand Tausende von Meilen entfernt in Neuguinea eine der spektakulärsten Sichtungen in der Geschichte der Ufos statt.
Am 26. Juni 1959, um 18 Uhr 45 ging der anglikanische Pfarrer Reverend William Booth Gill nach dem Essen auf einen Spaziergang nach draußen. Als er zum Himmel aufblickte, sah er »dieses funkelnde Objekt, das mir eigenartig vorkam, weil es Funken

sprühte und so außerordentlich hell war; es befand sich oberhalb der Venus, und ich beobachtete es eine Weile; dann sah ich, wie es sich zu uns herabsenkte.« Nach einer Weile kam Father Stephen Gill Moi hinzu, und er versuchte die Größe des Objekts mit ausgestrecktem Arm und geballter Faust zu messen. Nach seinen Angaben bedeckte seine Faust »etwa die Hälfte des Objekts«. Kurz darauf gesellten sich etwa dreißig Gemeindemitglieder zu den zwei Missionaren, um den ungewöhnlichen Anblick mit ihnen zu teilen.

Anders als George Adamski war Pfarrer Gill nicht etwa auf der Suche nach etwas Außergewöhnlichem am Himmel gewesen. Gill war im Gegenteil sogar besonders skeptisch gegenüber den Beobachtungen von Ufos gewesen, die die Insel seit beinahe einem Jahr geradezu überschwemmten; allein sechzig waren es während des dreimonatigen Winters auf der südlichen Halbkugel gewesen. Als ein Kollege im vorangegangenen Herbst sagte, er habe ein Ufo gesehen, meinte Gill, es habe sich doch wohl eher um den sowjetischen Satelliten Sputnik gehandelt. Doch am Abend des 26. Juni blickten sie nicht zum Sputnik auf.

Gill und seine Schar sahen verblüfft zu, wie das »grelle Licht« die Form eines riesigen, scheibenförmigen Objekts mit vier Beinen annahm und etwa hundertfünfzig Meter über ihnen schwebend zum Stehen kam. Sie konnten die erleuchteten Umrisse von vier menschenähnlichen Gestalten erkennen; sie bewegten sich auf dem Deck des Raumschiffs und verrichteten ganz offensichtlich eine unbekannte Arbeit, die erforderte, daß sie die Tragfläche verließen und wieder auftauchten, manchmal einzeln und manchmal zu zweit oder zu dritt. Um 19 Uhr 30 stieg das Objekt, das aus einem großen Unterteil und einem kleineren Oberdeck bestand, in die aufziehenden Wolken auf, deren Höhe Gill auf etwa sechshundert Meter schätzte. Eine gute Stunde später kam das Raumschiff wieder zum Vorschein und senkte sich erneut, diesmal auf eine etwas geringere Höhe, wo es ruhig schwebend innehielt, worauf sich ihm drei weitere Ufos anschlossen (von denen Gill später vermutete, es könnten Satelliten des größeren Schiffs, des »Mutterschiffs«, wie er es nannte, gewesen sein).

Knapp vor 23 Uhr verdeckten Wolken die Sicht, und die Ufos verschwanden.
Am folgenden Abend um 18 Uhr kamen Gill und seine Gefährten in den Genuß einer Wiederholungsvorstellung, und zwar mit dem Mutterschiff mit seinen vier Insassen und zweien der kleineren Schiffe. Wiederum schienen die Insassen an einem Vorhaben zu arbeiten, »als wollten sie etwas in Ordnung bringen oder ›montieren‹«, erinnerte sich Gill. Ein Besatzungsmitglied stand dort und hatte seine Hände auf etwas wie eine Reling gelegt, ganz wie bei einem Schiff.
»Ich reckte meinen Arm in die Höhe und winkte«, sagte Gill. »Zu unserer Verblüffung führte die Gestalt dieselbe Bewegung aus. Dann schwenkte Ananias [ein Mitglied aus Gills Kirchgemeinde] beide Arme über dem Kopf, und die zwei Gestalten draußen taten dasselbe. [...] Es schien keinen Zweifel daran zu geben, daß sie unsere Bewegungen erwiderten.« Als die Dunkelheit hereinbrach, benützte Gill eine Taschenlampe, um der Besatzung Zeichen zu geben. »Nach ungefähr einer Minute bestätigte das Ufo offenbar die Signale, indem es mehrmals vor und zurück schwenkte«, sagte Gill. Während Winken und Blinken mit der Taschenlampe anhielten, wurde das Ufo langsam größer, als würde es sich auf sein Publikum zubewegen. Dann hörte die Bewegung auf, und das Ufo kam nicht mehr näher. Bald schienen die Gestalten ihr Interesse an Gill und Co. verloren zu haben und verschwanden unter Deck. Um 18 Uhr 25 tauchten zwei der Gestalten wieder auf und fuhren mit ihren unbekannten Verrichtungen auf dem Oberdeck fort.
Um 18 Uhr 30 ging Gill zum Abendessen. Eine halbe Stunde später waren die kleineren Ufos verschwunden; das erste Gefährt war zwar noch immer da, jedoch weiter weg. Gill ging wieder hinein, um den Abendgottesdienst zu halten, und danach (19 Uhr 45) hatte der Himmel sich bewölkt, und es waren keine Ufos mehr zu sehen.
Zur allgemeinen Verblüffung erschien die »Flotte« am nächsten Abend – es war Sonntag, 28. Juli – zu einer dritten und letzten Vorstellung. Diesmal schwebten acht Flugkörper in geringer Höhe ohne sichtbare Insassen. Als die Nachricht dieses ungewöhnlichen Falles durch die britische Zeitschrift *Flying Saucer Review* die

Öffentlichkeit erreichte, begann sogleich ein weiteres Spektakel, diesmal von der vertrauteren Art. Wieder einmal ging es darum, die letztlich gültigen Grundlagen für das Ufo-Phänomen auszuhandeln.

Die Königliche Australische Luftwaffe erklärte die Beobachtung kurzerhand für astronomischen und meteorologischen Ursprungs. Diese Erklärung wurde jedoch der kollektiven Zeugenaussage von fünfundzwanzig Augenzeugen nicht gerecht, die einen von Pfarrer Gill ausgearbeiteten, detaillierten Sichtungsbericht unterzeichneten. Entlarver Donald Menzel beharrte darauf, daß die Leute von Neuguinea den Bericht nur unterschrieben hätten, um »ihrem großen weißen Führer« eine Freude zu machen, er »bezweifle sehr stark, daß sie wußten, was sie unterschrieben«.

Gill lachte nur über Menzels Behauptung. »Diese Geschichte mit dem ›großen weißen Führer‹ mag ja in Hollywood-Filmen über afrikanische Missionare gespielt werden, aber bestimmt nicht dort, wo ich war.« Gill betonte, die Einheimischen, welche die schwebenden Objekte mit ihm zusammen beobachtet hatten, sprächen fließend Englisch und seien darin auch unterrichtet worden, und viele von ihnen hätten leitende Funktionen in nahegelegenen Gemeinden inne.

Menzel versuchte es daraufhin mit einer anderen Stoßrichtung und warf die Frage auf, weshalb Gill den Fehler gemacht und die Venus als Bezugspunkt erwähnt habe; er wollte damit durchblicken lassen, Gill habe den Planeten mit einem Raumschiff verwechselt. Dieser Angriff erwies sich als fruchtlos, denn Gill hielt in seiner Schilderung ausdrücklich fest: »Ich sah die Venus, doch ich sah auch ein funkensprühendes Objekt [das große Ufo] [...] oberhalb der Venus.« In der Folge schwang Menzel sich zu einer Hypothese auf, die seiner früheren Behauptung, zwei erfahrene Piloten hätten zwischen Fensterscheiben gefangene Leuchtkäfer mit fliegenden Untertassen verwechselt, in nichts nachstand. Menzel stellte nämlich die Vermutung auf, Gill, der kurzsichtig war und an einer Hornhautverkrümmung litt, habe das unscharfe, längliche Bild der Venus mit dem Mutterschiff verwechselt. »Winzige Unregelmäßigkeiten an den ›Wimpernhaaren‹, vielleicht Staubpartikel oder

Feuchtigkeit, könnten leicht als Aktivitäten von ›Wesen‹, die das Raumschiff bewohnen, interpretiert werden«, schrieb er.
Später war zu erfahren, daß Gill zum Zeitpunkt der Beobachtung eine richtig korrigierende Kontaktlinse trug. Außerdem, so argumentierte Gill, gebe es schließlich noch die bekräftigende Zeugenaussage von Stephen Gill Moi, einem geachteten und intelligenten einheimischen Lehrer der Missionsstation; was denn damit sei.
Philip J. Klass – er war derjenige, der die Nachfolge Menzels als weltweit führender Ufo-Entlarver antreten sollte – hielt Stephen Gill Mois »unabhängige« Zeugenaussage für nahezu wertlos. Klass schrieb, Mois Name »weist auf eine enge Freundschaft mit Gill hin«, und dies könnte den verständlichen Wunsch hervorrufen, die Halluzinationen seines Vorgesetzten – oder noch schlimmer, seinen Schwindel – nachzuvollziehen.
Pfarrer Gill entgegnete, er habe Stephen Gill Moi erst anderthalb Jahre vor der Sichtung kennengelernt. »Als ich hier auftauchte, ging Moi bereits auf die Vierzig zu, und diesen Namen [i. e. Gill] hatte er von Jugend auf. Wie hätte er also nach mir benannt sein können?«
Klass hatte den besten Pfeil bis zuletzt aufgespart. »Ich traute meinen Augen kaum«, war sein Kommentar, als er in Gills Erklärung las, dieser sei inmitten der zweiten Sichtung zum Abendessen gegangen. Weshalb Gill nicht bereit gewesen sei, sein Abendessen zu verschieben, um die spektakulären Ereignisse, die er gerade beobachtete, weiterzuverfolgen? Klass gab sich unbeirrt: »Taten sagen mehr als Worte.« Gill antwortete: »Nachdem wir am Freitag abend den Anblick rund vier Stunden lang genossen hatten, waren wir am Samstag abend nicht mehr halb so interessiert daran, als es zurückkam und wir es nicht zu einer Landung bewegen konnten.« Er fügte hinzu, es sei »nichts Unheimliches oder Jenseitiges dabei [gewesen ...] Ich hielt es für eine Art Luftkissenfahrzeug, das die Amerikaner oder sogar die Australier gebaut hatten. [...] Erst rückblickend begann das Ganze wirklich außergewöhnlich zu erscheinen.«
Jahre später kam J. Allen Hynek während seiner Untersuchungen über Ufos nach einem Treffen mit Gill zu dem Schluß, das

Erscheinen der kleineren Ufos sei hellen Sternen und Planeten zuzuschreiben. Über das ursprüngliche Objekt, das »Mutterschiff«, sagte Hynek: »Jedes astronomische Objekt müßte in dieser Zeitspanne einen Bogen von fünfundvierzig Grad beschreiben.« Das gemeldete Objekt jedoch verhielt sich über lange Zeit stationär. Wie die meisten Ufo-Sichtungen führte auch der Gill-Report bei verschiedenen Leuten zu unterschiedlichen Schlußfolgerungen. Menzel und Klass beurteilten ihn als typisch absurde Folge von Trugschlüssen, die durch das Bedürfnis, an extraterrestrische Besuche zu glauben, noch verschlimmert wurde. Für Hynek und seinen jungen Kollegen, den Astrophysiker Jacques Vallee, stellte er hingegen einen der überzeugendsten aller vorliegenden Berichte dar, zum Teil, weil es sich um eine von über sechzig Beobachtungen innerhalb eines Jahres handelte, doch ebensosehr auch, weil es höchst unwahrscheinlich schien, daß Gill aus reiner Niedertracht eine derart phantastische Geschichte erfinden würde. Die Gill-Geschichte lebt weiter. Alle Parteien im anhaltenden Ufo-Krieg zitieren die Einzelheiten, welche die eine oder andere unerschütterliche Haltung gegenüber Ufos im allgemeinen am besten bestätigen, was allerdings weder die Realität noch die Irrealität von Ufos beweist, sondern vielmehr zeigt – um mit den Worten von Randall Fitzgerald zu sprechen –, »wie man jede nur erdenkliche Theorie abstützen kann, indem man ›Beweismaterial‹ benutzt, das die lange Geschichte menschlicher Bestrebungen so reichlich hervorbringt.«

Neuntausend Meilen entfernt, nämlich in Washington, ging die Debatte darüber, was die Luftwaffe über fliegende Untertassen wußte, weiter. Donald Keyhoe beteuerte weiterhin, es sei eine Verschwörung epischen Ausmaßes im Gange, während Ufo-Forscher James McDonald, Physiker an der University of Arizona, fand, »Reinfall« sei der angemessenere Ausdruck für die Reaktion der Luftwaffe auf die Ufos. In einer anderen Frage waren er und Keyhoe sich jedoch vollkommen einig: Es war nun wirklich Zeit für umfassende Hearings vor dem Kongreß. Die beiden und viele andere hielten sie für den einzigen Weg, um dem brodelnden Ufo-Dilemma auf den sprichwörtlichen Grund zu gehen. Laut dem Historiker David Jacobs widerspiegelte die Entscheidung der Luftwaffe, Hearings vor dem Kongreß aktiv zu verhindern oder zumindest soweit wie möglich zu beschränken, deren Überzeugung, daß sie nichts zu gewinnen hätte, wenn sie ihre Akten der Öffentlichkeit preisgab:

> Für die Luftwaffe stellten Hearings vor dem Kongreß eine ernsthafte Gefahr dar. Man konnte daraus leicht den Schluß ziehen, das Ufo-Phänomen sei von zentraler Bedeutung und die Regierung interessiere sich sehr dafür, was seinerseits zu einer neuen »Hysterie über fliegende Untertassen« führen konnte, welche die nationalen Interessen gefährden würde. Hearings konnten die Luftwaffe im übrigen dazu zwingen, ihre Akten freizugeben, was der Behauptung der Luftwaffe widerspräche, sie habe sie bereits offengelegt. Hearings konnten zu einer Kritik an den Ufo-Abklärungen der Luftwaffe führen, zu einer Kritik, die ihrer Strategie der Öffentlichkeitsarbeit schaden würde. Deshalb wurde die Verhinderung oder zumindest eine angestrebte Beschränkung von Hearings vor dem Kongreß in den Jahren von 1957 bis 1964 zu einem der Hauptziele der Luftwaffe.

Was an Taten folgte, bestand hauptsächlich darin, daß die NICAP gut plazierte, breitgestreute Forderungen nach Hearings vor dem Kongreß veröffentlichte und die Luftwaffe mit zahlreichen geheimen Initiativen reagierte, um diese abzuwehren. Im August 1958 zeichnete sich etwas ab, was die Luftwaffe als einen Sieg verbuchen konnte: als militärische Zeugen in einer Geheimsitzung der Abgeordneten des Unterausschusses für atmosphärische Phänomene auftraten, um ihnen den besten Fall vorzustellen, den die Luftwaffe zu bieten hatte, nämlich einen, der auf zahlreichen nachweisbaren Irrtümern gründete.
Captain George T. Gregory betonte zum Beispiel bei der Gelegenheit, daß der *Special Report Number 14* von Projekt »Blue Book«,

eine statistische Ufo-Untersuchung, die 1955 veröffentlicht worden war, das »völlige Fehlen von Beweisen« für Besucher aus dem All ergeben habe. Gregory erwähnte allerdings nicht, daß in diesem *Report* das Beweismaterial als »problematisch« bezeichnet wurde. Er zitierte J. Allen Hynek, den Berater der Luftwaffe, und zwar als einen der ernstzunehmenden Wissenschaftler, die nichts Ungewöhnliches an den Ufos fanden – er fügte jedoch nicht hinzu, daß Hynek auch klargemacht hatte, daß Ufos systematisch untersucht werden sollten. Und Gregory bediente sich schließlich mit besonders großem Erfolg des Kontaktlerphänomens und meinte vor dem Ausschuß, deren Behauptungen würden einen viel besseren Eindruck auf die Luftwaffe machen, wenn diese Leute nicht alle so offensichtlich Geld scheffeln wollten und so sehr bestrebt wären, ihren frisch erworbenen Ruhm dafür einzusetzen, ungerechtfertigte Anschuldigungen gegen die Luftwaffe zu erheben. Es genügte dann vollends, George Adamskis Namen zu erwähnen, um die Mitglieder des Ausschusses an die Art Zirkus zu erinnern, die Hearings vor dem Kongreß auslösen könnten. Im großen und ganzen trug Gregorys Aussage dazu bei, die Kampagne für Befragungen vor dem Kongreß zu schwächen, allerdings nur vorübergehend.

Die Glaubwürdigkeit der Luftwaffe erhielt einen empfindlichen Rückschlag, als Dewey J. Fournet jr., ein pensionierter Major der Luftwaffe, in einem Brief an Donald Keyhoe die Existenz zweier Geheimdokumente bestätigte, über die dieser anläßlich seines unglückseligen Auftritts in der CBS-Sendung »Armstrong Circle Theater« zu sprechen versucht hatte. Bis zu diesem Zeitpunkt war die Existenz beider Dokumente (es handelte sich um die streng geheime »Situationsbeurteilung« von 1948, in der man zu dem Schluß gekommen war, Ufos stammten aus dem Weltraum, sowie eine nachrichtendienstliche Analyse von 1952, aus der hervorging, daß Ufos von einer Intelligenz gesteuert seien) von Sprechern der Luftwaffe kategorisch geleugnet worden.

Für Keyhoe war dieses neue Eingeständnis ein zusätzlicher Beweis für eine konzertierte (und nicht etwa lediglich zufällige) Regierungsverschwörung. Er brachte es jedoch immer noch nicht fertig, zur elementaren Logik des Vorgehens der Luftwaffe vorzudringen. So schreibt David Jacobs:

> Einerseits kamen ihm die politischen Erklärungen der Luftwaffe für die Öffentlichkeit über Ufos widersprüchlich, verwirrend und manchmal sogar irreführend vor. Andererseits war Keyhoe der Überzeugung, es gebe überwältigende Beweise für die Existenz extraterrestrischer Gefährte. Auf dieser Grundlage argumentierte er, die einzige Erklärung, mit der diese beiden Punkte zu verbinden seien, könne nur seine Theorie einer Verschwörung zur Vermeidung von Panik sein, mit kleinen Variationen allenfalls. *Keyhoe machte nichts anderes als den Versuch, mit einer unlogischen Situation auf eine logische Art fertigzuwerden.* (Hervorhebung vom Verfasser).

In seinem Buch *Flying Saucers: Top Secret* (Fliegende Untertassen: streng geheim), aus dem Jahre 1960 räumte Keyhoe die letzten Zweifel an seiner Meisterschaft im Ausbeuten von Gerüchten aus: er zitierte nicht belegte Berichte, wonach Luftwaffenpiloten erfahren hätten, daß Ufos für das rätselhafte Verschwinden von Flugzeugen verantwortlich seien. Obwohl man solche Bemerkungen manchenorts als einen Beweis für Keyhoes verzweifelte Versuche wertete, seine schwachen Karten erfolgreich auszuspielen, begann es sich doch bezahlt zu machen, daß die NICAP Kongreßmitgliedern systematisch »echte« Ufo-Sichtungen vorgelegt hatte. In einem Brief an Keyhoe hielt John McCormack, der Vorsitzende der Parlamentsmehrheit, fest, daß nach mehreren kürzlich erfolgten geheimen Informationssitzungen des Kongresses »einigen von uns, die bei Verstand waren, ziemlich klar geworden ist, daß gewisse Objekte im Weltraum herumfliegen, die unerklärbar sind.« Joseph E. Karter, der Abgeordnete von Minnesota, ging noch weiter:

> Obwohl sie mit offensichtlich unanfechtbaren Beweisen konfrontiert sind, daß es derartige Phänomene gibt, schenken diese [hohen Luftwaffen-]Offiziere den vielen Berichten

> in dieser Sache wenig Glauben. Wenn man sie nach spezifischen Einzelheiten befragt, verweigern die Experten die Antwort mit der Begründung, sie beträfen die Sicherheit des Landes und könnten nicht öffentlich diskutiert werden. [...] Ich werde weiterhin nach einer schlüssigen Antwort in dieser äußerst wichtigen Frage suchen.

Anfang der sechziger Jahre befand sich die Luftwaffe an einem Scheideweg. Während ein Jahrzehnt zuvor die Befürworter der Theorie von Besuchern aus dem All noch über beträchtlichen Einfluß unter den Ermittlern der Armee verfügt hatten, waren nun die meisten internen Beobachter zu dem Schluß gekommen, daß es keine extraterrestrischen Gefährte gab und Ufo-Sichtungen auf konventionelle Weise erklärt werden mußten. Das Ufo-Projekt jedoch einfach aufzulösen und alle Akten der Öffentlichkeit zugänglich zu machen, würde jedoch enthüllen, daß es seit den fünfziger Jahren Hauptziel der Luftwaffe gewesen war, die Zahl der Ufo-*Meldungen* zu verringern, indem sie das Thema herunterspielte. Dies wiederum würde Keyhoe und der NICAP nur allzu gelegen kommen, denn sie waren stets nur allzu begierig auf eine zusätzliche Bestätigung ihres schon fast sektiererischen Glaubens daran, daß etwas Wichtiges verborgen werde. Für die Luftwaffe – wie für die zivilen Ufo-Gruppen – stand zuviel auf dem Spiel, als daß sie einfach hätten aufhören können. David Jacobs schreibt:

> Das Problem mit der Öffentlichkeitsarbeit hatte sich verselbständigt. Die Luftwaffe, für negative Publicity hochempfindlich, betrachtete den Konflikt mit den zivilen Gruppen als einen Krieg. Jeder Angriff bedeutete Kampf; ihre Akten freizugeben, ihre Entlarvungskampagnen aufzugeben oder die Einsätze im Angriffsbereich stillzulegen kam einer Kapitulation gleich.

Aber auch die zivilen Gruppen bedienten sich im Konflikt mit der Luftwaffe der Kriegsmetaphorik: »Kapitulation« war undenkbar. Diese auf Gegenseitigkeit beruhende Geisteshaltung trug nichts dazu bei, die mißliche Lage zu entschärfen, in der sich die Luftwaffe befand. Die Politik der Geheimhaltung mußte auf alle Fälle weitergeführt werden, und sei es nur darum, eine schlechte Presse über die Geheimhaltungsstrategie der Vergangenheit zu verhindern. Für Keyhoe bestätigte diese Politik jedoch die unwiderrufliche Wahrheit dessen, was das junge Mädchen im Film *Poltergeist* über zwanzig Jahre später mit bezaubernder Einfachheit ausdrücken sollte: »Sie sind da.«

Keine Diskussion um die Auswirkungen von Ufo-Berichten auf die mythische Phantasie kommt um den berühmten Fall von Betty und Barney Hill herum.

In der klaren, hellen Nacht des 19. September 1961 bog kurz nach halb elf Uhr der Chevrolet von Betty und Barney Hill unterhalb von Cannon Mountain bei Lancaster im Bundesstaat New Hampshire von der Route 3 ab. Betty hatte ein sehr helles, sich bewegendes sternähnliches Objekt beobachtet, das durch ihr Fernglas dem Rumpf eines Flugzeugs ähnlich war und keine Flügel hatte. Sie wurde ganz aufgeregt, während Barney sich sehr sicher gab und meinte, sie sähen nichts weiter als ein Flugzeug auf dem Weg nach Montreal. Als das Objekt jedoch zu einem Bogen Richtung Westen ansetzte und darauf nach Osten in ihre Richtung zielte, begann sich auch Barney dafür zu interessieren.

Als er seinerseits durch das Fernglas blickte, sah er rot, gelb, grün und blau blinkende Lichter. Er bezeichnete die Bewegung des Gefährts als »unheimlich«, als ein »stufenartiges Flugmuster; [es] neigte sich senkrecht nach unten bei jeder Stufe, die es erklomm, glich wieder aus, ließ sich nach vorne fallen, glich wieder aus, neigte sich nach oben«, wie ein Blatt, das zu Boden fällt, nur daß es sich auch noch ständig drehte. Die Hills fuhren langsam weiter auf der Route 3 in Richtung Cannon Mountain und konnten durch die Windschutzscheibe hin und wieder einen Blick auf das Objekt werfen. Etwas südlich von Franconia Notch und Indian Head in den White Mountains näherte sich das Ufo ihrem Wagen auf wenige hundert Meter.

Das Gefährt wirkte riesig, als es rund zweihundertfünfzig Meter über dem Boden schwebend innehielt. Durch die eine Seite des Objekts schien ein kaltes weißblaues Licht, und es gab zudem je ein rotes Licht auf beiden Seiten. Die Untertasse hatte aufgehört, sich zu drehen.

Barney ließ die Scheinwerfer an und den Motor laufen, dann stieg er aus und näherte sich dem Objekt bis auf hundertfünfzig Meter. Durch das, was wie eine Fensterreihe aussah, sah Barney seltsame Gesichter auf ihn herunterstarren. Vom Wagen aus hörte Betty ihren Mann ausrufen: »Ich glaub' das nicht! Ich glaub' das nicht! Das ist ja lächerlich!« Erschrocken sprang Barney in den Wagen zurück und begann, die Straße hinunterzurasen.

Ihr Wagen war noch nicht weit gekommen, als die Hills eine Reihe von Piepstönen hörten, die aus dem Kofferraum zu kommen schienen und den Wagen vibrieren ließen. Dann überfiel sie eine eigenartige Müdigkeit; die Dinge vor ihren Augen verschwammen. Später hörten sie zwei weitere Serien von Piepstönen, und es wurde ihnen bewußt, daß sie seit der ersten Serie fünfunddreißig Meilen gefahren waren, ohne sich daran erinnern zu können. Betty und Barney sahen auf ihre Uhren und merkten, daß sie nicht mehr gingen.

Etwas stimmte nicht – das wußten beide. Nach zehn Tagen begannen bei Betty Alpträume, in denen sie und Barney an Bord einer fliegenden Untertasse geholt und einer medizinischen Untersuchung unterzogen wurden. Barney litt an Beklemmungszuständen und Schlaflosigkeit, dann bekam er ein Zwölffingerdarmgeschwür. Als sie einen Monat nach dem Vorfall mit zivilen Ermittlern sprachen, wurde ihnen klar, daß ihre Fahrt von Montreal zu ihrem Haus in Portsmouth zwei Stunden länger gedauert hatte als sonst üblich. Man drängte die Hills, sich doch hypnotisieren zu lassen, um herauszufinden, was in der »fehlenden Zeit« geschehen war. (In späteren Jahren wurde die Verwendung von Hypnose, um die sogenannte fehlende Zeit zurückzuerhalten, in Ufologiekreisen zum Standardritual: Es überzeugte die Ufo-Befürworter davon, daß Entführungen durch Außerirdische bereits epidemisches Ausmaß angenommen hatten, den Entlarvern dagegen bewies es allein, mit welcher Macht sich Wunschvorstellungen im Geist verwirklichen ließen.)

Durch eine Empfehlung gelangten Barney und Betty in Boston ins Sprechzimmer des bekannten Psychiaters Dr. Benjamin Simon, der sie in einer Reihe von Sitzungen einzeln unter Hypnose setzte. Dabei wurden durch die Induktion einer Zeit-Regression die Dinge freigelegt, welche die Hills als Erinnerungen an die »zwei verlorenen Stunden« betrachteten. Beim späteren Abhören ihrer Schilderungen auf Tonband wurde angeblich ihr bewußtes Gedächtnis wiederhergestellt.

Barney erinnerte sich daran, wie er auf der Straße stand und durch das Fernglas – durch Luken im schwebenden Flugkörper – acht bis elf erleuchtete menschenähnliche Gestalten sah, die ihn anstarrten; sie bewegten sich auf furchterregende, roboterhafte Weise. Die nächste Erinnerung war die, daß er von den Außerirdischen ergriffen und ins Schiff hineingetragen wurde; dort unterzogen sie ihn einer medizinischen Untersuchung, während der er vor lauter Angst die Augen fest geschlossen hielt. Barney kommunizierte mit seinen Entführern telepathisch, ebenso Betty, deren »medizinische« Untersuchung das Durchstechen des Nabels mit einer langen Nadel einschloß: ein »Schwangerschaftstest«, ließen sie die Außerirdischen wissen.

Bevor sie freigelassen wurde, zeigte man ihr eine Karte, auf der mit Linien verbundene Punkte zu sehen waren, und die, wie ihre Entführer sagten, darstelle, wo sie her seien. Bettys Zeichnung nach ihrer Erinnerung an diese Karte wurde in Ufologiekreisen unter dem Namen »Star Map« (Sternkarte) bekannt. Man teilte ihr überdies mit, sie werde das ganze Erlebnis vergessen, aber sie nahm sich fest vor, die Erinnerung daran zu bewahren. Nachdem die Hills zu ihrem Wagen zurückgebracht worden waren, wo ihr Hund total verängstigt zusammengerollt unter dem Sitz lag, sahen sie, wie das Gefährt immer stärker aufleuchtete und sich schließlich als glühende, orangefarbene Kugel entfernte.

Das absonderliche Erlebnis von Betty und Barney Hill wurde als die erste bekanntgewordene – und mehr als erschöpfend publizistisch ausgeschlachtete – Geschichte einer Entführung durch Außerirdische in den Vereinigten Staaten legendär. Über dreißig Jahre lang traten verschiedene Ufologen für die Glaubwürdigkeit dieses Falles ein. Sie wiesen darauf hin, daß zur selben Zeit und in derselben Gegend, in der die Hills ihre Sichtung machten, ein unbekanntes Objekt in der Luft auf Radar entdeckt worden war. Was die Sternkarte angeht, die Betty in der Untertasse gesehen und später aus der Erinnerung aufgezeichnet hat, so vermochte sie immerhin gewisse Forscher in unabhängig voneinander durchgeführten Tests aufgrund von Analysen eines maßstabgetreuen Modells der Zeichnung davon zu überzeugen, daß sie das Zuhause der Außerirdischen genau wiedergab: Zeta Reticuli 1 und Zeta Reticuli 2.

Entlarver sahen das anders. Der Astronom Carl Sagan, der bis dahin fliegenden Untertassen stets mit vornehmer Herablassung begegnet war, vertrat die Ansicht, daß die Muster von mindestens drei anderen Konstellationen ebenfalls mit Bettys Karte übereinstimmten. Auch die Behauptungen von der »fehlenden Zeit« erschienen ihnen verdächtig. Weil Betty und Barney verschiedentlich 23 Uhr, 1 Uhr und 3 Uhr als den Zeitpunkt ihrer Entführung angegeben hatten, konnten die Entlarver überzeugend darlegen, daß der Unterschied von vier Stunden die fehlende Zeit hinlänglich erkläre. Andere bemerkten sogleich, daß Bettys Schilderung mehr Einzelheiten enthielt als Barneys, und zogen daraus den Schluß, daß die Geschichte der Entführung und Untersuchung durch die Außerirdischen ein Phantasieprodukt sei, welches Barney unbewußt übernommen habe, als ihm Betty in den ersten Tagen nach ihrer seltsamen Fahrt nach Hause von ihren Träumen erzählte.

Dr. Simon, der viele Stunden mit den Hills verbrachte und sie gut kennenlernte, stellte die Vermutung auf, die beiden könnten als gemischtrassiges Paar (Barney war schwarz, Betty weiß) möglicherweise einfach sehr tief liegende ungelöste Konflikte aufgrund ihrer Rassenunterschiede veranschaulicht haben. Er gab zwar zu, daß er diese Hypothese nicht beweisen könne, zögerte aber gleichzeitig nicht, die Meinung jener Ufo-Forscher kritisch zu hinterfragen, welche die Ergebnisse einer hypnotischen Induktion als Tatsachen betrachten wollten:

> Die besondere Anziehungskraft der Hypnose nährt den Glauben, die Hypnose sei der magische und königliche Weg zur WAHRHEIT. In mancher Hinsicht stimmt das, doch man muß wissen, daß die Hypnose ein Weg zu einer Wahrheit ist, wie sie die Patienten empfinden und verstehen. Die Wahrheit ist das, was sie für die Wahrheit halten, und das muß nicht immer mit der absoluten, unpersönlichen Wahrheit übereinstimmen.

Die meisten Beobachter, einschließlich Benjamin Simon, sind sich jedoch darin einig, das die Hills *etwas* gesehen haben. Die Frage ist nur, was.

Einer der interessantesten Aspekte dieses Falles ist die Art und Weise, in der manche Entlarver versuchten, die außergewöhnliche Erzählung der Hills zu entkräften. Sie stellten Gegenbehauptungen auf in der Absicht, den Fall mit handfesten Fakten zu erklären, aber diese erforderten logische Gedankensprünge, welche die von Betty und Barney weit überstiegen. So überging zum Beispiel der kalifornische Entlarver Robert Schaeffer sämtliche Einzelheiten des geschilderten Falles und bestand darauf, was Barney sah, als er durch sein Fernglas in außerirdische Gesichter blickte, sei in Wahrheit der Planet Jupiter gewesen. Philip Klass wartete mit der unübertrefflichen Theorie auf, was die Hills erschreckt – ja förmlich *mesmerisiert* – habe, sei eine Art aus den Fugen geratenes »Plasma« gewesen, das von einer Hochspannungsleitung in der Nähe abgegeben wurde.

In der Wissenschaft ist man sich zwar einig, daß Plasmabildungen als ein äußerst kurzzeitiges und ausgesprochen lokales Phänomen auftreten, das in gewisser Hinsicht vergleichbar ist mit einem Kugelblitz, aber diese Merkmale haben wenig Ähnlichkeit mit dem, was die Hills berichteten. Der Wissenschaftsjournalist Ronald Story greift die Erklärungen von Schaeffer und Klass denn auch als Fälle von Pseudowissenschaftlichkeit an:

> Das Hauptproblem bei beiden Versuchen, die Sichtung zu erklären, besteht darin, daß die Theoriekonstrukte, welche

> an die Stelle des Ufos gesetzt werden, nicht mit den geschilderten Merkmalen des beobachteten Objekts übereinstimmen. [...] Akzeptiert der Theoretiker die Sichtung als authentisches Ereignis (das heißt als außerhalb des Beobachters), verstößt es schlicht gegen jede wissenschaftliche Methode, sich ohne jegliches gegenteilige Beweismaterial zu weit von den geschilderten Merkmalen zu entfernen. Wenn man aber innerhalb der Methoden (und Beschränkungen) der Wissenschaft arbeitet, muß man die Beobachtung der Hills ganz einfach als eine authentische »Unbekannte« betrachten.

Story fügt hinzu, er selbst glaube, daß die Entführungsgeschichte der Hills eine psychische Reaktion auf einen tatsächlichen physikalischen Reiz darstelle. Doch *was für einen* Reiz? Story gibt zu, daß er darauf keine Antwort hat: »Dies ist auch der Grund, weshalb [...] die berühmte Hill-Entführung immer noch Anlaß zu Kontroversen gibt.«

6

Was den Entführungsfall Hill so viele Jahre später noch bemerkenswert macht, ist die Tatsache, daß er innerhalb des ganzen Bereichs Ufologie so lebendig geblieben ist. Wie Kenneth Arnolds Sichtung vierzehn Jahre davor wurde die Sage von Betty und Barney Hill in dem Moment zeitlos, als ihre Bilder in die kollektive Vorstellungskraft eingingen. Der Fall Hill ist ein Präzedenzfall – das mythische Erste – für Entführungen durch Außerirdische, ebenso wie Arnolds Sichtung den mythischen Ursprung von fliegenden Untertassen darstellt.

Karl Kerényi erinnert uns daran, daß der *Ursprung* in der Mythologie auf eine archetypische Begründung verweist, die *einmal war* und *noch immer ist.* »Alle Institutionen mythologischer Zeitalter schöpfen ihre Verklärung und Begründung, das heißt ihre Heiligung durch ein Ursprungsmythologem, aus dem gemeinsamen göttlichen Ursprung des Lebens, dessen Formen sie sind«, schreibt Karl Kerényi. Diese Begründung und Gründung wird durch die Entwicklung von bestimmten Zeremonien und Ritualen aufrechterhalten, und zwar vor allem durch das Nacherzählen des Mythos des Schöpfungsberichts. Jede Wiederholung des Gründungsmythos erschafft die ursprünglichen Erkennungsmerkmale (wie »fliegende Untertasse« oder »Entführung durch Außerirdische«), die einen ganz bestimmten Kosmos wachrufen, wieder neu;

jede nachfolgende »Wiedererstehung« *hält die Welt in ihren Festen.*

Wie wir im zweiten Kapitel gesehen haben, wird dieser ursprüngliche Grund allmählich gleichbedeutend mit Authentizität. Im Dienste der Weiterentwicklung ihres Gründungsmythos – und damit der Sicherung seines Fortbestands – wird die Wallfahrt der Ufologen zu Kenneth Arnolds Bericht über seine Sichtungsmeldung weiter aufrechterhalten. Dasselbe gilt für die Sichtungsmeldung der Hills als einem stillschweigend akzeptierten Prototyp für die Welt der Ereignisse und Bilder, die unter dem Begriff »Entführung durch Außerirdische« verstanden werden. Als sich der Ufo-Ermittler Budd Hopkins zu Wort meldete und die Logik hinter dem *Idealstatus* des Falls Hill ausdrücklich festhielt, wurde jedoch klar, daß die Bedeutung der Hill-Entführung in der Ufologie nicht einfach als gegeben betrachtet werden kann.

Hopkins ist ein Ufo-Ermittler, der in den achtziger Jahren als *der* Ufologie-Experte für Entführungen durch Außerirdische in Erscheinung trat. Er ist vielleicht der konsequenteste Vertreter der Ansicht, daß Entführungen durch Außerirdische unanfechtbare, scharf umrissene Ereignisse der wirklichen Welt sind. In seinem Buch *Missing Time* (Die fehlende Zeit), einer Studie über mehrere Fälle von gemeldeten Entführungen durch Außerirdische, bestätigte Hopkins die ursprüngliche Notwendigkeit des Falls Hill, indem er sagte, er benutze ihn als Modell und wichtigsten Bezugspunkt für seine Forschungstätigkeit: Wenn ein bestimmter Fall mit den grundlegenden Elementen der Hill-Begegnung übereinstimmte, durfte er Hopkins zufolge entweder als wahrscheinliche oder als erwiesene Entführung gelten.

Damit nähern wir uns einer neuen komplexen Ebene – und den damit verbundenen Gefahren. Denn wie Kerényi immer wieder betonte, ist die »Authentizität«, die ein bestimmter Ursprungsmythos für einen bestimmten »Stamm« hat (sei es nun ein historischer oder zeitgenössischer, ein ländlicher oder städtischer, ein mündlich oder schriftlich überlieferter, in der Dritten oder der Ersten Welt angesiedelter), nicht unbedingt gleichbedeutend mit Authentizität in der »wirklichen Welt«. Das heißt, ein Mythos kann die

Vorstellungskraft und die Handlungen einer bestimmten Gemeinschaft wirkungsvoll durchdringen, den konzeptuellen Rahmen bieten, in den eine bestimmte Sorte von Erlebnissen eingeordnet werden kann, und tiefe ursprüngliche Wahrheiten in der Natur der Psyche und der Psyche der Natur ansprechen. Wie Budd Hopkins bewiesen hat, kann ein Mythos aber auch ein reizvolles Modell für die Forschung darstellen. Doch das heißt noch lange nicht, daß ein Mythos *zwingend* eine zuverlässige Orientierungshilfe für historische Ereignisse in Raum und Zeit darstellt.

In seinem zweiten Buch über Entführungen durch Außerirdische mit dem Titel *Intruders (Eindringlinge)*, legte Hopkins seinem Lesepublikum nahe, die Vorurteile abzulegen und nicht zu vergessen, daß »wenn auch nur ein Aspekt des Ufo-Phänomens wahr ist, es denkbar [ist], daß auch der Rest wahr ist«. Mythisch betrachtet ist diese Aussage als Ursprungs- oder Gründungsprinzip besonders verlockend, weil sie daran festhält, daß, sobald einmal ein offenbar authentischer Präzedenzfall vorhanden ist, mehr Authentisches nachfolgen kann. Doch die Sache hat einen Haken. Das Gegenteil von Hopkins' These drängt sich ebenso auf: Wenn nämlich auch nur ein Aspekt des Ufo-Phänomens *nicht* wahr ist, ist es denkbar, daß auch der Rest nicht wahr ist.

Mit anderen Worten: Sobald der Fall Hill als Präzedenzfall oder mythischer Vorläufer etabliert ist und dadurch der künftigen Entführungsforschung als Modell dienen kann, ist zu erwarten, daß auch all seine Komplexitäten, Widersprüche, Gegenströmungen und ungelösten Fragen – ebenso wie die der Arnold-Sichtung – weitergetragen werden und fortbestehen. Und tatsächlich trifft dies in beiden Fällen zu.

Wir erinnern uns an Martin Kottmeyers Feststellung, daß eine *grundsätzliche* Konfusion bei der Interpretation von Kenneth Arnolds Erlebnis von 1947 alle weiteren Sichtungen von *Untertassen* in Zweifel ziehe. Arnold hatte damals auch den Ausdruck »flach wie ein Backblech« benutzt, um die von ihm beobachteten Objekte zu beschreiben, aber diese Bezeichnung wurde nicht zitiert. Hätten sonst die Leute im ganzen Land vielleicht angefangen, von »fliegenden Backblechen« zu berichten? Wie wir im zweiten Kapitel

gesehen haben, gibt es einen unausweichlichen menschlichen Impuls, unsere Wahrnehmungen an unsere Erwartungen anzupassen. Es ist kaum zu bezweifeln, daß Kenneth Arnold wie auch Betty und Barney Hill – gelinde gesagt – verblüfft waren über das, was sie sahen. Vielleicht waren ihre Beobachtungen im großen und ganzen zutreffend. Wie auch immer, es stellen sich dennoch einige wichtige Fragen: Wie definiert sich ein *echter Präzedenzfall?* Waren die Sichtungen von Arnold und den Hills einmalig in der Geschichte, oder stimmen ihre »Visionen« (im weiteren Sinne) mit einem größeren Geflecht von Geheimnissen, Wunderdingen und Wundern überein?
Dies sind heikle Fragen. Wenn der Fall Hill die ursprüngliche Entführung darstellt, sollten wir erwarten können, daß der Fall frei ist von bedeutungsvollen Präzedenzen, also nach Aristoteles einen Anfang darstellt: etwas, was nicht zwingend auf ein anderes folgt und auf welches von Natur aus wieder etwas anderes folgt. Deshalb müssen wir uns fragen, welche früheren Ereignisse oder bereits existierenden Bilder – allgemeine oder besondere, nahe oder ferne, neuzeitliche oder archaische – den Fall Hill und dessen Verlauf als eine der entscheidenden Legenden der Ufo-Mythologie beeinflußt haben könnten.
Vier Jahre vor dem Erlebnis der Hills in den White Mountains von New Hampshire fand in Brasilien die außergewöhnliche Begegnung von Antonio Villas-Boas statt. Zwischen den beiden Fällen gibt es auffallende Parallelen. Villas-Boas sah, wie sich ein helles Objekt auf das Feld herabsenkte, wo er spät nachts arbeitete; die Hills sahen, wie sich auf einer Landstraße ein Licht auf ihren Wagen herabsenkte. Der Motor von Villas-Boas' Traktor starb ab, und ein Wesen erschien neben ihm; der Wagen der Hills stoppte von selbst, und Wesen kamen auf sie zu. In beiden Fällen wurden die Berichtenden von Gestalten, die nicht größer als einen Meter fünfzig waren, in ein gelandetes Ufo gebracht und in einem Raum so etwas wie einer medizinischen Untersuchung unterzogen. Beim Hinausgehen versuchte Villas-Boas eine »Uhr« mitzunehmen als Beweis für sein Erlebnis, wurde jedoch daran gehindert; Betty Hill hoffte auf ein Buch, statt dessen wurde ihr eine Karte gezeigt.

Es gibt jedoch auch spezifische Unterschiede zwischen den beiden Fällen. Villas-Boas konnte sich an das Erlebnis erinnern; im Gegensatz dazu setzten die Erinnerungen der Hills bei Betty als eine Reihe von Alpträumen ein und führten zu Hypnosesitzungen, in denen die Entführungsgeschichte erst zum Vorschein kam. Villas-Boas wurde gegen seinen Willen in das Ufo getragen, die Hills schwebten in das wartende Raumschiff. Der entscheidende Punkt für unsere gegenwärtige Diskussion ist jedoch, daß der Fall Villas-Boas die Sichtung der Hills auf keinen Fall beeinflußt haben kann, weil die Schilderung des brasilianischen Bauern erst vier Jahre nach der Entführung der Hills publik wurde. Beide Fälle wurden erstmals 1966 veröffentlicht, und zwar erst nachdem sie unabhängig voneinander untersucht worden waren.

Unter dem archetypischen Blickwinkel betrachtet, dem Jung den Weg bereitete, könnte man die Behauptung aufstellen, jeder der beiden Fälle sei ein spezifisches Beispiel für die sich abzeichnende Verschiebung in der kollektiven Struktur der Realität. Vielleicht begann über bestimmte Einzelmenschen an bestimmten Orten eine völlig neue oder latent vorhandene Dimension in das kollektive Bewußtsein »zu sickern«. Oder vielleicht handelte es sich um die periodische Rückkehr eines uralten Teils der Weltseele in einer neuen Form, als Teil eines größeren Manifestationskreises oder einer Manifestationsspirale. So faszinierend sie aber sind, müssen wir für unseren gegenwärtigen Blickwinkel auf derlei Spekulationen doch verzichten. Es fragt sich, ob sich nachweisen läßt, daß kulturelle Einflüsse eine entscheidende Rolle spielten, um die Hills für ein so eigenartiges Erlebnis empfänglich zu machen und/oder ihre späteren »Erinnerungen« daran zu formen.

Nach dem Entführungserlebnis, aber noch bevor ihre Alpträume einsetzten, hatte Betty Donald Keyhoes *The Flying Saucer Conspiracy* (Die Fliegenden-Untertassen-Verschwörung) gelesen, ein Buch, in dem venezolanische Ufo-Fälle besprochen werden, in denen ein Mann von vier kleinen Männchen in ein leuchtendes Ufo geschleppt wurde und ein anderer Mann, nachdem er von einem haarigen Zwerg mißhandelt worden war, bewußtlos aufgefunden wurde. In ihrem späterem Traum wurde Betty ebenfalls von vier kleinen Männern vorwärtsgezogen, während sie kaum noch bei Bewußtsein war, und danach »medizinischen Tests« unterzogen, was mit Keyhoes These übereinstimmte, daß ihre Ufonauten eine Erduntersuchung durchführten, sei es aus rein wissenschaftlicher Neugier oder als Auftakt zu einer Massenlandung.

Manche Motive in Bettys Schilderung haben auch eine gewisse Ähnlichkeit mit Motiven aus dem Film *Invaders from Mars* aus dem Jahre 1953, in dem es um eine Invasion von Außerirdischen geht. Betty sagte, ihre Häscher hätten ausgesehen »wie Mongoloide«, mit Nasen so groß wie die des Entertainers Jimmy Durante. Diese Beschreibung stimmt mit derjenigen der großnasigen Mutanten auf dem Plakat zum erwähnten Film mehr oder weniger überein. (Barney, der nach eigenen Aussagen während seiner Entführungstortur nur ab und zu hinschaute, erinnerte sich dagegen nicht an Nasen; er meinte vielmehr, »sie schienen nur zwei Schlitze zu haben, die als Nasenlöcher dienten«.)

Betty fand sich auf einem Operationstisch im Innern des Ufos wieder, wo ihr sowohl in den Nacken als auch in den Unterleib Nadeln gesteckt wurden. Im selben Film – der sogleich zum Klassiker wurde – wird eine Entführte auf einen Operationstisch gelegt, und mit Hilfe einer Nadel wird ihr eine Vorrichtung in den Nacken implantiert. An einer früheren Stelle im Film zeigt Dr. Kelston den Hauptpersonen während einer Diskussion über die Entfernung der Erde vom Mars in einem Observatorium eine große Sternkarte. Während er auf die Karte zeigt, können die Kinobesucher merken, daß die Erde nicht auf der Karte abgebildet ist – oder auch nicht. Betty wurde von ihren Entführern eine Sternkarte gezeigt und gefragt, ob sie wisse, wo auf dieser Karte die Erde sei. Betty wußte es nicht.

Man könnte nun annehmen, die Parallelen zwischen Bettys Erlebnis und dem klassischen Film seien rein zufällig. Oder man könnte davon ausgehen, daß Betty nicht wußte, wo sich die Erde befindet, weil sie sich korrekt nach dem Motiv »Erde fehlt« im Skript von *Invaders from Mars* verhielt. Martin Kottmeyer, der seine eigene Sympathie für »B-Filme« nicht verhehlt, stimmte für die letztere

Möglichkeit. Um diese Annahme zu bekräftigen, verwies er auf einen anderen Spielfilm, und zwar *Killers from Space* aus dem Jahre 1954, als mögliche Quelle für das Motiv der »Amnesie mit dem wiederherstellbaren Gedächtnis«, das im Fall Hill auftauchte und zu einem Standardthema von Entführungsgeschichten werden sollte.

Kottmeyer machte es sich zur Aufgabe, nach Parallelen zwischen Ufo-Ereignissen und Motiven aus Filmen und Fernsehserien zu suchen. Während er sich eine alte Folge von *The Outer Limits* (Die äußeren Grenzen) mit dem Titel »The Bellero Shield« ansah, gelangte er zu der festen Überzeugung, auch für Barney Hills Entführungserinnerungen eine kinematografische Lösung gefunden zu haben. In dieser Folge wird ein Außerirdischer mit »Rundum«-Augen gezeigt. Da er den Hill-Fall sehr genau kannte, erinnerte sich Kottmeyer sehr gut daran, daß Barney von seinen außerirdischen Kidnappern gesagt hatte, sie hätten »Rundum-Augen« gehabt. Dann wurde ihm jedoch klar, daß der betreffende Film erst Mitte der sechziger Jahre eingespielt worden war, also eine geraume Zeit nachdem die Hill-Entführung stattgefunden hatte. Weitere Anstrengungen, die beiden Ereignisse miteinander zu verbinden, erschienen dadurch absurd.

Zusätzliche Nachforschungen schlossen den Kreis aber doch noch zu Kottmeyers Zufriedenheit. In einem bislang unveröffentlichten Artikel mit dem Titel *Gauche Encounters: Badfilms and the Ufo Mythos* (Taktlose Begegnungen: B-Filme und der Ufo-Mythos) schreibt er:

> Vor der Hypnosesitzung vom 22. Februar 1964 hatte Barney Hill nichts von »Rundum«-Augen gesagt und auch keine solchen gezeichnet. »The Bellero Shield« wurde am 10. Februar 1964 ausgestrahlt. Als ob das noch kein genügender Beweis gewesen wäre, erfuhr ich, daß Barney außerdem gesagt hatte, »die Augen sprechen mit mir«. Als wahrscheinlich einzige Science-fiction-Schöpfung auf Zelluloid spricht der Bifrost-Außerirdische dieser Sendung ausdrücklich durch seine Augen.

»Diese Fälle demonstrieren klar die kulturelle Übertragung eines Irrtums und sind ein Schulbeispiel dafür, daß man sich vor Ähnlichkeiten zwischen verschiedenen Ufo-Fällen hüten muß«, sagt er weiter und fügt hinzu: »Ufo-Entführungen kamen erst ein Jahrzehnt nach den Filmen über außerirdische Invasionen richtig in Schwung. Dabei werden offensichtliche Anleihen bei bestimmten konventionellen Vorstellungen gemacht; Nebel gehört dazu, einteilige Kunststoffanzüge, Makrozephalie [Außerirdische haben besonders große Köpfe], untergehende Welten und Gehirnwäsche.« Kottmeyer hält im weiteren fest, daß Ufologen solche kulturell bedingten Bezüge systematisch aus Ufo-Berichten streichen, und zwar nicht etwa, weil sie die Öffentlichkeit zu täuschen versuchten, sondern weil sie als Ermittler selbst unbewußt voreingenommen sind.

Er zitiert das Beispiel eines renommierten Entführungsforschers, der auf den Hinweis auf eine mit Lithiumkristallen angetriebene Untertasse stieß. Als der Ufologe erkannte, daß dieses Bild auf die Filmserie »Raumschiff Enterprise« zurückging, ließ er diesen Teil der Schilderung des angeblich Entführten unberücksichtigt. Kottmeyer zufolge fanden Einzelheiten eines anderen Ufo-Falles ebenfalls keinen Eingang in die Ufo-Literatur, weil Ufologen, die spät abends fernsahen, wußten, daß sie ihren Ursprung in einem Coneheads-Sketch der beliebten Unterhaltungssendung »Saturday Night Live« hatten.

»Die einzigen Einflüsse [von »Raumschiff Enterprise« und ähnlichem], die durch die Maschen dieses Untersuchungsnetzes schlüpfen können, sind verborgene oder mehrdeutige«, argumentiert Kottmeyer. »Nur wenn die Einflüsse aus esoterischen oder vergessenen Quellen stammen, wird sich das Kulturgut in die Ufo-Literatur einschleichen können. Die B-Film-Anhänger waren somit besser in der Lage, die Ursprünge gewisser Einzelheiten von Ufo-Erlebnissen erkennen zu können.«

Vor kurzem machte der französische Soziologe Bertrand Meheust eine wichtige Entdeckung, welche die Beantwortung der Frage, was als »Ufo-Präzedens« gelten darf, noch schwieriger machte. Meheust stieß auf einen Entführungsbericht, in dem es um einen belgischen Bürger namens Monsieur Belans ging. Der Vorfall hatte sich in einer entlegenen Gegend von Brabant ereignet: Bauern hatten berichtet, ihre Weizenfelder seien auf seltsame Weise eingedrückt. Als Belans darauf in dieser Gegend zu Fuß unterwegs war, sah er unter einem Baum einen schwarz gekleideten Mann, der offensichtlich auf etwas wartete. Neugierig geworden, blieb auch Belans abwartend stehen und beobachtete den Mann. Bald überkam ihn eine ungewöhnliche Müdigkeit, so als hätte eine fremde Kraft die Herrschaft über seine Handlungen übernommen. Darauf folgte ein sonderbares Summen, dann ein sehr helles Licht, und ein längliches Raumschiff landete ganz in der Nähe. Über einem schwach erleuchteten Rechteck ging eine Tür auf, und sofort betrat der Mann in Schwarz das Objekt. Belans fühlte sich gezwungen, ihm zu folgen.

Das Innere des Raumschiffs war gleichmäßig ausgeleuchtet, jedoch ohne erkennbare Lichtquelle. Einen Augenblick später hob das Gefährt mit einer leichten Vibration ab, danach betrat ein großgewachsener Mann den Raum durch eine Wand. Dieser Mann schien jeden Gedanken von Belans zu kennen. In französischer Sprache enthüllte er Belans, er komme von einem weit entfernten Stern.

»Warum nehmen Sie nicht offen Kontakt auf?« fragte Belans.

»Weil wir die rasche Entwicklung von Elementen, die unserer Zivilisation fremd sind, nicht forcieren wollen«, antwortete der Ufonaut.

Als Belans später zur Erde zurückgebracht worden war, bemerkte er, daß in seinem Gedächtnis eine Lücke war, daß ihm Zeit fehlte – ein all denen bekanntes Thema, die mit Entführungsgeschichten vertraut sind.

Dieser Entführungsfall datiert aus dem Jahr *1934*, das heißt, er ereignete sich ganze siebenundzwanzig Jahre vor der Hill-Entführung. Noch genauer gesagt: der Fall erschien in einer Science-fiction-Erzählung von Ege Tilms mit dem Titel »Hodomur, Man of Infinity« (Hodomur, der Mann der Unendlichkeit), und diese wurde in jenem Jahr veröffentlicht. Beim Durchkämmen einer großen Zahl von Science-fiction-Erzählungen und -Romanen, die bis in die Zeit vor dem Ersten Weltkrieg zurückreichten, fand Meheust Geschichten von seltsamen Flugobjekten, die Autos aufhielten, Züge und Personenwagen verfolgten, Leute mit seltsamen Strahlen außer Gefecht setzten und sie in kugelförmige Gebilde entführten. Außerdem entdeckte er das Motiv außerirdischer Entführer als zentrales Movens in Hunderten von Erzählungen – insbesondere in französischen und englischen –, die zwischen 1880 und 1940 veröffentlicht worden waren.

Vor dem Hintergrund dieser Entwicklung schürzt sich der Knoten im Ufo-Epos beträchtlich. Kottmeyer und Meheust gelingt es, die Bemühungen, moderne Entführungsschilderungen für bare Münze zu nehmen, in Zweifel zu ziehen. Es ist jedoch festzuhalten, daß keiner der beiden Forscher so weit ging, daß er gesagt hätte, das gesamte Phänomen der unheimlichen Begegnungen sei dadurch erzeugt worden, daß die Science-fiction-Literatur und entsprechende Filme der fünfziger und sechziger Jahre ihre Ideen der kollektiven Psyche schlicht eingepflanzt hätten. Eine solche Schlußfolgerung ist im Hinblick auf mehrere Überlegungen nicht gerechtfertigt. Dazu gehört das Auftauchen von Fällen unheimlicher Begegnungen bei Augenzeugen aus Völkern, die noch kaum mit Science-fiction in Berührung gekommen sind. Antonio Villas-Boas ist einer von ihnen; es gibt jedoch noch viele andere.

Die Frage nach »Ufo-Präzedenzien« bleibt somit bestehen, sie muß jedoch in einem viel größeren Zeitrahmen angegangen werden. Im dritten Kapitel haben wir gesehen, daß die Ufologen gegen Ende der fünfziger und Anfang der sechziger Jahre geteilter Meinung darüber waren, ob sie ihre Ermittlungen auf sogenannte »unumstößliche« Tatsachen (Fotografien, Landungsspuren usw.) konzentrieren oder auch Berichte von Begegnungen mit Ufo-Insassen einbeziehen sollten. Wir haben auch gesehen, daß eine dritte Gruppe von Ufologen beschloß, den Gedanken ernst zu nehmen, daß moderne Ufo-Berichte eine Fortsetzung von Berichten über menschliche Begegnungen mit außerordentlichen Wesen darstellen, wie sie während der gesamten Geschichte der Menschheit immer wieder vorgekommen sind.

Als Mittelpunkt der Ufo-Schilderungen wird eine relativ geringe

Anzahl von Interaktionen übereinstimmend beschrieben. Ein Objekt oder Licht erscheint am Himmel oder, weniger bestimmt, in der räumlichen Umgebung eines oder mehrerer Zeugen. Dieses Objekt oder Licht (oder eine Kombination beider) hat eine ungewöhnliche Wirkung auf Menschen, Tiere, Maschinen oder die materielle Umgebung. Oft – aber durchaus nicht immer – findet eine Form von Interaktion statt zwischen Augenzeugen und Insassen eines erkennbaren Raumschiffs oder Wesen, die von großer Helligkeit umstrahlt sind. Manchmal findet eine verbale oder nonverbale Kommunikation statt. Hin und wieder führen diese Wesen »Operationen« am menschlichen Zeugen aus, und oft findet auch eine Reise in einem merkwürdigen Raumschiff in »andere Bereiche« statt.

Wir erinnern uns aus dem zweiten Kapitel, daß der sich unablässig wandelnde Gott Proteus nicht viel von einer grundlegenden Unterscheidung zwischen *entweder* und *oder* hält. Er behauptet, daß er sich ebenso wohl fühle, wenn man ihn mit einem »Ufo« gleichsetzt – dem Star in einem entschieden modernen, einzigartigen Theaterstück, das sich vor dem Hintergrund des Weltraums abspielt –, wie wenn man ihn mit dem Helden eines weit älteren Epos identifiziert, das von einer fast unendlichen Zahl spiritueller Wesen handelt, die überall auf der ganzen Welt in unterschiedlichen Kulturen verschiedene Namen tragen.

Im Hinblick darauf und mit der vorangehenden Zusammenfassung von typischen Ufo-Interaktionen im Hinterkopf wollen wir nun die Uhr zurückdrehen und verschiedenen Präzedenzien unseres modernen Zeitalters der fliegenden Untertassen nachgehen.

In Finnland und Schweden wurden zwischen 1946 und 1948 in der Nähe der sowjetischen Grenze zigarrenförmige Objekte gesichtet, sogenannte Geisterraketen. Man nahm damals an, es handle sich dabei um sowjetisches Kriegsgerät, was sich jedoch nie bestätigte. Während des ganzen Zweiten Weltkriegs berichteten alliierte Bomberpiloten über Deutschland und Japan von eigenartigen Lichtkugeln, den sogenannten »foo-fighters« (eine

Wortschöpfung nach dem französischen Wort für Feuer: »feu«), die angeblich von den Flügelspitzen ihrer Flugzeuge wegschnellten. Nach dem Krieg wurde bekannt, daß japanische und deutsche Piloten dasselbe erlebt und – ebenso wie die alliierten Piloten – angenommen hatten, die Lichter seien feindliche Geräte. (Solche Lichtkugeln wurden später auch von Piloten im Koreakrieg gemeldet.)

Im November 1896 wurde in Kalifornien das erste von zahlreichen »geheimnisvollen Luftschiffen« am Himmel gesehen. Während eines Zeitraums von zwei Jahren berichteten mehrere Tausend Leute, sie hätten seltsame Gefährte in den verschiedensten Ausformungen gesehen: als Zigarren, Zylinder, Fässer, Kleckse, Eier, Birnen und V-Muster, am häufigsten aber waren sie einem lenkbaren Luftschiff ähnlich, von dem ein Eisenbahnwaggon herabzuhängen schien. Die Zeugen berichteten von bunten oder weißen Lichtern an diesen Objekten, einschließlich roter oder weißer Scheinwerfer. Wie bei den späteren Berichten über fliegende Untertassen nahmen die Objekte technische Merkmale vorweg, die zwar noch nicht realisiert worden waren, in der Vorstellungskraft jedoch durchaus im Bereich des Möglichen lagen. Dies verleitete verschiedene Ufo-Forscher dazu, anzunehmen, hinter den visionären Erfahrungen stehe ein riesiges Metaphänomen mit dem Ziel, das menschliche Bewußtsein langsam und unmerklich zu erweitern.

Eine Publikation, die der deutsche Gelehrte Hartmann Schaeden vorbereitet hat, datiert aus dem Jahre 1493 und beschreibt eine außergewöhnliche Feuerkugel, die zuerst eine gerade Bahn über den Himmel von Süden nach Osten verfolgte und sich dann der untergehenden Sonne zuwandte. Auf einer Illustration ist vor dem blauen Himmel ein von Flammen umgebenes zigarrenförmiges Objekt abgebildet.

In Nürnberg (1561) und Basel (1566) berichteten Zeugen, sie hätten »große rore« fliegen sehen, aus denen Kugeln und Scheiben kamen und in der Luft tanzend miteinander »zu streyten« anfingen. Eine Himmelserscheinung in der Form von glühenden militärischen Schilden erschien 776 n. Chr. während der Schlacht von

Sigisburg zwischen den Sachsen und Franken. Im Jahre 1118 wurde Kaiser Konstantin Zeuge, wie ein brennendes Kreuz am Himmel hing, begleitet von der Botschaft: »Unter diesem Zeichen sollst du siegen.« Agobard, der Erzbischof von Lyon, ein bekannter rationalistischer Denker des Mittelalters, schrieb, er sei auf eine Menschenmenge gestoßen, die drei Männer und eine Frau lynchen wollte, weil sie in einem »Wolkenschiff« gelandet seien, das aus der Himmelsregion Magonien kam. In einem Artikel mit dem Titel »Spacemen in the Middle Ages« (Raummenschen des Mittelalters) schreibt W. R. Drake: »Der Glaube an Wesen aus den Lüften, die unsere Erde beobachten, beherrschte das menschliche Bewußtsein während des ganzen Mittelalters.«
Die prägende Figur einer westlichen Religionsgemeinschaft berichtete im neunzehnten Jahrhundert folgendes: »[...] sah ich unmittelbar über meinem Haupt eine Lichtsäule, heller als der Glanz der Sonne, allmählich auf mich herabkommen, bis sie auf mir ruhte. [...] Als das Licht auf mir ruhte, sah ich zwei Gestalten, deren Glanz und Herrlichkeit jeder Beschreibung spotten, über mir in der Luft stehen. Eine von ihnen sprach zu mir.« Dies sind die Worte von Joseph Smith, dem Begründer der Mormonen.
Gehört diese Beobachtung in dieselbe Kategorie wie die modernen Ufo-Sichtungen, obwohl keine »Maschine« darin vorkommt? Behalten wir diese Frage während der folgenden Schilderung des Propheten Ezechiel im Kopf, der eines Tages berufen wurde, als er sich mit einer Gruppe Verbannter am Fluß Chebar aufhielt. Ezechiel berichtet, daß plötzlich

> [...] ein Sturmwind daherkam von Norden her und eine große Wolke, umgeben von strahlendem Glanz und einem unaufhörlichen Feuer, aus dessen Mitte es blinkte wie Glanz-Erz. Und mitten darin erschienen Gestalten wie von vier lebenden Wesen; die waren anzusehen wie Menschengestalten. Und ein jedes hatte vier Flügel. Ihre Beine waren gerade, und ihre Fußsohle war wie die Fußsohle eines Kalbes, und sie funkelten wie blankes Erz. [...] Und zwischen den lebenden Wesen war es anzusehen, wie wenn

> feurige Kohlen brennten; es war anzusehen, als würden Fackeln zwischen den lebenden Wesen hin und her fahren, und das Feuer hatte einen strahlenden Glanz, und aus dem Feuer fuhren Blitze. Und die lebenden Wesen liefen hin und her, daß es aussah wie Blitze. [...] Weiter sah ich neben jedem der vier lebenden Wesen ein Rad auf dem Boden. Das Aussehen der Räder war wie der Schimmer eines Chrysoliths, und die vier Räder waren alle von gleicher Gestalt, und sie waren so gearbeitet, als wäre je ein Rad mitten in dem andern. Sie konnten nach allen vier Seiten gehen, ohne sich im Gehen zu wenden.

Der Nasa-Ingenieur Joseph Blumrich schrieb ein Buch mit dem Titel *The Spaceships of Ezekiel* (Ezechiels Raumschiffe) und interpretierte darin Ezechiels Erlebnis nach rein technischen Gesichtspunkten. Mit diesem Vorgehen kam er auf ein großes metallenes Raumschiff mit drehenden Flügelrädern, Auspuffen wie bei Raketen und Bullaugen. Wäre es denkbar – als Alternative zu derartigem »Technozentrismus« –, daß Ezechiels Schilderung und neuzeitliche Ufo-Zeugenberichte ebenso »präzise« Versionen einer im wesentlichen proteischen Technologie sind, deren Beherrschung von Dimensionen, die über die raumzeitliche hinausgehen, jede erschöpfende menschliche Beschreibung übersteigt?
Sollten also neuzeitliche »Ufo«-Sichtungen als ausgeprägtes, gesondertes, spezifisch historisches Phänomen betrachtet werden? Oder sollten wir unseren Blickwinkel erweitern und diese Beobachtungen im größeren Zusammenhang aller Begegnungen von Menschen mit einem sich wandelnden *Anderen* betrachten, welches in Formen erscheint, die den kollektiven Ansichten und dem Glauben der jeweiligen Zeit angepaßt sind?
Proteus hatte seine Haltung längst klargemacht: »*Du kannst mich* Außerirdischer *nennen oder auch* Engel, *wenn dir das besser gefällt. Nenn mich beides, oder ordne mich irgendwo dazwischen ein. Vor allen Dingen wirst du mich nicht ignorieren können.*«
Die meisten seiner menschlichen Betrachter erwiesen sich allerdings nicht als so anpassungsfähig. Das war und ist verständlich,

denn die Bedeutung des Ufo-Phänomens verändert sich beträchtlich, wenn seine Bilder und Ereignisse in zwei derart verschiedenen Rahmen betrachtet werden.
Die Debatte darüber, wo diese außergewöhnlichen, Ufos genannten Erscheinungen nun *einzuordnen* sind, hielt bis weit in die sechziger Jahre an. Dasselbe gilt für die heftige Kontroverse darüber, ob das Phänomen Ende der vierziger Jahre »begonnen hat« oder bereits in einer Zeit, die nur in den Tiefen der Weltseele überliefert ist.

7

J. Allen Hynek, der astronomische Berater von Projekt »Blue Book« – dies war der Code-Name, unter dem die Ermittlungen der Luftwaffe vom März 1952 bis Dezember 1969 durchgeführt wurden, danach hatte die Luftwaffe kein »offizielles« Interesse an der Sache mehr –, reiste eigens nach Socorro in New Mexico, um in Lonnie Zamaros Schilderung dessen, was er am 24. April 1964 am Stadtrand von Socorro gesehen hatte, Widersprüche zu finden. Statt dessen stieß er auf »einen der zuverlässigsten und glaubhaftesten Fälle« in der Geschichte der Ufos. Philip Klass, Luftfahrtsjournalist und entschiedener Entlarver fliegender Untertassen, ging dagegen mit der Erwartung nach Socorro, mehr Beweismaterial für seine sagenhafte »Plasma-Ufo«-Theorie zu finden, eine Hypothese, der es bis dahin noch an überzeugenden Beweisen fehlte. Genau wie sein langjähriger Gegner Hynek sollte auch Klass seine Meinung ändern – wenn auch in eine ganz andere Richtung.

Abends um Viertel vor sechs verfolgt der Polizeibeamte Lonnie Zamora ein zu schnell fahrendes Auto stadtauswärts. Da wird seine Aufmerksamkeit plötzlich abgelenkt, er hört ein Dröhnen und sieht im Südwesten am Himmel in einer Höhe von etwas über tausend Meter eine herabsinkende orangerote und blaue Flamme. Er bricht die Verfolgung ab und fährt eine fast unpassierbare Steigung hoch, wo er zu seiner Verblüffung in kaum dreihundert Meter Entfernung etwas erblickt, das aussieht wie ein auf dem Dach liegendes Auto; daneben stehen zwei Männer. Dann erkennt er, daß das Objekt oval ist und auf zwei Stützen steht und ein seltsames, etwa einen halben Meter hohes rotes Kennzeichen an der Seite hat. Die beiden ganz in Weiß gekleideten Männer scheinen erschrocken darüber, daß Zamora ihnen zusieht. Bis der Beamte auf etwa dreißig Meter herangefahren ist, sind die Männer nicht mehr zu sehen. Als er aussteigt, um besser sehen zu können, hört er plötzlich ein lautes Dröhnen. Zamora befürchtet eine bevorstehende Explosion und wirft sich hinter seinem Wagen in Deckung. Das Gesicht mit den Armen schützend, wendet er sich um, um zurückzublicken, und nun sieht er,

> wie sich das Objekt von mir entfernte, und zwar Richtung Südwesten. Als das Dröhnen aufhörte, erklang ein durchdringendes, von einem tiefen zu einem hohen Ton ansteigendes Heulen. [...] Das Heulen dauerte vielleicht eine Sekunde. Dann war es vollkommen still um das Objekt. [...] Es schien sich in einer geraden Linie auf gleichbleibender Höhe zu bewegen – wahrscheinlich drei bis fünf Meter über dem Boden. [...] Das Objekt bewegte sich sehr schnell fort. Es sah aus, als würde es gleichzeitig aufsteigen und landeinwärts wegfliegen.

Wie bei den meisten der wachsenden Zahl solch merkwürdiger Sichtungen waren die Nachwirkungen ebenso komplex und widersprüchlich und von einer eigenartigen Anziehungskraft wie das, was Zamora ursprünglich berichtet hatte. Nachdem er über Funk Unterstützung angefordert hatte, entdeckte der völlig geschockte Beamte verkohlte Sträucher und vier Abdrücke (oder »Landespuren«, wie sie später von der Presse genannt wurden) an der Stelle, wo das *Ding* gelandet war und offensichtlich etwas Erdreich aufgeworfen hatte. Als Sergeant Sam Chavez eintraf, fand er seinen Kollegen blaß und schweißgebadet vor.
Zamora bestand darauf, einen Priester zu sehen, bevor er gestat-

tete, daß sein Bericht an die zuständigen Stellen weitergeleitet wurde.

Daß es sich bei dem seltsamen Gefährt nicht um eine versuchsweise eingesetzte Mondlandefähre handelte, wurde von der Nasa, dem Jet Propulsion Laboratory (JPL) sowie fünfzehn mit der Armee in Verbindung stehenden Industriebetrieben bestätigt. Von diesem Zeitpunkt an begannen unzählige Mutmaßungen nicht nur zu sprießen, sondern, was noch wichtiger ist, veröffentlicht zu werden, und beschworen so die vertraute Atmosphäre strittiger Mehrdeutigkeit herauf, die jedesmal nach einer aufsehenerregenden Ufo-Sichtung auftrat.

Ein Tankstellenwärter in Socorro berichtete, ein Autofahrer habe ihm erzählt, daß er in derselben Gegend ungefähr zur selben Zeit ein eigenartiges Gefährt gesehen habe. Als der betreffende Autofahrer und seine Begleiterin schließlich ausfindig gemacht werden konnten und vierzehn Jahre nach dem Vorfall einzeln dazu befragt wurden, erhärteten ihre Schilderungen Zamoras Bericht in gewissen Einzelheiten, wichen in anderen aber davon ab. Entlarver erklärten, Zamora müsse demnach als einziger Zeuge gelten; die Befürworter antworteten, die Unterschiede zwischen ihren Aussagen und der von Zamora seien lediglich eine Folge der dazwischen liegenden Zeitspanne.

Das Kennzeichen auf dem Gefährt, das Zamora (und die eine andere Zeugin) beschrieben hatte, rückte ins Zentrum der Kontroverse. Der Astrophysiker und Informatiker Jacques Vallee wies darauf hin, daß das Kennzeichen dem mittelalterlichen arabischen Zeichen für Venus entspreche, was für die einen (jedoch nicht für Vallee) der Beweis war, daß das Gefährt von der Venus kam, und für andere (darunter auch Vallee) die Frage aufwarf, weshalb Außerirdische einen Schriftzug des Nahen Ostens als Abziehbild für ihr Gefährt übernehmen sollten. Wie um die Lage zu retten, erschien ein Entlarver auf dem Plan und lieferte die phantastischste aller Erklärungen.

Es handelte sich um einen Ingenieur namens Leon Davidson, und dieser versuchte zu zeigen, daß man die Linien des Schriftzugs verschieben kann und dann die Initialen CIA und AD erhält. Er stellte daraufhin die These auf, »AD« stehe für die Initialen von Allen Dulles, dem damaligen Direktor des amerikanischen Geheimdienstes. Als man ihn drängte zu erklären, weshalb die CIA – eine streng geheime Organisation, die nicht einmal im Telefonbuch steht – ihre Initialen auf einen geschmacklosen Untertassenschwindel malen sollte, meinte Davidson insistierend, »Dulles [habe] genügend Chuzpe, um so eine Nummer anzuordnen«. Wie um sich selbst abzusichern, bot Davidson aber gleich noch eine zweite Hypothese an: Eine Konkurrenzorganisation – vielleicht das FBI (Bundeskriminalamt) in Zusammenarbeit mit der DIA (Defense Intelligence Agency), also dem Nachrichtendienst des Verteidigungsministeriums – habe den Vorfall inszeniert, um dem öffentlichen Ansehen der CIA zu schaden. In diesem Szenario war das zu schnell fahrende Auto nur der Lockvogel, um Zamora zu dem Landeplatz zu führen.

Schon bald traf Philip Klass vor Ort ein. Nachdem er den Vorfall zuerst als ein weiteres Beispiel für ein mißgebildetes Plasma betrachtet hatte, entschied er sich für eine Erklärung, der ein Schwindel von einer ganz anderen Sorte zugrunde lag als jener Davidsons: ein von Zamora selbst inszenierter nämlich. Klass brachte bei der Ermittlung im Vorfall von Socorro eine Untersuchungsmethode zur Anwendung, welche die Ufo-befürwortende Forschung noch während vieler Jahre belasten sollte: das genaue Unter-die-Lupe-Nehmen ausgewählter Einzelheiten zur Unterstützung hintergründiger Theorien, die implizit als »offensichtliche Tatsachen« hingestellt werden. Klass begann Zamoras Glaubwürdigkeit zu untergraben, indem er mehrere auf den ersten Blick sachdienliche Fragen aufwarf:

Weshalb hatte Zamora ausdrücklich verlangt, daß Sergeant Sam Chavez und nicht irgendein anderer Polizeibeamter des Ortes oder jemand aus dem Büro des Sheriffs an den Schauplatz gesandt wurde? Weshalb hatte denn das Ehepaar Phillips, das doch nur gerade gute dreihundert Meter von der Stelle entfernt wohnte, das laute Dröhnen nicht gehört, das Zamora beschrieben hatte? Weshalb unterschieden sich die Landespuren so deutlich voneinander? Weshalb war es so einfach, mit einer Schaufel neue Eindrücke zu

machen, die nicht von den ursprünglichen zu unterscheiden waren? Wie glaubhaft durften Zamoras Skizzen des Gefährts eingestuft werden, wenn sie »aussahen wie Zeichnungen eines kleinen Kindes«?
Ist es nicht wichtig festzuhalten, daß Zamora zugegeben hat, sich beim Versuch, vor der erwarteten Explosion zu fliehen, die Brille von der Nase geschlagen zu haben? Sollte Zamoras Geschichte wahr sein, weshalb bekundeten die Wissenschaftler am nahen New Mexico Institute of Mining and Technology dann nicht das geringste Interesse an etwas, was »das aufregendste naturwissenschaftliche Ereignis aller Zeiten« sein müßte – nämlich »der Besuch eines außerirdischen Raumschiffs«?
Manche Fragen von Klass waren von Belang, andere reine Rhetorik. Indem er seine Anliegen jedoch in einer Art vorbrachte, die den Anschein machte, als versuche er rein sachlich an die *nackten Tatsachen* heranzukommen, konnte er seine eigene Hypothese locker anbringen: daß nämlich die ganze Lonnie-Zamora-Geschichte ausgeheckt wurde, um den Tourismus in Socorro in Schwung zu bringen, da die Stadt, wie Klass versicherte, »eine Touristenattraktion dringend nötig hatte, um die Autofahrer auf der Durchreise zum Anhalten zu bewegen«. Um den Beweis für die Möglichkeiten einer kommerziellen Ausschlachtung des Vorfalls von Socorro zu erbringen, ließ Klass seiner Phantasie freien Lauf:

> Das Grundstück, auf dem das Ufo gelandet sein soll, war vor dem Vorfall nahezu wertloses »Buschland«. Würde die Stelle nun aber langfristig zu einer Touristenattraktion, könnte das Bedürfnis nach Erfrischungsständen entstehen, vielleicht sogar nach einem Motel für diejenigen, welche die Nacht in der Nähe der Stelle verbringen wollen, an der ein außerirdisches Raumschiff gelandet zu sein scheint. Ein merkwürdiger Zufall wollte es, daß das Grundstück, auf dem das Ufo gelandet sein soll, Bürgermeister Bursum gehörte, Officer Zamoras Vorgesetztem! Und was ist die Hauptbeschäftigung des Bürgermeisters? Er ist der Bankier

der Stadt und wäre nicht unglücklich über einen Zufluß von Touristendollars.

Diesem auserlesenen Szenario fehlte nur ein Element: ein winziges Quentchen Beweismaterial, um daraus mehr als eine glaubhafte Story zu machen. Kann gut sein, daß Socorro tatsächlich eine Touristenfalle »dringend nötig« hatte, doch Klass unterließ es, dies überzeugend nachzuweisen. Und fünfundzwanzig Jahre nachdem Lonnie Zamora seinen Bericht eingereicht hatte, gibt es weder eine Spur von Straßenverkäufern, die T-Shirts oder Ansteckknöpfe mit dem Aufdruck »Es landete in Socorro« verkaufen, noch führen gepflasterte Straßen zur angeblichen Landestelle hinauf, und es sind auch keinerlei vierfarbige Plakate mit der Aufschrift »Heimatstadt von Lonnie Zamora« geplant – ebenso wie es auch keinerlei Anzeichen dafür zu dem Zeitpunkt gab, als Klass seine Spekulationen veröffentlichte: zehn Jahre nach dem Vorfall von Socorro.
Zusätzlich scheint auch eine Aussage, die Zamora ein Jahr nach dem Vorfall gemacht hat, Klass' später aufgestellten Theorie zu widersprechen: »Ich wollte ja alles für mich behalten«, sagte Zamora, »aber Chavez [...] zwang mich, es zu melden. [...] Sollte noch einmal so etwas geschehen, dann weiß ich, was ich zu tun habe.« (Ein wachsamer Entlarver könnte Klass' Logik weiterführen und sagen, Zamoras spätere Aussage sei ein Schwindel, um der ursprünglichen Täuschung eine zusätzliche Tarnung zu verschaffen. Der pathetische Aufschrei eines geplagten Phantasten könnte in Szene gesetzt worden sein, um einen lokalen Kult um fliegende Untertassen anzukurbeln, für den es sicherlich eine potentielle Anhängerschaft gab. Derlei Spekulationen, die sich in den Schwanz beißen, sind bezeichnend für beide Seiten der Ufo-Debatte und ganz und gar nicht ungewöhnlich.)
Selbst wenn Klass mit seiner Hypothese »Touristenattraktion« und seiner früheren Plasma-Ufo-Theorie teilweise oder gar völlig recht gehabt hätte, ist es unwahrscheinlich, daß er abschätzen konnte, was er (und mit ihm sein Vorbild Menzel) mit seinen Erklärungsversuchen bei einer Öffentlichkeit auslöste, die immer weniger

glaubte, daß Ufos »weg erklärt« werden könnten, vor allem nicht durch kompliziert verschachtelte Theorien, die ein scheinbar unwahrscheinliches Zusammentreffen verschiedener idealer Faktoren voraussetzten. Selbst wenn Davidsons These einer FBI/DIA-Verschwörung zur Diskreditierung der CIA zugetroffen und Menzel recht gehabt hätte mit seinen Leuchtkäfern und Wimpern, die mit seltsamen Ereignissen in der Luft verwechselt wurden, kamen diese Erklärungen den meisten normalen Menschen schlicht genauso unsinnig – wenn nicht noch unsinniger – vor wie die Ufo-Beobachtungen, auf die sie sich bezogen.

Als Folge davon hatte das Ufo-Phänomen bis Mitte der sechziger Jahre bei einer wachsenden Zahl von Leuten, die keinerlei Anzeichen zeigten, daß sie dem »Kult um fliegende Untertassen« erlegen wären, rasch eine eigenartige Glaubwürdigkeit gewonnen. Dies besagt allerdings nicht, daß eine Mehrzahl sich nun dafür entschieden hätte, Ufos als real zu betrachten (wenn auch eine Gallup-Umfrage von 1966 immerhin ergab, daß sechsundvierzig Prozent der amerikanischen Bevölkerung dazu neigten, Ufos ernst zu nehmen). Die öffentliche Meinung geriet vielmehr in eine Sackgasse: Auf der einen Seite standen Behauptungen von unwahrscheinlichen Begebenheiten am Himmel und auf der anderen ebenso unwahrscheinliche Erklärungen dafür.

Das Ergebnis war ein Vakuum, in dem sich Magie – und einiges an Boshaftigkeit – höchst wunderbar entfalten konnten.

Der Vorfall von Socorro hauchte dem Ufo-Phänomen just zu einem Zeitpunkt neues Leben ein, da sein Fortbestehen als neuzeitliches Wunderding ungewiß war. 1963 erschien Donald Menzels zweites Buch, *The World of Flying Saucers. A Scientific Examination of a Major Myth of the Space Age* (Die Welt der fliegenden Untertassen. Eine wissenschaftliche Untersuchung eines wichtigen Mythos des Raumzeitalters). Obwohl es im wesentlichen nicht viel anderes als aufgewärmte frühere Gedanken enthielt, bot es doch eine erneuerte (und bösartige) Verurteilung der Theorie von den Besuchern aus dem All und lieferte allen, die ihr mit Mißtrauen begegneten, neue Munition, die sie denn auch gleichzeitig gegen die Behauptungen von Kontaktierten, Entführten, verblüfften Radartechnikern wie gewöhnlichen Augenzeugen silberner Scheiben in der Luft und seltsamen Lichtern in der Nacht ins Feld führen konnten.

Die Kampagne der NICAP für Hearings vor dem Kongreß war so ziemlich fehlgeschlagen, was neue Zweifel am Fortbestehen der Organisation aufkommen ließ. Und ihre Lage besserte sich erst recht nicht, als Coral Lorenzen, die Mitbegründerin der APRO, in einer Mitgliederwerbeaktion ein Editorial an das Zielpublikum ihres Rundschreibens richtete, in dem sie die NICAP als reine Lobbyistengruppe hinstellte (im Gegensatz zu einer leistungsfähigen, auf Forschung basierenden Körperschaft wie der APRO). Mit diesem Schritt gingen die anhaltenden Spannungen zwischen den beiden Gruppierungen vielmehr explosionsartig in einen unverhohlenen Kriegszustand über, der ein für allemal die Tatsache besiegelte, daß die beiden Organisationen nie wieder zusammenarbeiten konnten.

Dieser ufologischen Misere zum Trotz setzten die Ufos ihr »Echt oder nicht, hier sind wir«-Verhalten nach dem Vorfall von Socorro mit einem ganzen Schwarm von eindrucksvollen Sichtungen bis weit ins Jahr 1965 hinein fort.

29. Juni 1964. Der Kaufmann Beauford E. Parham aus dem Nordosten des Bundesstaates Georgia sah an einem späten Abend auf dem Weg nach Hause ein helles Licht am Himmel direkt auf seinen Wagen zukommen. Unversehens befand es sich direkt vor den Scheinwerfern: es war kegelförmig, rotierte und stieß Zischlaute aus »wie eine Million Schlangen«, es hatte die Farbe von Bernstein, war knapp zwei Meter hoch und zweieinhalb Meter breit, ganz oben war so etwas wie ein Mast, und rund um den unteren Teil gab es kleine Bullaugen, durch welche »Flammen« zu sehen waren.

3. Juli 1965. Von einer chilenischen wissenschaftlichen Beobachtungsstation in der Antarktis wurde etwa zwanzig Minuten lang ein »merkwürdiger Himmelskörper« beobachtet. Der Luftwaffenkommandant Mario Jahn Barrera beschrieb die Erscheinung als »etwas, das sich mit furchterregender Geschwindigkeit im Zickzack fortbewegte und ein blaugrünes Licht abgab. [...] Es war etwas Festes, das mit der elektromagnetischen Ausrüstung des Stützpunktes interferierte. [...] Bis heute hat kein von Menschenhand hergestelltes Gerät so etwas an sich, weder in der Form, der Geschwindigkeit, der Manövrierbarkeit oder anderen Merkmalen.« Angeblich wurden von diesem linsenförmigen Ufo, das von den Magnetbändern registriert wurde und das intensiv mit den Funkgeräten interferierte, zehn Farbaufnahmen gemacht. Obwohl anzunehmen ist, daß es mehrere wissenschaftliche Zeugen und sowohl fotografisches als auch von anderen Geräten aufgezeichnetes Bestätigungsmaterial dafür gibt, behauptet die Ufo-Forschung weiterhin, eine offizielle Geheimhaltungspflicht verbiete eine Veröffentlichung des Materials. Die Sichtung war damals jedoch von den Zeitungen gemeldet worden.

19. August 1965. Harold Butcher, sechzehn, war auf der elterlichen Farm in Cherry Creek im Bundesstaat New York gerade dabei, mit einer Melkmaschine die Kühe zu melken, da wurde sein Transistorradio plötzlich von einer statischen Störung abgewürgt, der Motor der Maschine starb ab und ein vor der Scheune angebundener Stier brüllte zuerst auf, dann wich er so heftig zurück, daß er dabei einen Metallpfosten verbog. Harold blickte aus dem Fenster und sah, wie ein großes ellipsenförmiges Objekt etwa vierhundert Meter entfernt landete, wobei es einen Piepston und rundherum roten Dampf ausstieß. Nachdem das Ufo senkrecht hoch in die Wolken geschossen und verschwunden war, nahmen die Familienmitglieder in der Nähe der Landestelle einen seltsamen Geruch in der Luft wahr und fanden Reste einer lila Flüssigkeit, zerdrücktes Gras und zwei Abdrücke im Boden vor.

Sichtungen dieser Art, die in den Vereinigten Staaten überall in den Tages- und Wochenzeitungen, am Radio und im Fernsehen veröffentlicht wurden, trugen zu einem erneuten Wandel im sich ständig verändernden »sozialen Kräftegleichgewicht«

innerhalb des Ufo-Komplexes bei. Nachdem sie die ersten siebzehn Jahre hauptsächlich Zuschauer gewesen waren, legten Öffentlichkeit, Kongreßmitglieder und die Wissenschaft nun eine neue Bereitschaft an den Tag, an der lebhaften Debatte teilzunehmen. In einflußreichen Kolumnen meldete man sich mit erstaunlich wenig jener Ironie zu Wort, welche die Medienberichterstattung am Anfang mehrheitlich geprägt hatte.

In der *Denver Post* vom 3. August 1965 war in einem Leitartikel zu lesen, es sei »vielleicht an der Zeit, daß sich mehr Leute ernsthaft mit der Ufo-Frage beschäftigen. [...] Wenn wir auch noch immer skeptisch bleiben wollen, sind wir doch nicht mehr halb so schnell bereit wie einst, Berichte von verschieden geformten, sich nicht faßbar verhaltenden fliegenden Objekten als Produkte von Mittsommernachtsträumen abzutun.« Am nächsten Tag vertrat *Star Telegram* von Fort Worth in Texas einen noch kühneren Standpunkt:

> Sie können jetzt aufhören, uns damit zum Narren zu halten, es gebe keine »fliegenden Untertassen [...]«. Zu viele geistig gesunde Leute haben unabhängig voneinander welche gesehen und gemeldet. [...] Die Beschreibungen dessen, was sie gesehen haben, stimmten zu sehr miteinander überein, und trafen zu wenig auf irgendein bekanntes Objekt zu.

Sogar der Wissenschaftsredakteur des konservativen *Christian Science Monitor* schloß sich den laut werdenden Stimmen an: »Fliegende Untertassen stehen kurz davor, sozusagen an die Labortür zu klopfen. [...] Auf jeden Fall geht etwas vor sich, was sich nicht erklären läßt.«

Doch der folgenreichste Meinungsumschwung im Gefolge von Lonnie Zamoras Sichtung fand im Kopf des langjährigen Luftwaffenberaters J. Allen Hynek statt. 1948 war er von der Luftwaffe beauftragt worden, mit seiner Fachkenntnis als Astronom die offensichtlichen Fälle von Naturphänomenen bei Ufos auszuscheiden. Der damals achtunddreißigjährige Hynek war völlig überzeugt gewesen, daß die verbleibenden Fälle sich leicht als ein »psychologisch bedingter Nachkriegsspleen« erklären ließen, der das Land überflutete. Mit den Jahren wuchsen seine Zweifel jedoch, vor allem dank seiner engen persönlichen und beruflichen Beziehung zu einem jungen Doktoranden namens Jacques Vallee, den er an der Northwestern University kennenlernte, wo Hynek 1960 zu unterrichten begann.

Hynneks sehr weit gehende Vertrautheit mit Ufo-Fällen und Vallees beachtliche Fähigkeiten als Informatiker stellten eine geradezu großartige Kombination dar. Bis Mitte der sechziger Jahre waren sie zu einem Schluß gekommen, dessen Auswirkungen in der Ufo-Forschung noch viele Jahre lang zu spüren waren: daß sich zwar die Daten der roboterhaft automatischen Ablehnung jeglicher Realität von Ufos durch die Luftwaffe verschlossen, daß die Daten aber auch der Hypothese von der extraterrestrischen Intelligenz (ETI) wenig Glaubwürdigkeit verliehen. Dagegen schien es vielmehr auffallende Parallelen zwischen Ufo-Phänomenen und Beschreibungen von menschlichen Begegnungen mit *Geistwesen* in der Vergangenheit zu geben.

»Es begann uns so vorzukommen, als könnten die Ufos, statt in einem einfachen Sinn ›extraterrestrisch‹ zu sein, gut auch Teil derselben höheren Intelligenz sein, die den Stoff unserer Religionen und Mythologie seit Menschengedenken geformt hat«, sagte Hynek 1985, ein Jahr vor seinem Tod. Die Aufgabe, der er zwanzig Jahre zuvor gegenübergestanden hatte, war gewesen, seine Zweifel für sich zu behalten und nur wenigen Verbündeten davon zu erzählen, um an den Ermittlungen der Luftwaffe beteiligt zu bleiben. So konnte er sich den Zugang zu den Fallberichten offenhalten, die Vallee systematischen Computeranalysen unterzog, welche die Luftwaffe nicht hatte vornehmen wollen.

Hynek hatte sich dadurch einer beträchtlichen persönlichen und beruflichen Belastung ausgesetzt: einem wachsenden Spannungsfeld zwischen seiner persönlichen Vermutung, Ufos stellten eine grundlegende Herausforderung für das vorherrschende Bild der Wirklichkeit dar, und seiner öffentlich eingenommenen Haltung, Ufos könnten und würden sich letztlich auf weltliche Gegebenheiten zurückführen lassen. Doch Hynek mußte erst in den Mittelpunkt eines der unrühmlichsten Debakel der Ufo-Geschichte geraten, bis er einsah, welch schrecklichen Preis er dafür bezahlen mußte, daß er seinen öffentlichen und seinen persönlichen Standpunkt gezielt auseinandergehalten hatte. Bis zu seinem Tod erinnerte er sich beim Klang eines einfachen Wortes an die mit seinem Entschluß verbundenen Qualen: *Sumpfgas.* (Als ich ihn 1985 zu Hause in Scottsdale im Bundesstaat Arizona aufsuchte, sprach er in allen Einzelheiten über sein allmähliches Bewußtwerden während der frühen und Mitte der sechziger Jahre. Und als ich mich dann 1991 in Palo Alto in Kalifornien mit seinem langjährigen Kollegen Jacques Vallee unterhielt, bestätigte dieser unabhängig davon die Einzelheiten von Hyneks Schilderung.)

Am 14. März 1966 gingen aus der Bevölkerung und von der Polizei in drei westlichen Countys von Michigan Berichte ein, man habe vor Einbruch der Dämmerung seltsame erleuchtete Objekte am Himmel hin und her flitzen sehen. »Diese Objekte konnten sich mit phantastischer Geschwindigkeit fortbewegen, sehr enge Wendungen vollführen und mit großer Manövrierbarkeit abtauchen, aufsteigen und schweben«, erklärte ein lokaler Hilfssheriff. Drei Tage später fand eine weitere derartige Vorstellung bei Tageslicht über einer anderen Gegend desselben Countys in Michigan statt.

Am Sonntag, den 20. März, ging der siebenundvierzigjährige Frank Mannor in der Nähe von Dexter, zwölf Meilen von Ann Arbor entfernt, gegen acht Uhr abends aus dem Haus, um mit seinen Hunden eine Runde zu drehen. »Als ich mich umwendete, sah ich diesen Meteoriten«, sagte er später. »Er hielt an und setzte auf dem Boden auf, dann stieg er wieder auf. Es geschah etwa eine halbe Meile entfernt. Ich rief meine Frau und die Kinder, und wir beobachteten ihn eine Viertelstunde lang.« Mannor und sein Sohn Ronnie näherten sich dem Objekt bis auf etwa fünfhundert Meter; es hatte »die Form einer Pyramide, mit einem blaugrünen Licht auf der rechten Seite und einem weißen auf der linken«, sagte Mannor und fügte hinzu: »Antenne oder Bullaugen habe ich keine gesehen.«

Nachdem die Mannors das Objekt gemeldet hatten, versammelten sich über fünfzig Personen – einschließlich Polizeibeamte – und sahen in der Nähe von Dexter dasselbe Objekt in der Luft und auf dem Boden herumtanzen. Während einige solcher nicht greifbaren Objekte von sechs Polizeiwagen verfolgt wurden, kam – zu ihrem Entsetzen – auf dem Rasen der Mannors eine regelrechte Zirkusstimmung auf.

Der Höhepunkt dieser Ufo-Phantasie ereignete sich am folgenden Abend, am 21. März, in Hillsdale, zwanzig Meilen westlich von Dexter. Dort beobachteten siebenundachtzig Schülerinnen und Schüler sowie der Leiter des lokalen Zivilschutzes und Dekan des Colleges, wie ein Objekt von der Form eines Footballs und der Größe eines Autos unglaubliche Wendungen vollführte, zu denen unter anderen das schwungvolle Abschwenken zu einem Fenster des Wohnheims mit rasanter Bremsung kurz davor gehörte. Der Vorhang über dieser vier Stunden dauernden Vorstellung fiel mit einem Manöver des rätselhaften Objekts über einem Sumpfgebiet in der Nähe des Hillsdale-College-Campus.

Hier folgt der Auftritt von J. Allen Hynek. Wenn diese Sichtungen in Michigan nicht pausenlos landesweit die Medien beherrscht hätten, wären Hynek und sein Vorgesetzter Major Hector Quintanella, der damalige Leiter des Projekts »Blue Book«, vielleicht gar nie ins Spiel gekommen. Das Bedürfnis nach einer offiziellen Erklärung war jedoch überwältigend, und diese Aufgabe fiel Hynek zu – wenn auch die Sichtungen bereits der Geschichte angehörten, als er eintraf. Was die Sache noch schlimmer machte, war die Tatsache, daß er Lösungen für Phänomene finden sollte, die von deutlich sichtbaren Objekten mit klaren Umrissen bis zu schwachen, flackernden Lichtern reichten, und zwar so, als ob es sich bei allen um dasselbe handelte. Hynek war im übrigen so oder so nicht in Bestform: wegen einer Fraktur, die er sich kurz davor zugezogen hatte, war sein Kiefer verdrahtet.

»Die Lage war so emotionsgeladen«, sagte Hynek, »daß es mir unmöglich war, eine ernsthafte Untersuchung durchzuführen.«

Eines Abends fuhr er mit Polizeibeamten in einem Streifenwagen, und aus den Funkgeräten kamen andauernd Meldungen wie: »Dort ist es!« oder »Ich sehe es!« Irgendwann trafen mehrere Streifenwagen an einer Kreuzung zusammen, Polizisten stürzten heraus, deuteten hektisch zum Himmel und schrien: »Dort ist es! Es bewegt sich!« (Nein, es bewegte sich nicht, realisierte Hynek konsterniert. »Es« war das Gestirn namens Arktur.)

Vier kurze Tage nach der Hillsdale-College-Sichtung nahm Hynek an einer starkbesuchten Medienkonferenz teil. Er sagte später, die Luftwaffe habe angeordnet, daß er der Presse gegenübertrat; die Luftwaffe dagegen behauptete, Hynek habe darauf bestanden. (Angesichts des Ausgangs der Veranstaltung ist es nicht weiter verwunderlich, daß sich niemand darum riß, diese zweifelhafte Auszeichnung in Anspruch zu nehmen.) Hynek fühlte sich jedenfalls noch nicht bereit, der Presse gegenüberzutreten; die Vorstellung, vor dichtgedrängt sitzenden, neuigkeitshungrigen Presseleuten zu sprechen, stand in krassem Widerspruch zu dem, was er an der Wissenschaft am meisten liebte: ihre langsamen methodischen Überlegungen, ihr bereitwilliges Annehmen von komplexen Zusammenhängen, daß sie frei war von politischem Druck (zumindest theoretisch). Nun aber wurde von ihm erwartet, daß er Sofortlösungen bereithielt.

Als er nur vier Tage nach der Hillsdale-Sichtung der Presse gegenübertrat, wußte Hynek von nichts anderem zu berichten, als vom Anruf eines Kollegen, der ihn auf das seltene Phänomen von brennendem Sumpfgas aufmerksam gemacht hatte: In Sumpfgebieten steigt von faulenden Pflanzen Methan auf, das sich spontan entzünden kann und ein kurzes, flackerndes Licht abgibt. Hynek kam auf den Gedanken, daß *gewisse* Sichtungen – insbesondere jene, die über lokalen Sumpfgebieten konzentriert waren – in der Tat auf Sumpfgas zurückgeführt werden könnten. Hynek kam nicht auf den Gedanken, daß die bloße Erwähnung dieses Ausdrucks im Zusammenhang mit Ufos sich zu einem Fehler von wahrhaft dramatischem Ausmaß auswachsen könnte.

Daß er sofort betont hatte, dies sei keine umfassende Erklärung für sämtliche kürzlich erfolgten Sichtungen, nützte Hynek wenig;

das Unheil nahm seinen Lauf. »Ich beobachtete mit Schrecken, wie ein Reporter das Blatt überflog, den Ausdruck ›Sumpfgas‹ fand, ihn unterstrich und zum Telefon stürzte«, erinnerte sich Hynek. Innerhalb von Stunden war seine Sumpfgas-Hypothese ebenso bekannt wie die Sichtungen von Michigan selbst. In den folgenden Tagen versuchte er seine Position klarzustellen (ohne den geringsten Erfolg), aber er spürte, wie sich die Schlinge um seinen Hals zuzog, als sich seine Vorgesetzten bei der Luftwaffe mit seiner Erklärung zufriedengaben und die Sichtungen von Michigan in die Kategorie der »erklärten« einordneten.

Während der Großteil der Presse mit amüsierter Distanziertheit reagierte, waren jene Hunderte von Leuten, welche die Ufos gesehen hatten oder Leute kannten, die sie gesehen hatten, empört darüber, was dies ganz offenbar implizierte: sie als hinterwäldlerische Spinner abzutun, die nicht imstande waren, zwischen einem gestaltlosen Irrlichtflackern am Rand von Sumpfgebieten und scharf umrissenen Objekten zu unterscheiden, die enge Kurven flogen, schwebten, tauchten, stiegen und sich mit außergewöhnlicher Geschwindigkeit fortbewegten. Gerald R. Ford, Kongreßabgeordneter für die Hillsdale-Dexter-Gegend, bekam so viele wütende Briefe und Anrufe von seiner Wählerschaft, daß er vor der Abgeordnetenkammer erschien und eine Untersuchung des Ufo-Phänomens durch den Kongreß forderte.

Mit einem einzigen in aller Unschuld ausgesprochenen Wort hatte Hynek damit etwas bewirkt, was er früher zu verhindern geholfen hatte, etwas, das ironischerweise Donald Keyhoes entschlossenste Bemühungen nicht zustande gebracht hatten: Hearings vor dem Kongreß. Am 5. April 1966 fand in Washington eine eintägige offene Sitzung des Kongreßausschusses der Armed Services statt. Das Hearing endete mit dem Beschluß, die Luftwaffe habe unter der Schirmherrschaft einer angesehenen amerikanischen Universität eine unabhängige wissenschaftliche Untersuchung über Ufos durchzuführen. Sieben Monate später ließ die Luftwaffe offiziell verlauten, die Universität von Colorado habe das Studienprojekt über Ufos akzeptiert und die Leitung dem berühmten Physiker Edward Condon übertragen.

Obwohl der Beschluß, eine unabhängige Kommission einzusetzen, das stillschweigende Eingeständnis bedeutete, daß ihre neunzehn Jahre währenden Untersuchungen und Analysen für unzulänglich befunden worden waren, gab man sich bei der Luftwaffe darüber erleichtert, endlich aus der »nicht gerade beneidenswerten Lage« befreit zu werden, »jede Meldung einer ungewöhnlichen Erscheinung am Himmel beurteilen zu müssen«, wie es David Jacobs in seinem Buch *The UFO Controversy in America* (Die Ufo-Kontroverse in Amerika) ausdrückte.

Allen Hynek fühlte sich ebenfalls erlöst, zwar höchst gedemütigt durch das Michigan-Fiasko, aber trotzdem erlöst: »Erst nach dem Vorfall mit dem ›Sumpfgas‹ habe ich mir sagen können: ›Mir reicht's! Dies ist das letzte Mal, daß ich versuche, für die Luftwaffe die Kastanien aus dem Feuer zu holen!‹« Wie Saulus auf dem Weg nach Damaskus durch eine unerwartet Epiphanie zum Paulus wurde, vermochte Allen Hynek durch ein qualvolles Initiationsritual seine Integrität wiederherstellen, nachdem er lange Zeit an eine Sache gebunden gewesen war, mit der er sich nie wirklich identifiziert hatte: die vergebliche Anstrengung der amerikanischen Armee, den Beweis zu erbringen, unbekannte Flugobjekte könne es gar nicht geben.

Frank Mannor aus Dexter in Michigan war dagegen ganz entschieden *nicht* zufrieden mit dem Resultat. Als ihn CBS News fragte, ob er »bereue, daß er den Leuten erzählt habe«, was er gesehen hatte, antwortete Mannor bestimmt:

> Ja, ganz entschieden Es tut mir leid, weil – nicht daß es nicht die Wahrheit wäre, es ist nur der Gedanke an die Reaktion der Leute. Sie glauben, du bist verrückt: um die Wahrheit zu sagen, genau das denken sie. Und ich lasse mir das nicht länger bieten. Ich will niemanden mehr hier unten haben. Ich – laßt mich einfach in Ruhe. Und wenn das Ding genau hier landet, direkt dort drüben, bei der Pumpe, ich würde kein Wort sagen. [...] Ich würde es niemandem erzählen. So sehe ich das. [...] Was würden Sie davon halten, wenn jemand Bierflaschen gegen Ihr Haus

schmeißt, sich mitten auf die Straße stellt und brüllt: »Du Spinner, du Fanatiker« und all sowas? Was, bitte, würden *Sie* denn davon halten?

Die Nachricht, daß Ufos Gegenstand einer nichtmilitärischen Untersuchung sein sollten, auf die Verlaß war, löste unterschiedliche Reaktionen aus. In einer Kolumne in New Jersey wurde der Condon-Ausschuß als unzulässiges Beispiel dafür genannt, wie ein Teil der Regierung einen anderen in die Mangel nimmt; es sei »das beleidigendste, was einer Abteilung unserer Streitkräfte seit langem widerfahren ist«. Austin Cooper, Kolumnist in Hollywood, kritisierte das Unterfangen von einem anderen Standpunkt aus, indem er sagte, aus gerechtfertigten Sicherheitsgründen halte die Luftwaffe die heikelsten Ufo-Berichte weiterhin zurück und stelle damit sicher, daß der Bericht des Untersuchungsausschusses wertlos bleiben werde. Ein Leitartikel in *Nation*, der das Klischee vom menschlichen Bedürfnis nach dem Glauben an etwas aufgriff, gab der Hoffnung Ausdruck, daß die Studie erhellen werde, weshalb Menschen »als einzige Hoffnung, um den Spannungen, den Gefahren und der Langeweile des Alltags zu entgehen, nach überirdischen Wesen Ausschau halten müssen«. Der Artikel enthielt auch eine Warnung an Condon: Er müsse damit rechnen, von den Fans des Ufo-Kults »gekreuzigt« zu werden, sollte er keine überzeugenden Beweise für »kleine grüne Männchen« finden.
Donald Keyhoe sagte andererseits, es stelle »den wichtigsten Entwicklungsschritt in der Geschichte der Ermittlungen über Ufos dar, daß das Ufo-Problem nun in die Hände von zivilen Wissenschaftlern gelegt werde, »wo es hingehört«. Allen Hynek sagte, er verspüre ein »Gefühl persönlichen Triumphs und der Entlastung«, weil die Ufo-Frage jetzt die Aufmerksamkeit erhalte, die sie verdiene. In einem Artikel in der *Saturday Evening Post* berichtete Hynek von einem Abendessen mit mehreren Mitgliedern des Condon-Auschusses. »Es war ein Vergnügen, sich mit Leuten zusammenzusetzen, die offen waren für Ufos, die mich nicht anstarrten, als wäre ich ein Marsmensch.«
Es gab allen Grund zu der Annahme, daß Condon, der frühere

Leiter des National Bureau of Standards und einer der angesehensten Wissenschaftler seiner Zeit, das nötige Format hatte, um sicherzustellen, daß der Ausschuß dahinterkommen würde, falls tatsächlich etwas hinter den Ufo-Sichtungen steckte. In den Monaten vor dem offiziellen Arbeitsbeginn begannen jedoch Zweifel an Condons Objektivität aufzukommen – oder vielmehr, es gab eben *keinen* Zweifel an seiner Haltung, denn er machte seinen Standpunkt ganz unmißverständlich klar:

> Ich bin geneigt, der Regierung zu empfehlen, aus der Ufo-Angelegenheit auszusteigen. Im Moment bin ich nämlich der Ansicht, daß nichts dahintersteckt, aber ich werde wohl ein Jahr brauchen, um Beweise beibringen zu können.

Manche Ufologen hegten die Hoffnung, daß Condons öffentliche Erklärung seiner Voreingenommenheit letztlich dazu dienen könnte, die Überlegungen des Ausschusses fairer zu gestalten. Dadurch, daß Condons Ansichten bereits von vornherein bekannt seien, so argumentierten sie, gebe es – insbesondere für konservative Wissenschaftler – keine Grundlage, ihn für einen heimlichen »Ufo-Fan« zu halten. Dies würde dem Ausschuß zusätzliche Glaubwürdigkeit verleihen, wenn er nach reiflicher Prüfung seine Bewertung der verblüffendsten und am meisten überzeugenden Ufo-Sichtungen vorlegen würde, jener Fälle nämlich, für die nach den, wie allgemein angenommen wurde, größten Anstrengungen der Luftwaffe keine herkömmlichen Erklärungen hatten gefunden werden können.

Die erste Annahme – daß kein vernünftiger Mensch Edward Condon je mit George Adamski verwechseln könnte – war unwiderlegbar. Doch der Glaube daran, daß die Leitung des Ausschusses jemals beabsichtigt hatte, die »besten« Ufo-Sichtungen zu prüfen, geriet ins Wanken, als drei Monate vor dem offiziellen Start des Projekts Robert Low, Condons erster Chefbeamter mit dem Titel Projektleiter, eine vertrauliche Mitteilung schrieb, in der er seinem Chef riet, das Projekt auf verdecktem Kurs zu verfolgen:

Unsere Studie würde beinahe ausschließlich von Skeptikern durchgeführt, die zwar wahrscheinlich nicht in der Lage wären, ein negatives Ergebnis zu beweisen, jedoch eine eindrucksvolle Menge an Beweismaterial zusammentragen könnten und würden, um als naheliegend gelten zu lassen, daß die Beobachtungen keine Entsprechung in der Realität haben. Ich glaube, der Trick liegt darin, das Projekt so zu gestalten, daß es der Öffentlichkeit als vollkommen objektive Studie erscheint, der Wissenschaft jedoch das Bild einer Gruppe von Skeptikern bietet, die ihr Bestes tun, um objektiv zu sein, deren Erwartung, eine Untertasse zu finden, jedoch praktisch gleich Null ist. Eine Möglichkeit, dies zu erreichen, bestünde darin, das Schwergewicht nicht auf die Untersuchung der physikalischen Phänomene zu legen, sondern auf die Leute, welche solche Beobachtungen machen – auf die psychischen und sozialen Bedingungen von einzelnen und Gruppen, die Ufos gesehen haben wollen. Wenn die Betonung darauf gelegt würde und nicht auf die Prüfung der alten Frage nach der physikalischen Realität von Untertassen, würde die Wissenschaft die Botschaft rasch verstehen. [...] Ich neige in dieser frühen Phase der Ansicht zu, daß es uns gelingen wird, der Wissenschaft das Bild zu vermitteln, das wir ihr vermitteln wollen, und daß wir die Aufgabe zu unseren Gunsten lösen können, wenn wir die Sache richtig aufziehen und uns bemühen, die richtigen Leute daran zu beteiligen. [...]

Als die beiden Ausschußmitglieder David Saunders und Norman Levine dieses belastende Dokument fanden, schickten sie eine Kopie davon los, und diese gelangte schließlich in die Hände von Donald Keyhoe. Wer noch die geringsten Zweifel hatte, auf welcher Seite Condons Loyalität lag, verlor die letzten Illusionen, als dieser nicht etwa Low entließ (oder wenigstens rügte), nachdem er im Februar 1968 von der Sache gehört hatte, sondern im Gegenteil auf der Stelle Saunders und Levine wegen Ungehorsams feuerte.

Condon schien sich im übrigen über die ganze Sache vornehmlich zu amüsieren.
Zwei Wochen später trat Lows Verwaltungsassistent mit der Erklärung zurück, die Projektmitglieder hätten zuwenig Vertrauen in ihre Führung und seien außerdem zu anderen Schlußfolgerungen gekommen als Low, der praktisch keine Zeit darauf verwandt hatte, die Einzelheiten von Sichtungsmeldungen zu studieren. NICAP und APRO kündigten ihre Zusammenarbeit mit dem Projekt, was eine gewisse Befriedigung für Condon darstellte, der nie ein Hehl aus seiner Verachtung für die zivile Ufo-Forschung gemacht hatte. Er erkannte jedoch, daß der Verlust ihrer Zusammenarbeit einen beträchtlichen Verlust an Glaubwürdigkeit und Ansehen für den Ausschuß bedeutete. Er versuchte dem (nicht ganz erfolglos) entgegenzuwirken, indem er sich für den Schlußbericht des Projekts die Billigung der angesehenen Nationalen Akademie der Wissenschaften sicherte.
Der Projektbericht erschien 1969 unter dem Titel *Scientific Study of Unidentified Flying Objects* (Wissenschaftliche Studie über unbekannte Flugobjekte) und gilt als eine der eigenartigsten Veröffentlichungen der gesamten Ufo-Literatur. Er beginnt mit Condons nicht modifizierter Behauptung, Ufo-Meldungen könnten mit herkömmlichen Mitteln erklärt werden, gefolgt von mehreren Kapiteln, in denen Dinge wie zum Beispiel die Funktionsweise eines Radars erklärt werden, und schließt mit der Analyse von neunundfünfzig Fällen, von denen rund fünfundzwanzig Prozent als *unaufgeklärt* geführt werden. Im Endeffekt widersprechen also die spezifischen Ergebnisse des Berichts Condons Einleitung: Es erweckt beinahe den Eindruck, als hätte Condon die Fallstudien nicht gelesen, bevor er seine Schlußfolgerungen verfaßte, die sonderbarerweise am Anfang des Berichts stehen. Jacques Vallee meinte später dazu, die Reihenfolge hätte umgekehrt sein sollen. Anstatt hinten weggesteckt zu werden, hätten die Fallanalysen den Schlußfolgerungen vorangestellt werden sollen; so hätte man eine klarere Vorstellung von Condons hartnäckiger Voreingenommenheit bekommen.
Im und großen ganzen fiel die Reaktion auf den Bericht wie

erwartet aus. Die *New York Times* lobte Condon und seinen Stab für ihre »sorgfältige und umfassende Untersuchung« und prophezeite, der Bericht werde »breite Zustimmung« finden, außer beim harten Kern jener »wahren Gläubigen«, die sich der Hypothese von der extraterrestrischen Intelligenz »verschrieben« hätten. Donald Keyhoe kritisierte das Projekt, weil es sich, wie er es nannte, auf »Spinnerfälle« konzentriert und gleichzeitig viele »Spitzenfälle« mit glaubhaften Zeugnissen ignoriert habe, die den Kriterien des Ausschusses für Verläßlichkeit entsprochen hätten. Indem er die Abschnitte des Berichts zitierte, welche die Realität von Ufos zu bestätigen schienen, machte Keyhoe das, was er am besten konnte: Er appellierte an seine Anhängerschaft, die Scheckbücher zu zücken, um eine »großangelegte Kampagne zur Aufdeckung der Ufo-Affäre« zu unterstützen.

Allen Hyneks Antwort war überzeugend genug, um die letzten Zweifel daran zu beseitigen, daß der frühere Berater der Luftwaffe das Sumpfgas-Fiasko als geschlagener Mann verließ. Im *Bulletin of Atomic Scientists* argumentierte Hynek, wenn ein Wissenschaftler von Condons Format seinen guten Namen für diesen 1485 Seiten starken Bericht hergebe, sei dies, als hätte »Mozart einen uninspirierten Ohrwurm hervorgebracht, der seiner Begabung unwürdig ist«. Condon habe »den Umfang und das Wesen des Problems stark unterschätzt«, schrieb Hynek. Aber der krasseste und am wenigsten entschuldbare Irrtum des Reports sei *philosophischer Natur*, beharrte Hynek.

> Sowohl die Öffentlichkeit als auch der Mitarbeiterstab des Projekts haben das Ufo-Problem mit der Hypothese von der extraterrestrischen Intelligenz (ETI) verwechselt. Diese mag zwar von größtem öffentlichem Interesse sein, doch darum geht es nicht. Die Frage lautet vielmehr: Gibt es ein rechtmäßiges Ufo-Phänomen? [...] Es könnte sein, daß Ufo-Phänomene [...] nicht mit den physikalischen Bedingungen des zwanzigsten Jahrhunderts erklärt werden können. Wie kann der Condon-Report unter diesem Aspekt der Wissenschaft dienen, wenn er empfiehlt, daß ein Phäno-

men, das von vielen Tausenden von Leuten über einen so langen Zeitraum gemeldet wurde, keine weitere wissenschaftliche Beachtung verdiene?

Condon antwortete, indem er Hynek als »einigermaßen plemplem« bezeichnete und sagte, die Luftwaffe habe gut daran getan, ihn schon sehr früh zu entlassen. Alle anderen, die das Ufo-Phänomen einer weiteren Untersuchung für würdig befanden, nannte er »Spinner«. Als die prestigeträchtige American Association for the Advancement of Science (Amerikanische Vereinigung zur Förderung der Wissenschaft) ein wissenschaftliches Symposium über das Ufo-Phänomen plante, appellierte Condon an den damaligen Vizepräsidenten Spiro Agnew, das Treffen zu verhindern. Agnew lehnte ab; zweifellos ahnte er, daß ihm da ein Kampf bevorstehen würde, den er nun wirklich nicht brauchen konnte.
Für viele, die Condon gut kannten, war es schmerzlich, mitansehen zu müssen, wie seine anfängliche Skepsis Ufos und ihren »Befürwortern« gegenüber lächerliche Ausmaße annahm, und mitzuerleben, wie ein seriöser Wissenschaftler an den Rand des Fanatismus geriet, mit dem er ironischerweise zuvor die beiden Gruppen, die er gleichermaßen verachtenswert fand, verbunden hatte: die Ufologen mit ihren ungezügelten Behauptungen über eine herrschende Regierungsverschwörung und die Kontaktierten, deren Schilderungen von Reisen mit »den Raummenschen« zu entfernten Planeten (auch noch nach George Adamskis Tod 1965) hartnäckig weiterhin eine Ecke innerhalb der Ufologie für sich in Anspruch nahmen.
Über zehn Jahre zuvor hatte Edward Ruppelt einen Klassiker über Ufos verfaßt, den er später umschrieb, weil er zu völlig anderen Schlüssen gekommen war. Edward Condon hatte soeben mitgeholfen, einen klassischen Ufo-Report das Licht der Welt erblicken zu lassen, der seine eigenen Schlußfolgerungen wirksam in Frage stellte. Beide Männer waren den Ufos in derselben Rolle begegnet: als Ermittler. Und am Ende ihres Lebens hatten beide allen Grund, sich zu wünschen, sie hätten sich nie auf das Thema eingelassen.

8

Immer wieder wird von seiten mancher Ufo-Forscher auf die Diskrepanz hingewiesen zwischen dem, was Regierungsbeamte offiziell in der Öffentlichkeit über Ufo-Berichte verlauten lassen (»nichts Ernstzunehmendes«), und dem, was aus ihren einst streng geheimen Akten hervorgeht (»diese fliegenden Scheiben stellen ein echtes Problem für uns dar«). Andere vertreten die Ansicht, Ufos seien Manifestationen einer im wesentlichen boshaften, täuschenden, ihre Form verändernden Intelligenz, welche die kulturelle Evolution steuere, indem sie den anerkannten Aberglauben aufrechterhalte (Feen und Engel damals, untertassenförmige Raumschiffe heute). In ihrem Beharren, Ufos seien nicht real, erklären dagegen Entlarvungswillige, fliegende Untertassen seien nichts anderes als ein Religionsersatz.

Alle drei Perspektiven deuten auf allegorische Strukturen im Ufo-Epos hin. »Eine Allegorie beruht auf Parallelen zwischen zwei Seins-Ebenen«, schreibt Angus Fletcher. »Die eine wird beim Lesen angenommen, die andere verkörpert die wörtliche Erzählung.« Keine Begriffe tauchen häufiger in der Ufologie auf als *Täuschung* und *Verstellung* sowie *Verschwörung* und *Vertuschung*, begleitet von einem Drang, an die »ganze Wahrheit« (die Tiefenstruktur) hinter dem »äußeren Schein« (der Oberflächenstruktur) zu kommen.

Versuche, die beiden Ebenen auf das gleiche Niveau zu bringen, Übereinstimmungen zu finden zwischen dem, *was zu geschehen scheint*, und dem, *was wirklich geschieht*, finden wir auf allen Ebenen dessen, was wir die »Ufo-Allegorie« nennen können: bei der Feldforschung, die nach Ufo-Landespuren sucht, bei der Ermittlung, wenn mit Hilfe von Hypnose »blockierte Erinnerungen« von Augenzeugen zurückgeholt werden, bei der Anhängerschaft der Verschwörungstheorie, die veröffentlichte Regierungsmitteilungen studiert, bei den Entlarvungswilligen, die versuchen, die Ufos ein für allemal als Hirngespinst abzutun, bei den Befürwortern, die versuchen, die Realität der Ufos ein für allemal zu beweisen, und nicht zuletzt bei den Augenzeugen unheimlicher Begegnungen und in der Öffentlichkeit, die das Ganze verfolgt: sie alle versuchen auf ihre Weise, die irdischen und phantastischen Elemente ihrer Ufo-Erfahrungen miteinander zu vereinbaren und Fakten und Fiktion *ein für allemal* voneinander zu trennen.
Die Komplexität dieser Bemühungen wird noch dadurch verstärkt, daß gemäß Fletcher eine Allegorie »auf Klarheit und Dunkelheit zugleich abzuzielen scheint, wobei beide Effekte voneinander abhängen«. Er fährt fort: »Ein Rätsel – und nicht immer ein lösbares – zu erzeugen, scheint die wichtigste Funktion der Allegorie zu sein, und wer wollte bezweifeln, daß eine Verwirrung in der Symbolik dieser Funktion noch entgegenkommt?« Fletcher fügt hinzu: »Je mehr Metaphern, Epigramme und ›gut formulierte Rätsel‹ es gibt, desto größer ist die Lebendigkeit.«
Da das Ufo-Epos ja eine Doppelstruktur hat – und zudem zu einer Polarisierung zwischen den zwei thematischen Extremen neigt –, scheint die Vermutung ratsam, daß in diesem Epos Figuren eine Rolle spielen, die wie Proteus durch eine Seitentür hereingeschlüpft sind, während unsere Aufmerksamkeit von Figuren gefesselt war, die wir in jedem Kapitel immer wieder antreffen: Skeptische, Entlarvungswillige, Befürwortende, Anhänger, Scharlatane, Möchtegernwissenschaftler und so weiter. Indem diese Akteure die Bühne insgeheim betraten, beeinflußten sie den Handlungsverlauf, und zwar um so mehr, als sie ihre Rolle am Rande der Bühne spielten.

Es ist nun an der Zeit, sie namentlich zu begrüßen: Hermes, den Schelm und Dionysos, drei Figuren aus den zeitlosen Annalen der Mythologie. In der durch das Condon-Fiasko verursachten Unterbrechung der erzählten Handlung wollen wir diese Figuren kennenlernen, damit wir sie im Hintergrund der kommenden Akte besser erkennen können.

Hermes

Der Gott Hermes (bei den Römern unter dem Namen Mercurius [auch Bezeichnung für das Element Quecksilber, A. d. Ü.] bekannt) war ein Sohn von Zeus (von den Griechen als Vater der Götter und Menschen betrachtet, als Herrscher und Bewahrer der Welt) und Maia (einer Nymphe und Tochter des welttragenden Atlas). Er erscheint in vielen verschiedenen Gestalten und spielt verschiedene Rollen im griechischen Götterhimmel. Er ist der leichtfüßige Götterbote zwischen Himmel und Erde, und von dieser Aufgabe leitet sich seine Eigenschaft als Gott der Orakel her. Als Bote oder Vorbote hat Hermes auch Zutritt zur Unterwelt, wo er die Seelen der Toten über die Schwelle von Leben und Tod zur Ruhe geleitet. Vom Schattenreich der Geister ist es nur ein kleiner Schritt – insbesondere für jemanden, der so beweglich ist wie Hermes – zum Reich der Träume und des Schlafs, wo er als Führer und Vermittler zwischen Bewußtsein und Unterbewußtsein, Oberfläche und Tiefe dient.

Hermes wurde auch als Beschützer von Handel und Verkehr bekannt sowie als Gott der »überzeugenden Beredsamkeit«, der Rhetorik also – dies alles in Übereinstimmung mit seiner Begabung als Überwinder von Grenzen, als Botschafter und Vermittler zwischen Bereichen, deren Schwellen Hermes instinktiv als Durchgänge zu erkennen vermag. Weil keine dieser Aufgaben rein oder unvermischt vorkommt, wurde Hermes sowohl als Gott der Kommunikation als auch als Schirmherr von Lügnern und Dieben bekannt.

Maia brachte Hermes im Dunkel der Nacht zur Welt, in einer einsamen, selten besuchten Höhle im arkadischen Kyllene-Gebirge. Noch kaum einen Tag alt, stahl er seinem Halbbruder Apollo auch schon eine Rinderherde. Dabei versuchte er seine Spuren – und die der Rinder zu verwischen –, indem er Ginsterbüschel an deren Hufe band und sie rückwärts in eine Höhle trieb, um so den Eindruck zu erwecken, sie seien aus der Höhle herausgekommen und nicht hineingegangen. Hermes Streich erschien zwar auf keinem Radarschirm, aber ein Bauerntrampel namens Battos hatte ihn beobachtet und den Diebstahl einem entsprechend wütenden Apollo angezeigt, der darauf Hermes von der Bank zog, wo er zu schlafen vorgegeben hatte, und ihn Vater Zeus auslieferte, auf daß er seine wohlverdiente Strafe erhalte.

Ohne den geringsten Anflug von Scham leugnete Hermes sofort, die Rinder gestohlen zu haben. In den *Homerischen Hymnen* wird Hermes' tollkühner Auftritt folgendermaßen dargestellt:

> [...]
> Aber willst du, so will ich beim Haupt meines Vaters dir schwören,
> Mächtigen Schwur: Wahrhaftig! Weder bin selber ich schuldig,
> Noch hab ich einen gesehn, einen anderen Dieb eurer Rinder.
> Welche Rinder das sind. Ich höre nur eines: man rühmt sie.
>
> Sprach's und schaute bald hierhin, bald dorthin, verzog seine Brauen,
> Blinzelte viel mit den Lidern dabei und tat einen lauten
> Pfiff und tat so, als müsse er nutzlose Worte vernehmen.

»Welche Rinder das sind. Ich höre nur eines: man rühmt sie«, warf Hermes ein, um in einer die Herzen gewinnenderen Unschuld dazustehen als nur mit dem einfachen Fehlen einer Schuld. Dann ergriff er die Lyra und begann zur Freude von Zeus und Apollo zu musizieren, und beide fanden seine Schilderung ebenso unglaubhaft wie ihren Erzähler unwiderstehlich, weil er ohne Zaudern eine derart eklatante Lüge von sich gegeben hatte.

Hermes tat noch ein übriges, um sich bei Apollo einzuschmeicheln, indem er ihm die Lyra schenkte. Als Beweis für seine eigene Gutgläubigkeit schenkte Apollo ihm eine Wünschelrute und, damit einhergehend, die Kraft der Prophezeiung. Daran war jedoch eine Bedingung geknüpft: Hermes durfte nicht mit Worten enthüllen (dies war Apollos Bereich), sondern nur mit Hilfe von Zeichen und Ereignissen. Der gerissene Schurke Hermes lieferte später noch manchen Beweis für den Humor, den er in der Rinder-Eskapade an den Tag gelegt hatte: beim Diebstahl von Zeus' Szepter, Ares' Schwert, Apollos Pfeil und Bogen und Aphrodites Gürtel. In jedem dieser Beispiele gelang es dem frechen jungen Gott, seine entrüsteten Opfer zu beschwichtigen.
Die Mythologie-Spezialistin Ginette Paris sieht keinen Widerspruch in Hermes' kombinierter Rolle als Händler, Führer, Dieb, Redner, Bote, Diplomat und Vermittler. »Hermes ist zu klug, um sich frontal einer Respektsperson entgegenzustellen; er weiß, daß sie überlistet, abgelenkt oder dem Gelächter preisgegeben werden muß«, schreibt sie in ihrem ausgezeichneten Buch *Pagan Grace* (Heidnische Grazie). »Zu wissen, wie man eine Respektsperson ablenkt, amüsiert oder lächerlich macht, kann genauso wirksam sein wie eine heroische Auseinandersetzung.«
Die aufsehenerregende Landung auf dem Rasen vor dem Weißen Haus in einer fliegenden Untertasse wäre nicht Hermes' Stil. Angemessener wäre ihm viel eher, als suggestive Blips auf einem Radarschirm zu erscheinen. (Solche Blips werden übrigens von Radartechnikern als »nicht korrelierende Ziele« bezeichnet. Das bedeutet, daß seine Anwesenheit zwar bemerkt wird, aber eben auf mehrdeutige Weise; perfekt für einen Gott, den Ginette Paris als »facettenreich, schillernd und unmöglich festzunageln« beschreibt.)
Hermes kann gleichzeitig als Gott des Handels und der Diebe herrschen, weil beides einen Akt der *Verschiebung* enthält, in dem »Waren« von einem Besitz zum nächsten wechseln; auch dies schreibt sie in ihrem Buch. Daß es nicht immer eine klare Grenze zwischen Handel und Diebstahl gibt, kommt Hermes zusätzlich entgegen, denn er fühlt sich »irgendwo zwischen dem Expliziten

und dem Impliziten immer am wohlsten und wird es nie müde, neue Stimmlagen, Tonfälle oder Gesten zu erfinden, um seiner Botschaft den richtigen Rahmen zu geben«. Während Apollo auf einzelnen Bedeutungen beharrt, die klar und direkt sind wie ein Pfeil, »nimmt die Kommunikation im Zeichen von Hermes Zuflucht zu gewundenen Pfaden, Abkürzungen und Parallelstraßen, macht zahlreiche Rundreisen und endet oft in bedeutsamen Sackgassen. Die Wege des Hermes sind mannigfaltig.«

Wäre Hermes der Lügner jedoch *nur* ein Lügner und nichts anderes, würde niemand seinen Geschichten zuhören, bemerkt Ginette Paris. Und dies ist auch für das Ufo-Phänomen von entscheidender Bedeutung. Würde jede einzelne Sichtung zu einer abschließenden Erklärung einladen, gäbe es keine Kontroverse über *Bedeutungen*. Von Natur aus zweideutig, einmal mehr auf diese Seite neigend, dann wieder auf die andere, operiert die hermetische Intelligenz mit Analogie, Intuition und Assoziation, sucht in jedem kleinen, isolierten Ereignis nach dem großen Muster. Ufologen (dafür und dagegen), wie auch Apollo, interessieren sich hingegen dafür, Dinge zu *beweisen*. Hermes (wie die Ufos?) »will das Publikum für sich gewinnen und den Applaus erhalten, selbst wenn er dafür die Wahrheit verdrehen muß«, schreibt Ginette Paris.

Sie fügt hinzu, daß Hermes »von einer bestimmten Form des Zauberns fasziniert zu sein scheint: dem Fesseln und dem Lösen der Fesseln, dem Knüpfen von Knoten und ihrer Auflösung, dem Festmachen und Loslösen.« Wenn eine Situation – zum Beispiel die Debatte über eine bestimmte Ufo-Sichtung – erstarrt und völlig festgefahren ist, kommt Hermes, um den festsitzenden Knoten aufzulösen. Wie bei allen Gottheiten, wirkt sein Zauber jedoch in beide Richtungen: »Hermes kann sowohl festhalten, hypnotisieren und einschläfern als auch lösen, aufwecken und die Fesseln sprengen.« Wenn die Ufo-Szene von Zeit zu Zeit zu diffus und unübersichtlich wird – mit Engeln, Poltergeistern, Zwergen, Elfen und Kobolden unser Gefühl für den Zusammenhalt des Phänomens bedroht –, wirft jeweils ein einzelner Mythos (etwa die Hypothese von der extraterrestrischen Intelligenz) seinen Köder aus und zementiert damit sofort wieder die herkömmliche Konzentration.

Der Dichter und merkurische Geschichtenerzähler Robert Bly fängt in seinem Buch *Iron John (Eisenhans)* die Dualität des Hermes in wunderschönen psychologischen Begriffen ein, wenn er sagt, daß »Hermes mithilft, Innenräume hermetisch zu verschließen, das abzuhalten, was draußen bleiben soll, und das zurückzuhalten, was nicht hinaus möchte«. Bestimmte magische Vorkommnisse finden in einem solchen »von Mauern umgebenen Ort« statt. Aber selbst dann geschieht, was Bly im folgenden festhält:

> Wenn wir im Bereich des Hermes sind, wandern Botschaften mit phantastischer Geschwindigkeit zwischen dem Gehirn und den Fingerspitzen hin und her, zwischen dem Herzen und den Tränenkanälen, zwischen den Genitalien und den Augen, zwischen dem Teil in uns, der leidet, und dem Teil, der lacht. Hermes ist wie Quecksilber, und wir wissen, daß man Quecksilber nicht in der Hand halten kann – es rollt überallhin, teilt sich in winzige Tropfen, verbindet sich wieder, fällt auf den Boden, rollt unter den Tisch, bewegt sich mit verblüffender Schnelligkeit. Im Englischen heißt es nicht umsonst »*quick*silver« (schnelles Silber).

Endlich – ein Wort, daß sowohl Grundlagenforschenden wie auch Engel-Orientierten in der Ufologie gefallen dürfte: *Quecksilber!* Es gibt auf den kommenden Seiten noch viel mehr zu Hermes zu sagen. Für den Augenblick gebührt das Schlußwort Karl Kerényi mit einer Bemerkung, die sehr gut zu den Perspektiven dieses Buches paßt: »*Denn nicht nur auf etwas unmittelbar Einleuchtendes, sondern auch auf etwas befremdend Unheimliches müssen wir gefaßt sein,* wenn es uns gelingen soll, die Gestalt des Gottes [Hermes] in ihrer Ganzheit wiederzuerwecken« (Hervorhebung vom Verfasser).

Der Schelm

In zahlreichen Mythen, angefangen bei denen nordamerikanischer Indianerstämme, über jene von Griechen, Chinesen und Japanern bis hin zu denen sibirischer und semitischer Völkerschaften taucht immer wieder die Figur des Schelms oder Trickreichen auf, die ihr eigentümliche Abenteuer und Prüfungen zu bestehen hat. Obwohl oft von bestimmten Tieren verkörpert – vom Raben, Kojoten, dem Hasen oder der Spinne –, hat der Schelm keine klar umrissene oder fest vorgegebene Form. In der Tat scheint diese mythische Figur einer undifferenzierten Form des Bewußtseins zu entsprechen, die dem Auftreten weiterentwickelter psychischer Funktionen voranging und trotzdem in den archaischsten Tiefen der kollektiven Geisteskraft aktiv geblieben ist. Ihre Komplexität besteht in ihrer Fähigkeit, sich als schöpfende und zerstörende Kraft zugleich zu manifestieren, als gebende und aufhebende, als eine Gestalt, die betrügt und selbst stets wieder betrogen wird. »Gelächter, Humor und Ironie durchpulsen alles, was der Schelm tut«, schreibt der Anthropologe Paul Radin in seiner klassischen Abhandlung *Der göttliche Schelm.* Wir finden Überbleibsel des Schelmenmotivs beim mittelalterlichen Hofnarren, beim modernen Clown, im Kasperletheater und beim Karneval, wo für eine bestimmte Zeit die sozialen Rollen vertauscht werden (Bürgermeister und Müllmann, Prinzessin und Küchenmagd), und ganz gewiß in der modernen Debatte über unbekannte Flugobjekte.

Für Jung ist die Figur des Schelms ein »Vorläufer des Heilbringers und, wie dieser, Gott, Mensch und Tier. Er ist ebenso unter- wie übermenschlich, ein göttlich-tierisches Wesen, dessen durchgehende und eindrucksvollste Eigenschaft die Unbewußtheit ist«. Einerseits verkörpert er in seinem Aspekt als schöpfende Kraft viele ursprüngliche Möglichkeiten, welche die menschlichen Fähigkeiten weit übersteigen; er kann zum Beispiel seinen After entfernen und ihm eine bestimmte Aufgabe zuweisen, er kann sich in eine Frau verwandeln und Kinder zur Welt bringen und dann wieder kann er aus seinem Penis nützliche Pflanzen hervorbringen. Andererseits ist der Schelm gemäß Jung »in gewissen Hinsich-

ten dümmer als die Tiere und fällt von einer lächerlichen Ungeschicktheit in die andere. Obschon er nicht eigentlich boshaft ist, so begeht er doch infolge Unbewußtheit und Unbezogenheit abscheuliche Taten«.
Doch jedesmal, wenn er sich in ein bodenloses Dilemma manövriert hat, gibt ihm seine Fähigkeit, den Spieß umzudrehen, seine Erlösernatur zurück. Jung weist mahnend darauf hin, daß das moderne Bewußtsein den Kontakt mit dem Schelm weitgehend verloren hat, der Schelm jedoch nicht vergessen hat, wie wir zu finden sind. Er läßt uns seine beunruhigende Gegenwart in Phänomenen spüren wie den frustrierenden »Zufälligkeiten« des Schicksals über die mit »boshafter Absichtlichkeit« ausgeführten Streiche von »Kobolden«, bis hin zum unbehaglichen Nebeneinander von engelhaften und dämonischen Potentialen im individuellen und kollektiven Bewußtsein.
Wie Proteus und Hermes ist auch der Schelm in der Tat ein echter Verwandlungskünstler, aber gleichzeitig ist er weniger klar definiert, und es fehlt ihm die Ausgereiftheit einer richtigen Gottheit. Kerényi hält fest, daß dort, wo Hermes die Seelen der Toten zur Ruhe führt, auch der Schelm gefunden werden kann, wie er »Schelmenspiele mit dem Tode im Bereich des Gespenstischen« spielt. Von diesem Standpunkt aus könnten die ominösen Erscheinungen der Männer in Schwarz (vgl. Kapitel 4) sehr wohl dem Schelm angelastet werden. Der langjährige Ufo-Forscher John Keel drängt seine Kollegen, endlich zu erkennen, womit sie es zu tun haben:

> Offenbar steckt eine Art Intelligenz hinter all diesen Erscheinungen. Etwas Schelmisches mit einem grandiosen Sinn für Humor. Würden Wesen von einer weit entfernten Galaxie Hunderte von Lichtjahren reisen, um uns solche Streiche zu spielen? [...] In meinen eigenen sonderbaren Abenteuern mit Leuten, die behaupten, in Kontakt mit den Ufo-Wesen zu sein, habe ich herausgefunden, daß die Vertreter dieser überlegenen Technologie am Himmel erstaunlich dumm sind, einen ausschweifenden, ja sogar boshaften Humor

haben und ein ebenso aufbrausendes Temperament wie Teufel, Dämonen und Walküren früherer Zeiten. [...] Wenn schon der Ursprung verrückt ist und uns so sinnlos zum Narren hält, was sind dann wir, die wir uns so leicht zum Narren halten lassen?

Dionysos

Als Sohn des Zeus und der Semele (einer phrygischen Erdgöttin) ist Dionysos der griechische Gott der Fruchtbarkeit, des Weines und des Theaters. In seiner dritten Rolle, als Schutzherr der dramatischen Künste, ist Dionysos von besonderem Interesse für die Entwicklung unserer Geschichte. Dionysos ist bei den ersten Andeutungen von Besorgnis über die *Enthüllung der wahren Identität*, einem seiner Lieblingsthemen, heimlich in unser Ufo-Stück geschlüpft.

Obwohl er von Nietzsche mit der Geburt der tragischen Themen in Verbindung gebracht wird, ist es angebrachter, Dionysos mit der Entstehung der Tragödie als dramatischer Form und mit dem Drama ganz allgemein zu verbinden. Dinoysos hat viele Namen und bewegt sich in vielen Rollen. Er ist als der »maskierte Gott« oder der »Gott der Masken« bezeichnet worden. Das Genie dieses Gottes liegt darin, daß er sich streng genommen nicht hinter seinen vielen Masken verbirgt, sondern sich vielmehr durch sie *enthüllt*.

Indem sich die Hauptströmung der Ufologie auf das Motiv der Täuschung durch Maskieren konzentrierte, sind ihr möglicherweise größere Zusammenhänge entgangen. Könnte das Verhalten der Ufos, das unserer *Vorstellung* von Verborgenheit entspricht, vielleicht ihre ganz besondere Form der Enthüllung darstellen?

Ginette Paris argumentiert, daß es als Lüge erscheinen kann, wenn man sich ruhig gibt, obwohl man sich schrecklich fürchtet. Diese Sichtweise geht jedoch davon aus, daß jedes Verhalten, das nicht Ausdruck des »einen tiefen, wahren Gefühls« ist, unaufrichtig sei. In seinem Buch *The Presentation of Self in Everyday Life* (Wir alle spielen Theater. Die Selbstdarstellung im Alltag) definiert der Autor Irving Goffman Ehrlichkeit als »Vertrauen in unsere Verhaltensweise«. Ginette Paris hält fest, daß gute Schauspieler »mit ihrem ganzen Selbst in ihrer Rolle aufgehen und versuchen, für das Publikum die Personen zu sein, die sie zu sein vorgeben«. Es kümmert sie nicht, ob dies mit ihrem wahren oder »wirklichen Selbst« übereinstimmt, denn sie sind *Schauspieler.* Wie wir alle, schreibt Ginette Paris und fügt hinzu: *»Dionysos ist nicht der Gott hinter der Maske. Er* ist *die Maske.«*

Es gibt eine wichtige Parallele zwischen dem Wunsch, eine einzige umfassende Identität hinter den Ufo-Berichten zu finden, und der merkwürdigen Annahme in der modernen Psychologie, es gebe eine zwingende Unterscheidung zwischen dem »wahren Selbst« (welches tief, gut, konstant und authentisch ist) und dem »falschen Selbst« (welches »lediglich« eine soziale Rolle, eine Maske ist). Karl Kerényi, der Kulturen untersucht hat, in denen die Persönlichkeit nicht als eine konstante, einmalige Substanz betrachtet wird und sich auch keine Entwicklung in diese Richtung abzeichnete, war der Ansicht, wir Menschen der Neuzeit seien besonders von der Vorstellung besessen, daß der ursprüngliche, authentische, gute, wahre Mensch aus der Tiefe zum Vorschein käme, wenn wir nur alle unsere Masken ablegen könnten. Ginette Paris schreibt: »Diese negative Definition der Maske als etwas, hinter dem man sich versteckt, ist das genaue Gegenteil der antiken Vorstellung der Maske als einem Verbindungsglied zwischen der Person und dem archetypischen Tier, den Vorfahren oder der Gottheit, die sie verkörperte.«

Hier schließt sich ein großartiger Kreis. Das konventionelle Denken geht davon aus, daß Masken *verbergen.* Dionysos dagegen lehrt uns, daß Masken auch *enthüllen.* Bemühungen, »hinter« die Maske zu kommen – meist als Absicht verbrämt, zu enthüllen –, dienen ebenfalls dazu, etwas zu verbergen, und zwar insbesondere Vermutungen, deren Enthüllung die Stabilität von Mustern und Gesetzmäßigkeiten in Zweifel ziehen könnte, die *scheinbar* zu einer angeblich unabhängigen »Wirklichkeit« gehören.

Nun stellt die Unterscheidung zwischen innen und außen mit Sicherheit eine in unserem Denken tiefverwurzelte Gewohnheit dar. Dionysos erscheint nicht auf dem Plan, um aufzudecken, daß diese Unterscheidung falsch ist, sondern um unseren Blick dafür zu schärfen, bis zu welchem Grad diese Unterscheidung – wenn sie wörtlich genommen wird – Gegensatzpaare nötig macht (innen gegen außen, Idee gegen Form, Schein gegen Wahrheit), die in der Natur nicht nachgewiesen worden sind. Gaston Bachelard hält in seinem Buch *La poétique de l'espace* (Poetik des Raumes) fest, daß die Unterscheidung zwischen innen und außen genauso scharf ist wie die zwischen *ja* und *nein*, »welche alles entscheidet«, und daß deshalb andauernd die Gefahr besteht, daß diese Dichotomie »zu einem Fundament von Bildern wird, die alle Gedanken von Positivem und Negativem beherrschen«.

Aus dieser Perspektive erscheint das Motiv Verkleidung als Täuschung im Ufo-Epos eine Art Notwendigkeit zu haben, die sich von der gemeinhin erkannten unterscheidet: Es ist notwendig, daß die Ufologen mit Dringlichkeit daran gehen, das Ufo-Phänomen zu *demaskieren* und *hinein*zugelangen, und zwar nicht zuletzt, damit das Drama zum nächsten Akt übergehen kann.

Es liegt eine »mythische Notwendigkeit« in den mantraähnlichen Verkündungen von unmittelbar bevorstehenden Enthüllungen: »Die Regierungsverschwörung kann nun jeden Moment auffliegen.« (In einem Bereich, in dem alles von Bedeutung sein kann, dämpft es den Enthusiasmus heutiger Forschung keineswegs, daß in der Ufologie diese unerfüllte Prophezeiung nun bereits seit vierzig Jahren wiederholt wird; für sie bestätigt die Häufung vergangener Voraussagen merkwürdigerweise nur die eigene Sicht, daß es nun »nur noch eine Frage der Zeit ist [...] *jeden Augenblick*. [...]«)

Nichts von alledem besagt jedoch, daß militärische oder zivile Regierungsbeamte mit Informationen über ihr Interesse an oder ihr Wissen über Ufos herausgerückt wären – es gibt viel mehr Hinweise für das Gegenteil. Anonym veröffentlichte, angeblich streng geheime Regierungsdokumente, auf denen ganze Abschnitte aufreizend geschwärzt sind, bestätigen den Mythos der Verkleidung als Täuschung mit um so mehr Nachdruck und rufen dauernd neue Anstrengungen zur Enthüllung hervor. So dreht sich die Spirale immer weiter: maskieren, demaskieren, zeigen, verbergen, stets verbunden mit dem Anspruch, der *tief verborgenen Wahrheit näherzukommen.*

Es muß betont werden, daß diese Figuren – Hermes, der Schelm und Dionysos, wie auch ihr Kollege Proteus – letztlich weder mehr noch weniger real sind als solche mit menschlichen Namen. In der Vorstellung der griechischen Antike, wo mythische Empfindsamkeit mit außerordentlicher Reichweite herrschte, wurden Gottheiten nicht als etwas betrachtet, das mit der natürlichen Ordnung der Dinge nicht im Einklang stand oder ihr gar entgegen gesetzt war. Vielmehr hielt man bestimmte Gottheiten für gegenwärtig, wenn bestimmte Ereignisse stattfanden (proteische, hermetische, dionysische), und zwar gegenwärtig *im* wie *als* Ereignis. Die Gottheiten der Antike, die im Ufo-Epos stillschweigend am Werk sind, verlangen nicht in einem herkömmlichen religiösen Sinn nach Verehrung, sie versuchen uns auch nicht von den »wirklichen Fragen« wegzuführen. Vielmehr symbolisieren die typischen Abenteuer göttlicher Gestalten – Schwindel, Betrug, Kampf, Verbergen, Handeln, Beschuldigen, Verschwörung, Streben, Sehnsucht und so weiter – die tatsächlichen Situationen unseres Lebens und darin eingeschlossen natürlich auch die Bestrebungen im Bereich der Ufologie.

Der Mythos bietet einen Hintergrund von Bildern, durch die das Ufo-Phänomen jenes tiefere, reichere und breitere Volumen erhält, welches seine Vorkommnisse so konsequent anstreben. Die Tatsache, daß die Ufo-Forschung weiterhin hauptsächlich genau das Gegenteil zu erreichen trachtet – nämlich die Reduktion des Phänomens auf ein wörtliches (singuläres, plattes, unzweideutiges) Verständnis –, bedeutet nicht, daß die Gottheiten verschwinden. Im Gegenteil: Sie werden weiterspielen, *verkleidet*, und die Ufologie so noch stärker in ihren vielfältigen Zauber hüllen.

Denn wie Joseph Campbell schrieb: »Die letzte Inkarnation des Ödipus mag diesen Nachmittag an der Ecke der Fifth Avenue und der Zweiundvierzigsten Straße stehen und auf das Verkehrslicht warten, daß ihm den Übergang freigibt.«

9

Als das den Mythos der fliegenden Untertassen maßgeblich definierende Ereignis schuf Kenneth Arnolds Sichtung von 1947 in einem sehr realen Sinn den Rahmen für alles, was danach mit dem Wort *Ufo* verbunden wurde. Doch Arnolds legendäres Erlebnis sollte nicht das einzige entscheidende Ereignis der Ufologie bleiben, sondern nur das erste: ein Meilenstein, der eine Reihe von vorläufigen Annahmen (»entweder kommen sie aus dem All, oder sie sind nicht real«) und Ritualen (eine anhaltende Debatte, die anhand bestimmter Sichtungen immer von neuem in eine Sackgasse geriet) hervorrief. Diese Annahmen und Rituale führten dazu, daß das sogenannte »Ufo-Phänomen« in den folgenden zwei Jahrzehnten als soziale und kulturelle Größe erkennbar werden konnte.

Nach dem Condon-Debakel waren die vorhersehbaren Spekulationen und Zeremonien der Ufo-Debatte jedoch abgedroschen und fruchtlos geworden. Eine neue Generation kritischer Forscher fand, die Zeit sei reif für eine Neuorientierung in der Debatte und damit für eine Überarbeitung der Ufo-Frage – und umgekehrt.

Niemand verstand dies besser als der junge Computerspezialist und Astrophysiker, der als Vorbild für die Figur des französischen Wissenschaftlers in dem Film *Unheimliche Begegnungen der drit-*

ten Art gedient hatte: Jacques Vallee. Für ihn war ein entscheidender Zeitpunkt gekommen.
Mitte der sechziger Jahre hatte Vallee ein Buch mit dem Titel *Anatomy of a Phenomenon* (Anatomie eines Phänomens) geschrieben, in dem er Ursprung, Verhalten und physikalische Beschaffenheit von Ufos untersuchte und das noch immer von vielen als das diesbezüglich gescheiteste wissenschaftliche Werk betrachtet wird. Vallee unternahm es, über die vorherrschend unternommene Suche nach einer *Erklärung* – gleichermaßen ein Fallstrick für zivile Gruppierungen, Entlarver, die Luftwaffe und herkömmliche Wissenschaftler – hinauszugehen, und legte das Schwergewicht statt dessen auf die *Analyse* von Ufos. Das Initiationserlebnis, welches ihn zum Einschwenken auf diese Perspektive bewog, wurde ihm 1961 zuteil, während er beim französischen Einsatzprogramm zum Aufspüren von Satelliten mitarbeitete, das Teil eines weltweit gespannten, dem Observatorium des Smithsonian Institute unterstellten Forschungsnetzes war.
Eines Abends spürten er und seine Arbeitskollegen ein Objekt auf, das immer wieder von seiner Bahn abzuweichen schien, untypisch für einen Satelliten, das aber auch kein Flugzeug oder Ballon sein konnte.
Vallee wurde sich voller Erregung bewußt, daß er und seine Kollegen etwas *Besonderem* auf der Spur waren. Bevor sie jedoch ihre Daten über das Objekt zur Analyse in den Computer eingeben konnten, beschlagnahmte ihr Vorgesetzter das Band und löschte es. Damit war das Objekt nicht mehr existent, fast so, als wäre es nie dagewesen.
Angesichts der absichtlichen Unterdrückung von wissenschaftlichem Beweismaterial, deren Zeuge er soeben geworden war, verblaßte für Vallee sogleich die Bedeutung des unbekannten (und nun für immer verlorenen) Objekts auf dem Radarschirm. Weil er die bewußte Handlungsweise seines Vorgesetzten zu verstehen versuchte – der sich nicht weniger als Wissenschaftler verstand als Vallee und die anderen im Team –, begann sich Vallee ernsthaft für das Ufo-Phänomen zu interessieren. Und mit dem Fortschreiten seiner Studie gelangte er zu der Überzeugung,

> daß man nicht versuchen sollte zu beweisen, daß Ufos ein neues Phänomen von unbekannter und möglicherweise künstlicher Beschaffenheit darstellen, bevor man nicht den Versuch unternommen hat, zu verstehen, weshalb der Gedanke so heftige Reaktionen auslöst [...], daß unsere Zivilisation in Kontakt kommt mit nichtmenschlichem Wissen für nichtmenschliche Zwecke, möglicherweise ausgelöst von nichtmenschlichen Gefühlen und Wahrnehmungen.

1969 verblüffte der hingebungsvolle Wissenschaftler Vallee viele seiner Fachkollegen mit der Hypothese, die Ufos stellten möglicherweise gar kein »wissenschaftliches« Problem dar: denn, so meinte er, »die moderne Wissenschaft beherrscht ein eng begrenztes Universum, eine einzige, bestimmte Variation eines unendlichen Themas«. Zudem sagte Vallee: »[...] die Ufologie ist ein so hochspezialisierter Bereich geworden, daß die Experten keine Zeit haben, sich um allgemeines Kulturgut zu kümmern.« Er rief die Fachleute dazu auf, es ihm gleichzutun und über die beschränkte – und immer zwanghafter geführte – Fragestellung, ob Ufos extraterrestrischen Ursprungs seien, hinauszugehen und die Auswirkungen des Ufo-Phänomens auf unsere Kultur insgesamt und die kollektive Psyche auszuloten.
Für Jacques Vallee bedeutete dieser Entschluß eine schicksalhafte Abkehr von der Hoffnung, einfache, unkomplizierte Lösungen für das Ufo-Phänomen zu finden – und er löste sich damit von der Hauptströmung der Ufo-Forschung. Er wandte seine Aufmerksamkeit historischen, anthropologischen und mythologischen Abhandlungen aus der ganzen Welt zu und entdeckte bemerkenswerte Parallelen zwischen religiösen Erscheinungen, dem Feen-Glauben, Berichten von zwerghaften Wesen mit übernatürlichen Kräften, den Sichtungen von Luftschiffen im neunzehnten Jahrhundert und Ufo-Ereignissen der Moderne. In gewissem Sinn kam Vallee zu einer ähnlichen Schlußfolgerung wie die Entlarver, nämlich: *Ufos sind mythisch*. Im Gegensatz zu den Entlarvern, für die das Wort Mythos gleichbedeutend mit Lüge und Wahnvorstel-

lungen war, hielt Vallee jedoch die Parallelen zwischen dem Ufo-Phänomen und diesen anderen Bereichen für real und tiefgreifend, weil dahinter ein außergewöhnlicher gesetzmäßiger Zusammenhang steht, der auf komplexe und greifbare Weise unser Bewußtsein und unsere Kultur formt.

Im Bestreben, zu diesem größeren gesetzmäßigen Zusammenhang vorzudringen, der religiöse Visionen, mystische Verzückung, Erscheinungen übernatürlicher Wesen und eben auch fliegende Untertassen hervorbringt, Vorkommnisse, die alle auf denselben Vorgängen und Abläufen beruhen und sich in ihren Merkmalen und in der Wirkung auf Menschen, die sie beobachten, ähnlich sind und *die von der vorherrschenden Glaubensstruktur einer bestimmten Kultur abhängen*, ging Vallee in seinem Buch *Passport to Magonia* (Passagierschein nach Magonien) weit über den spezifischen Bezugsrahmen, in dem die Ufos bis dahin angesiedelt waren, hinaus. Ezechiel sah ein brennendes Rad. Im Mittelalter erschienen Engel und glühende Schilde am Himmel, und es hieß, in der sagenumwobenen himmlischen Gegend Magonien wohnten außergewöhnliche Wesen, die in »Wolkenschiffen« durch die Lüfte fliegen und hin und wieder auf die Erde kommen, um ahnungslose Menschen zu entführen. Im Amerika des neunzehnten Jahrhunderts sahen Leute Luftschiffe, die wie Zeppeline aussahen. Seit 1947 sichten wir nun fliegende Untertassen.

Aufgrund seiner umfassenden Vertrautheit mit neuzeitlichen Ufo-Sichtungen und seiner wachsenden Einsicht, daß es Parallelen in der Geschichte und der Mythologie gibt, stellte Vallee fünf »zentrale Punkte« zusammen:

1. Seit Mitte 1946 ist in der Öffentlichkeit überall auf der Welt »eine außerordentlich aktive Generation von buntgemischten Gerüchten« entstanden, die sich auf »eine beträchtliche Anzahl von in ländlichen Gegenden gemachten Beobachtungen unbekannter, sich nahe dem Boden bewegender Maschinen, ihre physikalisch erkennbaren Spuren und ihre verschiedenen Auswirkungen auf Mensch und Tier« konzentrieren.
2. Die dem Mythos der fliegenden Untertassen zugrunde liegen-

den Archetypen »decken sich bis zu einem erstaunlichen Grad mit dem unter allen Völkern weitverbreiteten Glauben an Wesen, deren physikalische und psychologische Beschreibungen sie derselben Kategorie zuordnet wie die heutigen Ufonauten«.

3. Die geschilderten Wesen lassen sich biologisch verschiedenen Typen zuordnen; dazu gehören »Wesen von riesiger Größe, für uns nicht voneinander zu unterscheidende Menschen, geflügelte Wesen und verschiedene Arten von Monstern«.
4. Das unsinnige Verhalten dieser Wesen, das lächerliche Aussehen ihrer Raumgefährte und die so typische, irreführende Art ihrer Erklärungen stimmen mit Berichten von menschlichen Begegnungen mit außergewöhnlichen Wesen in der Vergangenheit überein und sind geeignet, professionelle Wissenschaftler davon abzuhalten, derlei Berichte ernst zu nehmen, sowie dem Untertassen-Mythos seine religiösen und mystischen Untertöne zu verleihen.
5. »Der gesetzmäßige Ablauf der Erscheinungen, sowohl in legendärer, historischer als auch in der heutigen Zeit, ist genormt und folgt dem Muster des religiösen Wunders.«

Angesichts dieser fünf Grundsätze, so warnte Vallee, »ist es sehr wohl denkbar, daß uns die Natur mit Umständen konfrontiert, die so organisiert sind, daß unsere Beobachtungsirrtümer und Fehlschlüsse das gesuchte Muster vollkommen verdecken«. Mit dieser Bemerkung war Vallee der erste einer langen Reihe von wissenschaftlich Tätigen, welche die Annahme – die sowohl Befürwortenden wie auch Entlarvungswilligen so teuer war –, daß das Katalogisieren von Sichtungsmeldungen notgedrungen zu einer endgültigen Lösung des Ufo-Phänomens führen müsse, in Frage stellten. Tatsächlich war es ebenso wahrscheinlich, daß das von den wahren Gläubigen auf beiden Seiten praktizierte Sammeln von Fällen, um das Rätsel zu »lösen«, das Phänomen eher weiter verschleierte, als es zu erhellen.

Dieser Möglichkeit hatten nun aber verständlicherweise weder die Mitglieder des Condon-Ausschusses noch die Leitung ziviler Forschungsgruppen viel Beachtung geschenkt. Die Annahme, daß das Ufo-Phänomen »geknackt« und auf ein dem menschlichen Verstand zugängliches Muster reduziert werden könne, war und blieb ein Glaubensartikel für beide Seiten. Wie wäre es zu vermeiden gewesen, daß die entschlossenen Bemühungen, eine Lösung zu finden, komisch wirkten, hätte man sie nicht durch diese Annahme rechtfertigen können? Und abgesehen von allen offensichtlichen Unstimmigkeiten hatten die zivilen Ufologen und die Entlarver schließlich eines gemeinsam: Sie wollten keinesfalls lächerlich erscheinen. Wenn es ausschließliches Ziel ist, erscheint das Bemühen, nicht lächerlich zu wirken, ironischerweise fast immer lächerlich.

Der Philosoph Henri Bergson definiert eine Sache oder eine Situation dann als komisch, wenn sie »in etwas Lebendigem« den Anschein von »etwas Mechanischem« erweckt. Dadurch, daß die Ufologie so oft nur wenig mehr als eine Plattform für bekannte, vorhersehbare Haltungen ist (»Ufos *müssen* real sein« versus »Ufos *können nicht* real sein«), rutscht sie immer wieder ab in die unbewußte Selbstparodie, wie sie das Publikum des absurden Theaters nur zu gut kennt. (So warten zum Beispiel in Samuel Becketts Stück *Warten auf Godot* die Figuren mit »roboterhaftem« Enthusiasmus auf die Ankunft von Monsieur Godot und merken nicht, was dem Publikum unmißverständlich klar ist: daß sie vergebens warten.)

Doch Vallee forderte nicht dazu auf, die Ufo-Ermittlungen einfach einzustellen. Vielmehr drängte er seine Forscherkollegen dazu, sich stärker in das Phänomen zu vertiefen, weil er längst erkannt hatte,

> daß es im Universum intelligente Geschöpfe geben könnte, die eine Organisation zur Schau stellen, von der aufgrund der zur Zeit geläufigen Konzepte kein Modell angefertigt werden kann. [...] Das Verhalten solcher Wesen würde uns deshalb gezwungenermaßen zufällig oder absurd erscheinen oder von uns gar nicht bemerkt werden, vor allem wenn sie über physikalische Mittel verfügten, um sich der

menschlichen Wahrnehmungsskala willentlich zu entziehen.

Unabhängig davon, ob das Phänomen etwas Natürliches oder etwas Künstliches sei, folgerte Vallee, »stehen wir der dualen Möglichkeit von längerfristiger Unlösbarkeit und anhaltender Manifestation gegenüber«. Daß diese Dualität einen neuen Mythos nähren könne, sei absolut vorhersehbar, fügte er hinzu. Und in der Tat schafft die Beständigkeit der Ufo-Beobachtungen in Verbindung damit, daß diese offenbar nicht mit wissenschaftlichen Erkenntnissen vereinbar sind, ein logisches Vakuum, das die menschliche Vorstellungskraft ganz einfach mit ihren Phantasien auffüllen muß.

Anders als der Bericht über das Condon-Projekt oder die Schriften von Donald Keyhoe schlug *Passport to Magonia* keine großen Wellen in der breiten Öffentlichkeit. Deutlich spürbar war die Wirkung des Buches jedoch bei einer neuen Forschungs- und Denkrichtung, der längst mißfallen hatte, daß die sich fruchtlos wiederholende, eindimensionale Debatte über das Ufo-Phänomen dessen thematischen Reichtum konstant mißachtete. Aber Vallees Botschaft wurde auch von dem Teil des Lesepublikums vernommen, das sich zwar nie den Reihen aktiver Forscher anschließen würde, jedoch begierig auf Ideen und Bilder war, die den fruchtbaren Tiefen des Phänomens eine größere Bedeutung abzugewinnen vermochten.

Am 18. Oktober 1973, gegen halb elf Uhr abends, verließ ein Reservehubschrauber der Armee mit vier Mann an Bord Columbus im Bundesstaat Ohio in Richtung auf seinen Heimstützpunkt, den Flughafen Cleveland Hopkins. Captain Lawrence J. Coyne, der neunzehn Jahre Flugerfahrung hatte, saß auf dem rechten Sitz. Neben ihm, am Steuer, saß First Lieutenant Arrigo Jezzi, hinter diesem Sergeant John Healey, der Flugsanitäter. Sergeant Robert Yanacsek, ein Computertechniker, saß hinter Coyne. Die Nacht war ruhig und klar, der Himmel sternenübersät.

Der Hubschraubet flog in einer Höhe von siebenhundert Metern mit einer Geschwindigkeit von neunzig Knoten.
Ungefähr zehn Meilen südlich von Mansfield machte Robert Yanacsek Captain Coyne auf ein rotes Licht am südöstlichen Horizont aufmerksam. Coyne blickte hinüber, sah das Licht ebenfalls, und bemerkte, in der Annahme, es handle sich um eine entfernte Maschine, zu Yanacsek, er solle »ein Auge darauf haben«. Dreißig Sekunden später sagte Yanacsek, das Licht habe einen Bogen in Richtung Hubschrauber geflogen und scheine näherzukommen. Um eine Kollision zu vermeiden, ging Coyne sofort in einen Sinkflug von zwanzig Grad über, mit einer Geschwindigkeit von sechshundert Metern pro Minute. Anfänglich hatten sie noch Kontakt mit dem Tower von Mansfield, dann erstarb das Funkgerät. Als sie nur noch etwas mehr als fünfhundert Meter über dem Boden waren, zielte das Objekt noch immer direkt auf ihre Maschine. Die Besatzung machte sich auf einen Zusammenprall gefaßt.
In dem Moment, als eine Kollision unvermeidlich schien, stoppte das Objekt etwa hundertfünfzig Meter oberhalb und vor dem Hubschrauber. »Es bewegte sich nicht, es *stand still.* Während zehn bis zwölf Sekunden – *stand es einfach still*«, erzählte Yanacsek. Alle Besatzungsmitglieder starrten entgeistert auf das, was sie vor sich hatten: ein zwanzig Meter langes, graues Metallobjekt, das einer stromlinienförmigen, fetten Zigarre glich, die sich vom Hintergrund der Sterne deutlich abhob. Am vorderen Ende war ein rotes Licht, am hinteren Ende ein grüner Scheinwerfer, der gewendet worden war und das Cockpit in grünes Licht tauchte.
Nachdem das Objekt etwa zehn Sekunden schwebend dort gestanden hatte, beschleunigte es und entfernte sich in westnordwestlicher Richtung; bald war nur noch ein weißes »Rücklicht« zu sehen. Als das Objekt in eine Steigkurve ging und verschwand, fiel Coynes Blick auf den Höhenmesser. Zu seiner Überraschung war die Nadel im Steigen begriffen. Alle Regler waren auf einen Sinkflug von zwanzig Grad eingestellt, doch der Helikopter *stieg* dreihundert Meter pro Minute. Die Maschine hatte beinahe eine Höhe von zwölfhundert Metern erreicht, ehe Coyne die Kontrolle

wiedererlangte. Die Besatzung hatte das unbekannte Objekt vier bis fünf Minuten lang ununterbrochen beobachtet. In einer Höhe von siebenhundertfünfzig Metern konnte der Funkkontakt wiederhergestellt werden, und der Rest des Flugs verlief ohne Zwischenfälle.

Fünf Augenzeugen auf dem Erdboden (identifiziert als Mrs. E. C. und vier Jugendliche) waren mit ihrem Wagen an den Straßenrand gefahren und hatten den Hubschrauber und das Objekt ebenfalls beobachtet (»wie ein kleines Luftschiff [...] so groß wie ein Schulbus [...] irgendwie birnenförmig«). Sie sahen das Objekt über der Maschine schweben, und wie dann alles in grünes Licht getaucht wurde. »Es war, als fielen Strahlen herab«, erzählten sie. »Der Hubschrauber, die Bäume, die Straße, das Auto – alles wurde grün.« Die entsetzten Jugendlichen sprangen in den Wagen zurück, und Mrs. E. C. fuhr dann weiter. Der nachträgliche Bericht über ihre kontinuierlichen Beobachtungen stimmte mit den Bewegungen überein, welche die Hubschrauberbesatzung beschrieben hatte.

Philip Klass hatte ermittelt (oder behauptete dies zumindest, wie manche abwertend sagten), beim Mansfield-Ufo habe es sich in Wirklichkeit um eine große Feuerkugel der Orioniden gehandelt, die rot aufleuchtete, als sie mit hoher Geschwindigkeit in die Erdatmosphäre eintrat. Ihre (für diesen Meteorstrom typische) blaugrüne Farbe sei von der grün gefärbten Kabinenhaube des Hubschraubers reflektiert worden und habe so den Eindruck erweckt, das Cockpit werde von grünem Licht überflutet. Das »Schweben« des Meteors hätten sie sich ebenfalls nur eingebildet: es sei nichts anderes gewesen als der lange, leuchtende Schweif des Meteors. Das alles habe die Männer verständlicherweise so sehr erschreckt, daß sie ihre Beobachtungen – und zwar die jedes einzelnen wie auch die gemeinsamen – vollkommen falsch interpretierten, sagte Klass. Sie hätten nur *scheinbar* während mehrerer Minuten etwas »schweben« gesehen, denn selbst die spektakulärsten Meteore seien sehr kurzlebige Phänomene.

Doch alle vier Besatzungsmitglieder bestanden darauf, daß das Ereignis etwa fünf Minuten gedauert habe. Alle hatten ein klar umrissenes, graues Metallobjekt gesehen, das fast vollständig zum Stillstand gekommen war und in einem spitzen Winkel manövriert hatte. Die Ufo-Forscherin Jennie Zeidman schloß die Möglichkeit eines Hochleistungsflugzeuges aus, da das ungewöhnliche Objekt gemäß den Schilderungen von der Besatzung und der Zeugin am Boden andere Merkmale aufwies. Einmal mehr wurde die Öffentlichkeit über alle Einzelheiten eines Ereignisses informiert, konnte die Debatte mitverfolgen und selbst entscheiden. Die Sage, eine fliegende Untertasse habe einen Armeehubschrauber mitten in einem gefährlichen Sturzflug gerettet, erwies sich letztlich als attraktiver als eine irdisch mögliche Alternative; angesichts der Fakten erschienen alle herkömmlichen Erklärungsversuche als weit hergeholt.

Im Lauf der folgenden Jahre versuchte Klass immer wieder, Coynes Glaubwürdigkeit mit einer ausgeklügelten Strategie zu Fall zu bringen. Am 27. November 1978 hielten Coyne, Allen Hynek und Jacques Vallee vor dem Special Political Committee, einem Ausschuß der Vereinten Nationen, einen Vortrag über Ufos. Klass zitierte dies als einen Beweis dafür, daß »Coyne innerhalb der Ufologie zu einer internationalen Berühmtheit geworden« sei, um dann hinzuzusetzen, daß der Anlaß von Sir Eric Gairy, dem damaligen Premierminister von Grenada, organisiert worden sei, dem sein Nachfolger später vorwarf, er habe während seiner Amtszeit Hexerei betrieben. Nachdem er auf diese Art Coyne (und mit ihm auch Hynek und Vallee) mit einem angeblichen Okkultisten in Verbindung gebracht hatte, ließ Klass die Angelegenheit auf sich beruhen.

Nasa-Berater James Oberg hatte ebenso viele Ufo-Behauptungen zurückgewiesen wie Klass und sich in der Entlarvungsgilde einen guten Namen verschafft. Trotzdem bezeichnete er den Fall des Armeehubschraubers als »wahrhaft spektakulär und unerklärbar«. Oberg meinte:

> Von vier glaubwürdigen Zeugen wurde etwas beschrieben, das sich so verhielt, wie man es von einem außerirdischen Raumschiff erwartet. Der Auslöser muß etwas wahrhaft

Außergewöhnliches gewesen sein. Solche Berichte haben sich in der Vergangenheit zwar als ehrlich gemeinte Fehleinschätzungen herausgestellt, aber dieser Fall weist Merkmale auf, die viel schwerer zu erklären sind. Das Coyne-Ufo, eines der besten, von dem je berichtet wurde, fliegt weiter.

Es ist Donnerstag, der 11. Oktober 1973, eine Woche vor dem Zwischenfall mit dem Mansfield-Hubschrauber. Charlie Hickson (45) und Calvin Parker (18) aus Pascagoula im Bundesstaat Mississippi sind zwischen sieben und neun Uhr abends am Pascagoula River beim Angeln. Charlie zieht die Leine ein und flucht, weil er den Köder verloren hat. Er lehnt sich an seine Kiste mit dem Angelzeug. Und in diesem Augenblick sieht er *es*, direkt über seiner Schulter: ein blaues Licht, etwa zwei Meilen entfernt, das sich ihm und seinem jungen Freund Calvin rasch – er hat keine Ahnung wie schnell – bis auf etwa vierzig Meter nähert. Dort bleibt das längliche Objekt, zwei bis drei Meter über dem Boden schwebend, stehen.

Hickson sagte später, es habe »leise gesummt – *nnnnnnnn, nnnnnnnn* – einfach so, das war alles. [...] Wir waren unten am Fluß. Es berührte den Boden nicht. Es schwebte. Und plötzlich wurde dort oben eine Öffnung sichtbar – am hinteren Ende –, und drei von ihnen schwebten einfach aus dem Ding heraus.« Sie bewegten sich auf Hickson und Parker zu, und die beiden saßen einfach nur da und starrten und fürchteten sich zu sehr, um in den Fluß zu springen, was sie als erstes erwogen hatten. Parker fiel vor Angst in Ohnmacht; Hickson wurde an den Armen gepackt und in das schwebende Raumschiff getragen.

So begann einer der phantastischsten Fälle der Ufologie.

Am nächsten Tag brachten die Medien überall auf der Welt folgende Meldung der United Press International (UPI):

PASCAGOULA, Mississippi – Zwei Werftarbeiter, die behaupteten, an Bord eines Ufos geholt und von silberhäutigen Geschöpfen mit großen Augen und spitzen Ohren einer Untersuchung unterzogen worden zu sein, wurden heute in einem Armeekrankenhaus untersucht. Sie waren frei von radioaktiver Strahlung. [...]

Barney Mathis, Polizeibeamter in Jackson County, berichtete, wie die Männer ihm erzählten, sie hätten am Donnerstag etwa um sieben Uhr abends von einem alten Pier am Westufer des Pascagoula River geangelt und plötzlich in etwa zwei Meilen Entfernung ein seltsames Gefährt bemerkt, das einen bläulichen Nebel ausstieß.

Sie sagten, es sei nähergekommen und dann etwa einen Meter über dem Wasser schwebend stillgestanden. Dann seien, so zitierten Beamte eine Aussage von Hickson, »drei was auch immer für Wesen herausgekommen, zum Teil schwebend und zum Teil gehend, und haben uns ins Raumschiff getragen«.

»Die Wesen hatten große Augen. Sie behielten uns etwa zwanzig Minuten da, fotografierten uns und brachten uns dann zum Pier zurück. Das einzige Geräusch, das sie machten, war eine Art Summen. Dann waren sie weg wie der Blitz.«

»Es sind zuverlässige Leute«, sagte Sheriff Diamond. »Es gibt keinen Grund, weshalb sie dies erzählen sollten, wenn es nicht wahr wäre. Ich weiß, daß ihnen etwas zugestoßen ist.«

Der Sheriff sagte, das »Raumschiff« sei als fischförmig beschrieben worden, ungefähr dreißig Meter im Quadrat mit einer zweieinhalb Meter hohen Decke. Die Insassen hätten eine blasse, silbergraue Haut gehabt, kein Haar, lange, spitze Ohren, Nasen mit einer Öffnung als Mund und Hände »wie Krabbenscheren«.

Parker war während der ganzen Tortur bewußtlos geblieben und erinnerte sich von dem Moment, in dem er die Geschöpfe auf sich zukommen sah, an nichts mehr. Hickson sagte, er sei in einen hell erleuchteten, runden Raum gebracht und dort in horizontaler

Stellung mitten in der Luft hingehängt worden. Daraufhin sei sein Körper als Teil einer Art Untersuchung von Kopf bis Fuß von einem freischwebenden Objekt unter die Lupe genommen worden, das aussah wie ein großes Auge. Bald darauf seien beide Männer zum Flußufer zurückgebracht worden; die Geschöpfe schwebten ins Ufo zurück und verschwanden sogleich. In diesem Augenblick kam Parker wieder zu sich.

Zwei Tage später traf Allen Hynek in Pascagoula ein, um die Sichtung zu untersuchen – diesmal nicht für die Luftwaffe (diese Zeiten waren ein für allemal vorbei), sondern als Leiter seiner eigenen, neu gegründeten zivilen Forschungsgruppe mit dem Namen Center for UFO Studies (Zentrum für Ufo-Studien) und Hauptsitz in der Nähe von Chicago. Ralph Blum, ein Enthüllungsjournalist, der auf demselben Flug war wie Hynek, wandte sich zuerst an Sheriff Diamond und stellte ihm Fragen über Hickson und Parker. Diamond sah Blum in die Augen und antwortete ernst: »Als erstes wollten sie einen Lügendetektortest machen. Charlie – war echt verstört. Ein Fünfundvierzigjähriger bricht nicht einfach so vor Aufregung weinend zusammen, wenn nicht wirklich etwas Schlimmes vorgefallen ist. Er sagte zu mir: ›Warum mußte ich nun auch das noch erleben, nach allem, was ich in meinem Leben schon durchgemacht habe?‹« Und der Sheriff fügte hinzu: »Charlie sagte, er sei im Innern des Raumschiffs buchstäblich ins *Nichts* gelegt worden – er war schwerelos. Er schwebte! Und was Calvin betrifft – ich lasse mich ja nicht so leicht überzeugen, aber ich hörte den Jungen beten, als er allein war und dachte, es höre ihn niemand. Das hat mir genügt.«

Der Hilfssheriff erzählte, sie hätten alles unternommen, um Unstimmigkeiten in der Geschichte der beiden Männer zu finden: sie hätten sie sogar in einem Zimmer mit einem versteckten, laufenden Kassettenrecorder allein gelassen. Hier ein Ausschnitt des heimlich aufgezeichneten Gesprächs zwischen den beiden Männern:

CALVIN: Ich muß nach Hause und ins Bett oder eine Beruhigungstablette schlucken, oder ich muß zu einem Arzt. Ich halt's nicht mehr aus. Ich werd' noch verrückt.

CHARLIE: Ich sag' dir, wenn wir hier fertig sind, besorge ich dir was, damit du dich hinlegen kannst und verdammt nochmal deinen Schlaf kriegst.

CALVIN: Ich kann noch nicht schlafen. Verdammt, verdammt, ich bin halb übergeschnappt.

CHARLIE: Calvin, als die dich rausbrachten – verdammt nochmal, als die mich aus dem Ding rausbrachten, dachte ich, du kommst nie mehr in Ordnung.

CALVIN (mit lauter werdender Stimme): Meine verdammten Arme, meine Arme, ich weiß noch, wie sie einfach gelähmt waren und ich mich nicht mehr rühren konnte. Als wär' ich auf so 'ne verdammte Klapperschlange getreten.

CHARLIE: Das haben sie mit mir nicht gemacht.

CALVIN: Ich bin weggetaucht. Ich glaube, ich bin in meinem ganzen Leben noch nie weggetaucht.

CHARLIE: Ich hab' in meinem ganzen Leben noch nie so was gesehen. Das glaubt uns keiner –

CALVIN: Ich will nicht hier sitzenbleiben. Ich will zu einem Arzt –

CHARLIE: Die täten gut daran, die Augen aufzumachen und uns zu glauben – die sollten uns besser glauben.

CALVIN: Hast du gesehen, wie sich die verdammte Tür geöffnet hat?

CHARLIE: Ich weiß nicht, wie sie aufging, Kleiner. Ich weiß es wirklich nicht.

CALVIN: Sie ging einfach auf, und diese Scheißkerle kamen raus – einfach so.

CHARLIE: Ich weiß, es ist nicht zu fassen. Das glaubt uns keiner –

CALVIN: In dem Moment war ich gelähmt. Ich konnte mich nicht von der Stelle rühren –

CHARLIE: Sie glauben uns nicht. Aber eines schönen Tages werden sie uns glauben. Nur ist es dann vielleicht zu spät. Ich hab' die ganze Zeit über gewußt, daß es dort oben Leute aus anderen Welten gibt. Ich hab's die ganze Zeit gewußt. Aber ich hätte nie gedacht, daß das mir passiert.

CALVIN: Du weißt ja, daß ich nicht trinke.

CHARLIE: Weiß ich, Kleiner. Wenn ich nach Haus' komm', mach' ich mir noch 'nen Drink, dann kann ich schlafen. Sag mal, was sitzen wir eigentlich noch hier rum. Ich muß es Blanche erzählen. Worauf warten wir eigentlich noch?

CALVIN (panikartig): Ich muß nach Hause. Mir wird schlecht. Ich muß hier raus.

Polizeichef Glenn Ryder meinte dazu: »Wenn sie lügen [...], dann gehören sie nach Hollywood.«

Am Sonntag, den 14. Oktober, willigten Hickson und Parker ein, sich von James Harder hypnotisieren zu lassen, einem Ufo-Forscher aus Kalifornien, der unter Hypnose gemachten Aussagen in Ufo-Fällen erhebliches Gewicht beimaß. (Entlarver behaupten, der Vorgang erzeuge falsche Erinnerungen, und, was schlimmer sei, quäle die Zeugen noch zusätzlich, weil sie so den vorgefaßten Meinungen von Ufo-Befürwortern über Invasoren aus dem Weltall ausgesetzt würden. Befürworter erklären dagegen, die Hypnose setze authentische Erinnerungen frei, die durch Angstzustände oder eine von Außerirdischen bewirkte Amnesie, oder beides, verschüttet wurden.) Es überrascht nicht, daß Harder, ein überzeugter Verfechter der ETI-Hypothese, mit dem unzweideutigen Urteil aus der Sitzung kam: »Es gab da mit Sicherheit etwas, das nicht terrestrisch war, nicht von der Erde stammte.«

Hynek mochte sich Harders spontaner Interpretation nicht anschließen. »Ein irgendwie erschreckendes Erlebnis, ja. Aber gefangen und an Bord eines seltsamen Raumschiffes von einem anderen Planeten genommen? Es wäre verfrüht, so etwas zu sagen.« Philip Klass fand Hyneks Aussage auf ihre Weise genauso irreführend wie die von Harder, denn er war der Ansicht, allein schon die Vorstellung, die beiden Männer hätten wirklich etwas *erlebt*, erwecke in der Öffentlichkeit den Eindruck, es habe sich etwas *ereignet*. Und die Beweislage dafür, daß sich wirklich etwas ereignet hatte, war Amerikas führendem Ufo-Gegner zufolge entschieden schwach.

Warum, so wollte Klass wissen, gab es denn keine anderen Zeugen für ein so spektakuläres Ereignis, das sich nur wenige hundert Meter vom stark befahrenen Highway 90 entfernt abgespielt hatte?

Er machte einen Brückenwärter ausfindig, von dessen Posten aus die Entführungsstelle gut einsehbar ist. Hätte nicht auch er etwas sehen müssen? Hickson erwiderte, der Wärter drehe der Entführungsstelle in der Regel den Rücken zu und den Autofahrern verdeckten vermutlich hohe Sträucher, Unkraut und das Brückengeländer die Sicht. Zu seiner Verteidigung gab Sheriff Diamond bekannt, drei nicht namentlich genannte Autofahrer – darunter ein Geistlicher und ein früheres Mitglied des Stadtrats von Pascagoula – hätten gesehen, wie ein Ufo »im Tiefflug in die Richtung flog, wo sich die Männer befanden«. Zwei Tage später berichtete ein Meteorologe aus dem nahegelegenen Ort Columbia, ebenfalls im Bundesstaat Mississippi, er habe auf seinem Radarschirm etwas aufgezeichnet, »was ich für ein Flugzeug hielt. [...] Es kam ziemlich nahe an die Station heran, etwa auf drei Meilen, dann wurde es stationär, und ganz plötzlich war mein Radargerät vollkommen durcheinander.«

Unbedeutende Beweise vom Hörensagen, entgegnete Klass und blieb beharrlich dabei, daß die Frage nach der Glaubwürdigkeit der zwei Männer in dem von den Ufo-Befürwortern veranstalteten Wirbel untergegangen sei. Keinesfalls, antworteten die Befürworter und erinnerten Klass daran, daß Hickson den Lügendetektortest erfolgreich bestanden habe; eine Tatsache, die sich in landesweiten Schlagzeilen wie der folgenden niederschlug: UFO-GESCHICHTE BESTEHT LÜGENTEST. Klass blieb unbeeindruckt. Die Person, die Hickson den Lügendetektortest machen ließ, sei weder befugt noch erfahren genug gewesen, als daß man den Test ernst nehmen könnte, behauptete er. Außerdem könne ein Lügendetektor nur aufzeigen, ob die Testperson an ihre Geschichte glaube – eine objektive Wahrheit könne damit nicht bewiesen werden.

Von diesem Punkt an verkam der Pascagoula-Fall ziemlich schnell zu der Art »Brüllwettstreit«, wie ihn die Fernsehzuschauer von Ringkämpfen nur allzugut kennen: *Weshalb bestand Klass derart darauf, daß man Hickson noch ein zweites Mal testete*, wenn er dem Nutzen von Lügendetektortests doch so kritisch gegenüberstand? *Weshalb wollte Hickson dann im letzten Moment doch*

keinen zweiten Test machen, wenn die ihm Ergebenen doch soviel Vertrauen in seine Glaubwürdigkeit setzten?
Selbst die Beschreibung der Geschöpfe führte zu Kontroversen. Die Forscher, die immer mehr dazu neigten, Entführungsberichte ernst zu nehmen, waren irritiert, weil die Geschöpfe, die Hickson und Parker gesehen hatten, »zu phantastisch« waren – das heißt, nicht in das Schema der außerirdischen Anatomie paßten, das sich allmählich aus anderen Berichten herauskristallisiert hatte. Eine Ausnahme bildete dabei Leonard Stringfield, ein Ufologe aus Ohio; er sagte, die in Pascagoula gesichteten Geschöpfe sähen stark den Außerirdischen ähnlich, die jemand aus Cincinnati bereits 1955 beschrieben habe. Na und? antworteten die Skeptiker. Hickson und Parker könnten doch Stringfields Buch gesehen haben, das eine Zeichnung und eine Beschreibung dieser Geschöpfe enthält, und ihre Beobachtungen am Flußufer unwissentlich daran angepaßt haben.
Obwohl niemand diesen beiden Bürgern einer kleinen Stadt in den Sümpfen des Staates Mississippi unterstellen würde, sie hätten sich mit Büchern über Ufos beschäftigt, schien diese – ziemlich sicher falsche – Behauptung genau in die Debatte zu passen, deren Grenzen so schwammig waren wie ihr Thema: Was war Charlie Hickson und Calvin Parker an jenem Abend am Fluß wirklich zugestoßen? Man verlor die Affäre dann allmählich aus den Augen; Hynek sprach nach wie vor vom überzeugendsten Fall, der je aufgezeichnet worden sei, und rief einmal mehr dazu auf, ein internationales wissenschaftliches Gremium sollte das Ufo-Problem ernsthaft untersuchen. Und Philip Klass fuhr seinerseits fort, das Wirkungsvollste aus den widersprüchlichen Angaben über den Zeitpunkt der Entführung und die Größe und Form des Raumschiffs in den Schilderungen von Hickson und Parker herauszuholen.
Auch heute noch wird dieser Fall von beiden Seiten immer wieder als klassisches Beispiel für ihre (diametral entgegengesetzte) Grundhaltung in der Ufo-Frage angeführt. Tatsächlich wurde der Fall nicht deshalb zum Klassiker, weil es hieb- und stichfeste Beweise gegeben hätte, sondern gerade weil es *keine* gab. Der

Sieg eines Kontrahenten im fortwährenden Streit hätte im übrigen eine unausgesprochene Übereinkunft verletzt: *Die Debatte muß weitergehen*. Der »Zwischenfall von Pascagoula«, als der er in die Ufo-Annalen eingehen sollte, hinterließ auf dem Höhepunkt der Ufo-Welle von 1973/74 einen untilgbaren Eindruck in der amerikanischen Psyche, und die vieldiskutierte Hubschraubersichtung von Coyne eine Woche darauf verstärkte seine Anziehungskraft noch zusätzlich.

Natürlich erinnerte sich nicht die gesamte Nation für immer an jede Einzelheit im Für und Wider des Pascagoula-Falls; damit waren bereits die meisten Ufologen überfordert, wenn sie versuchten, das eine oder andere Detail zu beweisen. Es waren die Bilder der »Scheren-Menschen«, der »silberhäutigen Geschöpfe« und des »spitzohrigen Untertassenvolks« sowie Hicksons und Parkers offensichtlich ehrliche Versuche, ihrem Erlebnis einen Sinn zu geben, woran sich die meisten Leute bei diesem Fall erinnerten – genauso wie den meisten Leuten, die die Ereignisse jener Zeit mitverfolgten, die Bilder von Betty und Barney Hills schrecklichem Überfall am Straßenrand oder davon, wie Captain Coynes Hubschrauber von einem Ufo förmlich hochgesaugt wurde, im Gedächtnis haften blieben.

Im Gegensatz dazu erinnerte sich Charlie Hickson an *alles*. So erzählte er dem Journalisten Ralph Blum:

> »Wissen Sie, nachts liege ich im Bett und denke an sie.« – »Haben Sie immer noch Angst?« – »Nein, die Angst ist vorbei«, sagte Charlie ernst. »Ich glaube, wenn ich könnte, würde ich mit ihnen in Kontakt treten wollen. Das meine ich ernst. Jede Nacht, wenn ich im Bett liege, ist es fast wie ein Bild, das mir in den Sinn kommt. Jedesmal genau das gleiche.« – »Erleben Sie dann wieder, was Ihnen zugestoßen ist?« – »Nein, ich bin nicht im Innern des Schiffs. Sie sind einfach da. Alles, was ich tun muß, ist, die Augen schließen.«

Die Tatsache, daß die Geschöpfe von Pascagoula außergewöhnlichen Wesen in Mythen, Legenden und Märchen ähnlich sahen, verstärkte die immer wieder auftauchende Vermutung, daß das Phänomen der fliegenden Untertassen lange vor Kenneth Arnolds Sichtung in der Nähe von Mount Rainier im Jahre 1947 begonnen hatte. Diese Stimmung machte sich der ehemalige Schweizer Hotelier, Barkeeper und Kellner Erich von Däniken zunutze. Er vertrat die Ansicht, vor zehn- bis vierzigtausend Jahren seien intelligente Wesen von fernen Gestirnen auf die Erde gekommen, hätten sich mit frühgeschichtlichen Menschen gepaart und so den Homo sapiens hervorgebracht.

Von Dänikens erstes und bekanntestes Buch, *Erinnerungen an die Zukunft. Ungelöste Rätsel der Vergangenheit*, war in ganz Europa ungemein erfolgreich und wurde 1970 auch in den Vereinigten Staaten veröffentlicht. Der Anblick der »Scharrbilder« in den Tälern des heutigen Südens von Peru, wo einst die Nazca lebten, veranlaßte von Däniken, eine Reihe verblüffender rhetorischer Fragen zu stellen: Wer, wenn nicht frühzeitliche Astronauten sollte die »prä-inkaischen Völker veranlaßt haben, die phantastischen Linien [...] von Nazca« zu bauen, diese nur aus der Luft sichtbaren »Landebahnen«? Wie, wenn nicht mit Hilfe früher Astronauten, hätten Halbwilde im fruchtbaren Halbmond so »plötzlich« eine Kultur hervorbringen können, die in ihrer Großartigkeit – mit ihrer Mathematik, Astronomie und ihrer schriftlich wiedergegebenen Sprache – der sumerischen vergleichbar ist? Sollen wir wirklich glauben, daß die Ehrfurcht einflößende Steinmetzarbeit in der bolivianischen Stadt Tiahuanaco von Leuten gefertigt wurde, die »nichts Besseres zu tun [hatten], als – ohne Werkzeug – jahrelang Wasserleitungen von einer Präzision zu schleifen, gegen die unsere modernen Betongüsse Stümperwerk sind«.

Diese in insgesamt sechs Büchern vorgelegten Ideen lösten heftige Reaktionen aus – allerdings auch sehr unterschiedliche. Die Verkaufszahlen von fast fünfzig Millionen Exemplaren (bis in die neunziger Jahre) weisen darauf hin, daß von Dänikens Beitrag in einer Zeit, als die Debatte über undurchsichtige Begegnungen mit rätselhaften Untertassen und ihren Insassen in eine Sackgasse zu geraten schien, begrüßt wurde wie kaum etwas zuvor. Seine ununterbrochenen provokativen Fragen besaßen für viele eine unwiderstehliche Anziehungskraft: Warum, zum Beispiel, suchen wir nicht zuerst nach Spuren unbekannter Intelligenz auf unserer Erde, anstatt Radioteleskopsignale in den Raum zu senden? Weil die Öffentlichkeit der ufologischen Debatte über Beweismaterial überdrüssig war und der Wissenschaft wegen ihrer mangelnden Bereitschaft, Ufo-Berichte ernst zu nehmen, nicht traute, war sie geradezu begierig, auf einen Autor einzugehen, der »jeden Megalith, jedes scheinbar technische Überbleibsel untergegangener Kulturen aufgreift, sich jedes erdenklichen bekannten Mythos, jeder Legende im Zusammenhang mit Göttern vom Himmel bedient, um zu beweisen, daß die herkömmlichen Theorien der Geschichtsforschung und der Archäologie die Evolution der menschlichen Intelligenz nicht erklären können«. So zumindest faßte der Wissenschaftsjournalist Randall Fitzgerald die Sachlage zusammen.

Nur einmal waren sich Ufologie und Wissenschaft einig: nämlich im Widerstand gegen von Dänikens in ihren Augen ungeheuerliche, als empirische Forschung getarnte metaphysische Annahmen. In seiner Reaktion auf von Dänikens Behauptung über die alten peruanischen Landebahnen schnaubte der Astronom (und Ufo-Skeptiker) Carl Sagan: »Das Raumschiff setzt also auf dem Boden auf, das große Maul geht auf, und was rollt heraus? B-24-Liberators, Spitfires? Höchst verwunderlich ist nur, daß sie überhaupt Landeplätze brauchten.« Andere spotteten über Hunderte von inhaltlichen Fehlern, nicht zuletzt über von Dänikens Behauptung, die Kultur der Sumerer sei praktisch über Nacht entstanden und nicht – wie archäologische Funde eindeutig belegen – über einen Zeitraum von sechstausend Jahren gewachsen.

Viele Ufologen befürchteten, von Dänikens Theorien, die jenen des Kontaktlers George Adamski und okkulter Philosophen aller Zeiten sehr ähnlich sahen, könnten ihren Bemühungen schaden, der Ufo-Forschung eine wissenschaftliche Basis zu verschaffen. Zwei führende Kräfte der Ufologie kritisierten zwar von Dänikens

Pseudogelehrtheit und seine unbeweisbaren Behauptungen, sahen in seinem Erfolg jedoch eine tiefere Bedeutung. Allen Hynek meinte, von Däniken sei auf einen »empfindlichen Nerv in unserem kollektiven Unbewußten gestoßen«. Jacques Vallee stimmte ihm zu: »Es gibt ein großes Defizit an Glaubwürdigkeit zwischen Wissenschaft und Öffentlichkeit. [...] Von Däniken machte ganz einfach anschaulich, daß dieses Defizit da ist.«

Bis Mitte der siebziger Jahre war eine neue Bresche geschlagen; die unbekannten Flugobjekte sonnten sich plötzlich in unvorhergesehener Anerkennung und konnten ihre Wirkung frei entfalten. In den Jahren 1973 und 1974, während einer der größten Wellen der Ufo-Geschichte, berichteten in den Vereinigten Staaten Tausende von Leuten von »Vorkommnissen« verschiedenster Art: entfernte, hoch fliegende silberne Scheiben, nächtlich wandelnde Lichter, Zwischenfälle mit Autojagd, Vorfälle, bei denen Ufos mit mechanischen und/oder elektromagnetischen Geräten interferierten, Ufo-Landungen, die Spuren hinterließen, Tiere in Schrecken versetzten und sowohl physische als auch psychische Auswirkungen auf Menschen hatten. Und natürlich gab es weitere Sichtungen von Insassen, oft waren es Monster, die absolut nicht mit Hollywoods Wunschvorstellung der »klassischen Außerirdischen aus dem All« übereinstimmten.
Der bedeutendste Wandel im Handlungsverlauf war das Ausbleiben einer offiziellen Beteiligung seitens der Luftwaffe. Seit dem 17. Dezember 1969 gehörte Projekt »Blue Book« der Geschichte an; die während zweiundzwanzig Jahren durchgeführte Untersuchung unbekannter fliegender Objekte war abgeschlossen. Nun könne ein neuer sozialer und politischer Rahmen entstehen, schreibt David Jacobs und weist darauf hin, die Luftwaffe habe bei sämtlichen vorhergehenden Ufo-Sichtungen

> als offizielles Gremium gehandelt, welches zu den Berichten Stellung nahm und sie beurteilte. [...] Mit ihren Presse-Erklärungen, der Systematik, mit der sie die Berichte klas-

> sifizierte, und der ihr zugeschriebenen Autorität und Fachkenntnis auf diesem Gebiet hatte die Luftwaffe erreicht, daß Ufo-Zeugen unglaubwürdig und lächerlich erschienen. [...] Ohne ein offizielles Regierungsorgan, das der Öffentlichkeit versicherte, es seien keine Hinweise gefunden worden, daß Ufos extraterrestrischen Ursprungs oder auch nur abnorm oder außergewöhnlich seien, konnte das amerikanische Volk zum ersten Mal seit fünfundzwanzig Jahren mit ungezügeltem Interesse in dem Phänomen schwelgen.

Die Welle von 1973/74 war um so bemerkenswerter, als sie der »offiziellen« Erklärung des Condon-Ausschusses, es gebe keine Ufos (mit Ausnahme der fünfundzwanzig Prozent auf den hinteren Seiten des Berichts, die als »unaufgeklärt« bezeichnet worden waren), sozusagen auf dem Fuß folgte. Viele von der jüngeren wissenschaftlichen Generation, denen der Widerspruch im Verdikt des Condon-Berichts nicht entgangen war, begannen Mitte der siebziger Jahre das Phänomen in aller Ruhe zu studieren und griffen dabei mit guter Ausbeute auf die von der Luftwaffe veröffentlichten gesammelten Sichtungsmeldungen zurück.
Und natürlich konnten sie mit Respekt zum »großen alten Mann« der Ufologie aufblicken, zu Allen Hynek, dessen Aufstieg wie ein Phönix aus der Asche geradezu spektakulär war. 1973, im Alter von vierundsechzig Jahren, erfüllte sich Hynek einen langgehegten Wunsch und gründete das Center for UFO Studies (CUFOS) in Northfield im Bundesstaat Illinois, die erste Ufo-Studiengruppe unter wissenschaftlicher Leitung. Seine neue Stellung als Chef der Abteilung Astronomie an der Nothwestern University war ein Signal für alle sich abseits haltenden Wissenschaftler, daß der Umgang mit fliegenden Untertassen nicht gleichbedeutend mit einem Todeskuß sein mußte.
Eine Gruppe von APRO-Mitgliedern, die mit der ihrer Meinung nach zunehmenden Dogmatik ihrer Gründungsmitglieder nicht mehr einverstanden waren, verließ 1969 die Organisation und gründete ein eigenes Institut mit der Bezeichnung Mutual UFO Network (Gemeinsames Ufo-Netzwerk) unter der Leitung von

Walt Andrus aus Seguin in Texas. Mitte der siebziger Jahre hatte Donald Keyhoes NICAP den schlechtesten Stand unter den zivilen Gruppen, hauptsächlich weil ihre Vorsitzenden nur auf eine Karte gesetzt hatten: regelmäßige Forderungen nach Hearings vor dem US-Kongreß und Aufdeckung der angeblich massiven Regierungsverschwörung, mit der man zu verhindern trachtete, daß die Wahrheit über die unbekannten Flugobjekte an den Tag kam. (Keyhoe, mittlerweile im Ruhestand, setzte sein letztes politisches Kapital ein, um auf einem riesigen unbebauten Grundstück ein großes Ufo-Modell bauen zu lassen. Er hoffte damit die Aufmerksamkeit der Außerirdischen zu erregen und sie davon abzubringen, uns kennenlernen zu wollen. Keyhoes Projekt lieferte reichlich Wasser auf die Mühlen der Satiriker.)
Nach der Condon-Katharsis wurde in der Berichterstattung der Medien eine neue, fairere Haltung spürbar – ein Wandel, der mit der Tatsache in Zusammenhang stand, daß die Luftwaffe als letzte Instanz für die Beurteilung des Phänomens entfiel. Während sich die Medien bei früheren Häufungen von Sichtungen angestrengt hatten, die unglaubwürdigen Behauptungen von Kontaktierten herauszustreichen, schienen die Fernsehstationen neuerdings eher hinsichtlich Unvoreingenommenheit auf Konkurrenz aus zu sein. Die NBC-Show »Today« brachte Gesprächsrunden mit Ufo-Zeugen und Astronauten am selben Tisch; andere setzten engagierte Diskussionen ohne Grenzen zwischen Befürwortern und Entlarvern auf das Programm. Am besten erfaßte den neuen Geist der Offenheit der NBC-Reporter John Chancellor in einem Kommentar, der sich deutlich von den »Sauregurkenzeit«-Kolumnen vergangener Jahre abhob:

> Zahlreiche Leute wünschten sich von Herzen, daß die Ufos verschwänden. Die Ufos werden jedoch nicht verschwinden, und sie werden von vielen in der Wissenschaft ernst genommen. Es sieht ganz so aus, als würden wir mehr und mehr von den Ufos hören.

Es sah in der Tat so aus; das Epos war noch weit von seinem Ende entfernt. Weil die Luftwaffe (vorübergehend) nicht mehr den bösen Mann spielte, hatten die zivilen Ufologen, was sie wollten: freien Zugang zum Ufo-Phänomen. Dieser Sieg hatte aber auch seine Schattenseiten. Der neue populistische Geist in der Ufo-Forschung bedeutete, daß alle mitspielen konnten – und es spielten auch in der Tat »alle« mit –, und zwar aus dem einfachen Grund, weil das Anforderungsprofil an ufologisch Aktive letztlich ebenso vage war wie die Definition der Ufos selbst.

Die faszinierende neue Frage für alle, die sich auf der Spur all dieser unfaßbaren Ereignisse befanden, war die nach dem Ursprung des Phänomens: Lag er in entfernten Galaxien im Weltraum oder in außergewöhnlichen Dimensionen, die uns näher sind, als wir uns vorzustellen wagen? Die Entlarver führten, wie immer, drei ganz andere Möglichkeiten an: Schwindel, Halluzination, Fehleinschätzung – und *nur* diese. Es war unvermeidlich, daß die meisten der Mitspielenden ihren nagenden Hunger nach unzweideutigen Lösungen in die nächste Runde mitbrachten. Bereits zeichneten sich neue polarisierende Kämpfe ab.

10

Daß Jacques Vallees Beitrag zum Ufo-Epos entscheidend ist, läßt sich leichter verstehen, wenn man ihn mit anderen, ebenso richtungsweisenden Figuren des Dramas vergleicht. Vallee gehört in dieselbe Kategorie wie Kenneth Arnold, C. G. Jung, Betty und Barney Hill sowie Allen Hynek; sie alle traten an einem Wendepunkt auf den Plan und gaben durch ihr individuelles oder kollektives Dasein dem Handlungsverlauf eine neue Richtung.

Kenneth Arnolds Begegnung mit neun Objekten in der Luft, die sich wellenförmig bewegten »wie Untertassen, die man übers Wasser schlittern läßt«, im Jahre 1947 nimmt denselben Rang ein wie großartige Eröffnungen in der Erzählkunst – auch wenn seiner Schilderung der literarische Glanz des ersten Verses »Singe mir, Muse, den Zorn des Peleussohnes Achilleus« von Homers *Ilias* abgeht. Alles geht aus Arnolds ursprünglicher Beobachtung hervor, ist »das Werden einer That und ihre Folgen auf das Gemüth«, wie Gustav Freytag den Brennpunkt des wahren Dramas beschrieb. Ein Bühnendichter wäre gut beraten, eine Figur wie Arnold zu erfinden und sie geschickt in einen Konflikt zu stellen, der auch dann noch weiterbesteht, nachdem die Figur längst abgetreten ist.

Gehört Jung in diese Kategorie, Donald Keyhoe dagegen nicht?

Ich glaube ja. Obwohl er einflußreich war, beschränkten sich Keyhoes Aktivitäten auf eine einzige Ebene, nämlich auf die Oberfläche der Handlung. Als bestimmende Figuren gelten hier jedoch solche, die sowohl die Oberflächen- als auch die Tiefenstruktur der Geschichte entscheidend prägten und – ob nun absichtlich oder unabsichtlich – unsere Aufmerksamkeit auf die oszillierende Dualität der Handlung lenkten. Carl Gustav Jung, Sohn einer protestantischen Schweizer Pfarrfamilie, hatte verstanden, daß die scheinbar neuen Ereignisse am Himmel Spiegelungen wichtiger Veränderungen in der menschlichen Seele waren. Rückblickend erscheinen einige seiner Gedankengänge zu diesem Thema dürftig, ja sogar etwas weit hergeholt, auch hielt er seinen Monolog in einer unerwarteten Statistenrolle, die zu der Zeit nur auf wenig Resonanz stieß. Doch was er sagte, *zählte*: »Wir haben hier eine Gelegenheit zu sehen, wie eine Sage entsteht.« Und dies äußerte jemand, der von *Sagen* und *Mythen* niemals abwertend sprach.

Betty und Barney Hill wurden legendäre Beispiele für Woody Allens Wahlspruch »Neunzig Prozent des Lebens besteht darin, sich von andern abzuheben«. Obwohl sie nicht wirklich die ersten waren, die berichteten, sie seien von Außerirdischen entführt worden, führen sie diesen feierlichen Titel mit gutem Recht, denn ihr Erlebnis wurde von Beginn an zu einem Gradmesser für alle noch folgenden, ob zu Recht oder zu Unrecht, bleibe dahingestellt. Betty Hill interessiert sich noch immer sehr für Ufos und wehrt sich auch heute noch energisch gegen Versuche, die Erfahrungen als irrelevant abzutun, die sie mit ihrem 1969 verstorbenen Mann Barney gemacht hat.

Allen Hynek erwies sich als einer der wenigen Charaktere im ganzen Stück, die in einem dramatischen Sinn zu wachsen vermochten, gemäß Aristoteles' längst erwiesenem Kriterium, daß man durch Erfahrung zur Erkenntnis gelangt. Hyneks unglückseliges Sumpfgas-Erlebnis erinnert an Othello, der zum Schluß zu sich selbst findet, als einer, »der nicht klug, doch zu sehr liebte«. Doch Hynek war keine tragische Gestalt im klassischen Sinn, die zu spät erwachte, um dem Tod oder einem dem Tod ähnlichen

Zustand wie Ödipus in seiner Blindheit nicht entgehen zu können. Vielmehr gingen ihm wie den Helden in Shakespeares Komödien die Augen auf, und er erkannte den Fehler seines Lebens (zu lange im Namen der »Wissenschaft« Botengänge für die Luftwaffe gemacht zu haben); er entdeckte seine bessere Seite, wurde »erleuchtet« und begann als Teil einer umgestalteten gesellschaftlichen Ordnung nochmals von vorn. (Seine ufologische Kollegenschaft hieß den geläuterten älteren Helden begeistert willkommen.)
Jeder und jede einzelne dieser Akteure verstärkte die Spannung zwischen der Oberfläche der Geschichte und ihrer Tiefe, und wenn es nur dadurch war, daß sie neue Fragen aufwarfen, was vor sich gehen *könnte,* anläßlich der als Ufo abgehandelten Erscheinungen.
Dann erfolgte der Auftritt von Jacques Vallee. Er war jung (damals dreißig) und sichtlich begabt, und er stand ganz allein im Rampenlicht, als er 1969 zum ersten, aber nicht zum letzten Mal die Bühne betrat. Wie die bereits erwähnten, den Verlauf des Dramas erschütternden und prägenden Figuren lenkte auch Vallee die Aufmerksamkeit auf die Unvereinbarkeit von Schein und Sein in der Ufo-Kontroverse. Und er tat dies auf sehr originelle Weise. Der in Frankreich geborene Astrophysiker und Computerexperte behauptete nicht einfach, der verborgene mythische Unterbau des Phänomens verdiene Beachtung; dies hatte Jung gut und von Däniken mit viel Brimborium getan. Vallee ging ein beträchtliches Stück weiter und drehte den Spieß um, indem er sagte, das unter der Oberfläche verborgene – *das Symbolische* – sei weit wichtiger als die Ufos selbst, was immer sie auch sein mochten.
Dieser Punkt verdient eine genauere Betrachtung. Angus Fletcher, den Literaturwissenschaftler und unseren Fachmann für die Besonderheiten dieser Gattung, haben wir bereits an anderer Stelle zitiert: »Eine Allegorie beruht auf Parallelen zwischen zwei Seins-Ebenen; die eine wird beim Lesen angenommen, die andere verkörpert die wörtliche Erzählung.« Wer Orwells *Animal Farm (Farm der Tiere)* liest, merkt zum Beispiel, daß die wörtlich geschilderte Geschichte über die Tiere auf dem Bauernhof einer zweiten Handlungsebene über die Gefahren totalitärer Regie-

rungsformen entspricht. Streng genommen ist die Geschichte, die an der Oberfläche einer Allegorie erzählt wird, in Wahrheit dem tieferen Sinn *untergeordnet,* obwohl sie ihr auf den ersten Blick *übergeordnet* erscheint. »Allegorische Erzählungen gibt es gewissermaßen deshalb, damit untergeordnete Bedeutungen sie umkreisen können; die übergeordnete Bedeutung wird dann nach ihren Trabanten bewertet«, schrieb Fletcher.
Vallee machte klar, daß er dieses Verhältnis durch und durch begriffen hatte. Obwohl er damit begonnen hatte, Ufo-Sichtungen auf ihre eigenständige Bedeutung hin zu untersuchen, gelangte er mit der Zeit zu dem Schluß, daß diese modernen Vorkommnisse (Überflüge, Landungen, Interaktionen mit Insassen) nichts als Formalitäten – eine Art »Fassade« – waren für eine größere, *maskierte* Interaktion zwischen der Menschheit und einer Urquelle, die das menschliche Vorstellungsvermögen langsam (über einen Zeitraum von Jahrhunderten) und beinahe *unmerklich* formte, indem sie bildliche Ereignisse hervorbrachte, die zusammenhängend genug waren, um bemerkt zu werden, jedoch im wesentlichen zu komplex, um in ihrem vollen Umfang verstanden zu werden.
Vallee zitierte einen Fall nach dem andern und hielt unbeirrbar fest, daß die Sichtungen, die als *Ufos* und *fliegende Untertassen* bezeichnet werden, »nichts anderes sind als das Wiederemporkommen einer unterirdischen Strömung der menschlichen Kultur, die man in früheren Zeiten unter verschiedenen Namen gekannt hat«, ein Kontinuum, das »von der Magie der Naturvölker über mystische Erfahrungen, den Feen-Glauben und die Religion direkt zu den modernen fliegenden Untertassen führt«, ja sogar zur Zauberei. Vallee ging über das bloße Benennen thematischer Parallelen zwischen diesen Bereichen hinaus (aber auch dies tat er meisterhaft) und betonte, daß »die Mechanismen, die diese verschiedenen Glaubensinhalte hervorgebracht haben, identisch sind«.
Er sagte, die Phänomene an der Oberfläche dieser Bereiche variierten »als Funktion der kulturellen Umgebung, in die sie projiziert werden«. Doch hinter dem ständigen Wandel stünden

»stabile, unveränderliche Eigenschaften« einer umfassenderen Technologie, die solche Phänomene erzeuge. *Dies* war der Zusammenhang, den Vallee erforschen wollte; nicht die isolierte Bedeutung von fliegenden Untertassen.
Im folgenden ein Abriß der Zusammenhänge, die den jungen Jacques Vallee interessierten. Weil die zu überbrückende Zeitspanne enorm ist, müssen wir rasch vorangehen, damit ein thematisches Netz, eine Bilderfolge wie in einem Film entsteht.

Im Dschungel von Yucatán im Bundesstaat Chiapas an der Stelle einer bekannten Stadt der Mayas, die zu der Zeit systematisch renoviert wurde, machte am 15. Juni 1952 ein archäologisches Team unter der Leitung von Alberto Ruz Lhuillier eine außergewöhnliche Entdeckung. Im Innern des als Pyramide der Inschriften bekannten enormen Bauwerks lag eine herrliche Krypta, die trotz der hohen Temperaturen und der konstanten Feuchtigkeit dieser Gegend nicht verwittert war. Auf einem freistehenden gemeißelten Stein von 3,6 mal 2,1 Metern waren ein ausgeklügeltes, komplexes Gerät sowie ein Mann abgebildet, der eine komplizierte Maschinerie bediente. Er hatte die Knie zur Brust hochgezogen und wandte den Rücken einem Mechanismus zu, der Flammen hinter sich herzog.
Nun wird aber ganz allgemein angenommen, daß die Maya-Kultur unterging, ohne die Grundprinzipien der Technik entdeckt zu haben – einschließlich des Rades, sagen gewisse Archäologen. Hatte eine überlegene Kultur mit einem Raumschiff den Mayas einen Besuch abgestattet, wie der sowjetische Wissenschaftsjournalist Alexander Kasanzow mutmaßte? Vallee weist darauf hin, daß eine solche Interpretation nicht leicht zu beweisen ist. Er fügt dann aber hinzu: »Das einzige, uns heute bekannte Objekt, das der Maya-Zeichnung sehr ähnlich sieht, ist eine Raumkapsel.«

Während der Jomon-Zeit, die etwa 3000 vor Christus endete, wurden in Japan irdene Statuen hergestellt. Die frühesten dieser Kunstwerke waren reichlich schlichte Figuren, gegen die Mitte der Periode begann man jedoch größere Statuen mit einem deutlich anderen Aussehen anzufertigen: kräftiger Brustkasten, gebogene Beine, verkürzte Arme und große Köpfe, die deutlich erkennbar von runden Helmen bedeckt waren. Von manchen Archäologen wurde diese Kopfbedeckung als Trauermaske gedeutet, die bei Begräbnissen Verwendung fand. Einige in der Tohoku-Gegend im Norden Japans ausgegrabenen Statuen »tragen jedoch etwas Ähnliches wie eine ›Sonnenbrille‹: große Augen mit einem insektenaugenartigen Schlitz – eine wirklich außergewöhnliche Formgebung«, erklärte Vallee. Andere, in weichen Stein geschnittene Ausführungen tragen Kostüme mit großen Schutzbrillen und einteilige Anzüge mit breiten Kragen.

27. Oktober 1180. Ein außergewöhnliches leuchtendes, als »irdenes Luftschiff« beschriebenes Objekt gleitet um Mitternacht von einem Berg in der japanischen Provinz Kii langsam herab und hinter den nordöstlich liegenden Berg Fukuhara und wechselt allmählich den Kurs, bis nur noch der leuchtende Schweif zu sehen ist.

12. September 1271. Der berühmte Priester Nichiren soll in Tasunokuchi enthauptet werden; da erscheint plötzlich ein helles, leuchtendes Objekt, dem Vollmond gleich, am Himmel. Die Beamten geraten in Panik, die Hinrichtung fällt aus.

8. März 1468. Ein dunkles Objekt mit »einem Geräusch wie ein Rad« fliegt um Mitternacht vom Berg Kasuga Richtung Westen. Sein Geräusch und seine Farbe sind nur schwer mit natürlichen Begriffen zu beschreiben.

In seiner Abhandlung *Introduction to Plutarch's Lives* (Einführung in Plutarchs Lebensbeschreibungen) zeichnete A. H. Clough ein Ereignis nach, das Betty und Barney Hills Erlebnis um Jahrhunderte vorwegnimmt:

> Es geschah, daß in Lyon eines Tages drei Männer und eine Frau gesehen wurden, die [...] wunderbar gebauten Luftschiffen entstiegen, deren Staffel nach dem Willen der Zephyre umherschweifte. [...] Die ganze Stadt hatte sich um sie versammelt und schrie laut, es seien Zauberer. [...] Die vier Unschuldigen versuchten sich vergeblich zu verteidigen; sie sagten, sie seien Leute vom Lande und vor kurzem von vier wunderlichen Männern weggetragen worden, die ihnen unerhörte Wunderdinge gezeigt hätten. [...] Die rasende Menge schenkte ihrer Verteidigung keine Beachtung und wollte sie eben ins Feuer werfen, als [...] Agobard, der Bischof von Lyon [...] durch den Lärm herbeigerufen, herbeigeeilt kam und, nachdem er die Beschuldigungen der Leute und die Verteidigung der Beschuldigten gehört hatte, verkündete [...] es sei nicht wahr, daß diese Leute vom Himmel gefallen seien und das, was sie dort gesehen zu haben behaupteten, sei unmöglich.

Sollen wir nun Bischof Agobard als ersten »Ufo-Entlarver« bezeichnen? Wenn wir diese Schilderung als »reines Volksmärchen« abtun wollten, müßten wir Myriaden von anderen mittelalterlichen Berichten über ähnliche Wesen, die sie »Elementargeister« nannten, ebenso übergehen. Und wenn wir dies tun, müssen wir uns fragen, weshalb wir ähnlich zusammenhängende moderne Ufo-Berichte als »Tatsachen« und nicht als »Volksmärchen« betrachten sollten. Denn *»derselbe Mechanismus wie damals ist auch heute am Werk«*, betont Vallee. Die Vorstellung, daß es eine eindeutige Trennungslinie gibt zwischen modernen Ufo-Berichten und früheren Schilderungen mit ähnlicher Thematik, stößt früher oder später auf ernsthafte logische Schwierigkeiten. Zum Beispiel greift Budd Hopkins, der Entführungen durch Außerirdische für reale, klar umrissene Ereignisse hält, Jacques Vallees Ansicht, Ufo-Entführungen seien »nichts Neues«, heftig an. Hopkins lehnt einerseits Berichte von Entführungen während der gesamten Menschheitsgeschichte als »zweifelhafte Volksmärchen« ab, erzählt jedoch gleichzeitig, er sei auf den Fall einer Entführten von über neunzig Jahren gestoßen. Damit aber legte er das »Phänomen von Entführungen durch Außerirdische« auf die Zeit um die Jahrhundertwende fest, auf die Zeit also der Luftschiff-Welle von 1896/97 und lange vor dem modernen Zeitalter der fliegenden Untertassen. Wo endet denn nun das »zweifelhafte Volksmärchen«, und wann beginnt die »präzise Geschichtsschreibung«?

In Walter Evans Wentz' Klassiker *The Fairy-Faith in Celtic Countries* (Der Feen-Glauben in keltischen Ländern) beschreibt Patrick Water einen »Feen-Mann« folgendermaßen: »Eine Gruppe von Jungen sah eines Tages draußen auf den Feldern einen Feen-Mann mit einer roten Mütze. Abgesehen von seiner Größe sah er aus wie jeder andere Mann. Er war ungefähr einen Meter groß. [...] Er ging in Richtung auf das alte Fort weg und verschwand dabei.« Jemand aus der einheimischen Bevölkerung berichtete über die Feen und deren Angehörige:

> Sie gehören nicht der Arbeiter-, sondern einer militärisch-aristokratischen Klasse an [...] einer gesonderten Rasse zwischen unserer und jener der Geister, wie sie mir gesagt haben. Ihre Fähigkeiten sind ungeheuer: »Wir könnten die Hälfte der Menschheit ausschalten, tun es aber nicht«, sagten sie, »denn wir erwarten die Erlösung.« Ich kannte vor drei oder vier Jahren einen Mann, den sie mit Lähmung geschlagen hatten. Ihr Blick ist durchdringend, ich glaube, sie können durch die Erde sehen.

Bei seiner Arbeit als Ufo-Feldforscher war Vallee auf nahezu identische Beschreibungen von »Raummenschen« gestoßen, die ihr Können ähnlich schilderten. Als er sich eingehender mit dem

Feen-Glauben befaßte, fand er »Überlieferungen von Kleinkindern, die von Elfen entführt worden waren, und von irdischen Tieren, die sie jagen und mitnehmen«, Themen, wie sie auch in modernen Schilderungen über Entführungen und Geschichten von Tieren vorkommen, die von außerirdischen Schändern verstümmelt wurden (vgl. Kapitel 11).

In seiner eindrucksvollen Doktorarbeit über gegenseitige Beziehungen zwischen Ufos und verwandten Phänomenen in aktuellen und vergangenen Volksmärchen, stieß der Volkskundler Thomas Bullard auf ähnlich Anhaltspunkte wie Vallee und verglich insbesonders die Aktivitäten von UFO-Insassen mit denen von Feen, von Besatzungen von Luftschiffen des neunzehnten Jahrhunderts und von Zwergen. Dabei entdeckte Bullard eindrucksvolle Ähnlichkeiten zwischen diesen verschiedenen Bezugsrahmen:

Bei Beobachtungen von Ufo-Landungen kann es vorkommen, daß Zeugen ein oder mehrere seltsame Wesen sehen, oft in der Nähe ihres Raumschiffs. Diese Wesen können herumstehen, normal gehen, watscheln, hinken, rennen, herumtanzen, springen, schweben oder fliegen, manchmal offenbar auch Reparaturen an ihrem Raumschiff vornehmen oder Proben sammeln (vor allem Steine), wobei sie oft Werkzeuge oder andere Hilfsmittel verwenden. Wenn sie einen Menschen sehen, kann es sein, daß sie friedlich reagieren und freundschaftliche Gesten machen oder auch in einer Sprache kommunizieren, die unverständlich, aber auch ganz klar sein kann, meist über sehr oberflächliche Dinge. Sie können allerdings auch feindselig reagieren: warnen, drohen, die Zeugen mit einer Lichtpistole lähmen, sie verletzen (oder manchmal zu packen und zu entführen versuchen). Oder aber sie fliehen ins Ufo und heben ab.

In den Schilderungen der seltsamen Luftschiffe, die 1896/97 in den ganzen USA wiederholt gesehen wurden, wird meist berichtet, man habe beobachtet, wie ein außergewöhnliches Luftschiff landete oder bereits gelandet sei. Normalerweise treten ein oder mehrere Menschen aus dem Schiff und stehen oder laufen herum, während sie das Schiff untersuchen oder es mit Werkzeugen reparieren. In der Gegenwart von Erdenmenschen sprechen die

Insassen gelegentlich in einer fremden Sprache, Englisch mit Akzent oder vollkommen reines Englisch; in der Regel erzählen sie von ihrer Reise, wie das Luftschiff funktioniert und wer es konstruiert hat. In weniger freundlich verlaufenden Fällen erzählen sie nur wenig, halten die Zeugen fern oder kehren rasch zum Schiff zurück, steigen hinein und verlassen den Boden.

Bei Feen-Begegnungen sehen Zeugen in der Regel ein Licht, hören Musik und Stimmen und bemerken ein oder mehrere menschenähnliche Wesen in der Nähe eines »Feen-Hügels« oder eines in die Erde gezogenen Kreises. Feen können stehen oder gehen, rennen, hinken, herumhüpfen und -tanzen, schweben oder fliegen; sie sind mit Begräbnissen, Feierlichkeiten, Kämpfen, Jagen und Essensammeln beschäftigt. Diese Wesen können auch stehlen, vor allem Lebensmittel, sowie Musikinstrumente, gewöhnliche Werkzeuge und Waffen benutzen. Wenn sie menschliche Zeugen entdecken, kommt es vor, daß sie sie einladen, an ihrem Fest teilzunehmen und mitzutanzen; sie sprechen nicht selten in einem melodiösen, unverständlichen Geplapper, oder sie bitten – mit deutlichen Worten – um Gefälligkeiten, gehen Abmachungen ein und verhandeln über Tauschgeschäfte. Feindselige Feen warnen, bedrohen, kneifen, schlagen, lähmen, blenden oder töten Zeugen. Diese seltsamen Geschöpfe können Menschen in Trance versetzen oder ihnen Streiche spielen – und dann fliehen, auf eine Wolke klettern oder auch einfach verschwinden.

Dann gibt es noch die Zwerge. Für gewöhnlich sieht jemand ein oder mehrere kleine menschenähnliche Wesen, möglicherweise in der Nähe einer Höhle, einer Felsnase oder eines Hügels. Zwerge können stehen, gehen, erstaunlich schnell rennen, hüpfen oder tanzen; sie nehmen an Begräbnissen teil, feiern, sammeln Essen oder üben geschickt ihr Handwerk aus. Zwerge stehlen auch ab und zu, vor allem Lebensmittel, und benützen sowohl Musikinstrumente als auch ihr Handwerkszeug und gewöhnliche Werkzeuge. Wenn Zwerge Menschen in ihrer Nähe sehen, laden sie sie manchmal ein. Nach der Überlieferung sprechen sie mit der Stimme eines Kindes, das gerade sprechen gelernt hat, meist jedoch verständlich; Zwerge können um Gefälligkeiten bitten,

Hilfe anbieten, Abmachungen treffen oder Dienstbarkeiten austauschen. Feindlich gesinnte Zwerge können warnen oder drohen, blenden, schlagen oder sonstwie bestrafen, entführen, Streiche spielen, fliehen, in den Boden fahren oder verschwinden.

Entlarvern fällt es nicht schwer, alle genannten Vergleiche als *nichts als* Volksmärchen abzutun, das heißt als »im Grunde gehaltlos«. Doch für Forscher, die Ufo-Phänomene nicht als an sich bedeutungslos betrachten, ist die Frage nach Parallelen so rätselhaft wie keine andere. Sind diese Phänomene grundsätzlich dieselben, mit kleineren oberflächlichen Unterschieden, wie Vallee und andere vorschlagen? Oder sind die Bereiche grundlegend verschieden und die thematischen Parallelen nur gerade rein zufällig?

Whitley Strieber, Autor des Bestsellers *Communion* (Die Besucher) über seine Begegnungen mit Wesen, die er »die Besucher« nannte, ist der festen Überzeugung, daß es erst dann möglich sein wird, »Fragen zu stellen, die genügend Tiefe und Resonanz haben, um von Bedeutung zu sein«, wenn das Phänomen neu definiert wird, und zwar »als Teil der grundlegenden Mythologie der menschlichen Erfahrung«. Jene, die sich der ETI-Hypothese verschrieben haben – also der Ansicht sind, es gebe eine extraterrestrische Intelligenz – und glauben, die Ereignisse rund um Ufos seien etwas Neuartiges, ein Phänomen des ausgehenden zwanzigsten Jahrhunderts, widersprechen dem mit allem Nachdruck und bestehen darauf, daß man dem Phänomen *klare* Grenzen setzen müsse, damit es nicht unüberschaubar und bedeutungslos werde.

Budd Hopkins, ein Verfechter der Hypothese von der außerirdischen Intelligenz und Experte für Entführungen durch Außerirdische, verweist auf die Gefahren des »Eintopf-Denkens«. Ihm zufolge besteht diese Angewohnheit intellektueller Faulpelze darin, beruhigende Ähnlichkeiten zwischen verschiedenen Phänomenen zu betonen und ihre Unterschiede zu ignorieren. Der Eintopf-Denker werfe »in der Regel alle erhältlichen Informationen über oberflächlich miteinander verbundene Situationen in einen Topf, im Glauben, daß dieses Verfahren der Welt einen Nutzen bringe«. Hopkins betont, daß das als Legionärskrankheit bekannte Syndrom erst als einzigartiges Syndrom erkannt wurde, als man zu untersuchen begann, worin sich die Symptome dieser Krankheit von denen der Lungenentzündung und anderer bekannter Krankheiten unterschieden.

Auf ähnliche Weise, so Hopkins, stelle das Erlebnis von Betty und Barney Hill im Jahre 1961 eine *klare* Trennung her zwischen den Berichten von Kontakten mit freundlich-sanften, langhaarigen Raummenschen in den fünfziger Jahren und Berichten von entführungsähnlichen Begegnungen. »Entführungen sind entschieden eine neue, einmalige und besondere Klasse von Ereignissen ohne bedeutende Vorläufer«, hält Hopkins fest.

Schau noch einmal hin, diesmal *genauer*, meint Vallee, der entdeckt hatte, daß im *Calendrier des Bergiers*, einem französischen Kalender des fünfzehnten Jahrhunderts, Dämonen abgebildet sind, die ihre Opfer mit langen Nadeln in den Unterleib stechen. »Erinnern wir uns daran, daß Betty Hill unter Hypnose erzählte, daß ihr eine lange Nadel in den Nabel gesteckt worden sei, was ihr große Schmerzen bereitet habe«, bemerkt Vallee. »Um in der Magie von Naturvölkern, in der Mythologie, im Okkultisums und im Feen-Glauben Parallelen zu Entführungen durch Außerirdische zu finden, muß man nur die Scheuklappen abnehmen und hinsehen.«

Im Rahmen seiner ausführlichen Dissertation über Parallelen in den Volkmärchen zu den Ufos stellte Thomas Bullard moderne Ufo-Entführungsgeschichten auf dieselbe Stufe wie Berichte von Besuchen bei Feen. Hier seine Entdeckungen, angefangen bei den Ufo-Entführungen:

1. Nachts, in einer entlegenen Gegend oder zu Hause, sieht ein menschlicher Zeuge ein Ufo und versucht zu fliehen.
2. Er gelangt in einen Bereich des Rätselhaften, in dem die Umgebung ihr normales Aussehen verliert, Maschinen nicht mehr gehorchen, seine Willenskraft eingeschränkt ist und sein Gedächtnis ihn im Stich läßt. Rätselhafte humanoide Wesen erscheinen und lassen ihn ins Ufo schweben oder tragen ihn hinein.

3. Er gelangt in einen gleichmäßig ausgeleuchteten Operationssaal, wo ihn ein oder mehrere außerirdische Wesen einer medizinischen Untersuchung unterziehen, was mit Schmerzen verbunden sein kann.
4. Danach sieht er möglicherweise lange Tunnel und andere Teile des Raumschiffs, oder er reist in kurzer Zeit über weite Distanzen zu einem dunklen, verlassenen Planeten, dann in einen hellen, luftigen Bereich, wobei es an beiden Orten Gebäude gibt. Es kann sein, daß er Menschen unter den Außerirdischen sieht und Botschaften erhält. Bei seiner Rückkehr auf die Erde bemerkt er eine Gedächtnislücke und Verletzungen; in einigen Fällen wird er später noch einmal besucht und mit abnormen Erscheinungen konfrontiert.

Und hier die typischen Stationen einer Begegnung mit Feen:

1. Nachts, in einer entlegenen Gegend oder in der Nähe eines Feen-Hügels, erscheint 2. dem menschlichen Zeugen seine Umgebung fremd, er gerät in einen Nebel, »kommt vom rechten Weg ab« oder verliert seine Willenskraft, weil er bezaubernde Musik hört. Er begegnet einem oder mehreren ungewöhnlichen Wesen, die ihn einladen oder weglocken; und zu Fuß oder mit einem ungewöhnlichen Transportmittel gelangt er durch einen dunklen Tunnel, macht eine Fahrt in der Dunkelheit oder segelt in einer stürmischen Reise zu einer jenseitigen Welt innerhalb des Hügels oder jenseits des Meeres. 3. Er betritt eine schwach oder indirekt beleuchtete Halle, ein Zimmer oder ein Land der anderen Welt und nimmt mit einer Gesellschaft von Wesen an Festen, Tänzen, Spielen oder Vergnügungen teil, oder er hilft einer Frau bei der Geburt ihres Kindes, was oft mit Schmerzen verbunden ist. Es kann sein, daß er, während er dort ist, einen gefangenen Menschen sieht und übernormale Wissenskraft erhält. 5. Er wird zum Gefangenen oder kehrt nach einem übernatürlich langen Zeitraum

zurück, was ihn zu Staub zerfallen läßt, oder er wird später für die Kräfte bestraft, die er im Feen-Land erhalten hat.

Und einmal mehr stellt sich die Frage: Handelt es sich hier grundsätzlich um dasselbe Erlebnis, durch verschiedene kulturelle Linsen betrachtet, oder sind die gemeinsamen Themen von zwei grundlegend verschiedenen *Arten* von Ereignissen rein zufällig? Wenn wir an Einsteins Worte denken, daß »die Theorie bestimmt, was wir beobachten können« und an G. Spencer Browns ähnlich lautende Aussage (»Der Begriff der Zufälligkeit hat nur in Beziehung zu den Beobachtenden Sinn«), muß man sagen, daß *es eine absolute Antwort nicht geben kann.*
Ernst von Glasersfeld sagt in seinem höchst anregenden Aufsatz »Einführung in den radikalen Konstruktivismus« über die Vorstellungen von Gleichheit und Verschiedenheit ohne Umschweife, daß jegliche zwei Erlebnisse als zwei voneinander unabhängige Objekte betrachtet werden können.

> Sie können aber auch als zwei Erlebnisse ein und desselben als Individuum »existierenden« Objekts betrachtet werden. [...] Führt der Vergleich dann zu einem Urteil der »Gleichheit«, so haben wir entweder zwei Objekte, die in den im Vergleich untersuchten Eigenschaften gleichwertig sind, oder wir haben *ein* Objekt, das sich in der Spanne zwischen den beiden Erlebnissen nicht verändert hat. Führt der Vergleich hingegen zu einem Urteil der »Verschiedenheit«, so haben wir entweder zwei Objekte, die eben verschieden sind, oder wir haben ein Objekt, das sich seit dem vorhergehenden Erlebnis *verändert* hat.

Demnach gehören Budd Hopkins und andere, die Ufos als von mythischen und volksmärchenhaften Parallelen *verschieden* betrachten, in die zweite Wahrnehmungskategorie; Jacques Vallee und andere, die Ufos als solchen Parallelen *äquivalent* betrachten, dagegen in die erste.
Die folgende wichtige Unterscheidung, die von Glasersfeld ebenso

einführt, ist vielleicht weniger naheliegend: daß »die Kriterien anhand derer Gleichheit oder Verschiedenheit festgestellt werden, von dem erlebenden, urteilenden Subjekt geschaffen und gewählt werden und nicht einer unabhängigen Welt zugeschrieben werden können«. Dies soll nicht heißen, Ufo-Erlebnisse oder ihre thematischen Parallelen in anderen Bereichen seien irreal oder »rein subjektiv«. Von Glasersfeld meint etwas anderes: daß es nämlich in bezug auf die Unterscheidung von Gleichheit und Verschiedenheit nicht darauf ankommt, »wie ein Gegenstand ›objektiv‹ betrachtet oder in ›Wirklichkeit‹ beschaffen ist, sondern nur darauf, ob er den erwarteten Dienst leistet und darum ›paßt‹ oder nicht.«

Und es ist der oder die *Beobachtende,* die bestimmen, was paßt, »das heißt, *was* betrachtet wird und in bezug auf *was* ›Gleichheit‹ verlangt wird«.

Kurzum, es gibt genug Antworten für alle, die eine Frage zur wahren Natur von Ufo-Erlebnissen haben. Oder anders gesagt: In der abschließenden Analyse ist jede Entdeckung eine Erfindung. »Wirklichkeit« ist das, was wir als das bezeichnen. In einem sehr wirklichen Sinn *verändert sich das Universum jedesmal, wenn sich unsere Theorien ändern.*

Angus Fletcher wurde bereits an anderer Stelle zitiert; er sagt, daß eine Allegorie »auf Klarheit und Dunkelheit zugleich abzuzielen scheint, wobei beide Effekte voneinander abhängen. Ein Rätsel – und nicht immer ein lösbares – zu erzeugen, scheint die wichtigste Funktion der Allegorie zu sein.« Wir können uns vorstellen, wie Fletcher absichtlich eine Pause einlegt, um dann fortzufahren: »Und wer wollte bezweifeln, daß eine Verwirrung in der Symbolik dieser Funktion noch entgegenkommt?«

Schreiben wir einen weiteren Punkt auf für Proteus, Hermes und den Schelm – und eine weitere Niederlage für unsere uralte Phantasie, daß wir Menschen irgendwann einmal ganz sicher sein werden, daß wir wirklich wissen, was wir zu wissen glauben, nicht nur über Ufos, sondern über die Welt im allgemeinen.

11

Im gesellschaftlichen und kulturellen Umfeld des Ufo-Phänomens scheint es eine unsichtbare Schwelle zu geben, die ein Thema jeweils überschreiten muß, um bedeutend genug zu werden, damit es »bleibt« und sich in den Ufo-Mythos einfügt. In den späten sechziger Jahren hatte die unwahrscheinliche Vorstellung, daß Außerirdische im Westen und Mittleren Westen der USA systematisch Rinder verstümmelten, diese Schwelle bei weitem noch nicht erreicht. Gemessen an allem, was sonst unter der Ufo-Flagge segelte, betrachtete man die Idee noch als grotesk. Bis Mitte der siebziger Jahre dagegen hatte die Vorstellung von Außerirdischen als schauerlichen High-Tech-Schändern von Rindern, Pferden und anderem Vieh im Ufo-Epos bereits eine bewegte, umstrittene Karriere hinter sich. Und der Aufruhr um die Verstümmelungen wies starke Ähnlichkeiten mit dem in der Ufologie längst herrschenden Grabenkrieg um die Definition von Beweismaterial auf.

In Amerika erhielt man den ersten Hinweis, daß das methodische Abschlachten von Freilandtieren in die Ufo-Mythologie Eingang gefunden hatte, als die Presseagenturen am 5. Oktober 1967 ihrem Publikum in aller Welt die folgende Telexmeldung übermittelten:

ALAMOSA, Colorado (AP) – Snippy, eine dreijährige Appaloosa-Stute, kehrte am 7. September nach ihrem gewohnten Abendtrunk nicht mehr auf die Ranch von Harry King zurück; ihre Besitzerin macht dafür eine fliegende Untertasse oder zumindest einen mit Radioaktivität arbeitenden Chirurgen verantwortlich.

Der Artikel enthüllte, daß das seit etwa einem Monat vermißte Pferd mit abgezogener Haut aufgefunden worden war, und zwar ohne Spuren irgendwelcher Art in der näheren Umgebung. Der Schnitt um den Hals war vollkommen glatt, nirgendwo ausgezackt. Im Körper des Pferdes war kein Blut mehr, und auch auf der Erde gab es keine Blutspuren. Bei der Untersuchung der unmittelbaren Umgebung wurden auf einer Fläche von etwa hundert mal fünfhundert Metern fünfzehn runde Abgasflecken gefunden. Etwas nördlich des Kadavers entdeckte man einen meterhohen Strauch, der auf eine Höhe von zwanzig Zentimetern zusammengedrückt worden war. Es wurde zudem berichtet, in einem Umkreis von drei Metern um diesen Strauch sei alles bis auf zwanzig Zentimeter über dem Boden plattgewalzt. Eine nähere Untersuchung enthüllte noch mehr zusammengedrücktes Buschwerk und außerdem sechs Eindrücke, die einen Kreis von einem Meter Durchmesser bildeten. Jeder Eindruck war fünf Zentimeter breit und zehn Zentimeter tief. In dem Bericht heißt es weiter, ein Forstbeamter habe bei der Überprüfung der Gegend mit einem Zivilschutz-Geigerzähler eine starke Radioaktivität gemessen. »Die Abgasflecken und die Stellen, wo das Gebüsch plattgedrückt war, waren radioaktiv verstrahlt«, hielt Associated Press fest.
Eine spätere Untersuchung stellte die grundlegenden Fakten dieser Geschichte in Frage. Skeptiker enthüllten, lediglich Kopf und Hals, und nicht der ganze Körper des Pferdes, seien gehäutet worden. Das Gerücht, ein Pathologe aus Denver habe Schädel, Wirbelsäule und Bauchhöhle des Pferdes »unerklärlicherweise« leer vorgefunden, konnte nicht bestätigt werden. Die sogenannten »Abgasflekken« stellten sich als ein unter dem Namen »Black alkali« bekannter schwarzer Pilz heraus; Fotos ließen kein zusammengedrücktes

Gras erkennen, und bei den Abdrücken handelte es sich um verwitterte Hufspuren. Ein Förster hatte die Stelle geprüft und keinerlei Radioaktivität gemessen. Dr. O. R. Adams, ein Arzt der staatlichen Universität von Colorado, fand Hinweise auf eine schwere Entzündung am Hinterbein, welche das Pferd behindert haben könnte. Er äußerte die Vermutung, der Schnitt sei von jemandem ausgeführt worden, der versucht hatte, das leidende Pferd einzuschläfern, oder von »einem neugierigen Jungen, der ausprobieren wollte, was er mit seinem Messer an einem toten Pferd ausrichten konnte«.

Weitere Abklärungen ergaben, daß die Presse, ohne in der Lage zu sein, den Gerüchten auf den Grund zu gehen, ihre Artikel aufgrund von Interviews mit Mrs. Nellie Lewis, der Besitzerin des Pferdes, geschrieben hatte. Mrs. Lewis war eine begeisterte Anhängerin fliegender Untertassen, und ihre siebenundachtzigjährige Mutter hatte ungefähr zur selben Zeit, während Snippy verschwunden war, ein Objekt am Himmel beobachtet. Überdies gab es noch eine zusätzliche Einzelheit, die Philip Klass bestimmt nur zu gern aufgedeckt hätte: Die Mutter war sich nicht völlig sicher, was das Objekt genau war – sie hatte zu dem Zeitpunkt ihre Brille gerade nicht auf.

Obwohl das Gerücht, Snippy sei von Außerirdischen abgeschlachtet worden, damit »offiziell« dementiert war, wurde es einen Monat später beschleunigter Verbreitung ausgesetzt: Landesweit erschien ein Artikel des Ufo-Forschers John Keel mit der Überschrift SNIPPYS TOD NUR EIN KAPITEL IM STELLAREN VIEHDIEBSTAHL, und er brachte den Tod des Pferdes mit anderen grausigen Zwischenfällen mit fliegenden Untertassen und bemitleidenswerten Tieren in Verbindung. Hunderte solcher Verstümmelungsfälle seien in der Ufo-Forschung untersucht worden, schrieb Keel, konkrete Beweise, die die Gerüchte zu Tatsachen machten, gebe es jedoch bisher noch nicht. Dem schloß er zwei äußerst vielsagende Sätze an:

> Noch immer warten Millionen von Leuten auf einen greifbaren Beweis dafür, daß Ufos real sind. Nun, sollten fliegende Untertassen wirklich nur »Sumpfgas« sein, was ist

denn dann das Schlachten und Stehlen von Tieren auf der ganzen Welt?

Wie bei anderen Themenbereichen in der Ufo-Mythologie vermischen sich auch beim Phänomen der Verstümmelungen Alltägliches und Phantastisches auf eine Art, die Beobachtende zu dem Schluß kommen läßt, daß entweder alle Behauptungen der Wirklichkeit entsprechen oder keine einzige auch nur glaubwürdig ist. Die Wahrheit liegt wohl mit Sicherheit irgendwo dazwischen – doch wo liegt die Grenze?

Es besteht kein Zweifel, daß im Verlauf der siebziger Jahre eine Art Verstümmelungsepidemie die US-Bundesstaaten Minnesota, South Dakota, Iowa, Kansas, Nebraska, Colorado, Idaho, Wyoming und Texas erfaßte. Bis im Mai 1974 waren allein in Iowa, Kansas und Nebraska über hundert Rinder tot und grauenhaft verstümmelt aufgefunden worden. Fall auf Fall meldeten Rancher und Farmer, Unbekannte hätten die Tiere getötet und mit chirurgischer Präzision Körperteile wie Fortpflanzungsorgane, Zunge, Ohren, Augen oder After entfernt. »Ich hab' bis jetzt noch nie einen Kojoten gesehen, der eine gerade Linie beißen konnte«, sagte der Organisator einer Patrouille, welche die Tiere beschützen sollte. Die Mörder waren unfaßbar, sie hinterließen keinerlei Fußspuren und auch keine anderen Beweise für ihre Gegenwart. Oft waren die Verstümmelungen an Orten verübt worden, wo man die Täter hätte sehen oder hören müssen – zum Beispiel in nächster Nähe eines Farmhauses –, aber es wurden weder jemals Beobachtungen noch Geräusche gemeldet.

In der Ausgabe vom 30. September 1974 beschrieb *Newsweek* in einem Artikel mit dem Titel »The Midnight Marauder« (Der Mitternachts-Marodeur) die Reaktion von Ranchern und Farmern auf das immer weitere Kreise ziehende Rätsel:

> Jeden Tag kurz vor der Dämmerung füllen sich Lieferwagen mit Ranchern und Landarbeitern und schwärmen über die hügelige Prärie im Nordosten von Nebraska aus. Sie parken meist auf Kämmen oder Hügeln, von wo sie die Weiden

und die schmalen, gewundenen Straßen überblicken können. Gewehre und Schrotflinten gegen ihre Wagen gelehnt, halten die Männer nervös Ausschau, rauchen Zigaretten und unterhalten sich über CB-Funk. Manche von ihnen halten die ganze Nacht über Wache, doch keiner weiß, wonach er eigentlich sucht. »Ich hab' so etwas noch nie erlebt«, sagt Senator Jules Burbach, der Knox County seit achtzehn Jahren vertritt. »Die Leute sind komplett hysterisch.«

Daniel Kegan und Ian Summers, die Autoren des 1984 erschienenen Buches über diese Epidemie mit dem Titel *Mute Evidence* (Stummer Beweis), vertraten die Ansicht, daß sämtliche angeblich rätselhaften Aspekte dieser Rinderverstümmelungen sich auf irdische Gegebenheiten zurückführen ließen. Ebenso wie all jene, die anderen Behauptungen in Verbindung mit Ufos skeptisch gegenüberstanden, stürzten sich auch Kegan und Summers auf die Ermittler und erklärten, deren Untersuchungen seien bestenfalls zweitklassig. Sie wiesen entschieden darauf hin, daß keiner der »Verstümmelungsforscher«

> Verbindungen zu Experten für Veterinärmedizin, Viehzucht oder andere Fachgebiete hatte, die etwas mit der Frage der Rinderverstümmelungen zu tun haben; und es war offensichtlich, daß es in ihrem Umfeld keinen einzigen qualifizierten Ermittler gab. [...] Keine ihrer Zeugenaussagen wäre von einem Gerichtshof als fachlich einwandfrei akzeptiert worden.

Kegan und Summers bestanden darauf, daß nur Veterinäre wirklich qualifiziert seien, ein Urteil über die Todesursache eines Tieres zu fällen. Bis die wirklichen Experten beigezogen wurden, hatte die Sage von den unerklärlichen Verstümmelungen jedoch längst ein Eigenleben entwickelt. Als die Anhängerschaft der Legende mit den Beweisen konfrontiert wurde, daß hinter dem Aufruhr eine höchst irdische Wahrheit stecken könnte, weigerten sich ihre

Jünger, das »Scheinrätsel« aufzugeben, und zogen es vor, die Veterinäre als unfähig oder von finsteren Motiven getrieben zu verurteilen. Kegan und Summers hielten im weiteren fest, daß es neben den von Raubtieren gerissenen Tieren zwei Arten von Verstümmelungen gebe: rituelle Tötungen durch irgendwelche Kultanhänger (vielleicht Teufelsanbeter) und Fälle von »Nachahmern«, bei denen Witzbolde die Leiber bereits toter Tiere (Opfer von Raubtieren, Verletzung oder Krankheit) entsprechend zugeschnitten hätten.

Die Autoren von *Mute Evidence* konnten eine beträchtliche Anzahl von Verstümmelungen auf irdische Umstände zurückführen, aber dennoch fanden eine Anzahl Leute ihre Darstellung des Sachverhalts unbefriedigend. Weshalb gab es keine Fußabdrücke – keine Spuren der Marodeure? Was war mit den seltsamen Lichtern und Hubschraubern ohne Kennzeichen? Was war mit den »unirdischen« Methoden von High-Tech-Chirurgie der Mörder? Was war mit den Augenzeugenberichten über außerirdische Rinderdiebe? Thomas Adams vom Büro des Mutual UFO Network im texanischen Paris weist auf übereinstimmende Elemente im Verstümmelungsrätsel hin, die nicht einfach übergangen oder als reiner Zufall abgetan werden können. Er besteht darauf, daß jede vollständige Bilanz folgenden Punkten Rechnung tragen müsse:

1. Das »saubere, unblutige, manchmal unglaublich perfekt ausgeführte Entfernen von Organen und Gliedern von den Viehkadavern«.
2. Das Fehlen von »beweiskräftigen Hinweisen wie Fußspuren oder Eindrücken auf dem Boden, auch da, wo es welche geben sollte«.
3. Berichte über »nicht blutende Schnitte und manchmal blutleere Kadaver; über verstümmelte Tiere, die ohne irgendwelche Spuren auf der Erde, im Schnee oder auf fremden Weiden gefunden wurden; über Stromausfälle und das Absterben von Motoren, wenn Ufos darüber schweben; über verstümmelte Kadaver, die unnatürlich langsam oder unnatürlich rasch verwesen; über Farmer, auf die von Hubschraubern aus geschos-

sen wurde; von Suchscheinwerfern sowie sanftem Leuchten und von Lichtern mit unvergleichlicher Strahlungskraft; über die an Panik grenzende Stimmung, die auf dem Land ausbrach, wo Rancher mit geröteten, trüben Augen von den schlaflosen Nächten, in denen sie Wache gehalten hatten, bereit waren, auf jeden Eindringling zu schießen, ob er nun aus der Luft oder vom Boden kam; über Viehzüchter, die ihr Land ein Leben lang mit wilden Tieren geteilt haben und die ohne zu zögern aussagen, daß die klassischen Verstümmelungen nicht natürlichen Raubtieren zugeschrieben werden können«.

4. Berichte über aasfressende Raubtiere, die sich weigerten, die verstümmelten Kadaver zu fressen, »und über die eigenartige Reaktion von Hütehunden, wenn sie mit einem verstümmelten Kadaver konfrontiert werden (oder sich dagegen sträuben)«.

Die Berichte über rätselhafte Lichter, nicht gekennzeichnete Hubschrauber und untertassenförmige Gefährte, die ungefähr zur gleichen Zeit und in der Nähe einiger Verstümmelungsstellen beobachtet wurden, beunruhigten viele Verstümmelungsforscher. Im September 1980 beobachtete ein Zeuge in der Nähe seines Hauses etwas, das sich im Westen vom Himmel abhob wie ein Hubschrauber, aber er konnte keine Rotoren sehen. Bald war aus dem Gefährt ein silbernes, elliptisches Objekt geworden, von dessen Seite ein langes, »flatterndes« Anhängsel baumelte. Irgendwann schoß das Objekt dann senkrecht in die Höhe und verschwand. Derlei Berichte ließen Thomas Adams fragen: »Ist es möglich, daß wir mit Ufos konfrontiert werden, die sich als Hubschrauber tarnen? Für eine genügend fortgeschrittene nichtterrestrische Technologie sollte es kein Problem sein, ›Hubschrauber‹ zu konstruieren, um im geheimen operieren zu können.«
Gemessen an den Schlußfolgerungen, zu denen Linda Moulton Howe kam, klingt Adams Mutmaßung bescheiden. Linda Howe ist Expertin für Verstümmelungen, Enthüllungsjournalistin, Produzentin von Dokumentarfilmen und Autorin eines Wälzers vom Format eines Beistelltischchens, das Farbfotos von grotesk verstümmelten Tieren enthält (ein Buch, von dem ein Komiker wie

David Letterman sagen würde, es wären alle stolz darauf, es in ihrem Wohnzimmer aufzustellen). Sie erzählte, sie sei von einem Geheimagenten der Regierung ins Vertrauen gezogen worden und dieser habe ihr angeblich streng geheime Dokumente vorgelegt, die sie davon überzeugt hätten, daß

> mindestens eine Form von nichtmenschlicher Intelligenz Lebewesen auf der Erde manipuliert und sammelt; daß diese außerirdische Lebensform die menschliche Unwissenheit beherrscht und benutzt, um den [Einweg-]Ertrag einzuheimsen, und daß dieser der Versorgung und genetischen Experimenten dient.

Nicht wenige Ufo-Forscher sind der Ansicht, Linda Howe sei das gutgläubige Opfer einer Desinformationskampagne geworden, welche die Ufologie in weitere lächerliche Sackgassen führen und so die Erforschung der wahren Ufo-Phänomene verzögern sollte. Das mag sein. Doch wie immer bleibt die Frage: Welche Ufo-Daten sind denn »wahr« und aufgrund welcher Kriterien? Jacques Vallee meinte zu Linda Howes Versuch, ein bedeutungsvolles Muster zu finden, mit dem die Berichte über Entführungen von Menschen und Verstümmelungen von Tieren verbunden werden können:

> Linda Howes Geschichte ist so attraktiv und packend wie ein guter Spionageroman. Doch wie jeder gute Spionageroman wirft sie auch neue Fragen auf: Sind in diesem Spiegellabyrinth noch andere Szenarien denkbar, die einige oder alle dieser flüchtigen Bilder, die wir sehen, erklären würden?

Mag sein, daß es solche alternativen Interpretationen gibt. Doch könnten sie so aufregend sein wie die phantastischeren Theorien? Kürzlich erzählte ein Arzt, was er aus Angst um seine Karriere zwanzig Jahre zuvor nicht zu sagen gewagt habe: Er habe bei der Autopsie von Snippy Beweise für laserähnliche Chirurgiemethoden gefunden, die es 1967 schlicht noch nicht gab. So lebt die

Sage, Snippy sei von Außerirdischen »geholt« worden, im Abschnitt Verstümmelungen an Tieren des Ufo-Epos munter weiter.

Während desselben Zeitraums machte in anderen Teilen der Welt eine andere Epidemie von sich reden, und zwar eine Reihe von Ufo-Sichtungen, die durch anschauliche Einzelheiten und einen »hohen Grad an Rätselhaftigkeit« beeindruckten, wie es Allen Hynek ausdrückte.

Tarragona, Spanien. Zwei Ehepaare aus Almosa und die drei Kinder des einen Paares hatten auf einem Feld ein zermürbendes Erlebnis. Es wurde von einer der erwachsenen Personen für eine Madrider Nachrichtensendung wie folgt geschildert:

> Wir hörten ein sehr lautes Geräusch, wie das eines schnell fahrenden Zuges, was uns sehr verblüffte, weil die Eisenbahnlinie weit weg ist. Dann sahen wir etwas mit großer Geschwindigkeit direkt auf uns zukommen; es blieb abrupt stehen, drehte sich jedoch weiter um sich selbst. Es war sehr nahe bei uns. Unmittelbar danach wendete es und verschwand. Ich dachte, gleich geht es direkt auf uns nieder. Ich stieß die Kinder um und schrie allen zu, sich auf den Boden zu werfen. Es gab weder Funken noch Rauch, noch irgendein Licht ab, aber es machte einen ungeheuren Lärm, einen Pfeifton, wie tieffliegende Düsenjäger. Die Olivenbäume bogen sich unter der Druckwelle, wie unter einem starken Wind; Blätter und Äste wurden vom Boden hochgehoben wie bei einem Wirbelsturm. Es hatte eine erdige Farbe, einen Durchmesser von etwa siebzig bis achtzig Zentimetern und war rund wie ein Teller, auf den man einen umgekehrten Teller gelegt hat.

Xztum, Polen. Gegen neun Uhr abends reinigten Miroslaw Goralski und Krzysztof Kobus nach der Arbeit in Goralskis Garten ihre Werkzeuge; da schwebte unvermittelt ein Ufo innerhalb der

Umzäunung herab. Einer der Männer beschrieb das Objekt als einen »Ring«, der andere, aus einem anderen Blickwinkel, als »zwei silberne Dreiecke, die durch ein Kreuz verbunden waren«. Beide Männer spürten im Kopf einen Ton von extrem hoher Frequenz. Als sie nähergingen, um das Objekt zu untersuchen, wurden sie von einem dichten weißen Nebel eingehüllt und von einem hellen weißen Licht angestrahlt; dann war es, als würden sie mit großer Geschwindigkeit in die Höhe steigen. Kobus hatte das Gefühl, gegen etwas wie ein »Kissen« zu lehnen, das dann plötzlich verschwand, während er ein Kaleidoskop von Farben und Gefühlen erlebte, die auf ihn wirkten, als flössen Gedanken aus einer fremden Quelle in sein Hirn.
Goralski nahm unsichtbare Wesen wahr, die in ihm das Bedürfnis weckten, grundlegende Fragen zu stellen (»Was ist Materie?«), auf die er auch eine Antwort bekam (»Die wichtigste Eigenschaft von Materie ist ihre Fähigkeit, andere Materie zu durchdringen«). Dann erlebte er eine Vision wie im Zeitraffer und sah dabei auch Menschen in historischen Gewändern. Plötzlich »fielen« die beiden und befanden sich wieder im Garten. Sie waren vollkommen entgeistert und verwirrt von dem Erlebnis; bei darauffolgenden Tests wurden jedoch keinerlei Anzeichen von psychischen Störungen festgestellt.

Milford Haven, Wales. An einem Sommermorgen spazierte der walisische Versicherungsagent Mr. D. J. Harris an einer Straße entlang und hörte plötzlich eine Art Schwirren, das er mit einem tieffliegenden Segelflugzeug in Verbindung brachte. Gleichzeitig erblickte er ein riesiges Objekt (fünfundvierzig Meter im Durchmesser) von metallisch grauer Farbe wie verwittertes Aluminium. Das Objekt erschien als abgeflachte, langsam rotierende Ellipse und verschwand direkt hinter dem nahen Tabernacle Tower. Harris rannte, in der Annahme, das Objekt sei in die Fluten des Haven gestürzt, darauf zu, doch es war nichts zu sehen. Und es wurde auch später nie etwas gemeldet.

Matles-Barbosa, Brasilien. Brasilianische Zeitungen berichteten von einer Begegnung, bei der die Elemente strahlendes Licht, Levitation, rätselhafte Geschöpfe, Entführung und eine medizinische Untersuchung eine Rolle spielten. Das Ehepaar Herminio und Bianca Reis, beide etwas über dreißig, hatte ungefähr um halb zwölf Uhr abends die Autobahn verlassen, um sich vor der Weiterreise auf einem Rastplatz etwas auszuruhen. Herminio wachte auf, weil er seine Frau schreien hörte und ein intensives blaues Licht die Gegend erleuchtete. »Wie durch einen Kamin« wurde ihr Wagen plötzlich »aufgesaugt«, und sie befanden sich in einem hell erleuchteten, runden Bereich. Zwei kleine Wesen näherten sich und bedeuteten ihnen, aus dem Wagen zu steigen; während sie das Paar eine Treppe hoch in einen großen Raum voller »Apparaturen« geleiteten, redeten die Wesen in einer unverständlichen Sprache. Sobald Herminio und Bianca die Kopfhörer aufgesetzt hatten, die man ihnen gereicht hatte und die offensichtlich an einem Computer angeschlossen waren, hörten sie eine Stimme auf Portugiesisch sagen: »Mein Name ist Karen, beruhigen Sie sich. [...]«
Bianca wurde später untersucht und danach in ein seltsames Abteil gebracht, wo sie eine Art Elektroschock erhielt, der sie eine Zeitlang bewußtlos machte. Später wurde ihr und ihrem Mann eine grüne Flüssigkeit verabreicht; sie schmeckte wie eine Mischung aus Zucker und Jod. Eine dunkelhaarige Frau erschien und teilte ihnen mit, daß sie und ihre Kolleginnen medizinische Forschungen betrieben und es in ihrer Welt keinen Tod gebe. Sowohl Herminio wie Bianca hatten das Gefühl, sie seien auch nach dem Erlebnis mit »Karen« in Kontakt geblieben.

Diese vier Fälle ergeben zusammengenommen ein klares Bild für den ausgesprochen gemischten Charakter von Ereignissen, die mit dem Kürzel Ufo verbunden sind. Unbarmherzig Entlarvungswillige könnten sie mangels unabhängiger Zeugen und physikalischer Beweise leicht entkräften. Weniger strenge Skeptiker würden »ehrlich gemeinte Fehleinschätzung« für den spanischen und für den walisischen Fall und »Halluzinationen« für den brasilianischen und den polnischen Fall anführen.

Für Forschende offenen Geistes gibt es in allen vier Fällen genug Anhaltspunkte, um die fortwährende Debatte darüber neu zu beleben, ob Entführungen zum Handwerk von dreidimensionalen, nicht schwerelosen Außerirdischen aus dem All gehören, oder ob sie Auswüchse eines komplexen *paraphysischen Bereichs* sind, der parallel zur »normalen« Wirklichkeit verläuft und doch irgendwie mit ihr verstrickt ist. Vielleicht treffen in gewissem Sinn beide Theorien zu – vielleicht entstammen ja verschiedene *Arten* von »Ufos« durchaus verschiedenen Bereichen.

Was die Auswirkungen auf das kollektive Bewußtsein betrifft, so ist das Wichtige an allen vier Sichtungen, daß sie – wie andere mit ähnlichem Grundtenor – *attraktiv* genug waren, um gemeldet und veröffentlicht zu werden; jedoch auch *absurd* genug, um offiziell als »unglaubwürdig« und »unzulänglich« zu gelten. Wie Jacques Vallee vorausgesagt hatte, ließ es sich bei Ereignissen von dieser Struktur nicht vermeiden, daß sie an religiöse Tiefen rührten, während sie gleichzeitig Rationalisten auf Distanz hielten.

Diese Dynamik zeigte sich besonders klar bei einem umstrittenen Sichtungsfall Mitte der siebziger Jahre, in dem ein Schweizer namens Eduard Meier die Hauptrolle spielte.

Am 28. Januar 1975 verspürte Eduard Meier, in der Nachbarschaft, im Freundeskreis und bei denen, die ihn bewundern, unter dem Namen Billy bekannt, einen eigenartigen Drang, seine Fotokamera einzupacken und mit dem Motorrad wegzufahren. Er sagte, er habe nicht gewußt, wohin er fahre. Um 14 Uhr 12 habe er außerhalb des Ortes ein silbernes, scheibenförmiges Gefährt kreisen sehen, das er in schneller Folge fotografierte.

Das Gefährt landete. Meier rannte darauf zu. Ein Wesen entstieg der Untertasse und kam auf ihn zu. Dies war der erste von vielen Kontakten, die gemäß Meier während einer Zeitspanne von Wochen, Monaten und Jahren anhielten. Er ging stets dorthin, wo ihn telepathische Stimmen hinbefohlen hatten, und die Raumschif-

fe kamen. Grob gesagt gibt es in der Ufo-Forschung zum Fall Billy Meier zwei Meinungen. Entweder handelt es sich um den bis heute mit Abstand am besten dokumentierten Fall einer Ufo-Landung, um einen eindeutigen Beweis für eines der wichtigsten Ereignisse in der Geschichte der Menschheit oder aber um den ausgeklügeltsten, geschicktesten (einige würden anfügen *offenkundigsten*, andere *lächerlichsten*) Schwindel in der Geschichte der Ufos.
Meier und seine Anhänger (es gibt auf der ganzen Welt zahlreiche von ihnen) sagen, man müsse ihm glauben, denn er habe schließlich Hunderte von erstklassigen Farbfotos, Farbfilmen und Tonbandaufnahmen von Ufos, die er »Strahlenschiffe« nennt, vorgelegt. Die kritisch Eingestellten sagen, man könne ihm nicht glauben, denn er habe die »Beweise« selbst hergestellt. Die ihn unterstützen, verweisen auf Aufzeichnungen von Landespuren und materielle Proben sowie auf andere Augenzeugen, die manche Vorkommnisse ebenfalls gefilmt haben. Sie geben an, Meier habe über dreitausend Seiten Notizen und Vorträge zusammengetragen, die seine intellektuellen Fähigkeiten weit überstiegen; sie seien ihm von Wesen aus dem Sternhaufen der Plejaden diktiert worden. Und trotz ihrer Fragen fragen sich Meiers Kritiker reichlich verdutzt, wie er das Ding wohl geschaukelt hat.
Da sind die ganz realen Fotos: scharfe, detaillierte Schwarzweiß- und Farbfotos eines großen silbernen Schiffes, das über einem Tal in der Nähe des schweizerischen Hinwil, Meiers Wohnort, schwebt. Dann gibt es die verschiedensten »Landespuren«: Wirbel im umgekehrten Uhrzeigersinn in zerdrücktem Gras, das nie braun wurde und verdorrte, sich jedoch auch nie wieder aufrichtete. Dazu kommen die Geräuschaufzeichnungen von fliegenden Untertassen: »Ein unheimliches, quietschendes Geräusch, wie die hoch angestimmte Mischung aus einem Düsenflugzeug und einer Kettensäge«, schreibt Gary Kinder in *Light Years* (Lichtjahre), einem Buch über die Meier-Kontroverse. Und es gibt die sekundären Zeugnisse von Leuten, von denen einige sogar die »Licht-Show« filmen konnten, welche die Plejaden auf Meiers Bitte hin inszenierten.
Wie konnte der einarmige Rentner Meier, der Hühner hielt, um

seinen Nachbarn Eier zu verkaufen, und über nicht viel mehr als Grundschulbildung verfügte, *allein* einen Schwindel von solcher Komplexität inszenieren – wenn es denn wirklich ein Schwindel ist, was allerdings die meisten amerikanischen Ufologen glauben? Und wer könnte ihm dabei geholfen haben, in einer Schweizer Kleinstadt, deren Bewohner mehrheitlich entrüstet waren über die Publizität, die Meiers Fotos und Behauptungen ihrer harmlosen Stadt brachten? Gary Kinder schreibt:

> Obwohl man bis 1979 in den Vereinigten Staaten kaum davon Notiz nahm, sollte Eduard Meiers Fall zu einem der umstrittensten in der Geschichte des Ufo-Phänomens werden. Noch kein Fall hatte soviel Beweismaterial geliefert; Meier schien in der Tat fast mehr Material zu besitzen, als alle früheren Ufo-Fälle zusammen erbracht hatten. Doch das Beweismaterial gesehen hatten nur wenige und noch weniger hatten es geprüft, denn über Meiers abstruse und manchmal falsch verstandene Geschichten, wie er etwa in der Zeit zurückgereist sei, um Jesus zu besuchen und das Auge Gottes zu fotografieren, wurde gelacht, und man tat sie als lauter Unsinn ab. Meiers Geschichten konnten nicht wahr sein, aber andererseits ließen sich weder die Augenzeugen noch das Beweismaterial so leichthin übergehen.

Das »Beweismaterial« umfaßte verschiedene Kristalle, die laut Meier von anderen Galaxien stammten, und Metall in vier »Aggregatszuständen«, aus dem die plejadischen Strahlenschiffe angeblich gefertigt waren. 1979 ließ die Publizistin Wendelle C. Stevens aus Arizona, ein Ufo-Fan, das Material von Marcel Vogel, einem renommierten Chemiker der IBM-Forschungsabteilung mit zweiunddreißig Patenten, analysieren. Die Untersuchungsergebnisse beeindruckten Vogel nicht besonders. Der Kristall war zwar ein sehr schöner, aber doch ganz herkömmlicher irdischer Amethyst, und die beiden Metallproben enthielten Mineralien, die auf der Erde häufig vorkommen: Aluminium, Schwefel, Silber, Kupfer und Blei.

In einer Hinsicht allerdings vermochte das Metall Vogel trotzdem zu verblüffen. »Als ich das Oxid mit einer rostfreien Stahlsonde berührte, erschienen rote Striemen, und die Oxidschicht verschwand. Ich berührte das Metall nur gerade so, und es begann sogleich zu desoxidieren und wurde rein. Ein derartiges Phänomen habe ich noch nie gesehen. Das war ungewöhnlich.«

Vogel war neugierig, fand jedoch nichts, was Meiers Behauptungen gestützt hätte. Bob Post, Mitarbeiter des Nasa-Labors für Düsenantriebsforschung in Pasadena, sagte über Meiers Fotos: »Die Bilder sehen echt aus. [...] Bei genauerer Untersuchung könnte man vielleicht rauskriegen: ›Klar, die sind gefälscht.‹ [Doch] vom rein fotografischen Standpunkt aus betrachtet, ist nichts Verdächtiges zu sehen.« Bei den Tonbandaufnahmen vom Geräusch der angeblichen »Strahlenschiffe« schloß Navy-Tontechniker Rob Shellman die Möglichkeit eines Schwindels sofort aus: Meier könne keine Wechselstromquelle benützt haben, um diese Geräusche hervorzubringen.

Steve Ambrose, der Tontechniker von Popstar Stevie Wonder, sagte, er sei fasziniert, »eine Aufnahme einer einzigen Tonquelle zu hören, die eine erstaunliche Frequenzbandbreite aufweist«, ohne daß sie abgemischt oder verschiedene Tonspuren mit einem Synchronisierungsgerät überlagert worden wären. »Wenn das ein Schwindel ist«, sagte Ambrose, »möchte ich den Typen, der's gemacht hat, kennenlernen, denn er könnte wahrscheinlich mit Spezialeffekten eine ganze Menge Geld verdienen.«

Bis dahin hatte der Fall Meier noch alle nötigen Elemente, um als unbefleckte Legende zu überleben: viel suggestives, wenn auch unklares Beweismaterial, das für ihn sprach, ohne *konkrete* Beweise für eine Fälschung. Das war, bevor die Negative genauer untersucht und noch bevor die Gerüchte über Modelle aufgetaucht waren.

Es stellte sich heraus, daß eine Reihe von Lichtbildern, die für eine Analyse zur Verfügung gestellt worden waren, mehrere Generationen von den Originalen entfernt und somit für eine unvoreingenommene Expertise nicht zu gebrauchen waren. Meier behauptete, die Originalnegative seien ihm gestohlen worden, und er habe nur noch Kopien – und Kopien von Kopien. In Anbetracht der sektiererischen Atmosphäre, die in der Schweiz um Meier entstanden war, war es durchaus denkbar, daß Anhänger eines oder mehrere Originale weggezaubert hatten. Es war jedoch genausogut möglich, daß Billy Meier ein äußerst talentierter Betrüger war. Eine wachsende Zahl von Leuten vermutete letzteres.

Einen noch größeren Knacks erlitt Billy Meiers Glaubwürdigkeit durch Martin Sorge, einen früheren Bewunderer von Meier und dessen Mission, der des Theaterstücks überdrüssig geworden war. Sorge erzählte, er habe mehrere teilweise verbrannte Dias von einem Modell gefunden, das den Strahlenschiffen verblüffend ähnlich sah. Eines Abends sei Meiers Frau Popi nach einem Streit mit ihrem Mann weinend aus dem Haus gerannt. Später habe sie Sorge heimlich mehrere versengte Farbdias übergeben: Dias von einem Strahlenschiffmodell, das entweder vor einem entsprechenden Hintergrund aufgehängt oder irgendwie einkopiert war.

Ohne jemandem etwas zu erzählen, machte Sorge daraufhin ein Experiment. Er baute ein fünfundzwanzig Zentimeter großes Modell und fotografierte es aus verschiedenen Winkeln. Seine Fotos waren von bedeutend schlechterer Qualität als die von Meier, aber er gelangte zur Überzeugung, daß Meier (vielleicht gemeinsam mit Verbündeten) das fotografische Beweismaterial hätte anfertigen können und dies wahrscheinlich auch getan hatte. Meier sagte später dazu, er habe anhand der Strahlenschiffe, die am Himmel erschienen, ein Modell angefertigt und dann versucht, es zu fotografieren. Sorge überzeugte dies nicht, aber er war dennoch nicht bereit, Meier gänzlich aufzugeben.

> Ich bin sicher, daß [Meier] solche Kontakte hat [...] allerdings nicht in der Art, wie er uns weismacht. Er hat vielleicht Visionen, ähnlich wie ein Medium. Vielleicht weiß er nicht einmal selbst, ob diese Visionen real sind. Für ihn sind sie jedoch eine Tatsache, und um das zu beweisen, muß er hinausgehen und diese Dinge nachbauen. [...] Er macht Erfahrungen in dieser parallelen Welt. Er fälscht das Be-

weismaterial, damit die anderen seine Erfahrungen verstehen.

Aber selbst jene, die den dringenden Verdacht haben, daß Sorge recht hat, was Meiers Fälschungen betrifft, sind von der Schwindel-Hypothese nicht vollends überzeugt. Robert Nathan vom Nasa-Labor für Düsenantriebsforschung ist kein Ufo-Anhänger und wäre nicht bereit gewesen, sich im Zweifelsfall für Billy Meier und seine Behauptungen zu entscheiden. Und doch war er, als er die Filme über die angeblichen Strahlenschiffe gesehen hatte, die so anschaulich am Himmel schwebten, beeindruckt, wie Meier »das Objekt gleichmäßig von einer Seite der Szene zur anderen bewegen und es dort abrupt anhalten lassen konnte, ohne daß es ins Schaukeln zu geraten schien«. Nathan fügte hinzu: »Wenn dies ein Schwindel ist – und so sieht die Sache für mich aus, obwohl ich keine Beweise dafür habe –, ist das Ganze äußerst sorgfältig gemacht worden. Eine enorme Leistung. Sehr viel Arbeit für einen Mann.« Besonders, wenn er nur einen Arm hat.
Gary Kinder, dem Autor von *Light Years* (Lichtjahre), blieben am Ende trotz allem Zweifel – auf beide Seiten hin. Nachdem er Meiers Geschichte auf den Grund gegangen war, konnte er nicht verstehen, wie Meier so raffinierte fotografische Spezialeffekte, Tonaufnahmen, Metallproben, Landespuren, Filme und die Erläuterung des Antriebssystems des Strahlenschiffs hätte bewerkstelligen können. Gleichzeitig wußte Kinder jedoch auch, daß Meier früher einmal Fotos vom Erdbeben in San Francisco angefertigt hatte. Und Meiers Kontaktlerbehauptungen waren doch sehr ausgefallen.
»Vielleicht ist er einfach einer der besten Illusionisten, die es jemals gegeben hat, einer, der nicht nur die Kraft, sondern auch die Geschicklichkeit hat, andere davon zu überzeugen, daß sie Dinge sehen, die gar nicht stattgefunden haben und die es auch nicht gibt«, meint Kinder. Vielleicht wurde Meier aber auch, aus Gründen, die das menschliche Fassungsvermögen weit übersteigen, auserwählt, kontrolliert und von »Wesen einer viel höheren Ebene« benutzt. »Ich weiß nur soviel: Der Versuch, dem Ganzen einen

Sinn abzugewinnen, ist die schwierigste Aufgabe, die ich mir je gestellt habe. Schließlich wurde mir endgültig klar [...], daß man die Wahrheit über Meiers Kontakte wohl nie wissen wird.«

Im Gegensatz dazu werden Tausende auf der ganzen Welt, die Billys Farbfotos bestaunt haben und in ihrem Herzen wissen, was sie *zeigen*, die Meiers Schilderung seiner Gespräche mit der Raumfrau Semjase gelesen haben und wissen, daß die Plejaden eigene Ziele und auch die Mittel haben, um sie zu erreichen, die Wahrheit niemals in Zweifel ziehen. Mythen sterben, oder sie vertiefen sich. Der Mythos von Eduard »Billy« Meier stirbt offensichtlich nicht.

12

Gregory Bateson stand im College vor seiner Klasse, und in seinem Kopf wiederholte sich immerfort eine Redewendung: *das Muster, das verbindet*. Hinter dieser Wendung stand eine Reihe von Fragen: *Welches Muster verbindet den Krebs mit dem Hummer und die Orchidee mit der Primel und all diese vier mit mir? Und mich mit Ihnen? Und uns alle sechs mit den Amöben in einer Richtung und mit dem eingeschüchterten Schizophrenen in einer anderen?*

Fragen von derlei Reichweite waren nichts Ungewöhnliches für den Naturwissenschaftler und Philosophen Bateson, den seine ständige Suche nach der Einheit von Geist und Natur dazu geführt hatte, daß er mit den verschiedensten Begriffen aus der Biologie, Psychologie, Philosophie, Kunst, Literatur, den Kommunikations- und Informationstheorien und der Analyse der Logik von Systemen vertraut war. An jenem Tag wollte Bateson seiner Klasse besagte Fragen stellen, jedoch nicht direkt. Statt dessen zog er eine Papiertüte mit einem frisch gekochten Krebs aus der Tasche und legte ihn vor sich auf den Schreibtisch. Dann stellte er der Klasse folgende Aufgabe:

> Ich möchte von Ihnen die Argumente hören, die mich davon überzeugen, daß dieses Objekt hier das Überbleibsel

> eines Lebewesens ist. Wenn Sie wollen, können Sie sich vorstellen, daß Sie Marsbewohner sind und daß man auf dem Mars mit Lebewesen vertraut ist, da Sie ja in der Tat selbst leben. Aber natürlich haben Sie noch nie Krebse oder Hummer gesehen. Eine Reihe von Objekten wie dieses hier, viele davon fragmentarisch, sind – vielleicht mit einem Meteor – hergekommen. Ihre Aufgabe ist es, sie zu untersuchen und zum Schluß zu gelangen, daß es sich um die Überreste von Lebewesen handelt. Wie würden Sie zu dieser Schlußfolgerung gelangen?

Bateson versetzte seine Klasse absichtlich auf einen anderen Planeten, nämlich Mars, damit sie sich von den gewohnten Assoziationen mit bekannten Lebewesen – eben »Hummer, Amöben, Kohlköpfe und so weiter« –, lösten und sich mit dem identifizieren mußten, was Bateson als das »lebendige Selbst« bezeichnete. Er sagte ihnen, sie wiesen selbst alle nötigen Bezugspunkte und Kriterien auf, um bei dem Krebs dieselben Merkmale finden zu können.

Bateson wurde erst später klar, daß er seiner Klasse eine ästhetische Frage gestellt hatte, die mit Erkenntnis und Einfühlungsvermögen zu tun hatte. *Welches ist Ihre Beziehung zu diesem Geschöpf?* fragte er. *Welches Muster verbindet Sie mit ihm?*

Die Schüler der Klasse besahen sich den Krebs, und jemand stellte fest, daß seine rechte Seite seiner linken ähnlich war; der Krebs sei *symmetrisch*.

»Sehr gut. Sie meinen also, er ist *komponiert*, wie ein Gemälde?« fragte Bateson. Die Klasse schwieg. Worauf wollte ihr listiger Lehrer hinaus? Bald bemerkte jemand, daß eine Schere größer war als die andere, der Krebs also doch nicht symmetrisch war.

Bateson antwortete mit dem Hinweis, wenn ein Meteorit eine große Menge solcher scherenbewehrter Exemplare auf ihren Planeten gebracht hätte, würde man vielleicht entdecken, daß in beinahe allen Fällen die größere Schere immer auf derselben Seite (der rechten oder der linken) sei. Erneutes Schweigen, während die Klasse diese neue Information abwog.

Der Symmetriegedanke wurde wieder aufgenommen, als eine Studentin sagte: »Ja, eine Schere ist größer als die andere, aber beide sind aus den gleichen Teilen aufgebaut.«

Bateson war entzückt, daß jemand die Vorstellung verwarf, »daß *Größe* von primärer oder tieferer Bedeutung sein könne, und dem *Muster, das verbindet*, nachging.« Die Studentin habe »eine Asymmetrie in der Größe zugunsten einer tieferen Symmetrie in den formalen Relationen« intuitiv verworfen, hielt Bateson fest. Genau darauf hatte er abgezielt: Die beiden Krebsscheren verkörperten *ähnliche Relationen zwischen Teilen.* Wichtig war nicht die Quantität, sondern die Gestalt, die Formen und ihre Beziehungen; denn dies war es, was den Krebs zum Lebewesen machte.

Für Gregory Bateson ist die Welt des »Lebendigen« jener riesige, umfassende Bereich, in dem *Unterschiede* und *Unterscheidungsmerkmale* (sowie ihre Gesetzmäßigkeiten) Ursachen sein können. »*Informationen* bestehen aus Unterschieden, die einen Unterschied machen«, betonte Bateson immer wieder. Im Gegensatz dazu ist die Welt der unbelebten Billardkugeln und Galaxien jener Bereich, in dem *Kräfte* und *Wirkungen* als das genommen werden, was Vorgänge ablaufen läßt. Als Wissenschaftler und Philosoph widmete sich Bateson voll und ganz der Suche nach den Unterschieden in den Mustern und nach den Mustern in den Unterschieden der Welt des Lebendigen.

Wer ihn kannte, erzählt, er habe sein Augenmerk stets auf die Poesie, die Ästhetik, die Rhythmen, auf Wiederholungen und den oft im Kreis verlaufenden Fluß des Alltagslebens gerichtet. Ob er die Struktur von Krebsen, menschlicher oder nichtmenschlicher Kommunikation, Problemen der Schönheit oder der Problemlösung untersuchte, nie wurde er es müde, nach dem zu suchen, was er »das Muster, das verbindet«, nannte. Im Hinblick auf dieses Ziel interessierten ihn vor allem die korrespondierenden Beziehungsketten zwischen korrespondierenden Teilen von Objekten oder Vorstellungen.

Bateson fand zum Beispiel heraus, daß beide Krebsscheren ähnliche Beziehungen zwischen ihren Gliedern aufweisen, ja mehr noch, daß diese Beziehungen auch in den Gliedern des Fortbewegungsapparates zu finden sind. »Wir konnten in jedem Bein Teile ausfindig machen, die den Teilen in der Schere entsprachen«, sagte Bateson. Dasselbe trifft auch für den menschlichen Körper zu: »Der Oberarmknochen entspricht dem Oberschenkelknochen, und die Speiche entspricht dem Schienbein; die Handwurzelknochen entsprechen den Fußwurzelknochen; die Finger entsprechen den Zehen.«

Der Begriff der *Homologie* wird in der Biologie und anderen Wissenschaften verwendet, um formale Ähnlichkeiten von Struktur, Lage, Proportion, Wert, Ursprung und so weiter zu bezeichnen. Die Extremitäten des Menschen und die des Pferdes sind ebenso homolog – das heißt ähnlich in ihrem Muster –, wie die eines Krebses und eines Hummers. Das besagt jedoch nicht, daß ihre Strukturen von identischer Substanz sind; das sind sie sichtlich nicht. *Homologos* ist das griechische Wort für Gleichheit der Beziehung, Übereinstimmung in der Form.

Gregory Bateson dehnte dieses Konzept aus, um verschiedene *Ordnungen* von Ähnlichkeit zu definieren. Muster innerhalb eines einzelnen Krebses (zum Beispiel die bilaterale Symmetrie) bilden demnach Homologien erster Ordnung. Die Muster, die korrespondierende Teile zwischen Krebs und Hummer (oder Pferden und Menschen) verbinden, bilden Homologien zweiter Ordnung. Wenn der Vergleich zwischen Hummern und Krebsen dann mit dem Vergleich zwischen Pferden und Menschen verglichen wird, ist das Resultat eine Homologie dritter Ordnung.

»Meiner zentralen These kann sich nun in Worten genähert werden«, sagte Bateson. »*Das Muster, das verbindet, ist ein Metamuster.* Es ist ein Muster von Mustern. Und genau dieses Metamuster definiert die weitreichende Verallgemeinerung, daß es in der Tat *Muster sind, die verbinden.*«

Man beachte: Bateson verwendet im Singular den Begriff *Metamuster* und im Plural den Ausdruck *die Muster*. Sie schlossen sich für ihn ebensowenig gegenseitig aus wie für jemand anderen, den wir bereits kennengelernt haben: für den griechischen Gott Proteus nämlich. Immer wieder hat uns dieser Verwandlungskünstler erklärt: *Suche nach den Ähnlichkeiten, den größeren Mustern, die*

die kleineren verbinden. Wenn also Bateson schreibt, daß »irgendein A für irgendein B relevant ist, wenn beide, A und B, Teile oder Komponenten derselben ›Geschichte‹ sind«, spricht er als ein Proteischer im eigentlichen Sinne.

Nimmt man nun für A die Ereignisse im Bezugsrahmen fliegender Untertassen und für B die *strukturellen Parallelen* in der Mythologie, der Religion, dem Feen-Glauben, Schamanen-Reisen und anderen verwandten Bereichen, sind gemäß Proteus A und B tatsächlich Teile einer gemeinsamen Geschichte, Teile eines größeren Zusammenhangs, also ein *Muster von Mustern, das sich durch alle Zeiten zieht*.

Gregory Batesons Perspektive erlaubt uns, nach homologen Mustern verschiedener Ordnungen suchen – das heißt nach ähnlichen Beziehungen zwischen verschiedenen Teilen. Wie der Krebs kann die »Ufo-Begegnungserfahrung« in sich als bilaterale Einheit betrachtet werden: mit *Kontaktler*begegnungen auf der einen Seite und *Entführungs*begegnungen auf der anderen. Wenn man ihre jeweiligen *Strukturen* auf strukturelle Übereinstimmungen überprüft, kann man erwarten, Homologien der ersten Ordnung zu erhalten.

Diese könnten dann beispielsweise mit korrespondierenden »Extremitäten« im Bezugsrahmen von Engeln verglichen werden. Ebenso könnte man die Reisen von Schamanen in andere Welten mit Nah-Tod-Erfahrungen vergleichen. Mittels derartiger Vergleiche (Ufo-Begegnungen mit Engel-Begegnungen, Reisen von Schamanen mit Nah-Tod-Erfahrungen) würden wir auf Homologien der zweiten Ordnung stoßen.

Verbindungen der dritten Ordnung würden aufscheinen, wenn wir den Vergleich zwischen Erfahrungen mit Ufos und Begegnungen mit Engeln mit jenem von Reisen von Schamanen und Nah-Tod-Erfahrungen vergleichen würden. Wenn Bateson recht hat, sollten Vergleiche zwischen diesen scheinbar gänzlich verschiedenen Arten von Phänomenen und Erfahrungen unseren Blick für einen größeren Zusammenhang schärfen, in dem sich die Beziehungen der Teile untereinander ähnlich sind.

Kurz gesagt, wir könnten also erwarten, ein Muster von Mustern zu finden – ein Metamuster von Parallelen in der *Anatomie* der *Gesamtheit* verschiedenartiger außerordentlicher Erlebnisse. Welches aber wären wohl die Grenzen dieses größeren Musters von Mustern? Unter Verwendung von Batesons Modell kann unsere Suche mit Vergleichen der ersten Ordnung, innerhalb des »Bezugsrahmens der fliegenden Untertassen«, beginnen.

Allen Hynek führte 1972 folgende Kategorien zur Klassifizierung der verschiedenen Begegnungen mit Ufos ein:

Unheimliche Begegnungen der ersten Art (UB I): Ein Ufo wird aus der Nähe gesehen, es findet keine Interaktion zwischen dem Ufo und seiner Umgebung statt (abgesehen von der psychischen Reaktion der beobachtenden Person).
Unheimliche Begegnungen der zweiten Art (UB II): Ein Ufo wird aus der Nähe gesehen, und es werden physikalische Auswirkungen auf die Umgebung beobachtet (fahruntüchtige Autos, verängstigte Tiere, Abdrücke im Boden, geknickte oder zusammengedrückte Pflanzen, verbrannte oder versengte Erde).
Unheimliche Begegnungen der dritten Art (UB III): Im oder um das Ufo werden »intelligente Wesen« beobachtet, die offenbar Gesteinsproben sammeln oder ihr Gefährt »reparieren«. Interaktionen zwischen »Kontaktierten« und Ufo-Insassen fallen in diese Kategorie.

Im Zuge der Ermittlungen wurde diesen später noch eine vierte Kategorie hinzugefügt:

Unheimliche Begegnungen der vierten Art (UB IV): Die Kontaktierten werden von den Ufo-Insassen entführt, an Bord des gelandeten Raumschiffs genommen und einer Vielfalt von »Tests« und »Experimenten« unterzogen. Manche Ermittler behaupten, sie hätten für diese Interaktionen mit Außerirdischen handfeste Beweise in Form von Narben, die von chirurgischen Eingriffen herrührten. Manche Entführten erinnern sich daran, daß ihnen eine Vorrichtung, in der Regel durch die Nase, implantiert wurde.

In den ersten Jahren des Ufo-Phänomens bezeichnete man Personen, die unbekannte Flugobjekte aus der Nähe oder von ferne gesehen hatten, schlicht als »Zeugen«. Mitte der fünfziger Jahre tauchte eine neue Art von Zeugen auf: die »Kontaktierten« oder auch »Kontaktler«, die von ausgedehnten Zusammenkünften und fortgesetzten Kontakten mit fremden Wesen von anderen Planeten erzählten. Die meisten Ufo-Forscher distanzierten sich umgehend von diesen Leuten, weil sie zu Recht fürchteten, deren Behauptungen von anhaltenden persönlichen, oft telepathischen Interaktionen mit Wesen, die sie »kosmische Brüder« nannten, könnte der gesamten um Anerkennung bemühten Disziplin nur schaden.
Auch wenn es natürlich zahlreiche Variationen davon gibt, hat das Erlebnis von Kontaktierten in der Regel doch die Form einer Erlösungsgeschichte. Sie erscheinen als moderne Propheten, als Mittelspersonen zwischen den widerspenstigen Sterblichen und ihren außerirdischen Helfern, die eingreifen, um die Menschheit vor ihrem Leichtsinn zu bewahren. Viele Kontaktler berichten von Erlebnissen mit rätselhaften Himmelserscheinungen in der Kindheit und Treffen mit rätselhaften Wesen, die ihnen an Wendepunkten mit Ratschlägen, esoterischen Lehren und allgemeiner Lebensberatung zur Seite standen. Manche von ihnen suchen selbst den Kontakt zu höheren Wesen, andere haben Vorahnungen von kurz bevorstehenden Kontakten, und wieder andere sagen, sie seien auserwählt worden.
Kontakte mit »kosmischen Brüdern« finden in der Regel (jedoch nicht zwingend) an einem entlegenen Ort statt, zum Beispiel in einer bewaldeten Gegend, in die die Kontaktierten »geführt« werden. Wie die biblischen Propheten vor ihnen, gingen die besonders bekannt gewordenen Kontaktler der fünfziger Jahre – George Adamski, Truman Betherum, Daniel Fry und George Van Tassel – für ihre Kontakte buchstäblich in die Wüste. Einige berichten von persönlichen Treffen, während denen eine Unter-

tasse in unmittelbarer Nähe schwebte; für andere ist die telepathische Übertragung die Hauptform des Kontakts.
Die Außerirdischen sind ziemlich attraktiv und sehen den Menschen ähnlich. Oft haben sie wallendes Haar, eindringliche schöne Augen und sprechen die Muttersprache der Kontaktierten. So können sie sich ohne Schwierigkeiten unter die Bevölkerung mischen, wann immer sie wollen. In Gesprächen und/oder Visionen, manchmal auch auf gemeinsamen Reisen mit den Außerirdischen in andere Welten, erfahren viele Kontaktierte von ihren eigenen außerirdischen Ursprüngen und ihrer ureigenen Mission Die Außerirdischen übermitteln eine Botschaft von hohem ethischem und prophetischem Gehalt – im Normalfall mit dem Inhalt, die Menschen müßten sich ändern, um dem bevorstehenden Weltuntergang zu entgehen – und liefern detaillierte Angaben über das Universum ihrer Herkunft, die Funktionsweise ihrer Untertasse und den Grund, weshalb sie auf die Erde gekommen sind. Viele Kontaktierte gehen mit übersinnlichen Fähigkeiten und erhöhtem geistigem Bewußtsein aus ihrem Erlebnis hervor und sind danach der Lächerlichkeit preisgegeben und den Belästigungen und der Verachtung der »Ungläubigen« ausgesetzt. Einige der bekannteren Kontaktler der fünfziger Jahre fühlten sich am Ende von ihren raumfahrenden Gastgebern betrogen, weil sich ihre Prophezeiungen nicht erfüllten.
Bevor wir zum eigentlichen Entführungserlebnis übergehen, sollten wir eine Reihe bestimmter Parallelen zwischen dem Leben von Kontaktierten und dem von Propheten festhalten. Moses, der Prophet des Alten Testaments, hatte ungewöhnliche Geburts- und Kindheitserlebnisse und reiste später in eine entlegene Gegend, wo er von seiner Berufung erfuhr. Saulus von Tarsus trat nach einer Epiphanie zum christlichen Glauben über, den er zuvor bekämpft hatte. Joseph Smith gründete die Mormonen, nachdem ihn eine Vision des Engels Moroni erleuchtet hatte.
Alle drei erlebten die sie grundlegend verändernde Vision in der Einsamkeit und waren – wie die bekanntesten Kontaktierten der fünfziger Jahre – der Verfolgung ausgesetzt, als sie versuchten, ihre ketzerischen Botschaften der »Menge« zu vermitteln.

Ein ganz anderer Ton klingt in den Schilderungen von Entführungen an, wo Kontaktierte – um dieses Wort in einem weiteren Sinn zu verwenden – von kleinen, reptilienähnlichen Geschöpfen mit Insektenaugen und riesigen Schädeln, die gelandeten Untertassen entstiegen sind, gewaltsam aus der irdischen Welt gerissen und in einen äußerst fremdartigen Bereich verfrachtet werden. Während das Vertraute seine Vertrautheit verliert und die Kausalität des Alltags zusammenbricht, verlieren die Entführten in der Regel die Kontrolle über ihr Schicksal, ja selbst über ihren Körper und Verstand. Mit dieser umfassenden »Beraubung« des freien Willens treten auch Bewußtlosigkeit und Gedächtnislücken auf.
Die klassische Entführung gipfelt in einer Art medizinischer Untersuchung, während der den Entführten in einem Zustand traumähnlicher Lähmung mit Hilfe von Prozeduren, die hart an die Grenze zwischen Technologie und Übernatürlichem stoßen, Proben aus dem Körper entnommen werden (Blut, Gewebe, Eizellen oder Sperma).
Natürlich gibt es Unterschiede zwischen den Berichten von Kontaktierten und Entführten; aber gerade in diesen Unterschieden manifestieren sich auch bedeutungsvolle Symmetrien. Beide Klassen von Erlebnissen verweisen auf größere archetypische Universen. So wie die Begegnungen von Kontaktierten reich sind an prophetischen Untertönen und Bildern vom Aufstieg in Welten des Alls, klingen in Begegnungen von Entführten auf verblüffende Weise mythische Reisen zur Welt darunter an, der Unterwelt, dem Reich der Toten und Enteigneten, der Hölle der kollektiven Seele. In vorchristlicher Zeit, als die Unterwelt noch nicht dämonisiert und in *Hölle* umbenannt worden war, um den ideologischen Bedürfnissen der Kirchenväter zu genügen, war der griechische Gott Hades für dieses Gebiet verantwortlich, das zugleich als Quelle aller Schätze und Reichtümer der Erde und als dunkler, von unsichtbaren Schatten der Toten bevölkerter Bereich galt. Die moderne Tiefenpsychologie, die auf ihrer Suche nach verschütteten Schätzen der Seele soviel Gewicht auf den Abstieg in die quälenden Tiefen dieser Wirrnis legt, wird diesem doppeldeutigen Erbe gerecht.

Die Unterwelt wird in den Mythen der ganzen Welt in der Regel als düster, beengend, dunkel, trist und feucht beschrieben. Entführte erzählen, sie seien in Räumen eingesperrt gewesen, die naßkalt, bedrückend, feucht und spärlich beleuchtet waren. Viele von ihnen berichten von relativ kleinen Raumschiffen, die sich im Innern als erstaunlich geräumig erwiesen und dunkle, labyrinthische Korridore hatten, die offensichtlich zum sprichwörtlichen Licht am Ende des Tunnels führten und an die Abenteuer von Alice im Wunderland erinnern. Die gelandete Untertasse wird somit zum Schauplatz der traditionellen Qualen der Unterwelt, einem Gefängnis des von urzeitlichen Dämonen auferlegten Leidens. Der Volkskundler Thomas Bullard schreibt dazu:

> Die Stechinstrumente, welche die Außerirdischen für ihre Untersuchung benutzen, weisen eine gewisse, wenn auch nur entfernte Ähnlichkeit mit den qualvollen Durchbohrungen auf, welche die Teufel den sündigen Menschen in der christlichen Kunst und im fundamentalistischen Glauben antun. In Schilderungen des Lebens nach dem Tod finden wir zwar keine wissenschaftlichen Untersuchungen durch neugierige Außerirdische, aber sie kommen ihnen mit der streng formalisierten, zum Teil mechanistischen und potentiell unangenehmen moralischen Inquisition sehr nahe.

Angesichts der proteischen Reichhaltigkeit der Ufo-Thematik sollte es nicht überraschen, daß das Kontinuum der Begegnungen mit Außerirdischen von erbauenden Kontaktlerberichten bis zu furchterregenden Entführungschroniken reicht. Und es dürfte auch nicht allzusehr erstaunen, daß zwischen den »klassischen« Extrempositionen ein Bereich gemeinsamer Motive liegt. So scheinen beispielsweise sowohl die von Kontaktierten als auch die von Entführten geschilderten Außerirdischen die Kunst der Telepathie und der Materialisierung und Entmaterialisierung zu beherrschen.
Das Motiv der wiederholten Begegnungen – das anfangs nur in Berichten von Kontaktierten aufschien – ist mittlerweile Schilderungen von Kontaktierten und Entführten gemeinsam. (Der Ent-

führungsexperte Budd Hopkins behauptet, viele der von ihm befragten Personen seien wiederholt von Außerirdischen entführt worden – wie »markierte Elche«, die von außerirdischen Jagdaufsehern überwacht werden.)

Die Überzeugung, Berichte von Kontaktierten beruhten eher auf religiösen Erfahrungen als auf realen Ereignissen, Entführungen dagegen seien wahre Ereignisse ohne religiöse Dimensionen, ist in der Ufologie noch immer weit verbreitet, obwohl das vorliegende Beweismaterial für eine Zwischenlösung spricht. Zum Beispiel erklären zahlreiche selbsternannte Kontaktler, die gegen ihren Willen an Bord eines Raumschiffs geholt (»entführt«) wurden, sie identifizierten sich nicht mit dem von verschiedenen Entführungsforschenden vertretenen, »ufologisch korrekten« Status eines Opfers. Sie berichten vielmehr, ihr Begegnungserlebnis habe sie verwandelt, wie ein kosmisches Initiationsritual.

Andererseits sind Entführungsfälle keineswegs immer frei von »religiösen« Implikationen, sondern werden oft beschrieben als Grauen vor dem ehrfurchtgebietenden Mysteriösen *(Mysterium tremendum)* einer Gegenwart, die das *ganz andere* darstellt. Diese Metaphorik rührt an den Kern religiöser Erfahrungen, wie sie in allen Kulturen Ausdruck gefunden haben. Viele Entführungsberichte mit dem Schwergewicht auf der Begegnung mit göttlichen oder gottähnlichen Wesen, die eine übersinnliche Gegenwart ausstrahlen, lesen sich wie Abschnitte aus *Die dunkle Nacht der Seele* des großen Mystikers Johannes vom Kreuz.

Zurückkehrend zur Frage nach formalen Ähnlichkeiten in Struktur und Proportionen, lohnt es sich zu wiederholen, daß die Schilderungen von Kontaktierten und von Entführten, als Erfahrungs*klassen* genommen, in Sphären übergehen, die zwar *verschieden, jedoch parallel* zueinander sind: Berichte von Kontaktierten enthalten Motive aus der Tradition der Propheten – Entführungsfälle geben in manchen Einzelheiten Begegnungen mit dem Dunkel der Unterwelt wieder, wie sie weltweit in Mythen ihren Ausdruck gefunden haben. Die auffallendste Symmetrie zwischen den beiden Erfahrungsklassen kommt in ihrer Polarität zum Ausdruck: zwei offenkundig unvereinbare Bereiche, die durch das gemeinsame Motiv der *Begegnung mit einem unbekannten Anderen* zusammengehalten werden.

Was ist ein Engel? Dieser Frage müssen wir uns nun zuwenden, bevor wir das Muster, das Begegnungen mit Engeln und Begegnungen mit Außerirdischen verbindet, auf Ähnlichkeiten der zweiten Ordnung hin untersuchen. Das Wort *Engel* geht zurück auf die griechische Übersetzung des hebräischen *mal'akh*, später *malaika*, was ursprünglich die »Schattenseite Gottes« bedeutete, später jedoch »Bote« oder »Vorbote«. Interessanterweise beziehen sich beide Begriffe eher auf eine Funktion oder einen Status als auf etwas Substantielles. Und doch wurde die Frage nach dem Wesen der Engel jahrhundertelang diskutiert.

Die alten Griechen stellten sich Engel als den Menschen ähnlich vor, zugleich aber von der Wesensart einer »Punkt-Seele« oder eines »reinen Gedankens«. In biblischer Sicht kamen die Engel zwar »von oben«, waren jedoch im Grunde den Menschen ähnlich und in der Regel nicht unsichtbar. Für Thomas von Aquin waren Engel »reine Seelen«, Wesen ohne menschlichen Körper. Lactantius, ein christlicher Apologet des dritten und vierten Jahrhunderts nach Christus, vertrat das Prinzip der Relativität: verglichen mit den Menschen seien Engel immateriell, im Vergleich zu Gott jedoch personifiziert. Man könnte demnach sagen, sie besitzen einen »feinstofflichen Körper«.

In der sumerischen Stadt Ur im Tal des Euphrat, die um 4000 vor Christus schon besiedelt war, wurde bei Ausgrabungen eine Steinsäule mit einer geflügelten Gestalt gefunden, die vom Himmel hinabgestiegen war, um einem König das Wasser des Lebens in den Becher zu gießen. Die Vision eines Engels? Vielleicht. Mit Sicherheit aber ein Echo des griechischen Götterboten Hermes, der an Helm und Füßen Flügel trug. Die Vorstellung von Engeln als Gottheiten, Nachkommen von Gottheiten, Dienende, Gesandte, Beobachter und Heilige existierte in allen Kulturen der Antike. Obwohl wir meinen könnten, es sei zu erwarten, daß die Bibel eine verbindliche Quelle für Namen, Attribute und Funktionen von

Engeln sei, werden im Alten Testament nur gerade drei Engel namentlich erwähnt. Der Großteil der Informationen, die wir über die Engelschar besitzen, beruht auf esoterischen Texten, die später für ketzerisch erklärt wurden, wie beispielsweise die drei großen Chroniken von Henoch, die im zweiten Jahrhundert vor Christus aus noch älteren Quellen zusammengetragen worden sind. Dieser Text strotzt vor Kraft, die Engeln zugeschrieben wird; er enthält Namen, Aufgaben, Merkmale und Persönlichkeiten der himmlischen Heerscharen. Man weiß, daß vieles von Henochs apokryphem (griechisch für »verborgenem«) Material heimlich Eingang in das Neue Testament gefunden hat.
Von Anbeginn bestand eine hermesähnliche Doppeldeutigkeit in bezug auf die Engel – und ihre nahen Verwandten, die Dämonen. Das Alte Testament erwähnt keine gefallenen Engel und enthält keinen Hinweis darauf, daß der Satan das Böse verkörperte. Das hebräische Wort *ha-Satan,* der »Widersacher«, stand für ein Amt, eine Stellung, und zwar keineswegs eine diabolische. Doch bis zur Entstehung des Neuen Testaments war ein Drittel der Engelchöre, nun angeführt von einem entschieden bösen Satan (das heißt, die Kirchenväter hatten so entschieden), direkt in den Abgrund ewiger Verdammnis gefallen. Und selbst dieser Fall ist nur vage überliefert: Mindestens sieben sich widersprechende Schilderungen beschreiben den steilen Abstieg, der neun Tage gedauert haben soll, bis der Grund erreicht war.
Vor dem dritten Jahrhundert vor Christus besaßen die Engel eine ausgesprochene Doppelnatur, »erschienen einmal als Fürsten der Hölle, um gleich darauf rund um den himmlischen Thron Halleluja zu singen, ohne jede Spur eines Flecks auf ihren himmlischen Heiligenscheinen«, schreibt Malcolm Godwin in seinem großartigen Buch *Angels: An Endangered Species* (Engel: Eine vom Aussterben bedrohte Art). Nach Godwin bilden die Überlieferungen von Engeln »kein statisches, folgerichtiges Mosaik«, sondern eher »ein dynamisches, sich ständig weiterentwickelndes Panorama vom stetigen Kampf der beiden Kräfte ›Rechtschaffenheit‹ und ›Bosheit‹.« Als die astronomischen Erkenntnisse des sechzehnten Jahrhunderts die Erde aus dem Zentrum des Universums rücken

ließen, wiesen eine Menge von Theologen nur zu gern auch die Vorstellung einer Hierarchie von Engeln und Dämonen als hoffnungslos veraltet zurück.

Es blieb jedoch Ungeklärtes übrig. Im Namen des aufkommenden Protestantismus fegte Martin Luther den gesamten Engel-Überbau mit einer Handbewegung vom Tisch. Der Satan und seine böse Schar durften allerdings bleiben; sie waren notwendig, um die Rolle Christi als Erlöser zu rechtfertigen. Der gegenwärtige Papst Johannes Paul II. hat seinen Glauben an die Existenz eines dämonischen Geistes, genannt der Teufel, deutlich gemacht. In der Annahme, daß der Ausübung des freien Willens das Moment der Wahl innewohnt, bestehen skeptische Katholiken trotzdem darauf, daß die Sünde beim Individuum anzusiedeln sei. Die katholischen Bischöfe sind sich über die Realität von engelhaften und dämonischen Wesen nach wie vor nicht einig.

Es ist beinahe unmöglich, sich Engel nicht als die in hauchfeine Gewänder gekleideten, mit einem Heiligenschein gekrönten, geflügelten Figuren der Renaissancemaler vorzustellen. In der Geschichte wurden Engel jedoch meist als strahlende, von Licht umgebene Wesen oder aber als wie gewöhnliche Menschen aussehend dargestellt. Rainer Maria Rilke evoziert in seinen »Duineser Elegien« ersteres: »Träte der Erzengel jetzt, der gefährliche, hinter den Sternen eines Schrittes nur nieder und herwärts: hochaufschlagend erschlüg uns das eigene Herz.« Das zweite, weltlichere Bild des Engels vermittelt die folgende Bibelstelle: »Der Gastfreundschaft vergesset nicht! denn durch diese haben etliche ohne ihr Wissen Engel beherbergt.« (Hebräer, 13,2)

Das Bild der Engel als Vermittler zwischen Gottheiten und den Menschen hat seine Wurzeln in vorchristlichen Vorstellungen von *Dämonen* und einer *dämonischen Welt*. Plutarch spricht in seiner Abhandlung »Über die Abnahme des Orakels« innerhalb seines Werks *Moralia* von einer Familie von Dämonen, die zwischen Gott und den Menschen stehen und sie einander in ihrem Denken näherbringen. In Platons *Symposion (Gastmahl)* sagt Diotima von Eros, er sei »ein großer Daimon« und fügt hinzu: »denn alles Daimonische steht in der Mitte zwischen Gott und Sterblichem.

[...] Es verdolmetscht und überbringt den Göttern, was von den Menschen kommt, und den Menschen, was von den Göttern kommt. [...] Es steht in der Mitte von beiden und füllt die Kluft aus, so daß das All in sich verbunden ist. Durch dies Daimonische geht auch alle Mantik und die Kunst der Priester, die sich auf die Opfer und Weihen und Beschwörungen und auf alle Wahrsagung und Zauberei verstehen.« Diotima schließt mit den Worten: »Diese Daimonen aber sind zahlreich und mannigfaltig, und einer von ihnen ist der Eros.«

Es ist entscheidend, daß vor ihrer *Dämonisierung* durch das Christentum Dämonen nicht als Inkarnation des Bösen galten. Angus Fletcher schreibt dazu: »Der Begriff Dämon hatte in der Frühgeschichte eine religiöse, geistige Bedeutung und verwies auf das Jenseits.« Und er hält fest, in der heidnischen Antike sei *Dämon* (entweder als *daemon* oder *daimon*) in dreifachem Sinn verwendet worden: »für Gottheiten, für Vermittelnde und für die Seelen der Toten ohne direkte Verbindung zu Vermittelnden«.

Allmählich beginnen sich Gemeinsamkeiten zwischen der modernen Vorstellung von Außerirdischen und der traditionellen Vorstellung von Engeln und Dämonen herauszukristallisieren.

Es sieht so aus, als könnten sich Wesen aus diesen Bereichen offenbar zwischen Geist und Materie hin und her bewegen und ihre Gestalt beim Anblick ausgewählter Zeugen an ausgewählten Orten willentlich verändern.

Über vierzig Jahre Ufo-Sichtungen haben zu einer Hierarchie von Außerirdischen geführt (große, nordisch aussehende »Blonde« und kleine, abstoßende »Graue«, um nur zwei Typen zu nennen), die nicht weniger beängstigend ist als die vielschichtigen Engelchöre und von einer Reichhaltigkeit zeugt, die zweifellos eines Tages von einer volkskundlerisch besonders unternehmungslustigen Person in allen Einzelheiten aufgezeigt werden wird.

So wie die meisten Informationen über Engel aus Quellen außerhalb der »genehmigten« theologischen Kanäle stammen, ist in den orthodoxen Texten der »hehren Wissenschaft« kein Platz für eine Klasse von Phänomenen, die es wagt, ihren Ursprung außerhalb der Hallen orthodoxer Institute und Akademien, unter »gewöhn-

lich Sterblichen« zu haben. Engel und Außerirdische sind also je auf ihre eigene Art ketzerische Wesen.
Sowohl Engel als auch Außerirdische können leicht als Boten definiert werden, denn bei beiden ist ihre Funktion – ihre Wirkung – besser ersichtlich als eine erkennbare Substanz. Doch die Fragen, wo die Außerirdischen *herkommen* und woraus ihre erstaunlichen Gefährte *gemacht sind*, beherrschen weiterhin den Großteil des ufologischen Diskurses nicht weniger als Thomas von Aquin die Frage, wie viele Engel denn nun ganz genau auf einer Nadelspitze tanzen könnten.
Und zu diesen Fragen gehört zum Beispiel auch folgende: Wenn man sagen kann, daß Engel »feinstoffliche Körper« haben, was sollen wir dann über Außerirdische sagen, die durch Wände gehen, zentimeterweise über dem Boden schweben und (innerhalb ihrer Gefährte) außergewöhnlich starke Beschleunigungen und abrupte Änderungen der Flugbahn aushalten?
Die Außerirdischen von heute zeigen bei ihren Entführungen ein mehr als nur flüchtiges Interesse für die menschliche Sexualität und Reproduktion, eine Tradition, die bis zu Antonio Villas-Boas' Verführung durch einen wunderschönen »Engel« mit leuchtendrotem Schamhaar zurückreicht. Die ausführlichst dargelegte Ansicht von Entführungsforscher Budd Hopkins, die Außerirdischen »ernteten« eine ganze Population hybrider Babys, indem sie Menschenfrauen zur Zucht benutzten, läßt die Erinnerung an das alte Phänomen der Geliebten aus einer anderen Welt auferstehen: die Tradition des Begriffspaars »Inkubus/Sukkubus«: *Inkubus,* ein männlicher Dämon, der mit Frauen im Schlaf verkehrt, wird vom lateinischen Verb *incubare,* »liegen, schlafen«, abgeleitet, während ein *Sukkubus,* abgeleitet vom Verb *succubare,* »darunter legen«, ein weiblicher Dämon ist, der mit Männern verkehrt, während sie schlafen. Der Engelforscher Malcolm Godwin bietet dazu den folgenden Bezugsrahmen:

> Alle Quellen deuten auf die unbestrittene Tatsache hin, daß Engel sich leicht korrumpieren lassen, wenn sie mit Menschen zusammen sind. Es ist schwierig festzustellen, ob es

> die zügellose Natur der manifesten, materiellen Welt ist, die ihren Panzer der Rechtschaffenheit durchrosten läßt, oder ob es innerhalb des Fleischlichen ein Magnetfeld gibt, das ihre ehrenhaften Grenzen übel ins Wanken geraten läßt. Aus welchem Grund auch immer: Engel sind fraglos empfänglich für »eine Freundschaft der Lenden [...]«.

Man vermutet, daß die heidnische Hierarchie der Dämonen Eingang in die christliche Hierarchie der Engel gefunden hat. Haben dieselben Kräfte auch den Weg in den modernen Ufo-Mythos gefunden? Die Wesen, die George Adamski in der kalifornischen Wüste besuchten, erschienen in ansprechender menschlicher Gestalt (Engel des Lichts?), während die »Männer in Schwarz« dagegen eindeutig düstere Zwischentöne anklingen lassen (Engel der Dunkelheit?).
Ohne dem konzeptuellen Irrtum zu verfallen, komplexe Bereiche auf ihre wechselseitige Beziehung zu reduzieren (»Außerirdische sind ganz einfach die Engel von heute«), scheint die Feststellung unverfänglich, daß Außerirdische und Engel als *dämonische Agenten* fungieren, gemäß Rudolf Ottos Definition in seinem klassischen Werk *Das Heilige*.

> Diese Qualität [von Kräften] aber, die man den magisch genannten Kraftwirkungen beilegt, sie mögen übrigens stark oder schwach, außerordentlich oder ganz trivial, durch Seele oder Nicht-Seele geübt sein, ist angebbar nur durch jenes eigentümliche Gefühlsmoment des »Ganz-anderen«, von dem wir gesprochen haben und das hier zunächst als das »Unheimliche« auftritt. [...] Und in dem Gefühle für das »Unheimliche« hat sie [i.e. die Scheu] ihre erste Regung.

Eingedenk unseres Interesses für die formalen Ähnlichkeiten der verschiedenen Bereiche, für die *Muster, die verbinden*, bietet Rudolf Ottos Verbindung von Dämonischem, Unheimlichem und dem »Erschauern« oder der »Scheu« Anlaß, das legendäre »Wunder von Fatima« aus dem Jahre 1917 in die Diskussion um Parallelen zwischen Engeln und Außerirdischen mit einzubeziehen. Ein Blick auf das, was man von dieser außergewöhnlichen Episode in der Geschichte himmlischer Wunder weiß, ist aufschlußreich.

Am 13. Mai 1917 wurden außerhalb des portugiesischen Ortes Fatima drei des Lesens und Schreibens unkundige Kinder beim Schafehüten von einem hellen Blitz überrascht, der in eine nahegelegene Weide, genannt Cova de Ira, einschlug, ein seit alters her als heilig geltender Ort. Als sie sich der Weide näherten, umgab sie eine strahlende Helligkeit, die sie beinahe erblinden ließ. Im Zentrum des Lichts erblickten sie eine kleine Frauengestalt, die ihnen sagte, sie komme »vom Himmel« und ihnen prophezeite, die allgemeine Not könne nur abgewendet werden, wenn die Menschen aufhörten, »gegen Gott zu sündigen«. Die erleuchtete Gestalt – sie wurde in Kürze als »Unsere Liebe Frau« bekannt – forderte sie auf, jeden Monat am gleichen Tag zur selben Stelle zu kommen.

Am 13. Juni gingen die Kinder wieder hin. Diesmal sahen fünfzig Personen zu, wie die drei zum Gebet niederknieten und die älteste, die zehnjährige Lucia, ein für die anderen unsichtbares Wesen ansprach, dessen Antworten ebenfalls von niemandem außer Lucia und den andern zwei Hirtenkindern gehört wurde. Eine Zeugin behauptete, eine schwache Stimme oder ein bienenartiges Summen vernommen zu haben. Am Ende des Gesprächs hörten die Anwesenden eine Explosion und sahen, wie neben einem Baum ein Rauchwölkchen aufstieg.

Am 13. Juli fanden sich gemeinsam mit den drei Kindern viereinhalbtausend Augenzeugen in der Nähe des besagten Baums auf der Weide ein. Diesmal berichteten mehrere von »einem Summen oder Brummen, daß Helligkeit und Wärme der Sonne abnahmen, von einer kleinen weißlichen Wolke über dem Baum der Erscheinungen und einem lauten Geräusch beim Weggang der Lieben Frau«, schreibt Joseph Pelletier in seinem Buch *The Sun Danced at Fatima* (Die Sonne tanzte in Fatima).

Am 13. August war die Menge auf achtzehntausend angewachsen, die drei Kinder waren jedoch nicht mehr dabei. Die örtlichen

Behörden hatten sie festhalten lassen, »um diesem Unsinn ein Ende zu bereiten«. Trotzdem berichteten die Anwesenden von einem Donnerschlag, gefolgt von einem hellen Blitz, und einer Wolke, die jenen »magischen« Baum umgeben haben soll. Einen weiteren Monat später beobachtete eine Ansammlung von dreißigtausend Menschen entgeistert, wie eine deutlich sichtbare Lichtkugel den Talboden entlang von Osten nach Westen schwebte und schließlich über dem Baum zum Stehen kam.

Zwei ausgesprochen skeptische Priester – sie waren in der Erwartung gekommen, allenfalls eine Massenhysterie mitzuerleben – berichteten, um den Baum habe sich eine weiße Wolke gebildet und »Blumen« seien vom Himmel gefallen, die sofort verschwanden, als die Leute sie zu berühren versuchten.

Das Verblüffendste geschah am 13. Oktober, als sich in strömendem Regen siebzigtausend Menschen in Fatima versammelt hatten. Viele waren im Glauben an die Prophezeiung vom Erscheinen Unserer Lieben Frau gekommen, andere, um das, was sie sahen, als simples Schauspiel schändlichen mittelalterlichen Offenbarungsglaubens zu verspotten. Kurz nach Mittag teilten sich die schweren grauen Wolken plötzlich und glitten wie ein Bühnenvorhang zur Seite; ein seltsamer süßer Duft erfüllte die Luft. Vor dem tiefblauen Himmel erschien die Sonne als flache silberne Scheibe, sie drehte sich um ihre eigene Achse und sandte in alle Himmelsrichtungen rote, violette, gelbe und blaue Strahlen aus. Plötzlich trudelte die Scheibe in einem wilden Zickzack nach unten, worauf Tausende – Gläubige wie Ungläubige – in Erwartung des Weltuntergangs zu einer öffentlichen Beichte auf die Knie fielen.

Die Scheibe hielt jedoch rechtzeitig inne und schraubte sich auf einer ähnlich unregelmäßigen Bahn langsam wieder in den Himmel, bis sie in der Sonne verschwand, die wieder in ihrem natürlichen Glanz unbeweglich am Himmel stand. Der ganze Vorfall hatte nicht einmal eine Viertelstunde gedauert. Nicht weniger verblüffend war eine Begleiterscheinung, die der Chefredakteur von Lissabons größter Tageszeitung bestätigte: Sowohl die Straßen als auch die Kleider von Tausenden Anwesenden waren

trocken, obwohl es keine Stunde vorher stark geregnet hatte. Im ganzen Landstrich wurden rätselhafte Heilungen gemeldet.
Die katholische Kirche wartete nach dreizehn Jahren gewissenhafter Untersuchung mit folgender Stellungnahme auf: »Dieses Phänomen, das kein Observatorium registriert hat und das deshalb nicht natürlichen Ursprungs war, wurde von den verschiedensten Menschen aller Gesellschaftsschichten, von Gläubigen wie Ungläubigen, von Presseleuten der wichtigsten portugiesischen Zeitungen, ja sogar von Personen, die sich in einigen Kilometern Entfernung befanden, bezeugt. Dies sind Tatsachen, die jegliche Erklärung, es habe sich um eine kollektive Halluzination gehandelt, ausschließen.« Jacques Vallee liefert dazu folgende Einschätzung:

> Dieses letzte »Wunder« war auf dem Höhepunkt einer präzisen Folge von Erscheinungen im Zusammenhang mit Kontakten und Botschaften eingetreten, was es meiner Meinung nach eindeutig in die Perspektive des Ufo-Phänomens rücken läßt. Nicht nur, weil auch hier eine fliegende Scheibe oder Kugel eine Rolle spielte, sondern auch angesichts der Flugbahn – wie ein fallendes Blatt –, der Lichteffekte, der Donnerschläge, des Summens, des rätselhaften Dufts, des Fallens von »Engelhaar« [die blumenähnlichen Blütenblätter], das sich auf dem Boden auflöste, der mit dem Herannahen der Scheibe verbundenen Hitzewelle – all dies sind häufige Parameter von Ufo-Sichtungen. Dasselbe gilt für Lähmung, Amnesie, Bekehrungen und Heilungen.

Einmal abgesehen davon, ob Begegnungen mit »Außerirdischen« und »Engeln« letztlich auf einen gemeinsamen Ursprung zurückgeführt werden können, trifft Rudolf Ottos Beschreibung von den »magisch genannten Kraftwirkungen« auf eine *Kategorie von Erfahrungen* zu, die jene Tausende, welche 1917 das leuchtende Aufflammen einer Scheibe am Himmel in Fatima beobachteten, mit den Menschen auf der ganzen Welt gemeinsam haben, die von

engelhaften Erscheinungen beim Tod eines geliebten Menschen sprechen, mit verdutzten Angestellten der Luftverkehrskontrolle, die mit rätselhaften Blips auf dem Radarschirm konfrontiert waren, mit Kenneth Arnold an einem schicksalhaften Sommertag im Jahre 1947 und mit denen, die – ohne bewußt ihr Einverständnis dazu gegeben zu haben – in einer faszinierenden, als »Entführung durch Außerirdische« bekannten Interaktion über die Schwelle zwischen dem Irdischen und dem Phantastischen geführt wurden.
Wie Gregory Bateson vorausgesagt hat, zeichnet sich allmählich ein Muster von Mustern ab. Wir wollen deshalb einen weiteren Vergleich anstellen: den zwischen der traditionellen Reise von Schamanen und der Nah-Tod-Erfahrung.

Der Schamanismus ist die älteste überlieferte seherische Tradition der Menschheit. Schamanen begeben sich in veränderte Bewußtseinszustände, um willentlich in andere Bereiche vorzustoßen, wo sie mit Göttern und Geistern der natürlichen Welt in Kontakt treten, neues Wissen erwerben, um helfen und heilen zu können. »Indem ein Schamane vermittelnd zwischen der heiligen und der alltäglichen Welt agiert, zwischen den Menschen und dem Bereich von Gottheiten und Geistern, hat er oder sie einen ganz besonderen Zugang zu einem genau definierten Kosmos«, schreibt Nevil Drury in seinem Buch *The Shaman and the Magician* (Der Schamane und der Zauberer).
Die Berufung zum Schamanismus kann für einen übersinnlich begabten oder empfindsamen Menschen etwas ganz Natürliches sein, wie für den jungen sibirischen Karagasi-Schamanen, der sich erinnerte, wie »der Kleine, der kleine Geist zu mir kam. Er flog mir in den Mund, und ich sang Schamanenlieder. Als ich keine Kraft mehr hatte, weiterzuleiden, willigte ich schließlich ein, Schamane zu werden. Und als ich Schamane wurde, veränderte ich mich völlig.« Eduardo, ein peruanischer Schamane, lernte schon als Kind, seine ungewöhnlichen Erlebnisse für sich zu behalten, aus Angst, die Leute würden ihn für verrückt erklären, falls er sich ihnen anvertraute:

Ich habe Dinge gesehen, wie wenn jemand eine Tür öffnet, die Tür aber geschlossen ist. Ich hatte Alpträume, aber keine gewöhnlichen. Ich habe dabei zugesehen, wie ich durch ein Loch in der Luft eingeführt wurde, und ich kam durch eine riesige, riesige Leere. Ich habe mich am ganzen Körper wie taub gefühlt, als wären meine Hände riesengroß, aber ich konnte nichts ergreifen; ich konnte die Hand nicht heben.

Die Berufung zum Schamanismus kann durch die lebenslange Neigung zu Introvertiertheit und mysteriösen »besitzergreifenden« Krankheiten erfolgen, durch einen lebensgefährlichen Unfall, der eine tiefgründige Vision hervorruft, aber auch durch ein selbstgewähltes oder von außen auferlegtes strenges Training, zu dem eine tiefe Krise, der Tod und die Wiedergeburt gehören. Den zukünftigen Schamanen werden heilige Rätsel enthüllt, während sie lernen, sich in Bereiche des Jenseits zu begeben und ihre Helfer aus der Tierwelt, den heiligen Gesang, die Geheimsprache und so weiter erwerben. Der Psychologe Kenneth Ring schreibt:

Nachdem ihre Initiation vollzogen ist, kehren sie zu ihrer Gemeinschaft zurück, als Heilende, Psychoprotze, Meister und Meisterinnen der Ekstase, Mystiker und Mystikerinnen sowie der Visionen Mächtige – kurz, als Männer oder Frauen, die jetzt wissen, wie man in zwei Welten lebt: sowohl in der Welt der Seele als auch in der Welt des Körpers. Und obwohl sie für das Wohl ihrer Gemeinschaft unabdingbar sind, halten sie sich oft gerade aufgrund ihres besonderen Wissens und ihrer ungewöhnlichen und manchmal störenden Gegenwart etwas abseits.

In modernen Kulturen tauchen schamanistische Themen unerwartet in einem scheinbar verschiedenen und doch parallelen Bereich auf: in Berichten von Menschen, die aufgrund einer »Entscheidung« von der unmittelbaren Schwelle des Todes ins Leben zurückgekehrt sind. Die »Nah-Tod-Erfahrung« erhielt zum erstenmal 1975 breite Aufmerksamkeit, als Raymond Moodys Bestseller *Life After Life (Leben nach dem Tod)* erschien. Die Forschung schätzt, daß vierzig Prozent aller Menschen, die für klinisch tot erklärt werden, eine Nah-Tod-Erfahrung machen, wenn sie sich auch meist aufgrund einer Nah-Tod-Krise an nichts mehr erinnern. Immerhin stimmen die Berichte eines durchweg hohen Prozentsatzes derer, die glauben, sich in der Tat bewußt erinnern zu können, mit einer Art Standardmuster von Nah-Tod-Erfahrung überein.

Grundsätzlich lassen sich zwei Arten von Nah-Tod-Erfahrungen unterscheiden. Die erste umfaßt Visionen auf dem Sterbebett. Die betroffene Person – meist krank und deswegen bettlägerig – hat in der Stunde des Todes unvermittelt eine Vision. Diese Vision scheint unwiderlegbar real und vollkommen objektiv zu sein: *wirklicher als das wirkliche Leben*, so sagen die meisten. Eine organische Hirndysfunktion scheint bei diesen Erfahrungen keine wesentliche Rolle zu spielen; vielmehr ist die Wahrscheinlichkeit, daß jemand eine Nah-Tod-Erfahrung macht und registriert, um so größer, je klarer und intakter der Verstand ist.

Eine zweite Art von Nah-Tod-Erfahrungen tritt ein bei einer Vielzahl von Nah-Tod-Zuständen verschiedensten Ursprungs; dazu gehören Herzstillstand, Kämpfe, versuchte Vergewaltigung und versuchter Mord, um ein Haar tödlich ausgehende Stürze, Kollision mit dem Wagen, Sportunfälle, Selbstmordversuche, das knappe Überleben der Gefahr durch Ertrinken, elektrische Stromstöße, Erfrieren, Erhängen und eine große Anzahl von krankheitsbedingten oder durch chirurgische Eingriffe verursachten lebensgefährlichen Zuständen. Diese Vielfalt hat offenbar praktisch keinen Einfluß auf den Ablauf des Erlebnisses. Ebenso konnte kein Zusammenhang zwischen demographischen Variablen wie Rasse, soziale Schicht, Geschlecht oder Bildung sowie dem Auftreten oder der Form einer Nah-Tod-Erfahrung nachgewiesen werden. (Die Nah-Tod-Erfahrungen von atheistisch oder agnostisch eingestellten Menschen scheinen sich zum Beispiel nicht von solchen mit streng religiöser Überzeugung oder mit dem Glauben an ein Leben nach dem Tod zu unterscheiden.)

Aufgrund der vielen Berichte, die er durchforstete, beschreibt

Kenneth Ring, der Autor von *Life at Death* (Leben im Tod) und angesehener Experte für Nah-Tod-Erfahrungen, fünf »Stufen«: Frieden, Trennung vom Körper, Betreten der Dunkelheit, Erblicken des Lichts und Eintreten in das Licht.

Hier eine Zusammenfassung von Rings Modell einer Nah-Tod-Erfahrung:

Mit einem Gefühl von Ruhe und Frieden, das in überwältigender Freude und ungetrübter Glückseligkeit gipfelt, wird einem klar, daß man soeben im Begriff ist zu sterben oder bereits gestorben ist. Man verspürt keinerlei Schmerzen oder andere körperliche Empfindungen. Alles ist ruhig. Mag sein, daß man vielleicht mal ein Summen oder ein Geräusch wie von einem Windstoß vernimmt und dann wie von außen auf den eigenen Körper hinunterblickt. Man nimmt alles im Zimmer mit erhöhter Klarheit wahr und hört oder sieht vielleicht sogar, wie das medizinische Pflegepersonal den eigenen Tod verkündet. Man wundert sich möglicherweise über die Aufregung »dort unten«.

Danach kann es vorkommen, daß man sich zweier Ebenen zugleich bewußt wird: die Aufmerksamkeit richtet sich abwechslungsweise auf die unmittelbare dingliche Umgebung und auf »eine andere Realität«, die einen immer stärker anzieht. Man gleitet in eine dunkle Leere oder wird in einen Tunnel geleitet und hat das Gefühl hindurchzuschweben; es kann sein, daß man sich dabei zwischendurch einsam fühlt, jedoch ist man stets erfüllt von Heiterkeit und Frieden. Dann wird man plötzlich einer Gegenwart gewahr, die einem mit Worten oder Gedanken bedeutet, auf das Leben zurückzublicken, um zu entscheiden, ob man dableiben oder nochmals zurückgehen will.

In diesem Augenblick sieht man, Ring zufolge, »wie eine Million von gleichzeitigen und doch präzisen, scharfen Bildern alles, was einem je im Leben zugestoßen ist«, und zwar, ohne ein Werturteil darüber zu fällen, ohne die Belastung von Raum und Zeit. »Man erfaßt das Wesentliche im eigenen Leben, und im Augenblick dieser Erkenntnis weiß man mit absoluter Klarheit, daß man zurückgehen muß, daß einen die Familie, vor allem die Kinder, brauchen.« Und unverhofft realisiert man, daß einen unerträgliche

Schmerzen quälen, daß man sich möglicherweise in einem Krankenhausbett oder am Schauplatz eines schrecklichen Unfalls befindet oder furchtbar verletzt ist.

Ohne den geringsten Zweifel weiß man, daß es kein Traum und keine Halluzination war, nichts, was man sich nur eingebildet hat. »Man würde am liebsten darüber sprechen, aber wer würde es verstehen, selbt wenn man die passenden Worte fände?« schreibt Kenneth Ring. »Alles, was man sicher weiß, ist, daß dies das tiefgreifendste Erlebnis war, das einem je widerfahren ist, und daß das Leben – und was man davon hält – nie mehr sein wird wie zuvor.«

Als Kenneth Ring die Reisen der Schamanen mit zeitgenössischen Schilderungen von Reisen an den Rand des Todes verglich, entdeckte er interessante strukturelle Ähnlichkeiten. Das schamanistische Training beginnt oft mit der konkreten Erfahrung des unmittelbar bevorstehenden biologischen Todes, ein Erlebnis, das später verstärkt wird durch das erneute Durchleben von Tod und Wiedergeburt in einem ausgefeilten schamanistischen Zeremoniell. In der modernen Nah-Tod-Erfahrung treffen die davon Betroffenen auf eine Führung – einen kosmischen Schamanen, wie Ring sagt –, und diese erleichtert ihnen die Beantwortung aller Arten von Lebensfragen. Darauf werden sie wieder in die Welt zurückgebracht, um ihren Verpflichtungen gegenüber der Familie und der Gemeinschaft nachzukommen. Ähnlich wird auch die Reise der Schamanen nicht als vollendet betrachtet, bis er oder sie die Begegnung mit Wesen in »oberen und unteren Welten« abbricht und mit einem Wissen zurückkehrt, das auch der Gemeinschaft von Nutzen ist.

Wir haben einen weiten Weg zurückgelegt, seit Gregory Bateson in seine Papiertüte griff, einen frisch gekochten Krebs hervorzog und seiner Klasse die folgenden provokativen Fragen stellte: *Welches Muster verbindet den Krebs mit dem Hummer und die Orchidee mit der Primel und all diese vier mit mir? Und mich mit Ihnen? Und uns alle sechs mit den Amöben in einer Richtung und mit dem eingeschüchterten Schizophrenen in einer anderen?*

Unsere Fragen sind ähnlich breit gefächert: *Welches Muster verbindet Kontaktierte, Entführte und Engel, schamanistische Begegnungen und Nah-Tod-Erfahrungen? Und dies alles mit dem feinen Gewebe einer Dimension, die wir als unsere Realität bezeichnen?*

Wir werden auf diese Fragen zurückkommen. Nun ist es an der Zeit, auf die Hauptbühne zurückzukehren, wo in der Zwischenzeit die Suche nach klaren, endgültigen Lösungen des Ufo-Rätsels ohne die geringste Andeutung einer Pause weitergegangen ist.

13

Zwei Bücher, die zu Beginn des vierten Jahrzehnts seit dem Auftreten des Ufo-Phänomens erschienen, bestimmten die Themen, welche die Ufo-Forschung – befürwortend wie auch entlarvend – während der achtziger und bis in die neunziger Jahre anregen, antreiben und schließlich beherrschen sollten. Mit dem ersten, *The Roswell Incident* (Der Roswell-Zwischenfall), gaben Charles Berlitz und William Moore dem Gerücht neuen Auftrieb, daß im Juli 1947 in der Wüste von New Mexico eine fliegende Untertasse abgestürzt und daß dieses Faktum von einer enormen Verschwörung der *Regierung* verschleiert worden sei. Im zweiten, *Missing Time* (Die fehlende Zeit), behauptete Budd Hopkins, die Entführungen von unschuldigen Menschen durch Außerirdische hätten epidemisches Ausmaß angenommen und dieses Faktum sei, wie er sagte, von einer enormen Verschwörung der *Außerirdischen* verschleiert worden. Zu einem Zeitpunkt, da sich die Ufo-Debatte nahezu erschöpft hatte, umschrieben diese beiden Bücher, obwohl sie sich auf zwei verschiedene Aspekte des Rätsels um Ufos konzentrierten, je eine spezifische Version der im wesentlichen gleichen Idee: *Unsere Beharrlichkeit, unsere Sorgfalt und unser Scharfsinn auf der Suche nach der Wahrheit haben sich endlich gelohnt. Nach Jahrzehnten der Täuschung bricht die Verschwörung zusammen. Weil wir es wagten, uns gegen die*

Kräfte der Dunkelheit für unsere Sache einzusetzen, kreisen wir nun den Kern des Phänomens ein. Es ist nur eine Frage der Zeit, bis wir die Oberhand gewinnen.
Andere sahen dies natürlich ganz anders.

Gerüchte von abgestürzten Untertassen waren nichts Neues – es gab sie von Anfang an, ja, sie bildeten ein zentrales Motiv im Schöpfungsmythos der Ufologie. Frank Scully, der Kolumnist von *Variety*, sprach 1950 in seinem Bestseller *Behind the Flying Saucers* (Was hinter den fliegenden Untertassen steckt) von venusischen Raumschiffen, die in Aztec im amerikanischen Bundesstaat New Mexico sowie in Arizona abgestürzt seien. Angeblich wurden achtundvierzig Außerirdische geborgen, alle etwa einen Meter zwanzig groß und mit »makellosen Zähnen«. Obwohl Skullys Behauptungen zwei Jahre später und in den Jahren darauf noch mehrmals entlarvt wurden, vermochte sich die Legende von den abgestürzten Untertassen zu halten.
Eine Frau, die während vieler Jahre eine Genehmigung für den Hochsicherheitsbereich des Luftwaffenstützpunkts Wright Patterson besaß, erzählte in ihrer Beichte auf dem Sterbebett, sie habe zwei chemisch konservierte Leichen von Außerirdischen gesehen, die, abgesehen von ihren seltsam schräg abfallenden Augen und außergewöhnlich großen Köpfen, aussahen wie Menschen. An einer Ufo-Konferenz im Jahre 1978 wurde die Tonbandaufnahme eines anonymen Sprechers abgespielt, der erzählte, während er sich in einem streng geheimen Hangar aufhielt, habe ein Gabelstapler Kisten mit Leichen von Außerirdischen abgeladen. Leonard Stringfield, ein auf das Sammeln von nicht erhärteten Verschwörungsberichten spezialisierter Ufo-Forscher, enthüllte, der Sprecher – dem von seinen Vorgesetzten verboten worden war, weitere Geheimnisse auszuplaudern – sei danach mit seiner Familie umgezogen, ohne seine neue Adresse zu hinterlassen. Nach Angaben des Skeptikers George W. Early implizierte Stringfield unüberhörbar, die ganze Familie sei sozusagen abgesondert worden, um zu verhindern, daß noch mehr durchsickerte, oder

vielleicht (der Einfachheit halber) sogar umgebracht und »zusammen mit Jimmy Hoffa unter einem Autobahnabschnitt begraben worden«.
Der Ufo-Historiker Jerome Clark stellte fest, daß die meisten Gerüchte über abgestürzte Untertassen einem vorhersehbaren Muster folgten:

> In den späten vierziger Jahren und vielleicht sogar noch später stürzten im Südwesten der USA mehrere fliegende Untertassen ab. Ihre Überreste, einschließlich der Leichen von grauhäutigen humanoiden Wesen, wurden von Regierungs- und Armeedienststellen geborgen. Das Material wurde zu einer ersten Untersuchung zum Luftwaffenstützpunkt Wright Patterson in Dayton, Ohio, gebracht, und ein Teil wurde später woandershin geschickt. Die ganze Angelegenheit ist streng geheim, und nur eine kleine Gruppe von Eingeweihten kennt die ganze Geschichte. Die Geheimhaltung wurde aufrechterhalten, um eine Panik zu vermeiden und damit die Russen nicht erfahren, daß wir Zugang zu außerirdischen Technologien haben. Zu gegebener Zeit wird die Regierung die Informationen preisgeben.

Im Juli 1947 war in vielen amerikanischen Zeitungen zu lesen, die Regierung habe eingestanden, daß eine abgestürzte Untertasse geborgen, untersucht und an eine höhere Kommandostelle weitergeleitet worden sei. Der Vorfall, der in der Nähe von Roswell im Bundesstaat New Mexico stattgefunden haben soll, machte Schlagzeilen wie die folgende: LUFTWAFFE FÄNGT FLIEGENDE UNTERTASSE IN DER REGION VON ROSWELL. KEINE EINZELHEITEN ÜBER FLIEGENDE SCHEIBEN ENTHÜLLT. Bald darauf wurde bekanntgegeben, durch eine absurde Kette von Irrümern sei ein riesiger Wetterballon auf dem Land eines Ranchers abgestürzt und als fliegende Untertasse gemeldet worden. Diese Klarstellung vermochte immerhin zu gewährleisten, daß die Angelegenheit dreißig Jahre lang nicht mehr als eine Fußnote in der ufologischen Geschichtsschreibung blieb.

Doch das Gerücht, in der Nähe von Roswell habe sich etwas Außergewöhnliches ereignet, lebte hartnäckig weiter. Im Januar 1978 wurde Stanton T. Friedman, ein Ufo-Fan, der vor allen Dingen durch seinen unterhaltsamen Vortrag mit dem Titel »Fliegende Untertassen *SIND* real« bekannt geworden war, dem Leiter einer Fernsehstation vorgestellt, und dieser erwähnte beiläufig, Friedman solle doch mal mit Major Jesse Marcel sprechen, der sei nämlich »vor langer Zeit« tatsächlich einmal mit einem Ufo in Berührung gekommen. Friedman, ein erklärter Feind aller Ufo-Entlarver, der sich offen zur ETI-Hypothese (der Hypothese von der extraterrestrischen Intelligenz) bekannte, konnte der Versuchung nicht widerstehen, Marcel anzurufen. Marcel bestätigte denn auch wirklich, daß er während seiner Dienstzeit bei der Luftwaffe in New Mexico mitgeholfen habe, eine große Menge Schutt einer in der Nähe von Roswell abgestürzten fliegenden Untertasse zu beseitigen.
Friedman war zwar beeindruckt von Marcels Offenheit, bezweifelte jedoch, mehr als eine weitere übertriebene, nicht verifizierbare Geschichte über das berüchtigte »letzte Geheimnis« gehört zu haben. Wenig später traf sich Friedman mit William Moore, einem Ufo-Fan und Lehrer aus Minnesota mit literarischen Ambitionen, um Roswell-Geschichten auszutauschen. Moore hatte ebenfalls ein, zwei Anekdoten gehört, und nun kamen beide zum Schluß, daß es sich lohnen könnte, die Gerüchte auf ihren Wahrheitsgehalt zu prüfen. Der Fall, der mittlerweile in der Ufologie nur noch als »Roswell« bezeichnet wird, beanspruchte ihre gesamten Energien: sie machten in den folgenden Jahren gegen hundert Informanten ausfindig – Entlarver behaupten, sie *engagierten* sie –, angebliche Augenzeugen, Angehörige von Augenzeugen und Leute mit Kenntnissen über die Hintergründe.
1980 schrieb William Moore gemeinsam mit Charles Berlitz, dem Mann, der schon dem Bermuda-Dreieck zu Popularität verholfen hatte, *The Roswell Incident* (Der Roswell-Zwischenfall); es war wie die meisten Bücher über Ufos eine Mischung von belegten Fakten, Gerüchten, Mutmaßungen und Thesen. Das Buch sollte seine Leserinnen und Leser davon überzeugen, daß in der Nähe von

Roswell tatsächlich ein Raumschiff niedergegangen war. Im Magazin *Fate* wurde es jedoch regelrecht abgekanzelt; es wimmle nur so von falschen Fakten darin, es sei »ein Buch, wie man es über ein Thema von solch potentieller Wichtigkeit nicht schlechter hätte schreiben können«. Moore ließ sich jedoch von dem, was zu seiner persönlichen Mission geworden war, nicht abbringen. Gemeinsam mit Friedman suchte er weiter nach Zeugen, die ihren Standpunkt untermauern sollten: daß ein Ufo-Absturz aufgrund einer Verschwörung auf höchster Ebene, bei der Regierung und Armee die Hand im Spiel hatten, vertuscht worden sei. Die Vorfälle, die sie rekonstruierten, wurden in Ufo-Kreisen rasch zur Legende.

Es geschah am Abend des 2. Juli 1947, etwas über eine Woche nach Kenneth Arnolds nachgerade berühmten Sichtung im Bundesstaat Washington, bei der dieser neun rätselhafte Gefährte gesehen hatte, deren wellenförmige Bewegung ihn an »eine Untertasse, die man übers Wasser schlittern läßt«, erinnerte. Während eines heftigen Gewitters hörte W. W. »Mac« Brazel, der Verwalter einer Schafranch in der Nähe von Roswell, eine gewaltige Explosion, die ihm für einen Donnerschlag zu laut vorkam. Als er am nächsten Tag hinausging, um nach den Schafen zu sehen, entdeckte er über ein Gebiet von mehr als hundert Meter Breite und etwa vierhundert Meter Länge verstreut die Überbleibsel einer Art riesigen Flugzeugs. Als er den Schutt später seinem Schwager und ein paar Freunden zeigte, hörte Brazel zum ersten Mal von den Berichten über fliegende Untertassen eine Woche davor.

Sein Nachbar Floyd Proctor erinnerte sich an den Tag, als Brazel das Material fand. Er sei sehr gesprächig gewesen,

> was höchst ungewöhnlich war bei ihm, und er wollte einfach nicht aufhören, darüber zu reden. Er bezeichnete das Zeugs als sehr seltsam. Was auch immer es sei, sagte er, es seien Zeichen darauf, die ihn an chinesische oder japanische Zeichen erinnerten. Es war kein Papier, weil er es nämlich nicht mit seinem Messer schneiden konnte, und das Metall war ganz anders als alles, was er je gesehen

> hatte. Er sagte, die Zeichen hätten ausgesehen wie die auf der Verpackung von Feuerwerkskörpern [...], so eine Art Ziffern in Pastellfarben, aber keine Schrift, wie wir sie kennen.

Brazel sammelte etwas von dem Material ein und brachte es ins Büro des Sheriffs von Roswell. Der Sheriff benachrichtigte darauf das Nachrichtenbüro des 509. Bombergeschwaders vom nahegelegenen Luftwaffenstützpunkt Roswell. Der rangälteste Offizier, Major Jesse Marcel, befragte Brazel und begleitete ihn zu der Stelle; dort fanden sie, wie sich Marcel über zwanzig Jahre später erinnerte,

> kleine Bruchstücke, kaum größer als ein Quadratzentimeter, mit einer Art Hieroglyphen darauf, die niemand entziffern konnte. Sie sahen irgendwie aus wie Balsaholz und waren auch etwa gleich schwer, man konnte sie jedoch biegen, und sie waren nicht brennbar. Außerdem gab es jede Menge eines ungewöhnlichen, pergamentähnlichen braunen Materials, das außerordentlich zäh war, und eine Menge Schnipsel aus einem Metall wie Stanniolfolie, was es jedoch nicht war.

Dann überstürzten sich die Ereignisse. Lieutenant Walter Haut, Pressesprecher des Stützpunkts Roswell, sandte eine Verlautbarung an Associated Press, die folgendermaßen begann: »Die vielen Gerüchte über fliegende Scheiben wurden gestern Wirklichkeit; dem [...] Luftwaffenstützpunkt Roswell glückte es, mit Unterstützung eines hiesigen Ranchers, des Sheriffs von Chaves County und seines Büros in den Besitz einer solchen fliegenden Scheibe zu gelangen.« Diese Meldung erntete der *Washington Post* zufolge einen »scharfen Verweis« von Brigadier General Roger M. Ramey und dem stellvertretenden Befehlshaber der Luftwaffe, Lieutenant General Hoyt S. Vanenberg; sie wiesen den Kommandanten des Stützpunkts Roswell in unmißverständlichem Ton an, den ganzen Schutt zu verpacken und ins Hauptquartier nach Fort Worth in

Texas zu senden. Der Stab des Stützpunkts Roswell erhielt die strikte Weisung, den Mund zu halten.

Als Marcel mit dem Schutt an Bord einer Texas-B-29 ankam, befahl ihm General Ramey, sich von Presseleuten fernzuhalten. Ramey sprach am Lokalradio und tat der Öffentlichkeit kund, es sei ein Wetterballon und nicht eine fliegende Untertasse in Roswell geborgen worden. Bald darauf durfte jemand von der Presse den Schutt fotografieren. Ufo-Ermittler behaupteten jedoch, es habe sich dabei nicht um den Originalschutt, sondern in der Tat um die Überbleibsel eines Wetterballons gehandelt, gegen die das Original der Wirkung auf die Öffentlichkeit wegen ausgetauscht worden sei.

»Die Geschichte mit dem Wetterballon diente [Ramey] nur dazu, die Presse loszuwerden«, sagte Marcel viele Jahre später. »Man sagte der Presse, es sei nur ein Ballon und deshalb falle der Flug nach Wright aus, aber in Wirklichkeit wurde lediglich ich vom Flug entbunden, und jemand anders flog damit nach Wright.« Jahre später erklärte Rameys damaliger persönlicher Assistent, der Befehl, eine falsche Geschichte zur Vertuschung zu erfinden, sei direkt vom Pentagon gekommen.

Mac Brazel wurde eine Woche lang von Offizieren des Stützpunkts Roswell von der Außenwelt isoliert und gab in den Medien nur kurze Erklärungen ab, in denen er die Vertuschungsgeschichte bestätigte. Als der Roswell-Zwischenfall Jahre nach Brazels Tod das Interesse der Ufo-Forscher weckte, behauptete seine Tochter, der ganzen Familie sei damals verboten worden, je über den Vorfall zu sprechen. »Wenn einem damals die Armee befahl, über etwas nicht zu sprechen, hielt man sich daran«, sagte Bessie Brazel, die zur Zeit des Absturzes zwölf Jahre alt gewesen war. Brazels Familie war sehr erbittert darüber, wie Mac von der Armee behandelt worden war. Am meisten bedauerten sie, daß er gestorben war, ohne alles zu erzählen, was er wußte.

Während Mac Brazel festgehalten wurde, durchkämmten Ermittler der Luftwaffe das Absturzgelände und versuchten, auch das kleinste Stückchen einzusammeln, das sie finden konnten. Bill Brazel, Macs Sohn, fand jedoch auch danach noch kleine Schutteilchen:

»Im Grunde fand ich nach jedem ergiebigen Regen wieder ein, zwei Stücke, die sie übersehen hatten. Nach ungefähr anderthalb oder zwei Jahren hatte ich eine hübsche kleine Sammlung beieinander – wenn man sie auf dieser Tischplatte ausgelegt hätte, hätten sie etwa soviel Platz eingenommen wie [ein] Aktenkoffer.« Nach ein paar Drinks in einer lokalen Bar beglückte Brazel sein Publikum 1949 mit einer Schilderung seiner Sammlung von Überbleibseln der fliegenden Untertasse. Tags darauf wurde er von Armeeangehörigen aufgesucht, die diese Sammlung sehen wollten. Er müsse ihnen dieses Material aushändigen, sagten sie, und auch allfällige weitere Stücke, falls er noch welche finden sollte. »Natürlich versprach ich das, aber es kam nie dazu, weil ich danach nie mehr welche fand«, sagte Brazel.

Mal angenommen, bis zu diesem Punkt entspreche die Geschichte den Tatsachen, kann man mit ebenso guten Gründen glauben, daß die Luftwaffe die Ballongeschichte benutzte, um den Absturz eines streng geheimen experimentellen Armeeflugkörpers oder einen schiefgegangenen Waffentest zu vertuschen, wie auch den Verdacht hegen, es habe sich um ein abgeschossenes extraterrestrisches Raumschiff gehandelt. Aber dieses Argument zerspringt in ebenso viele Stücke, wie Schutteile auf dem Ranchland gefunden wurden, *falls* das folgende Gerücht wahr sein sollte:

Bei fotografischen Aufklärungsflügen über der Gegend wurden die Leichen von vier humanoiden Wesen gefunden, die offenbar vor dem Absturz aus dem Raumschiff geschleudert worden waren. Angeblich war eines der Geschöpfe von Raubtieren übel zugerichtet worden, die anderen dagegen waren unversehrt. In den darauffolgenden Jahren machten Moore und Friedman – und ein unabhängiges zweites Untersuchungsteam – etwa dreihundert Leute ausfindig, die über verschiedene Aspekte des Falls »Roswell« Auskunft gaben; davon behaupteten fünfzig, sie wüßten sicher, daß tatsächlich Leichen von Außerirdischen geborgen worden seien.

O. W. Henderson, ein Zeuge der Armee, sagte, er habe die Leichen der Außerirdischen persönlich in Kisten vom Stützpunkt Roswell weggeflogen.

Ufo-Entlarver sagen darauf, sie warteten noch immer gespannt auf Beweismaterial, das etwas anderes erhärte als nur das eigenartige sektiererische Bedürfnis von Ufo-Befürwortern, ein undurchsichtiges Wüstenszenario in einen klaren Beweis für die Existenz von Außerirdischen zu verwandeln, die auf einer Vergnügungsfahrt an einem regnerischen Abend ein himmlisches Verkehrssignal zuviel überfahren haben. Hier eine Zusammenfassung der unbarmherzigen, verächtlichen Fragen, auf die sie immer wieder zurückkommen:

Sollen wir wirklich glauben, daß so viele Menschen, die ein zweifellos weltbewegendes Ereignis bezeugen könnten, einfach geschwiegen hätten, bis drei Jahrzehnte später Ufo-Befürworter auf den Plan traten und Fragen stellten, die auf nur spärlich verhüllten Annahmen gründeten, und damit die Leute dazu brachten, es ihren Bekannten und den Nachbarn gleichzutun und eine atemberaubende Geschichte von enormer historischer Bedeutung zu bestätigen? Wer *wollte* denn seine blassen Erinnerungen an ein Ereignis, das weit zurücklag, *nicht* durch einen neuen Handlungsablauf ersetzen, der ihn oder sie samt Freundeskreis Geschichte machen läßt? Und wenn die Erzählungen der Augenzeugen auch noch so überzeugend klingen, wenn sie in das wahnhafte Netz verwoben werden, das Ufo-Fanatiker heraufbeschwören: sollen wir wirklich glauben, daß eindeutige Beweise für außerirdisches Leben in einer Zeit verborgen gehalten werden könnten, da mit Nixon und Reagan zwei Präsidenten der Vereinigten Staaten erfolglos versuchten, die Untersuchung von Watergate beziehungsweise des Iran-Contra-Skandals zu unterlaufen?

Und wenn es eine *wirklich* wichtige Geschichte zu erzählen gäbe, dürften wir dann nicht davon ausgehen, anerkannte Enthüllungsjournalisten wie Bob Woodward oder Carl Bernstein in Roswell anzutreffen, und nicht diejenigen, die tatsächlich dort sind: nämlich dieselbe Gruppe von Komplottkrämern, die ständig – und weil's bequem ist – nach Beweisen für etwas suchen, für das es *nur* Anekdoten gibt? Welch besseren Weg konnte es geben, um sich das minimale Selbstwertgefühl zu verschaffen, das sie mit

einer gesellschaftlich anerkannten Beschäftigung nicht erreicht hatten!
Wartet nur, bis wir unseren Fall vollständig vorlegen, er gründet nämlich durchaus *nicht* nur auf Anekdoten, erwidern Roswell-Verfechter. (Und fügen hinzu: Dann werden wir ja sehen, *wer* unter Wahnvorstellungen leidet.)

Budd Hopkins ist Maler und Bildhauer; er hat preisgekrönte Werke geschaffen, von denen einige im Guggenheim-Museum und im Whitney Museum of American Art zu sehen sind. Ein Großteil davon wird dem abstrakten Expressionismus zugeordnet, jener Kunstrichtung der Moderne, die unmittelbaren Gefühlen und Leidenschaften objektiv und konzeptionslos Ausdruck zu verleihen sucht. Mag sein, daß Hopkins als Folge seiner künstlerischen Ausrichtung während der gesamten achtziger Jahre daran arbeitete, die verborgene Komplexität des Phänomens von Entführungen durch Außeriridische ans Licht zu bringen, die er als reale, scharf umrissene, fraglos objektive und wörtlich zu nehmende Vorkommnisse betrachtete, bei denen gefühllose extraterrestrische Wesen verängstigten Menschen Leid zufügen.
Hopkins machte mit den Ufos zum ersten Mal im Sommer des Jahres 1964 Bekanntschaft, als er in Cape Cod den Urlaub verbrachte und zusammen mit mehreren Freunden ein dunkles, ovales Objekt von etwa zwei Autolängen eine Minute lang bewegungslos am Himmel schweben sah, bevor es langsam in einer Wolke im Nordosten verschwand. Er kam zu dem Schluß, daß es kein Ballon gewesen sein konnte, denn es schien sich in eine andere Richtung zu bewegen als die Wolken rundherum. Neugierig geworden, begann er Bücher über Ufos zu lesen, darunter auch solche über zwei berühmte Entführungsfälle: den Fall von Charlie Hickson und Calvin Parker in Pascagoula im Bundesstaat Mississippi und den von Betty und Barney Hill in New Hampshire.
Es dauerte nicht lange und Hopkins machte sich Notizen, wenn ihm jemand von einer Sichtung erzählte, was schließlich dazu führte, daß er Berichten über rätselhafte Lichter in der Gegend von

Cape Cod nachging. Er bemerkte es damals zwar noch nicht, doch er war »süchtig« geworden – das Ufo-Phänomen faszinierte ihn, und er wollte es verstehen. Seine erste richtige Chance dazu erhielt er 1975, nachdem er von seinem alljährlichen Erholungsaufenthalt in Cape Cod nach New York zurückgekehrt war.

Als er eines Abends den Spirituosenladen seiner Wohnung gegenüber betrat, fiel ihm auf, daß der Miteigentümer George O'Barski wie in letzter Zeit schon mehrmals über etwas besorgt zu sein schien. Hopkins und O'Barski waren nicht direkt befreundet, aber sie kannten sich immerhin seit fünfzehn Jahren – lange genug, um sich füreinander zu interessieren. An jenem Abend klagte O'Barski unter anderem über eine »Erkältung im Knie«, die ihm zu schaffen mache, und »dieses Ding, das vom Himmel herabgekommen« und ihn »verdammt erschreckt« habe.

Hopkins spitzte sogleich die Ohren. Er bat O'Barski, der nichts von Hopkins' Interesse für Ufos wußte, ihm mehr darüber zu erzählen. Als O'Barski darauf von einem gigantischen, leuchtenden Ufo zu erzählen begann, das neben seinem Wagen herabgekommen sei, als er durch den North-Hudson-Park fuhr, unterbrach ihn Hopkins und rannte über die Straße, um sein Kassettengerät zu holen und O'Barskis lebhaft geschilderte Einzelheiten festzuhalten. Als ihm klar wurde, daß er es mit einem ernstzunehmenden Fall zu tun hatte, zog Hopkins sogleich Ted Bloecher bei, einen New Yorker Ufo-Ermittler, der fünfundzwanzig Jahre Erfahrung im Anhören solcher Geschichten und dem Verfolgen von Spuren hatte.

Gemeinsam fanden sie noch weitere Zeugen, unter ihnen den Nachtwächter eines Apartmenthochhauses; sie zogen aus allem, was sie hörten, den Schluß, daß am 6. Januar 1975, um drei Uhr früh, gegenüber von Manhattan ein Ufo gelandet war und fünf Nächte später zum North-Hudson-Park zurückkehrte, wo seine humanoiden Insassen offenbar Erdproben entnahmen und eine Art Projektil gegen das Spiegelglasfenster des Wohnhauses schossen, in dem der Nachtwächter soeben einem Mieter einen Anruf durchstellen wollte.

Hopkins schrieb später einen langen Artikel für die *Village Voice* über den abenteuerlichen Versuch, den Spuren einer fliegenden Untertasse zu folgen, die allen Berichten zufolge weniger als vier Meilen vom Sitz der *New York Times* entfernt gelandet war. Kurz darauf stellte sein neuer Kollege Ted Bloecher Budd Hopkins den jungen Steven Kilburn vor, der an ein paar ungezwungenen Diskussionen über die Anwendung von Hypnose, um Erinnerungen an Entführungen zurückzugewinnen, teilgenommen hatte. Dieser sagte eines Abends zu Hopkins: »Es steckt wahrscheinlich nichts dahinter, aber es könnte etwas geschehen sein, als ich noch am College war. Ich kann mich an nichts Bestimmtes erinnern, bloß daß mich an einer Stelle auf dem Heimweg von meiner Freundin immer etwas irritiert hat.« Als ihn Hopkins fragte, ob er ein Ufo gesehen habe, verneinte Kilburn; er habe lediglich das Gefühl, ihm sei einmal etwas zugestoßen, als er nach Hause fuhr, und er wolle es mit Hypnose herauszukriegen versuchen.

Man vereinbarte darauf einen Termin für eine Hypnosesitzung mit einer Psychologin, die Hopkins als »äußerst skeptisch« gegenüber Ufos bezeichnete. Während dieser Sitzung erinnerte sich Kilburn erstens an einen Straßenabschnitt, der ihm ohne ersichtlichen Grund Angst machte, zweitens daran, wie er seinen Wagen an den Straßenrand fuhr, drittens, daß seine Schulter in eine schmerzende »Klemme« oder einen »Schraubstock« gezwängt wurde, und viertens, daß er Wesen sah, die »ganz in Schwarz gekleidet waren [...] kann ihre Gesichter nicht sehen«. Bei einer zweiten Sitzung, volle sieben Monate später, erkannte Kilburn, daß sein Wagen wie von einem starken Magneten von der Straße *gezogen worden war*. »O Gott! Ich weiß, warum ich zur Seite fuhr. O nein! Ich sehe beim Fahren zwei Lichter am Himmel!« Bei einer dritten Sitzung befand sich Kilburn in Gegenwart außerirdischer Wesen, konnte sich jedoch nicht an die dazwischenliegenden Ereignisse erinnern.

Hopkins war ziemlich perplex, als Kilburn sich als nächstes daran erinnerte, daß er wieder in seinem Wagen saß und nach Baltimore fuhr, besonders aber über seine Bemerkung: »Ich will mich nicht daran erinnern. Ich soll mich nicht daran erinnern.« Kilburns Erfahrung schien mit anderen Entführungsberichten, zum Beispiel der Hill-Begegnung, übereinzustimmen, die Hopkins zu seinem

Modell für Entführungsbegegnungen gemacht hatte. Er fand jedoch »eine grundlegende, auffallende Abweichung vom [klassischen] Modell. Andere Entführte erinnerten sich daran, ein Ufo gesehen zu haben, Steven erinnerte sich jedoch nur vage daran, zwei unauffällige Lichter vor sich gesehen zu haben.«

Hopkins kam zum Schluß, dies seien nicht die Scheinwerfer eines entgegenkommenden Fahrzeugs gewesen (wie Kilburn angenommen hatte). Eine Kombination von Faktoren – nämlich Kilburns eigenartiges Interesse für Ufos, seine Unruhe auf einem bestimmten Straßenabschnitt, die Erinnerung an zwei Lichter, anschließend flüchtige Bilder von Außerirdischen, gefolgt von der Tatsache, daß er sich unerklärlicherweise viel weiter auf seiner Strecke befand – ließ Hopkins die Hypothese aufstellen, Kilburn sei in der Tat entführt worden. *Der Schlüssel war die fehlende Zeit.*

Budd Hopkins war nun ein getreuer Ufo-Ermittler geworden, der sich auf Entführungen spezialisiert hatte – seiner Ansicht nach der Schlüssel zum ganzen Ufo-Rätsel. Der Artikel in der *Village Voice* führte dazu, daß verschiedene Leute mit ihm Kontakt aufnahmen, um ihm Fragen über ihre rätselhaften Erlebnisse zu stellen und Antworten auf ihre ungelösten Fragen zu erhalten. (Kritische Stimmen erklärten später, Hopkins habe unbewußt dazu beigetragen, Entführte »zu schaffen«, indem er eine Reihe von Symptomen publizierte, die vieldeutig genug waren, daß sie die Vorstellung, man sei möglicherweise von Außerirdischen entführt worden, entstehen ließen. Philip Klass behauptete, Hopkins' »Resultate« seien wertlos, weil sich seine Forschungstätigkeit am »notorisch mangelhaften« Entführungsfall von Betty und Barney Hill orientierte. Hopkins begegnete diesen Erklärungen mit zunehmender Verachtung.)

Viele, die mit Hopkins in Kontakt traten, anerboten sich, andere waren damit einverstanden, ihm ihre Erinnerungen zur Verfügung zu stellen, die einen mit Hilfe von Hypnose, andere ohne. In einem Fall nach dem andern zeichnete sich ein beunruhigendes Schema ab:

Ein unheimliches Licht auf einem einsamen Straßenabschnitt ... der Motor des Wagens stirbt ab ... eine unerklärliche Gedächtnislücke von einer Stunde oder mehr ... Bilder von Interaktionen mit seltsamen humanoiden Geschöpfen ... eine Art medizinische Untersuchung ... eine Gewebeentnahme an einer bestimmten Körperstelle, in der Regel an der Wade oder am Oberschenkel ... später die Entdeckung einer seltsamen Narbe genau dort ... Verwirrung über die Herkunft der Narbe ... Bilder von implantierten Vorrichtungen: Sender? ... Außerirdische, die sagen: »Zu deinem eigenen Besten wirst du dich an nichts von all dem erinnern« ... Entführte, die später Zeichnungen von furchterregenden Außerirdischen anfertigen, die denen anderen Entführter ähnlich sind, obwohl sie sich vor ihrer Entführung nicht mit Ufo-Literatur beschäftigt hatten ... Bilder von wiederkehrenden Begegnungen in unterschiedlichen Intervallen.

In seinem Buch *Missing Time* (Die fehlende Zeit) hielt Hopkins fest, seine Forschungstätigkeit mit Entführten bestätige die Resultate anderer Ufo-Forscher, was in ihm folgenden Verdacht geweckt habe:

> Die Gedächtnisblockaden [...] hängen vielleicht mit der Rolle der Entführten als »menschliches Forschungsobjekt« zusammen, das über einen Zeitraum von mehreren Jahren ohne sein Wissen studiert wird. Wenn Leute als Kinder ergriffen, mit Überwachungsvorrichtungen versehen und nach der Pubertät ein zweites Mal entführt werden, müßte zumindest die erste Entführung geheimgehalten werden. Falls es sich dabei um eine wirkliche Langzeitstudie handelte, blieben die Betreffenden während vieler Jahre über ihre Rolle im Ungewissen, und eine starke Blockierung wäre notwendig [...] Es besteht die beunruhigende Möglichkeit, daß diese Gedächtnisblockaden enorm wirksam sind; die paar hundert Fälle, in denen die Amnesie durchbrochen wurde, stellen möglicherweise nur einen winzigen Prozentsatz der tatsächlichen Entführungen dar. Ich glaube, daß die epidemische Verbreitung praktisch gänzlich unsichtbar sein könnte.

Hopkins Bereitschaft zu so kühnen Spekulationen machte ihn in Ufo-Kreisen zu einer bekannten, aber auch umstrittenen Figur. Die Tatsache, daß er sich so klar und unzweideutig geäußert hatte, verhalf ihm unter den von unheimlichen Begegnungen Betroffenen zu einer treuen Schar von Anhängerinnen und Anhängern, die es satt hatten, daß ihre Erlebnisse als Phantasieprodukte, Schwindel oder Wahnvorstellungen abgetan wurden. Gleichzeitig wurde Hopkins so etwas wie ein Rollenvorbild für die gewöhnliche Ufo-Forschung, in der sich viele seine »Meistererzählung« als anschaulichen Rahmen für ihre eigenen Entführungsuntersuchungen zu eigen machten (beispielsweise Hopkins Überzeugung, die Außerirdischen suchten genetisches Material, um ihre sterbende Rasse wieder herzustellen).

Gerade weil er jedoch so wenig Zweifel an seinen Theorien äußerte, schuf sich Hopkins auch ein ebenso getreues Kontingent an intellektueller Gegnerschaft. Die einen machten ihm zum Vorwurf, daß er sich weigerte, Parallelen zu sehen zwischen Schilderungen von Ufo-Entführungen und ähnlichen Berichten aus anderen Bereichen wie der Mythologie, den Volksmärchen, der Psychologie veränderter Bewußtseinszustände und dem ganzen Kontinuum menschlicher Begegnungen mit Geistwesen. Dennis Stillings, der sich seit langem mit der Erforschung von außergewöhnlichen Erfahrungen beschäftigt hatte, erklärte, Hopkins' vorgefaßte Ablehnung von derlei Parallelen laufe nicht nur dem wissenschaftlichen Entdeckergeist zuwider, sondern »homogenisiert auf ungerechtfertigte Weise die Vielfalt, reduziert die Komplexität und ebnet die Tiefen« von Entführungsphänomenen im Dienst der Förderung einer neuen populären Mythologie.

Gemeinsam mit Jacques Vallee und vielen anderen, die sich der »ETI-Hypothese« nicht anschlossen, bestritt Stillings die Logik von Hopkins' Forderung, die Voraussetzung für jede akzeptable Erklärung des Entführungserlebnisses sei, daß man diese Erlebnisse für »bare Münze« nehme und ausschließlich innerhalb des Ufo-Bezugsrahmens betrachte. Sie lehnten auch Hopkins' kühne Schlußfolgerungen über außerirdische Genmanipulationen ab: als einen riesigen Gedankensprung, der sich auf eine vergleichsweise beschränkte Zahl von Fällen unterschiedlicher Beweiskraft gründe. Der Denker und Religionswissenschaftler Michael Grosso hielt fest, selbst wenn Entführte tatsächlich Kontakte mit Intelligenz hätten, würden uns »die spirituellen Überlieferungen aus aller Welt davor warnen, den Taten und Behauptungen unsichtbarer ›Gottheiten‹ zuviel Vertrauen entgegenzubringen, da sie der menschlichen Naivität gern boshafte Streiche spielen«.

Und dann gibt es noch jene Kritiker, für die »Entführungen durch Außerirdische« vollkommen nichtssagend sind und jeder Substanz entbehren, eine Gruppe, die vom ansässigen Miesmacher ersten Ranges angeführt wird: Philip Klass zog sich 1986 von seiner angesehenen Laufbahn als preisgekrönter Journalist von *Aviation Week* zurück und verwandte mit ungezügeltem Genuß viele Stunden darauf, Hopkins' Behauptungen zu entlarven. Klass besteht bis heute darauf, die einzige Frage, die sich zu Ufo-Entführungen zu stellen lohne, sei die, ob nicht der Öffentlichkeit von sektiererischen Ufo-Fanatikern unnötige Ängste aufgebürdet würden? Und jedesmal, wenn er seine Frage mit einem schallenden *Ja* beantwortet, zweifelt niemand daran, daß er dabei an Budd Hopkins denkt.

Klass machte unmißverständlich klar, daß er den Fall von Steven Kilburn und andere ähnliche Fälle als nicht einzulösenden Beweis dafür betrachtete, daß Hopkins von vornherein an die Tatsächlicheit von Entführungen durch Außerirdische glaubte. Er wies darauf hin, daß Kilburn bei Diskussionen über den Einsatz von Hypnose zur Wiederherstellung von Erinnerungen an Entführungen in Hopkins' Wohnung dabeigewesen sei und, laut Hopkins, erst danach »das undeutliche Gefühl hatte, daß ihm eines Nachts auf einem bestimmten Straßenabschnitt etwas zugestoßen sei, an das er sich nicht erinnerte«.

Hopkins antwortete darauf, daß dies *oft* vorkomme: Es gebe laufend Fälle, in denen die Entführten entweder ein Interesse für Ufos entwickelten, um das von den außerirdischen Entführern auferlegte verborgene Erinnerungsverbot zu kompensieren – oder aber solche, in denen ihre Erinnerungen aufflammten, sobald sie andere über Ufos sprechen hörten.

Dieser Mythos unterstütze die Phantasien der Ufo-Forschung über eine außerirdische Intelligenz vortrefflich, entgegnete Klass und wies darauf hin, daß Budd Hopkins *zum Schluß gekommen sei,* Kilburn müsse entführt worden sein, obwohl dieser nicht einmal ein Ufo gesehen hatte. Aber er habe *Lichter* gesehen, wie es für viele Entführte typisch sei, erwiderte Hopkins und bestand darauf, daß seine Sitzungen mit Leuten aus den verschiedensten Lebensbereichen, von denen sich die meisten zuvor nicht besonders für Ufos interessiert hätten, genügend Beweise für seine Theorie lieferten, daß »eine unbekannte Technologie der Gehirnwäsche – für die ›außerirdisch‹ das passende Adjektiv ist – sicher dafür sorgt, daß die der Entführung unmittelbar vorangehenden Ereignisse nahtlos mit denen danach verbunden werden, und dazwischen eben Zeit fehlt«.

Klass wies darauf hin, daß zwischen Kilburns erster und zweiter Hypnosesitzung sieben Monate vergangen waren, und meinte, es wäre »eigenartig, wenn Kilburn [in dieser Zeit] nicht aus Neugier die Berichte über die angeblichen Erfahrungen« anderer, bekannterer Entführter nachgelesen hätte. Außerdem habe Ufo-Forscher Ted Bloecher, dessen Ansichten Kilburn sehr wohl bekannt seien, eine der grundlegendsten Vorsichtsmaßnahmen verletzt, die ergriffen würden, um zu verhindern, daß falsche Erinnerungen entstehen: Ted Bloecher hatte Kilburn während der Hypnosesitzungen ebenfalls Fragen gestellt.

Hopkins hielt dem die Zeugenaussage von Dr. Aphrodite Clamar, einer unabhängigen, skeptischen Psychologin, entgegen, die vor ihren Hypnosesitzungen mit Klienten, die Hopkins zu ihr brachte, nichts über Ufo-Entführungen gelesen hatte. Aphrodite Calmar sagte: »Die Vorfälle, die eine Vielzahl von Leuten aus den verschiedensten Gegenden schilderten, sind sich erstaunlich ähnlich und deuten darauf hin, daß offensichtlich mehr hinter der Angelegenheit steckt als bloßer Zufall. Verschiedene Leute aus verschiedenen Landesteilen erzählen zu verschiedenen Zeiten beinahe identische Erlebnisse.«

Warum auch nicht? fragte Klass und erinnerte daran, daß zwei Wochen vor dem berühmten Entführungsfall Travis Walton im

Jahre 1975 zur besten Sendezeit ein Fernsehfilm über die Entführung von Betty und Barney Hill ausgestrahlt worden war. Klass legte Hopkins nahe, sich die Aussagen von Dr. Clamar etwas genauer anzusehen, und zwar insbesondere ihre Aussage nach zwei Jahren gemeinsamer Forschung mit Hopkins: »Ich kann nicht beurteilen, ob das Erlebnis [das die Person schilderte] ›wirklich‹ war oder nicht. Ich weiß nicht – und dies läßt sich durch Hypnose auch nicht feststellen –, ob das Ufo-Erlebnis tatsächlich ›stattgefunden‹ hat.«

Der Streit zwischen Hopkins und Klass wurde in den kommenden Jahren noch um einiges erbitterter, und eine sich offenbar vertiefende Kluft in der öffentlichen Psyche konzentrierte sich darin. Einerseits schien etwas höchst Rätselhaftes vor sich zu gehen, etwas, das sich nicht einfach auf einen »gepflanzten« Ursprung (die These, daß »Leute, die über Entführungen lesen, Entführungen melden«) oder eine neue Art von Psychopathologie reduzieren ließ. Für viele besonnene Forschungstätige – von denen die einen sich gar nicht für Ufos interessierten, andere keinen klar definierten Standpunkt vertraten – war das Entführungsphänomen ein beachtliches Rätsel, und zwar insbesondere was die bemerkenswerten Konstanten in den Schilderungen so vieler verschiedener Leute betraf.

Anderseits strapazierte allein schon der Gedanke an Entführungen durch Außerirdische – vor allem die Art und Weise, wie sie vor sich gingen – die Vorstellungskraft. Graue, reptilähnliche Zwerge, die technologisch so weit fortgeschritten waren, daß sie praktisch, ohne entdeckt zu werden, hierherkommen konnten, um ihre Zeit damit zuzubringen, Löcher in den Boden zu graben? Wie viele Gesteinsproben brauchen sie eigentlich? Wenn sie Menschen lähmen können, um ihnen Blut, Eizellen und Sperma zu entnehmen, müßte man doch annehmen, daß sie auch in die medizinische Abteilung einer Universität gelangen und dort Blutproben und genetisches Material holen könnten, um eine ganze Rasse von Kunstmenschen zu klonen, oder nicht? Kurzum, warum sollten die Ereignisse ausgerechnet auf die Art und Weise ablaufen, wie sie von Augenzeugen beschrieben werden?

Auf all diese Argumente gegen das offensichtlich absurde Vorgehen der Entführer konnten die Verfechter mit einem eigenartigen Zirkelschluß antworten (und dies taten sie in der Regel denn auch): »Nun, ja, wie können wir denn *wissen*, was ihre wahren Ziele sind? Nicht wahr, sie könnten doch sehr *komplexe* Absichten planen.« Skeptisch Eingestellte jedoch konnten darauf antworten (und sie taten es in der Regel auch): »Das heißt also, *uns* ist es verboten, den Unsinn in Ufo-Ereignissen in Frage zu stellen, *ihr* aber dürft dieselben Absurditäten als Beweis für einen hervorragenden, äußerst subtilen Masterplan betrachten? Das ist doch die Geisteshaltung einer Sekte!«

Hopkins' Anliegen nicht eben förderlich war auch die zwielichtige Atmosphäre, die die Entführungsbehauptungen umgab und zu der ironischerweise nicht nur die Boulevardblätter beitrugen, sondern auch eine sensationslüsterne Passage auf dem Umschlag seines eigenen Buches: OPFER SCHILDERN, WIE SIE VON UFOS ENTFÜHRT WURDEN UND MIT GELÖSCHTEN ERINNERUNGEN ZURÜCKKAMEN [...] ES KÖNNTE AUCH IHNEN ZUGESTOSSEN SEIN! Er aber machte trotzdem keinerlei Anstalten, seine Thesen zu relativieren. Ganz im Gegenteil: an der Konferenz des Mutual UFO Network in Cambridge im Bundesstaat Massachussetts im Jahre 1981 schloß er seine Rede mit den Worten: »Wer sich wirklich erschüttern lassen will, überlege doch mal folgendes: Es könnte so viele Entführungen geben wie es Ufo-Meldungen gibt.« (Dieser rekursiven Logik zufolge könnte auch Hopkins – 1964 selbst Zeuge einer silbernen Scheibe am Himmel – ein heimlich Entführter sein, wie alle, die eine emotionale Regung verspüren, wenn sie Entführungsberichte lesen. Er bestand jedoch darauf, daß bei ihm »keine der alarmierenden Symptome« – wie Beklemmungszustände, Rückblenden und so weiter – aufträten, die auf ein vergessenes Entführungserlebnis hinwiesen.)

Ganz abgesehen davon, was »wirklich« bei einer Entführung durch Außerirdische geschah, wirkte das fortwährende Aufkommen neuer, nicht zu bestätigender Spekulationen über ihre Ursachen und ihr Überhandnehmen auf den entstehenden Entführungs-*Mythos* wie eine stark dosierte Vitaminspritze. Dies hatte zwei Auswirkungen. Entlarvungswillige (sowie ehrlich Skeptische) erlebten weiterhin ein Hoch, indem sie einfach nur darauf hinzuweisen brauchten, was für logische Gedankensprünge nötig waren, daß man Entführungen für bare Münze nehmen konnte, wie Hopkins dies postulierte. Und: gleichzeitig begann eine dritte Beobachtungsgruppe – ein wachsendes Mittelfeld –, Entführungen ohne jene kompromißlose Mentalität zu untersuchen.

Jacques Vallee zum Beispiel, der Parallelen zwischen Entführungen durch Außerirdische in der Neuzeit, Kindesraub in der Feen-Überlieferung und Volkserzählungen über Besuche der »Himmelsleute« hervorhob, vertrat weiterhin vehement die Ansicht, man müsse die Entführungen als echte Manifestationen einer höheren Intelligenz betrachten, die ihr jüngstes mythisches Schauspiel inszeniere, um den Glauben der Menschheit an sie zu erhalten. »Die Entführungen schreien geradezu nach einer symbolischen Lesart«, argumentierte Vallee, wenn er auch zugeben mußte, daß die beliebte ETI-Hypothese für viele, wenn nicht für die meisten Ufo-Forscher längst zur Glaubensfrage geworden war.

So verdichtete sich die Handlung um diesen höchst umstrittenen Aspekt der Ufo-Forschung zunehmend. Mit jeder neuen Wiedergabe wurde die »Entführungssonate«, ähnlich einer kontrapunktischen Komposition, der der Cantus firmus als gegebene Stimme zugrunde liegt, mit jeder Gegenstimme, die hinzugefügt wird, komplexer und faszinierender.

Im Bemühen, den Roswell-Fall zu knacken, tat sich 1982 TV-Produzent Jaime Shandera aus Los Angeles mit William Moore zusammen. (Detektivkollege Stanton Friedman beteiligte sich – zeitweise etwas weniger stark – von seiner neuen Heimat in Kanada aus an der Suche nach der abgestürzten Untertasse.) Im Dezember 1984 erhielt Shandera mit der Post ein Paket. Es war in gewöhnliches braunes Packpapier eingewickelt und mit braunen Klebstreifen zugeklebt, mit einer sauber getippten Adresse versehen, jedoch ohne Absender. Darin befand sich ein zweites Paket, ähnlich verschlossen, es enthielt eine weitere, weiße Verpackung

rund um eine Blechdose, und in dieser steckte eine Filmrolle, unentwickelt, fünfunddreißig Millimeter.
Noch bevor der Film entwickelt war, wußte Shandera, daß das, was er in Händen hielt, seinen Kollegen Bill Moore interessieren würde. Als es soweit war, hatten Moore und Shandera die Abzüge eines neunseitigen Dokuments vor sich, das den Stempel STRENG GEHEIM/MAJIC/VERTRAULICH trug sowie die Überschrift: BRIEFING: OPERATION MAJESTIC 12/AUSGEARBEITET FÜR DEN DESIGNIERTEN PRÄSIDENTEN DWIGHT D. EISENHOWER: VERTRAULICH/18. NOVEMBER, 1952 [sic]. Als Briefing-Offizier wurde »Adm. Roscoe Hillenkoetter (MJ-1)« angegeben. Hillenkoetter war von 1947 bis 1950 erster Direktor der CIA gewesen. Auf der zweiten Seite war zu lesen:

> OPERATION MAJESTIC-12 ist eine STRENG GEHEIME Forschungs- und Entwicklungs/Aufklärungsoperation, die direkt und ausschließlich dem Präsidenten der Vereinigten Staaten unterstellt ist. Die Operationen des Projekts werden unter der Leitung der Gruppe Majestic-12 (Majic-12) ausgeführt, die aufgrund einer geheimen, von Präsident Truman auf Empfehlung von Dr. Vannebar Bush und [Verteidigungs-]Minister James Forrestal am 24. September, 1947, [sic] erlassenen Sonder-Durchführungsverordnung eingesetzt wurde.

Auf der Liste der zwölf Mitglieder von MJ-12 befanden sich der Verteidigungsminister, der Generalstabschef und der Vize-Generalstabschef der Luftwaffe, der Leiter der aeronautischen Abteilung des Massachussetts Institute of Technology, der Direktor der Central Intelligence (Vorläufer der CIA) sowie mehrere weitere bekannte militärische und zivile Kapazitäten, darunter auch Donald Menzel, der bekannte Harvard-Astronom und Autor beziehungsweise Koautor von drei Ufos entlarvenden Büchern.
Das Dokument bezog sich ausdrücklich auf den Untertassen-Absturz bei Roswell:

> Am 07. Juli, 1947, [sic] begann eine geheime Operation, um die Bergung des Wracks zu sichern. [...] Im Verlauf dieser Operation entdeckte ein Aufklärungsflugzeug, daß vier kleine humanoide Wesen offenbar aus dem abstürzenden Schiff geschleudert worden waren, bevor es explodierte. Sie waren etwa zwei Meilen östlich des Absturzgeländes auf die Erde gestürzt. Alle vier waren tot und, da sich Raubtiere über sie hergemacht hatten und weil sie bis zum Zeitpunkt ihrer Bergung eine Woche lang den Naturelementen ausgesetzt waren, bereits stark verwest.

Ein vorläufiger, von Präsident Truman autorisierter »geheimer Analysebericht« kam zum Schluß, bei der abgestürzten Untertasse handle es sich mit höchster Wahrscheinlichkeit um ein »Kurzstrekken-Aufklärungsraumschiff«. Dr. Detlov Bronk, Spezialist für Luftfahrtsphysiologie, ließ an den Leichen der Außerirdischen eine Autopsie vornehmen. Danach äußerte er die Vermutung, daß »sich die für ihre Entwicklung verantwortlichen biologischen und evolutionären Prozesse [sic] offenbar ziemlich stark von den für den Homo sapiens angenommenen« unterschieden. Bronks Team schlug darum vor, »für diese Geschöpfe« den Begriff »›Extraterrestrial Biological Entities‹ [extraterrestrische biologische Wesen] beziehungsweise ›EBEs‹ als Fachterminus einzuführen. [...]«
Admiral Hillenkoetter ließ den designierten Präsidenten Eisenhower wissen, die Bemühungen, eine Art Inschrift zu entziffern, die auf dem Wrack gefunden worden war, sowie jene, das Antriebssystem oder die Dynamik der Energieübertragung zu bestimmen, seien im wesentlichen gescheitert. Ein weiteres Geheimdokument mit einem Briefkopf des Weißen Hauses (»Anlage A«) machte den Eindruck, als sei es von Präsident Harry Truman geschrieben und unterzeichnet worden; es autorisierte Admiral Hillenkoetter, »mit der gebotenen Eile und Vorsicht mit Ihrer Unternehmung fortzufahren« und wurde als Dokument verstanden, welches eine vollständige Informationssperre über alle mit dem Roswell-Zwischenfall verbundenen Fakten verhängte.
Waren diese Dokumente echt oder Teil eines gut inszenierten

Schwindels? Diese Frage habe er zusammen mit Shandera klären wollen, bevor sie das Dokument überstürzt veröffentlichten, sagte Moore. Dabei erhielten sie unerwartet Schützenhilfe in Form von zwei Postkarten aus Neuseeland mit kryptischen Botschaften, die sie zum Nationalarchiv in Washington lenkten. Moore war bereits von Kollege Stan Friedman darüber informiert worden, daß die Offenlegung von über hundert Kisten mit ehemals streng geheimen Akten der US-Luftwaffe von 1946 bis 1952 in Betracht gezogen werde. Sehen Sie sich diese Papiere genau an, hieß es auf den Postkarten.

Dies taten sie denn auch. Und im Juli 1985 berichteten Moore und Shandera, sie hätten unter Hunderten von Kisten mit freigegebenem Material eine Mitteilung von Präsident Eisenhowers Assistent General Robert Cutler gefunden, die sich auf ein »Briefing zum MJ-12 SSP [Special Studies Project] bezog«, das »während des bereits auf den 16. Juli festgesetzten Treffens im Weißen Haus stattfinden sollte. [...]« Die genaue Zusammensetzung von MJ-12 wurde nicht enthüllt, doch diese Mitteilung war das erste *anscheinend* legitime, unabhängige Dokument, in dem die Existenz eines Projekts MJ-12 erwähnt war.

Die naheliegende nächste Frage lautet: War dieses Dokument echt, oder konnte es sich dabei ebenfalls um eine Fälschung handeln, die ins Nationalarchiv eingeschleust worden war? Hatten etwa Schelme in amerikanischen Geheimdienstkreisen zum Zeitvertreib Wetten abgeschlossen, ob sich nicht ein paar leichtgläubige Ufo-Fanatiker an der Nase herumführen ließen? In den Jahren davor hatte Jacques Vallee Vermutungen angestellt, daß irgendwo auf der Welt eine geheime Gruppe bestehen könnte, die aus politischen Gründen daran interessiert sei, den Glauben an »eine Vielzahl bewohnter Planeten« aufrechtzuerhalten und zu fördern. Waren Moore, Shandera und Friedman in einer Desinformationsschlinge gefangen, die größer war, als sie sich vorzustellen wagten – oder sogar größer, als sie sich vorstellen *konnten*? Oder spielten ein Teil oder gar alle drei Mitglieder des Ufologentrios der restlichen Ufologie einen Streich?

Moore und Shandera erklärten, sie hätten das später als Cutler-Memo bekanntgewordene Dokument geheimhalten wollen, bis seine Authentizität erwiesen war. Doch dann kam ihnen zu Ohren, daß der britische Ufologe Timothy Good, der Autor von *Above Top Secret: The Worldwide UFO Coverup* (Äußerst geheim: Die weltweite Ufo-Verschwörung), ebenfalls eine Kopie der Unterlagen über das MJ-12-Briefing erhalten hatte und plante, es in Kürze zu veröffentlichen. Da sie nicht wollten, daß ihnen jemand mit der vielleicht besten Geschichte des Jahrtausends zuvorkam – und ihnen den Platz in den Geschichtsbüchern neben Darwin und Galilei streitig machte –, schickte Moore rasch Kopien an die Presse und an ufologische Kreise; zuvor aber unternahm er einen verhängnisvollen Schritt, und dieser zog seine Glaubwürdigkeit in Sachen MJ-12 stark in Zweifel.

Er schwärzte Geheimbezeichnungen und sogar einen Teil des Textes, ein Vorgehen, das viele, die der Sache unvoreingenommen gegenüber standen, davon überzeugte, daß William Moore nicht etwa daran interessiert war, alle wichtigen Fakten zu enthüllen, sondern daß er selbst einen geheimen Plan verfolgte. Hauptfigur unter den Skeptikern war der langjährige Entlarver Philip Klass, der sich als professioneller, auf Luftfahrt, Raum- und Armeetechnologie spezialisierter Journalist fleißig auf Bill Moores Behauptungen eingeschossen hatte und nun bereit war, loszuschießen.

Wie Moore und Shandera stand auch Klass der Frage, ob die Unterlagen des MJ-12-Briefings authentisch seien, skeptisch gegenüber. Aber noch stärkere Zweifel weckten die Behauptungen der beiden Forscher. Warum war der Film zum Beispiel Shandera zugeschickt worden, der nicht als Ufo-Forscher bekannt war, und nicht Moore, dem Koautor eines bekannten Buches über Roswell, oder seinem Gehilfen Friedman, einem beliebten Redner in Sachen Ufos, der manchmal als »Physiker der fliegenden Untertassen« bezeichnet wurde? Wie konnte die Person, die den Film geschickt hatte, überhaupt wissen, daß Moore und Shandera befreundet waren und daß der Film zu Moore gelangen würde?

Und weshalb, fuhr Klass fort, nahm Shandera automatisch an – wie er erzählt hatte –, daß eine unentwickelte Filmrolle in einem nicht gekennzeichneten Umschlag Moore selbstverständlich interessieren mußte – sogar so sehr, daß Moore dabeisein wollte, als der Film entwickelt wurde? Moore soll gesagt haben, der Absender müsse alle MJ-12-Dokumente in zwei doppelten Abfolgen kopiert haben, um sicher mindestens einen deutlichen Abzug von jeder Seite zu bekommen. Klass fragte sich, weshalb der Absender den Film nicht einfach entwickelt und Abzüge gesandt hatte, um jeden Zweifel an der Lesbarkeit zu beseitigen?

Klass fand es merkwürdig, daß ausgerechnet der in den Dokumenten als Briefing-Offizier genannte Admiral Hillenkoetter, der im Jahr vor dem angeblichen Briefing als Marinekommandant außerhalb der Vereinigten Staaten tätig gewesen war, mit einer Vertuschungsmission von noch nie dagewesener Komplexität und Wichtigkeit betraut worden sein sollte. Und weshalb, fuhr Klass fort, sollte der designierte Präsident Eisenhower nicht vom Vorsitzenden des MJ-12 ins Bild gesetzt worden sein, der den Aktionen des Komitees doch bestimmt am nächsten stand? (Aus der Tatsache, daß Dr. Vannebar Bush, der Direktor der Carnegie Foundation, als »MJ-1« aufgeführt wurde, zog Klass den logischen Schluß, dieser sei der Vorsitzende gewesen.)

Es waren jedoch bestimmte Abweichungen in der äußeren Aufmachung der Dokumente, die seinen größten Verdacht erregten. »Wer immer das Hillenkoetter-Briefing getippt hat, hat dabei eine eigenartige Schreibweise der Daten gewählt – eine irrtümliche Vermischung von militärischer und ziviler Schreibweise«, hielt Klass fest. Die Armeenorm, so sagte er, wäre »18 November 1952« gewesen. Das Hillenkoetter-Dokument wies jedoch ein (in militärischen Kreisen) höchst ungewöhnliches zusätzliches Komma auf: »18 November, 1952.« Und dies sei kein einmaliger Fehler gewesen, sondern habe sich als Konstante durch das ganze Dokument gezogen. Und nun hören Sie, was Klass als nächstes sagte: »Ein eigenartiger Zufall will, daß dies eine Eigenart ist, die William L. Moore seit Beginn unserer Korrespondenz 1982 in *allen* seinen Briefen an mich pflegte.«

Ebenso rätselhaft erschien Klass, daß das Hillenkoetter-Dokument eine Null vor einem einziffrigen Datum enthält, eine Praxis, die sich erst *lange nach* 1952, als das Dokument angeblich geschrieben wurde, einbürgerte. Laut Klass sah von den fünfziger bis in die siebziger Jahre die Norm für CIA-Dokumente wie folgt aus: »1 August 1950«. Im Hillenkoetter-Dokument sind im Gegensatz dazu folgende Daten zu finden: »01 August, 1950«, »07 Juli, 1947« und »06 Dezember, 1950«. Dem fügte Klass eine weitere Spitze gegen William Moores Gebräuche beim Schreiben hinzu: »Aus meiner Ablage von Moores Briefen geht hervor, daß er die einstelligen Daten bis im Herbst 1983 *ohne* Nullen schrieb – also bis etwa ein Jahr bevor der Hillenkoetter-Film angeblich an Shandera geschickt wurde – und dann zu eben dem Stil überging, der im Hillenkoetter-Dokument verwendet wurde.«

Trumans Unterschrift sei dagegen zweifellos authentisch, räumte Klass ein. »Dank der Erfindung des Fotokopiergeräts ist es jedoch leicht, einen gefälschten Text auf die Fotokopie eines Originals zu übertragen, welches man zum Beispiel in der Truman-Bibliothek in Independence im Bundesstaat Missouri erhält, und dort haben sich sowohl Moore als auch Friedman vor Ende des Jahres 1984 aufgehalten.« Klass fand noch viele andere Einzelheiten, die seiner Meinung nach höchst unwahrscheinliche Diskrepanzen aufwiesen: so machte es unter anderem den Anschein, als seien die Buchstaben der Schreibmaschine, auf der die MJ-12-Dokumente getippt worden waren, seit längerem nicht mehr gereinigt worden und als sei das Farbband seltsam verbraucht, und dies stand »im Gegensatz zum eleganteren, mit einem offenbar neuen Farbband getippten Schriftbild von authentischen Truman-Mitteilungen aus jener Zeit«.

Klass unterzog darauf Moores Aussagen zu Roswell einer kritischen Prüfung und stellte fest, daß dieser, zwei Jahre bevor er von Vannebar Bushs Beteiligung am Unternehmen MJ-12 wissen konnte, auf einer Ufo-Konferenz in Kanada gesagt hatte, Bush wäre »die logische Wahl für den Auftrag, ein streng geheimes Projekt aufzuziehen, das sich mit einem abgestürzten Ufo befaßt«. Klass rühmte Moores »bemerkenswerte parapsychologische Fähigkeiten«, mit denen er den Inhalt des MJ-12-Dokuments so weit habe voraussehen können, und zitierte Moores Aussage: »Wenn ich zu jener

Zeit ein Gremium hätte wählen müssen, das mit einem abgestürzten Ufo fertig wird, hätte ich mit Sicherheit das [auf dieser Liste] in Betracht gezogen.« Klass interpretierte dies dahingehend, daß die Mitglieder von MJ-12 Personen waren, die Moore selbst wahrscheinlich für ein solches Komitee ausgewählt hätte.
Was das Cutler-Memo betrifft, das im Nationalarchiv gefunden worden sein soll, hielt Klass mit deutlichem Sarkasmus fest, daß »ihnen das Glück lachte und Moore und Shandera ein dringend benötigtes Blatt Papier entdecken ließ, welches die Echtheit der MJ-12-Dokumente auf dem 35-mm-Film bestätigte«. Klass wußte zweifellos, was als Tatbestand einer Verleumdung galt, denn er ging nie so weit, Moore oder seine Verbündeten der Fälschung der MJ-12-Dokumente oder des Einschleusens des Cutler-Memos ins Nationalarchiv zu bezichtigen. Statt dessen wies er darauf hin, daß Moore zugegeben hatte, er und sein Forschungsteam hätten als erste Zugang zu den freigegebenen Papieren erhalten. Dann feuerte Klass seinen letzten Schuß ab:

> Entscheidender ist, daß Robert Cutler das Memo von letzten Änderungen im Terminplan des Präsidenten am 14. Juli 1954 gar nicht geschrieben haben kann, denn er hatte Washington elf Tage davor verlassen (am 3. Juli), um wichtige militärische Anlagen in Nordafrika und Europa zu besichtigen, und kehrte erst am 15. Juli wieder nach Washington zurück. Dies wird aus seinem Bericht an den Präsidenten ersichtlich, datiert vom 20. Juli und zu finden in der Eisenhower-Bibliothek.

So wenig wie Klass Moore offen als Hochstapler bezeichnete, so wenig antwortete Moore explizit, Klass sei ein krankhafter Lügner. Vielmehr machte er sich an den Versuch, die Behauptungen des Entlarvers zu entlarven. Erstens: Moore hielt fest, seinen Kontaktpersonen in Geheimdienstkreisen sei sehr wohl bekannt gewesen, daß Shandera eng mit ihm am Roswell-Projekt zusammenarbeite. Außerdem hätten, wieder laut Moore, dieselben Kontaktleute ihnen angekündigt, sie würden bald etwas Wichtiges auf dem

Postweg erhalten; deshalb sei Shandera nicht überrascht gewesen, als ein nicht gekennzeichnetes Paket mit einem nicht entwickelten Film eintraf.

Die im MJ-12 verwendete ungewöhnliche Schreibweise des Datums finde sich entgegen Klass' Unterstellungen noch in *einigen* Dokumenten aus derselben Zeit, sagte Moore. Die von Klass geäußerten Mutmaßungen, Moore könnte etwas mit dem Verfassen des MJ-12-Dokuments oder dem Cutler-Memo zu tun haben, seien nichts anderes als die primitivste Form des Rufmords, beteuerte Moore. *Und ja, Philip,* Cutler befand sich zur fraglichen Zeit tatsächlich außer Landes, sein Assistent hätte jedoch bestimmt auf vorheriges Geheiß seines Bosses einen Sekretär mit dem Abfassen der Mitteilung unter Cutlers Namen beauftragen und auf den entsprechenden Dienstweg leiten können, argumentierte Moore.

Und so ging es weiter. Wer immer labyrinthische Intrigen mochte, verfolgte gebannt diesen Hochgeschwindigkeitsabtausch von Vorwürfen und Gegenvorwürfen zu einem *Geheimnis* – vor dem Hintergrund des Unvermögens, zu einer endgültigen Lösung zu kommen. *Gebannt* scheint hier das richtige Wort zu sein, denn beide Seiten schienen immer mehr in den Bann ihrer eigenen Rhetorik zu geraten: Moore und seine Anhängerschaft hielten der Schwindel-Hypothese einen stichhaltigen Fall entgegen, während Klass und andere Entlarver genau das Gegenteil behaupteten. Wer die Sache vom Spielfeldrand aus mitverfolgte und sich eine eigene Meinung bilden wollte, mußte mit Bedauern feststellen, daß die Position jeder Partei für sich genommen überzeugend schien, aber nur gerade solange, bis die Argumentation des anderen Lagers in einem ebenso isolierten rhetorischen Vakuum der Prüfung unterzogen wurde.

»Bis zum jetzigen Zeitpunkt hat das festgefahrene monolithische Denken den deutlichsten Sieg davongetragen«, hielt ein der Sache überdrüssiger Beobachter an einer Ufo-Konferenz fest, die kürzlich in Kalifornien stattfand. Er fügte hinzu: »Das Ganze hat sich noch lange nicht erschöpft.«

Richtig: *noch nicht erschöpft.* Solange die übergeordneten Tatsachen des Zwischenfalls in Roswell, nämlich die Entstehung der MJ-12-Dokumente und das Phänomen von Entführungen durch Außerirdische, von offizieller Seite unbestätigt blieben, konnten beide Seiten ihre Argumente weiterhin als plausibel, konsequent, weitgehend unwiderlegbar, ja sogar als offenbar unvermeidlich folgerichtig darstellen. Bis Mitte der achtziger Jahre hielten sich die Geschworenen sowohl aus Moores Behauptung, es liege eine massive Regierungsverschwörung vor, als auch aus Hopkins Behauptung, es gebe eine massive Verschwörung von Außerirdischen, aber auch ebenso aus Klass' massiver Zurückweisung von beidem heraus.

Vierzig Jahre zuvor waren laut Edward Ruppel, der die Leitung von Projekt »Blue Book« innehatte, die ersten Ermittler im Air Technical Intelligence Center »zuversichtlich [gewesen], innerhalb weniger Monate oder höchstens eines Jahres die Antwort auf die Frage ›Was sind Ufos?‹ zu finden«. Deshalb war die Annahme in den achtziger Jahren, die Geschworenen würden bald mit einem endgültigen Urteil ihre Plätze wieder einnehmen und endlich die lange verborgenen harten Tatsachen des Phänomens aufdecken, eine altbekannte – nämlich die Wiederholung eines beliebten ufologischen Refrains: *»Jeden Augenblick ...«* Indem sie diese Zuversicht wörtlich auffaßten, reflexiv, konnten beide Parteien der entschieden weniger optimistischen Frage ausweichen, ob überhaupt je ein Urteil gefällt werden würde – oder sogar gefällt werden *könne*–, das auch nur eine, geschweige denn beide Seiten zufriedenstellte.

Aber für eine wachsende Zahl von Interessierten galt diese Frage als unvermeidlich. Viele hatten sich den spekulativen Deutungen angeschlossen, die Jacques Vallees ketzerischer Vorschlag Jahre zuvor eröffnet hatte: daß nämlich die Erwartung einer endgültigen Entscheidung vielleicht für immer fortbestehen müsse, damit auch der Glaube an den gesamten Ufo-Mythos fortbestand. Unter diesem Gesichtspunkt hatten die wiederkehrenden Motive von Verschwörung und Vertuschung ihre eigene, unergründliche Notwendigkeit, besaßen sie doch einen verborgenen, unaufhaltsamen Antrieb, dessen ritualisierte Inszenierung Jahrzehnt um Jahrzehnt

(pro und kontra) Agierende benötigte, die ihre Texte auswendig konnten *und sich an das Skript hielten.*
Es überrascht deshalb nich besonders , daß die große Masse in der Ufologie wenig Interesse für solche Mutmaßungen aufbrachte, weil sie richtig erkannte, daß sie sich subversiv auf die wichtige, geradlinige Arbeit auswirken könnten, die noch geleistet werden mußte.
Zum Beispiel verfolgte das Mutual UFO Network voller Elan sein »Hauptziel«, nämlich »jedem Bezirk oder Landkreis in den USA einen staatlichen Sektionsleiter zuzuteilen«, was vermutlich soviel wie ein ufologisches Pendant zu den »Ghostbusters« darstellen sollte, die bereit waren, überall und jederzeit zur Stelle zu sein. So vertreten, konnten die Ufologen die Flauten zwischen zwei Landungen mit dem ausfüllen, was sie am besten verstanden: den Kampf aufzunehmen gegen militante Entlarver, gegen die Gleichgültigkeit der Öffentlichkeit, die feindseligen Medien, die wissenschaftliche Ächtung und die Ufo-Sichtungen, die nicht in den offiziellen ETI-Mythos paßten; kurz, gegen »alle üblichen Verdächtigen«.
Philip Klass stimmte dem Urteil, wer Ufos befürworte, sei in Rituale der Selbstverwirklichung verstrickt, eiligst zu, bestand jedoch darauf, daß dies für seine eigene kleine Schar von Entlarvern nicht zutreffe. Diese hätten vielmehr die notwendige – und meist unangenehme – Aufgabe, die als Wissenschaft verkappte Ufologie als Religion des Raumzeitalters zu entlarven. »Ich wäre überglücklich, wenn ich dieses Feld morgen früh für immer räumen könnte«, sagte Klass. Für die meisten, die die Sache verfolgten, war es jedoch erstaunlich, mit welcher Ausdauer und mit welch offensichtlichem Vergnügen Klass dieser verhaßten Pflicht weiterhin nachkam.
Einige wenige wissenschaftlich ausgerichtete Gelehrte, die den Begriff *Ufologie* seiner schmählichen Konnotationen wegen scheuten, untersuchten (meist abseits vom Rampenlicht etablierter Ufo-Gruppierungen) weiterhin Sichtungsmeldungen und sammelten interessante Gesetzmäßigkeiten. Als Kollektiv schienen sich die Ufologen jedoch – wie Motten zum Licht – hauptsächlich zu

ritualisierten Kämpfen untereinander hingezogen zu fühlen: über die Zukunft ihres Fachgebiets und das Wesen des Phänomens, dessen »Lösung« sie sich verschrieben hatten. Dies war es, was die Ufologen weiterhin am besten verstanden, als die neunziger Jahre anbrachen.

14

Von allen schwer zu beantwortenden Fragen, die Menschen mit Ufo-Erlebnissen am häufigsten stellen, ist: »Warum gerade ich?« die verwirrendste – und die am häufigsten gestellte. Diesem Gefühl, aus einem unbekannten Grund ausgewählt worden zu sein, um einen unbekannten Zweck oder eine Mission zu erfüllen, möchte ich in diesem Kapitel nachgehen. In zahlreichen langen Gesprächen mit Dutzenden von Personen, die sich – mit reichlich Mut, wie ich finde – dazu durchgerungen haben, ihre Erfahrungen in den Griff zu bekommen, habe ich herausgefunden, daß die Frage »Warum gerade ich?« in der Regel die Form annimmt: »Bin ich eingeweiht oder initiiert worden? Und wenn ja, von was oder wem? Mit welchem Ziel?«

Daß der Begriff Initiation bei so vielen Zeugen wieder und wieder auftaucht, scheint mit angemessen, denn es gibt bedeutungsvolle Parallelen zwischen den Phasen, der Struktur und der Dynamik von traditionellen Initiationsriten und den Erfahrungen mit dem unbekannten Anderen, genannt Ufos. Es soll hier denn auch darum gehen, was die Einzelnen über ihr Erlebnis erzählen, nicht um das, was letztlich als »objektiv« wahr gelten kann. Wie wir gesehen haben, ist letzteres eine große Unbekannte, während es möglich ist, den Korpus der *Berichte* über Ufo-Begegnungen als Quelle zu benutzen.

Die Intensität der existentiellen und spirituellen Krise, die von einem Ufo-Erlebnis (UFOE) ausgelöst werden kann, scheint nicht davon abzuhängen, ob jemand das Gefühl hat, einer herkömmlichen fliegenden Untertasse oder irgendeinem anderen »unbekannten Flugobjekt« begegnet zu sein, oder ob jemand ein eindrucksvolles »parapsychologisches«, »imaginatives«, »archetypisches«, »mythologisches«, »Nah-Tod-«, »Schamanen-«, »Out-of-body-« oder »Engel«-Erlebnis hatte. Die Authentizität der Erfahrung in einem UFOE scheint weitgehend vom Ausmaß abzuhängen, in dem die oder der Wahrnehmende die Interaktion mit einer nicht irdischen Gegenwart, mit jenseitigen Wesen oder Objekten als wesentlich vorhanden und wirklich, ja sogar als »wirklicher als die Wirklichkeit« erlebt.
Sind diese Bedingungen erfüllt, scheint die Tiefe einer durch Ufos verursachten Krise auch nicht davon abzuhängen, ob der oder die Wahrnehmende annimmt, die »Ufo-Wesen« seien Geschöpfe des »Weltraums«, »paralleler Universen«, »des kollektiven Unbewußten«, »des Himmels«, »der Hölle« oder anderer numinoser Schauplätze. Vielmehr sind es die Muster, die diese Schilderungen offenbar gemeinsam haben, und diese dienen mir als Ausgangspunkt, um die Ufo-Erlebnisse als neuzeitliche Initiation und als Durchgangsriten zu untersuchen.
Professor Arnold van Gennep definierte die Durchgangsriten als »Riten, die mit jedem Wechsel von Ort, Staat, gesellschaftlicher Stellung und Lebensalter einhergehen«. Der Weg vom Schoß bis ins Grab wird von einer Anzahl kritischer Übergänge unterbrochen, und diese sind durch entsprechende Rituale gekennzeichnet, um den Mitgliedern der Gemeinschaft die Bedeutung der einzelnen wie der Gruppe klarer zu machen. Zu diesen ritualisierten Übergängen gehören Geburt, Pubertät, religiöse Aufnahme und Eheschließung, aber auch die Einweihung in Geheimlehren verschiedenster Art – und diesen füge ich nun noch eine neue Erfahrungskategorie hinzu: die Begegnung zwischen Mensch und Ufo.
Betrachtet man das, was das zentrale Paradoxon der Interaktion zwischen Menschen und Außerirdischen zu sein scheint – die

anhaltende Unlösbarkeit des Ufo-Phänomens mit herkömmlichen Mitteln und Modellen, gekoppelt mit der anhaltenden Manifestation des Phänomens in immer bizarreren Ausformungen –, kann man sich nur schwer des Eindrucks erwehren, daß gerade die Spannung, die von diesem Paradoxon ausgeht, eine initiierende Wirkung ausübte. Während die Debatte über die Ufo-Frage zwischen den Gläubigen beider Lager mit vorhersehbarer Banalität weitergeht, haben sich die persönlichen und kollektiven Glaubenssysteme unmerklich, aber folgenschwer verändert.

Ohne daß wir es gemerkt hätten, hat sich in der Struktur der Mythen eine Verschiebung vollzogen. Meinungsumfragen und andere Meßinstrumente für den kollektiven Pulsschlag zeigen, daß es für mehr Leute denn je selbstverständlich ist, daß wir nicht allein sind im Universum – sowohl in »inneren« als auch in »äußeren« Universen, wenn eine solche Unterscheidung letztlich überhaupt möglich ist. Daß sich das Ufo-Phänomen ebenso beharrlich weigert, wieder zu verschwinden, wie auch uns in einem einzigen Schritt viel näherzukommen, hat uns in der Frage nach dem, wer wir im Innersten sind und was die bestimmenden Regeln des Spiels, das wir Wirklichkeit nennen, sein könnten, dazu konditioniert – oder eben initiiert –, auch außergewöhnliche Möglichkeiten in Betracht zu ziehen.

Van Gennep zeigte auf, daß alle Durchgangsriten durch drei Phasen gekennzeichnet sind, nämlich Trennung, Marginalität und Vereinigung oder Vollendung (Rückkehr). In der ersten Phase, der Trennung, lösen sich einzelne oder Gruppen aus einer früher festgelegten gesellschaftlichen Stellung, einer Reihe kultureller Bedingungen oder von einem vorherigen Zustand ab. Der junge Mann, der in einer traditionellen Kultur ein Initiationsritual bestehen muß, wird zum Beispiel gezwungen, sein Selbstbild als »Junge« an der Schwelle der Initiationshütte hinter sich zu lassen.

In der zweiten Phase, der Marginalität, beginnt ein Zustand des Lebens am Rande, zwischendrin, nicht mehr ganz hier, aber auch noch nicht ganz dort. Die Marginalität (auch Liminalität genannt, von lateinisch *limen*, Schwelle) ist gekennzeichnet von einem tiefen Gefühl der Verunsicherung über die eigene Identität. Der

junge Mann ist zwar kein Junge mehr, jedoch noch nicht durch ein spezifisch festgelegtes Ritual zum Mann geworden.
Die Vereinigung schließlich ist eine Zeit des auf eine neue Art und Weise Wieder-Zusammenkommens, in der man sich vom Rand weg in einen neuen Seinszustand begibt. Dies ist die Vollendung oder der Höhepunkt des Vorgangs. Damit hat sich der junge Mann das Recht erworben, ein Mann genannt zu werden, und kann sich auch selbst als solchen betrachten.
Joseph Campbell, zweifellos der kreativste und aufschlußreichste Kartograph mythischer Bereiche des ausgehenden zwanzigsten Jahrhunderts, hat sehr viel über all die verschiedenen Formen geschrieben, welche die Trennungsphase annehmen kann. In seinem Klassiker über den allgemein gültigen Mythos der Reise des Helden, *The Hero with a Thousand Faces* (Der Heros in tausend Gestalten), schreibt er: »Der Heros verläßt die Welt des gemeinen Tages und sucht einen Bereich übernatürlicher Wunder auf.« Welch wunderbar treffende Beschreibung vom ersten Augenblick einer Ufo-Begegnung! Dabei werden Ufos in Campbells Buch natürlich kein einziges Mal erwähnt. Weiter beschreibt er diese erste Phase der Reise als die Berufung zum Abenteuer, und sagt, sie bedeute, daß

> die Bestimmung den Helden erreicht und seinen geistigen Schwerpunkt aus dem Umkreis seiner Gruppe in eine unbekannte Zone verlegt [hat]. Diese schicksalsschwere Zone, die so lockend ist wie gefahrvoll, wird auf die verschiedenste Weise vorgestellt: als ein fernes Land, ein Wald, ein unterirdisches Reich, unter den Wogen oder über dem Firmament, als eine verborgene Insel, ein entlegener Berggipfel oder eine tiefe Traumentrückung. Immer aber hausen in ihr seltsam fluide und vielgestaltige Wesen, drohen unvorstellbare Qualen, warten übermenschliche Taten und überirdische Freuden. Der Held kann sich aus eigenem Entschluß aufmachen, wie Theseus, als er bei seiner Ankunft in Athen, der Stadt seines Vaters, die grausige Kunde vom Minotaurus vernahm, oder er kann ins

> Unbekannte entführt werden, von einer guten oder bösen Kraft, wie Odysseus, den die Winde des erzürnten Poseidon über das Mittelmeer trieben. Das Abenteuer kann in Gang kommen durch ein bloßes Versehen, wie das der Prinzessin im Märchen, oder auch durch eine vorüberschwebende Erscheinung, die das gedankenlos schweifende Auge bannt und den Wandelnden von den belebten Wegen der Menschen hinwegführt. Die Beispiele könnten bis ins Unendliche gehäuft werden, durch Variationen aus allen Winkeln der Erde.

Ich habe diese Passage in ihrer vollen Länge zitiert, weil es so zahlreiche Parallelen zwischen der Berufung des Helden in der Mythologie und unzähligen Beispielen aus dem Ufo-Sagengut gibt. Auch dort gibt es Menschen, »die aus dem Umkreis [ihrer] Gruppe in eine unbekannte Zone« berufen werden, wo »seltsam fluide und vielgestaltige Wesen« hausen, »unvorstellbare Qualen« drohen, »übermenschliche Taten und überirdische Freuden« warten. Das Volksmärchen hat uns mit der Art vertraut gemacht, wie Ufos scheinbar »über dem Firmament« verschwinden; es gibt jedoch auch viele eindrucksvolle Beispiele dafür, wie sich leuchtende Scheiben »unter den Wogen« zurückziehen.
Viele Kontaktierte öffnen sich der Begegnung mit Außerirdischen voller Neugier, sogar Vorfreude – so wie sich Theseus freiwillig aufgemacht hat. Die meisten Entführten berichten aber, sie seien gegen ihren Willen weggeholt worden – wie Odysseus, den die Winde des wütenden Poseidon umtrieben. Und natürlich haben wir auf den vorangegangenen Seiten von einem noch viel weiter verbreiteten Motiv gehört: der Ufo-Begegnung, in die man durch eine Art »Fehltritt« gerät oder infolge von Zeugen, die ganz »normal« dahinlebten und sich um ihre eigenen Angelegenheiten kümmerten.
Jedenfalls werden Held oder Heldin (oder auch Kontaktierte oder Entführte; die Begriffe sind für unsere momentanen Zwecke austauschbar) auf durchschlagende, ihr Leben verändernde Weise vom Kollektiv oder von der Masse getrennt. Dies führt uns zum

Gedanken an eine ziemlich verbreitete Reaktion auf die Berufung: der Weigerung. Weil die Trennung vom Kollektiv Angst macht, sagt der Held oder die Heldin oft einfach: »Zum Teufel, ich geh' da nicht hin«, oder später: »Ich bin einfach nicht hingegangen.« Kontaktierte oder Entführte kommen zum Schluß (oft, um nicht den Verstand zu verlieren): »Es kann nicht wirklich gewesen sein … Mir ist nichts zugestoßen … Es war nur ein Traum … Wenn ich die Erinnerung für mich behalte, verschwindet sie vielleicht wieder …«

Die Berufung zu verweigern, stellt laut Campbell die Hoffnung des Helden dar, sein gegenwärtiges Wertesystem von Idealen, Tugenden, Zielen und Vorteilen werde durch den Akt der Ablehnung gefestigt und unverrückbar gemacht. In den bedeutendsten religiösen und philosophischen Traditionen sind die Angaben, wie eine Weigerung – die man aufgrund von Jakobs Erlebnis im Alten Testament vielleicht am besten als Ringen mit dem Engel umschreiben könnte – sich auswirkt, in höchstem Maße unterschiedlich. »Tag und Nacht wird man gejagt von dem Gott, der nichts ist als das Bild des lebendigen Selbst in dem versperrten Labyrinth der eigenen Ziellosigkeit. Man ist abgeirrt von den Wegen, die ins Freie führen könnten.«

Auf der kollektiven Ebene des Ufo-Durchgangsritus ist es Aufgabe der Entlarvenden, die Berufung durch das formverändernde Phänomen, zu dessen Decknamen Proteus, Hermes, Schelm und Dionysos gehören, zu verweigern. In einem archetypischen Sinn dienen sie dazu, das folgende Gefühl der kollektiven Psyche zu unterstützen: »Klar, hier ist alles in Ordnung, nur wieder ein Meteor … nur wieder eine Fehlidentikfikation der Venus … nur wieder ein geisteskranker Romanschriftsteller, der behauptet, es gebe Entführungen durch Außerirdische … nur wieder ein neuer Fall von Kugelblitz …« und so weiter, wie ein sich endlos wiederholendes Band auf einem Anrufbeantworter, das jederzeit Beruhigung verschaffen soll. Ab und an gelingt es den Entlarvern auch tatsächlich, aber die Berufung geht über den Einzelfall weit hinaus.

Das göttliche Andere in irgendeiner seiner Verkleidungen – als außerirdisches Wesen, als Engel oder als Archetyp – verlangt häufig etwas, was den Initianden unannehmbar erscheint; und doch scheint in dieser neuen und fremden Zone eine Weigerung unmöglich zu sein. Die Furcht ist oft überwältigend, wie Whitley Strieber in seinem Buch *Communion (Die Besucher)* schreibt:

> »Whitley« hörte auf zu existieren. Übrig blieb ein Körper im Zustand äußerster Angst, die mich wie ein schwerer, erstikkender Vorhang einhüllte und die Lähmung todesähnlich machte. Ich glaube nicht, daß mein Bewußtsein die Versetzung in diesen seltsamen Raum überlebte.

Was für eine anschauliche Schilderung, wie jemand von einer außerirdischen Kraft gewaltsam von seinem tiefsten Selbstgefühl getrennt und in den dunklen Rändern des Seins in der Schwebe gelassen wird! Wir erinnern uns an Antonio Villas-Boas' erfolglosen Versuch, mit seinem fahruntüchtigen Traktor zu fliehen, daran, wie Hickson und Parker am düsteren Ufer des Pascagoula River von »Scheren-Männern« ergriffen wurden und an Barney Hills fassungslose Reaktion auf die Geschöpfe, die ihn aus dem Innern der gelandeten Untertasse anstarrten: »Ich glaub' das nicht! Ich glaub' das nicht! Das ist ja lächerlich!«

Ist die Annahme gerechtfertigt, daß bei den Begegnungen zwischen Menschen und Außerirdischen ein bestimmtes Konzept des Menschseins auf dem Spiel steht? Professor Carl Raschke von der Abteilung für Religionswissenschaft an der University of Denver vermutet, daß diese Frage bejaht werden muß. Die korrekte Frage »ist *nicht*, ob [Ufos] existieren oder in welchem Sinn, sondern welchen Zweck sie letztlich erfüllen«, sagt er. »Unser Interesse sollte sich darauf konzentrieren, wie die um sich greifenden und sich vertiefenden Überzeugungen [dieses Phänomen betreffend] subtil, und dennoch irreversibel, nicht nur die peripheren religiösen und metaphysischen Vorstellungen, sondern ganze Konstellationen kultureller und gesellschaftlicher Grundlagen umformen.«

Laut Raschke fungieren Ufos als »Agens kultureller Dekonstruktion« und verweisen auf einen Prozeß, durch den alte, zentrale Denk- und Handlungs-»Strukturen« demontiert werden, damit neue, fließendere, semantisch fruchtbarere Denkweisen ihre Stelle einnehmen können. [...] Der Vorgang der Dekonstruktion erfolgt nicht mit einem Schlag, sondern langsam und unerbittlich. Er ist eher dem Vorgehen eines Bildhauers vergleichbar, der einen Stein behaut, damit er daraus eine Statue anfertigen kann. [...] Bei den Ufos wirkt der dekonstruktive Vorgang auf die menschliche Kultur als Ganzes; er kann jedoch manchmal auch verheerende Auswirkungen auf das Leben von einzelnen haben.

Aus diesem Blickwinkel erscheint es wahrscheinlich, daß unsere in allen Kulturen verbreitete Zerrissenheit der Frage gegenüber, ob Ufos echt sind oder nicht, die kollektive Empfindung wiedergibt, daß dabei wirklich ein hoher Einsatz auf dem Spiel steht. Um dem Blick des Anderen standzuhalten, muß man sich Rilkes schmerzliche Einsicht zu eigen machen: »[...] denn da ist keine Stelle, die dich nicht sieht. Du mußt dein Leben ändern.«
Als Kultur – vielleicht auch als Spezies – scheint uns dieses rätselhafte Unbekannte auf verhängnisvolle Weise anzuziehen und zu verlocken; und doch ist Whitley Strieber nicht allein mit seiner Angst. Eine Variation der vom Ufo-Phänomen ausgelösten Furcht findet sich in *UFOs, Satan and Evolution* (Ufos, Satan und die Evolution). Dem Autor Sidney J. Jansma zufolge sind »Ufos weder fliegende noch überhaupt normale Objekte. Angesichts dessen, daß sie mit ihrer Geschwindigkeit, ihrem Bewegungsablauf und der Fähigkeit zu willkürlicher Dematerialisation Naturgesetze verletzen, sind sie IDENTIFIZIERBAR als SATANISCHE, paranormale ERSCHEINUNGEN. Desgleichen bezeugen die Kälte der UFOnauten, ihr schwefliger Gestank und ihre Lügen, daß sie ihren Ursprung in der Hölle haben. Sie sind ISEs, nicht UFOs.« Wenn wir daher die seit längerem bestehende Existenz dessen, was Strieber als das »Besucher-Phänomen« bezeichnet, anerkennen, müssen wir auch die Implikationen seiner Fragen akzeptieren: »Ist der Mensch das, als was er erschien? Oder leben wir auf ein Ziel

in einer anderen Welt hin? Vielleicht ist unser irdisches Leben nur ein flüchtiger Schatten, eine nebensächliche Erscheinung unseres wirklichen Daseins.«

Unsere Vorfahren wußten, wie wichtig es war, mit seinem eigenen Doppelgänger, seiner Doppelgängerin, dem Dämon (auf Lateinisch »genius« genannt, »Schutzengel« in der christlichen Religion, »reflex man« in Schottland, »vardogr« in Norwegen) in engem Zwiegespräch zu leben. Es bedeutete, daß man sich bemühte, den »Dämon« zu entwickeln, damit dieses Geistwesen einem während des gesamten vergänglichen Lebens und hinein ins nächste Menschenleben half. Menschen, die sich nicht um ihr persönliches Anderes kümmerten, wurden zu bösen, bedrohlichen Wesen, genannt »larvae«, die gern nachts über verängstigt in ihren Betten Liegenden schwebten und Menschen in den Wahnsinn trieben.

Doch zurück zu unserem Initianden: Der Held geht schließlich über die Weigerung, seine Berufung zu akzeptieren, hinaus, weil es sich als unmöglich erweist, sie nicht zu akzeptieren – was zur zweiten und in gewisser Weise noch schwierigeren Initiationsphase führt: ins unentschiedene Nicht-ganz-Hier und Nicht-ganz-Dort.

Der Anthropologe Victor Turner schreibt in seinem klassischen Essay »Betwixt and Between: The Liminal Period in Rites of Passage« (Zwischen Stuhl und Bank: Der liminale Zeitraum in Durchgangsriten), die Hauptfunktion eines Übergangs zwischen zwei Bewußtseinszuständen sei, die Person *unsichtbar* werden zu lassen. Für zeremonielle Zwecke werden Neophyten – die Personen also, die die Initiation durchschreiten – als strukturell »tot« betrachtet. Das heißt, sie sind weder auf die alte noch auf eine neue Art einzuordnen. Unsichtbar – nicht zu sehen.

In seinem Buch *Intruders (Eindringlinge)* untersucht Budd Hopkins die Einzelheiten mehrerer angeblicher Ufo-Entführungen und zitiert auch eine längere Passage aus einem Brief, den er von einer jungen Frau aus Minnesota erhielt. Sie berichtete, sie sei als Kind von Außerirdischen entführt worden und dann erneut als Erwachsene. Weil diese Frau die existentielle Krise, mit der Entführte konfrontiert sind, so anschaulich beschreibt, zitiere ich hier einen längeren Abschnitt:

Für die meisten hat es mit Erinnern begonnen. Obwohl sich einige von uns einen Teil oder alle Erlebnisse in Erinnerung rufen konnten, war es eher üblich, daß wir erst herausfinden mußten, wo sie waren – begraben in einer Form von Amnesie. Wir haben das häufig mit Hypnose gemacht, was für viele eine neue Erfahrung war. Mit was für gemischten Gefühlen wir diesen Erinnerungen gegenübertraten! Fast ausnahmslos waren wir in Angst und Schrecken, während wir diese traumatischen Ereignisse nochmals durchlebten, so als würden wir von ihrer Wucht ganz und gar überwältigt. Doch gab es auch Zweifel. Das kann nicht wahr sein. Ich träume wohl. Das läuft doch alles gar nicht ab. So begannen Unschlüssigkeit und Selbstzweifel, Zeiten, in denen Skepsis und Glauben einander abwechselten, während wir versuchten, unsere Erinnerungen in unser Gefühl dessen, wer wir sind und was wir wissen, zu integrieren. Wir glaubten oft, wir seien verrückt; wir setzten unsere Suche nach der »wahren« Erklärung fort. Wir versuchten herauszufinden, was mit uns nicht stimmte, daß diese Bilder an die Oberfläche stiegen. Warum tut mir mein Verstand das an?

Diese Frau macht deutlich, daß sie die Gefühle sehr gut versteht, die damit verbunden sind, wenn man »unsichtbar« wird, weil man von einem Erlebnis berichtet, das von den Möglichkeiten abweicht, die die »allgemein anerkannte Wirklichkeit« zuläßt:

Und dann gab's auch noch das Problem, mit andern über unsere Erfahrungen zu sprechen. Viele unserer Freunde waren natürlich skeptisch, und obwohl es immer wieder schmerzte, daß sie uns nicht glaubten, was konnten wir anderes erwarten? Wir waren selbst ja manchmal noch skeptisch oder waren es früher gewesen. Die Reaktionen der anderen gaben unsere eigenen wieder. Die Leute, mit denen wir sprachen, glaubten uns und zweifelten an uns, sie waren verwirrt und suchten nach anderen Erklärungen als den unsern. Manche wiesen auch die geringste Möglichkeit von Entführungen eigensinnig zurück, und egal, wie sie es ausdrückten, war die unterschwellige Botschaft klar. Ich weiß besser als du, was wirklich ist und was nicht. Wir fühlten uns in einem Teufelskreis gefangen, und es kam uns vor, als hätte eine skeptische Gesellschaft uns Entführte da hinein gedrängt: »Warum glaubst du, du seist entführt worden?« – »Du glaubst es, weil du verrückt bist.« – »Woher wir wissen, daß du verrückt bist?« – »Weil du glaubst, du seist entführt worden.«

Zusammenfassend läßt sich sagen, daß viele Entführte und Kontaktierte sowie solche, die andere Formen »geistiger Krisen« erlebt haben, wissen, wie man sich fühlt, wenn man »unsichtbar« wird für die, die nicht ebenfalls berufen wurden – oder vielleicht ihre »Berufung«, über eine Lebensweise ohne Vitalität und Sinn hinauszugehen, verweigern. Für die, die von der Schwelle des Todes zurückgekommen sind, ist dieses Hin-und-Her-Gerissensein nicht weniger ausgeprägt. Sie waren für klinisch tot erklärt worden und einem von lockenden Lichtwesen bevölkerten Tunnel entgegengeschwebt, nur um dann mit einem unerklärlich strahlenden Gefühl für Sein und Zweck zu den Lebenden zurückzukehren; viele in Nah-Tod-Erfahrungen Eingeweihte berichten, sie fühlten sich nicht mehr auf dieselbe Weise als Menschen wie zuvor.
Ebenso bleiben traditionelle Schamanen – bewandert im Reisen zwischen Welten und in der Interaktion mit ungewöhlichen Wesen – oft auf kritischer Distanz zu ihrer Gemeinschaft, und zwar aufgrund »ihres besonderen Wissens und ihrer ungewöhnlichen, zum Teil beunruhigenden Gegenwart«, wie es Kenneth Ring ausdrückt.
Hier beginnt das Metamuster allmählich Konturen anzunehmen, das uns unsere Vergleiche im zwölften Kapitel in Aussicht gestellt haben. Zweifellos gibt es an der *Oberfläche* bedeutsame Unterschiede zwischen Ufo-Begegnungen, Erscheinungen von Engeln, Reisen von Schamanen und Nah-Tod-Erfahrungen. Und doch finden wir in all diesen Bereichen archetypische Bilder einer

Initiation, bei denen Reisen ins Jenseits inmitten von außergewöhnlichen – *und offenkundig autonomen* – Wesen eine Rolle spielen. Viele Ufologen, die ihr wertvolles Studiengebiet für einmalig halten und wollen, daß es gesondert bleibt, stellen solche Parallelen in Frage, weil, wie sie sagen, nicht erwiesen ist, daß die Wesen, die in nicht mit Ufos in Bezug stehenden Berichten geschildert werden, »vom selben Ort« herkommen wie Ufo-Wesen. Worauf sie selten hinweisen, ist, daß auch nicht erwiesen ist, woher die »Ufo-Wesen« kommen!

Selbst wenn die Passagiere der fliegenden Untertassen von Orten mit Postleitzahl im Weltraum stammten (eine Behauptung, für die erst noch verifizierbare Beweise erbracht werden müssen), ist ein Willensakt vonnöten, um die thematischen Parallelen zwischen gewissen schamanistischen Zerstückelungszeremonien, wie sie bei manchen Initiationen im Innern von traditionellen, runden Initiationshütten stattfinden, einerseits und den invasiven »medizinischen« Prozeduren, die Entführte bei einer Ufo-Initiation in einem runden Operationssaal im Innern von scheibenförmigen oder ovalen Gefährten erleben, andererseits *nicht* zu sehen.

Während meiner Recherchen für dieses Buch habe ich mit vielen Kontaktierten und Entführten gesprochen – unter ihnen mit einer Versicherungsagentin, einem Grundschullehrer, einem Taxifahrer, einer Architektin, einer Journalistin und dem Vizedirektor einer der größten Banken Amerikas –, und sie konnten sich mit den Gefühlen der Marginalität sofort identifizieren. Den einen kam ein »Ufo« wie ein wirkliches Raumschiff vor. Bei anderen löste ein abnormes Licht eine tiefgreifende Erfahrung aus. Jemand erzählte von »Ufo-Wesen«, die erschienen, ohne daß ein Gefährt zu sehen gewesen sei.

Diese Unterschiede sind aber offenbar weniger wichtig als die Tatsache, daß es aussieht, als hätten die »Ufo-Initiierten« etwas so Tiefgreifendes erblickt, daß die Fakten ihres Lebens vor dem Erlebnis nicht mehr die ausschließlich wahren sind. Oft sind sie frustriert, weil die anderen nicht einsehen, daß die Spielregeln nicht mehr gelten oder daß dieses Regelset schon immer bloß nur eine von vielen Möglichkeiten zur Gliederung der Wahrnehmung war und nicht etwa ein unanfechtbares »Naturgesetz«. Ein Großteil der Entführten betrachtet sich in der Zeit nach dem Erlebnis als »Opfer« und trauert verständlicherweise um den Verlust der klaren Grenzen zwischen Schwarz und Weiß, Richtig und Falsch, uns und ihnen.

Mit der Zeit erkennen viele, daß jenseits der Frustration über das Leben am Rande eine Erkenntnis liegt, die allen offensteht: daß die Unmöglichkeit, sich einordnen zu können, auch die Freiheit bedeuten kann, nicht an einer einzigen Identität festhalten zu müssen. Den marginalen, liminalen Zwielichtbereich des Daseins, die Domäne von Unsicherheit und Nichtwissen bereitwillig anzunehmen kann neue Erkenntnisse gewähren, neue Wege eröffnen, um »die Wirklichkeit zu konstruieren«. In diesem Sinn ist das Erlebnis einer Ufo-Begegnung ein Ansporn, leichthin akzeptierte Vorstellungen über die vermeintlich unüberbrückbare Kluft zwischen uns vertrauten Gegensatzpaaren wie Immateriellem und Materiellem, Körper und Geist, Natur und Kultur, männlich und weiblich abzulegen.

Während zahlreiche in der Ufo-Forschung Tätige ihre Suche nach definitiven, unzweideutigen Lösungen fortsetzen, ist es um so eindrucksvoller, wenn man Menschen kennenlernt, die unheimliche Begegnungen erlebt haben und von der ursprünglichen Vorstellung vom verlorenen Paradies dazu übergehen, die Freiheit zu genießen, ein bestimmtes eindimensionales Verständnis des Paradieses nicht mehr aufrechterhalten zu müssen. Sie erkennen, daß es ihnen freisteht, die Sphäre des Paradoxen zu betreten und darin zu leben, oder, wie es der Gesellschaftspsychologe Donald Michael formuliert hat, »mit beiden Füßen fest in der Luft zu landen«.

Dies ist ein Ort, an dem fließende Grenzen nicht einfach dazu herausfordern, die verlorengegangene Ordnung so rasch wie möglich wiederherzustellen (typische Reaktion der Mainstream-Ufologie, die für immer und ewig nach dem einen, richtigen Muster sucht), sondern eine Gelegenheit, innerhalb der unermeßlichen polymorphen Perversität der »kreativen Matrix« zu spielen. Hier ist der Schelm zu Hause – teils Mutter Teresa (man denke an die heiligen, engelhaften Außerirdischen von Adamski), teils Darth Vader (die dämonischen Männer in Schwarz), teils Pee-Wee Herman (die absurden Botschaften, die Ed Walters und andere von ihren außerirdisch-engelhaften Gewährsleuten erhielten, wie wir im folgenden Kapitel sehen werden).

Daß die Marginalität auch eine kollektive Dimension hat, macht das Wissen um Ufos am Rande des kollektiven Bewußtseins seit Ende der vierziger Jahre klar. Ob es uns gefällt oder nicht, unsere Kultur, die menschliche Kultur, bewegt sich auch am Rande, an der Grenze, dazwischen. Heidegger sagte, wir lebten in einer Zeit zwischen dem Tod der alten Götter und der Geburt von neuen, ein Anklang an Jungs Vorstellung, Ufos seien fundamentale Symbole für »Veränderungen in der Konstellation der psychischen Dominanten, der Archetypen, der ›Götter‹, welche säkulare Wandlungen der kollektiven Psyche verursachen oder begleiten«.

Doch wie sollen wir solche Vorstellungen aufbauen, wie sollen wir sie *real*isieren? Indem wir da beginnen, wo wir sind – hier, indem wir »den Sprung im kosmischen Ei« überbrücken. Übergänge sind per definitionem fließend und nicht leicht in statischen oder strukturellen Begriffen zu fassen; dasselbe gilt auch für die Ufo-Initiationen. Im Jahre 1904 schrieb Amerikas erster großer Psychologe William James, »das Leben [werde] ebensosehr durch die Übergänge wie durch die Begriffe zusammengehalten«. James wies darauf hin, daß die Ereignisse bei diesen Übergängen – wie zum Beispiel vom Sichtbaren zum Verborgenen, vom Alltäglichen zum Wunderbaren – eine ganz bestimmte Schwingung haben, als würde das leise Zögern, das wir in diesen Augenblicken erleben, das Leben bedeutend verstärken und ihm neue Energie verleihen. Peter Rojcewicz, ein Volkskundler, der über Anomalien aller Art philosophiert, schlägt als Experiment, um jene Art »verschwommener Wirklichkeit« zu erleben, die für die meisten Ufo-Erlebnisse bezeichnend ist, vor, einen Apfel mit beiden Händen zu umschließen und sich vor den Schlafzimmerspiegel stellen. »Während Sie in den Spiegel blicken, scheinen Sie und der Apfel mit dem Spiegelbild zu verschmelzen«, sagt er. »Der Bereich, der sich von der Spiegeloberfläche nach hinten zu Ihrem Spiegelbild erstreckt, ist [...] eine zweideutige Wirklichkeit, weder völlig wirklich noch völlig unwirklich, sondern irgendwo dazwischen.«

Rojcewicz stellt die Hypothese auf, es gebe »ein Kontinuum von Erfahrungen, in dem Wirklichkeit und Phantasie unmerklich ineinanderfließen«, wie durch einen »Graben zwischen zwei Welten [...], den ein Bereich durchdringt und so die Grenzen zwischen zwei Realitäten verschwimmen läßt, die von demselben Zeugen gleichzeitig wahrgenommen werden – zum Beispiel die des Alltags und die des Heiligen, die materielle und die imaginäre Wirklichkeit.«

Diese Beschreibung kommt der Idee des »Ver-rückens« nahe, wie es die Surrealisten der zwanziger und dreißiger Jahre propagierten, indem sie versuchten, unbewußte Wahrnehmungen mit der äußeren Realität der Erscheinungswelt zu verschmelzen. Der Maler Max Ernst und der Dichter Pierre Reverdy – beide Surrealisten – definierten dieses *Ver-rücken* annähernd identisch als »Annäherung von zwei scheinbar wesensfremden Dingen auf einem ihnen wesensfremden Plan. [...] Je entfernter die Rapporte der beiden angenäherten Wirklichkeitselemente sind [...], um so sicherer und stärker die Umdeutung der Dinge und ihre evokatorische Macht durch den überspringenden Funken Poesie.«

Die Literatur über unheimliche Begegnungen mit Ufos liefert reichlich Zeugnisse für die Schwierigkeiten von Augenzeugen über alle Alters-, Geschlechts-, Rassen- und geografischen Grenzen hinweg, sich mit phantastischen Ereignissen auszusöhnen, die der Alltagswelt zu entstammen und mit dieser zu verschmelzen scheinen. Ich war sehr betroffen von den Schilderungen zahlreicher solcher Zeugen, Menschen, die nach einer unerwarteten Begegnung mit rätselhaften Wesen, die ebenso rätselhaften leuchtenden Gefährten entstiegen waren, mit dem Gefühl zurückblieben, daß zwei völlig unterschiedliche Realitäten aufeinandergeprallt waren, deren gegenseitige Beziehung *entfernt* und *richtig* zugleich, die grundlegend verschieden und doch aufs engste miteinander verknüpft zu sein schienen.

Viele, die ein Sichtungserlebnis oder eine unheimlichen Begegnung erfahren haben, gehen daraus mit der surrealistischen Erkenntnis hervor, daß die Welt voller ungeheurer Ausblicke und

Abgründe ist. Es ist, als ob sie den Rand der Wirklichkeit erblickt hätten, den die Surrealisten so genau definiert hatten, und nun nie mehr in die technische, mechanistische Welt Newtons zurückkehren könnten, der jede Tiefe, Schönheit, Bedeutung und Seele abgeht. Dagegen scheinen die beiden Pole in der Ufo-Debatte – der befürwortende und der entlarvende – sich verpflichtet zu fühlen, die jeweilige Interpretation der Erlebnisse in ein starres System zu zwängen, mit dem die Zeugen ihrerseits nicht einverstanden sind, was mit Sicherheit eines der ironieträchtigeren Momente im Ufo-Epos ist.

Wenn das Ufo-Phänomen aber ein Durchgangsritual für einzelne und das Kollektiv darstellt, welches ist dann die Vollendung dieser Initiation? Joseph Campbell spricht von einem, der aus der gewohnten Realität tritt und mit überirdischen Freuden in Kontakt kommt – und dann wieder in die gewohnte Realität zurückkehrt –, als vom Meister zweier Welten. Er oder sie kann die Grenzen zwischen zwei Bereichen frei überschreiten, sich aus der Zeit in die Zeitlosigkeit, von der Oberfläche in die ursächliche Tiefe und wieder zurück an die Oberfläche begeben, kennt beide Wirklichkeiten und entscheidet sich für keine. Campbell schreibt dazu:

> Der Jünger ward gesegnet mit einer das Blickfeld – wie es dem normalen Menschenschicksal sich auftut – weit übersteigenden Vision, einem, wenn auch flüchtigen Blick in die wesenhafte Natur des Alls. Nicht sein persönliches Schicksal, das der Menschheit, des Lebens als Ganzem, des Atoms und aller Sonnensysteme eröffnete sich ihm, und dies in Worten, die dem Verständnis des Menschen angepaßt sind, in den Worten einer anthropomorphen Vision: des Weltmenschen.

Man beachte, wie sehr Campbell betont, daß dem Helden die verwandelnde Vision in Worten enthüllt wird, »die dem Verständnis des Menschen angepaßt sind«. Zeugen sind mit der unvermeidlichen Herausforderung konfrontiert, eine die eigene Person übersteigende Vision auf sich selbst zu beziehen. Das ist keine einfache

Aufgabe. Gerade weil die Ufo-Vision dem normalen, »nicht eingeweihten« Bewußtsein absurd erscheint, wird die Erfahrung (und die Person, die sie gemacht hat) vom Kollektiv verspottet. Tritt nun zum Trauma des Ufo-Erlebnisses, das den Wirklichkeitsbegriff erschütterte, noch die kränkende Zurückweisung hinzu, sind Initiierte ständig versucht, das Gefühl, als nicht ganz normal hingestellt zu werden, zu kompensieren, indem sie vorgeben, den normalen Sterblichen überlegen zu sein, und manchmal die prophetische Rolle derer übernehmen, die den neuen Horizont der Welt erblickt haben.

Immer mehr Entführte scheinen einen Mittelweg zwischen der Publizität, wie sie die Kontaktierten der fünfziger Jahre anstrebten, und der vollkommenen Isolation und Unsichtbarkeit einzuschlagen. Viele sind zu dem Schluß gekommen, daß es sowohl ein Segen als auch ein Fluch sein kann, für die Kultur als Ganzes »unsichtbar« zu sein, und daß die Belastung, von skeptischen, spöttischen und entlarvenden Personen nicht beachtet zu werden, derjenigen vorzuziehen ist, die der Versuch mit sich bringt, Zweifelnde davon überzeugen zu wollen, daß Ufo-Zeugen eine Erfahrung hinter sich haben, die sie zu etwas »Besonderem« macht. »Ich verbringe meine Zeit lieber damit, meine Aufzeichnungen mit anderen zu vergleichen, die dasselbe gesehen und erlebt haben wie ich«, erzählte mir eine Entführte, »als zu versuchen, die Carl Sagans dieser Welt davon zu überzeugen, daß Ufos real sind.« Eine wachsende Zahl von Zeugen teilt diese Haltung. Sie scheinen aufrichtig froh darüber zu sein, daß sie nicht zu wissen brauchen, was Wirklichkeit letztlich ist; sie sind zufrieden, daß sie die Möglichkeit haben, sich außerhalb der akzeptierten Klassifikationsbereiche zu bewegen, Dinge in Frage zu stellen, die sie einst für selbstverständlich hielten, sich auf das zu konzentrieren, was sie als einen noch größeren Übergang als ihren ganz persönlichen ansehen: den Wechsel der Menschheit zu einer neuen Daseinsform.

Und was ist mit der *kollektiven* Ufo-Initiation?

Leo Sprinkle, Psychologe mit Praxis in Laramie im Bundesstaat Wyoming, hat in über zwanzig Jahren Hunderte von Leuten befragt, die eine Ufo-Erfahrung gemacht haben. Er ist überzeugt, daß die Ufo-Aktionen – von Sichtungen bis zu unheimlichen Begegnungen – Teil eines »Erziehungsprogramms für die Menschheit auf dem Planeten Erde« sind. Er vertritt die These, die Außerirdischen hätten eine Informationssperre verhängt, um die Panik möglichst gering zu halten. »Es ist möglich, daß wir durch Filme und Science-fiction allmählich mit Extraterrestrischen vertraut gemacht werden, bis die Beweise für extraterrestrische Besuche mit der ›Ethik‹ der Physiker besser zu vereinbaren sind«, sagt Sprinkle. Und mit einem matten Lächeln fügt er hinzu: »Natürlich kann ich das nicht beweisen, und ich habe aufgeben, es zu versuchen!«

Der langjährige Ufo-Beobachter Jacques Vallee vertritt im Hinblick auf die Bedeutung der Sichtungen und Begegnungen für das Kollektiv einen anderen Standpunkt; er konzentriert sich nicht auf die Phasen, die zu einem möglichen Kontakt führen könnten, sondern auf das, was er die »rekursive Unlösbarkeit« des Gesamtphänomens nennt. In der Mathematik wird eine Funktion dann als rekursiv bezeichnet, wenn sie nicht durch vorhersehbare lineare Operationen gelöst werden kann, sondern nur durch etappenweise wiederholte Teillösungen, von denen jede das Problem wieder neu definiert. Dazu bemerkt Vallee, das Ufo-Phänomen habe mit der Erwartung einer unmittelbar bevorstehenden, eindeutigen und unkomplizierten Lösung begonnen, doch seien dem Teillösungen gefolgt, die einen zunehmend verdüsterten Horizont enthüllten.

»Was sich beim Ufo-Phänomen herauskristallisiert, ist kein fortschreitender Kontakt, sondern eine fortschreitende Kontrolle – unserer Glaubensinhalte, Erwartungen, Ängste, Hoffnungen und Träume. [...] Wir wissen aus der Verhaltenspsychologie, daß die beste Strategie zur Verstärkung eine Kombination von Periodizität und Unvorhersehbarkeit ist«, sagt Vallee mit Bezug auf das Muster von intensiver Ufo-Aktivität, gefolgt von ruhigen Perioden, in denen das Phänomen völlig verschwunden zu sein scheint. »Der Lernprozeß ist dabei langsam, aber stetig«, fügt er hinzu. »Er führt zur höchsten Anpassungsstufe. Und er ist irreversibel. Es ist interessant, daß das Muster der Ufo-Wellen dieselbe Struktur hat wie eine Strategie der Verstärkung.«

Doch wer oder was steckt hinter diesem Kontrollsystem? Was sind seine Mechanismen?

»Auf diese Fragen fehlen mir die Antworten«, antwortete Vallee. »Ich bin zu dem Schluß gekommen, daß es ein geistiges Kontrollsystem für das menschliche Bewußtsein gibt und daß paranormale Phänomene wie Ufos eine seiner Manifestationen sind. Es ist möglich, daß sich diese Kontrolle natürlich und spontan vollzieht. Sie ist vielleicht genetisch, nach den Prinzipien der Sozialpsychologie oder als unbekannter Aspekt eines gewöhnlichen Phänomens erklärbar. Möglicherweise ist sie aber auch etwas Künstliches, das der Macht eines übernatürlichen Willens gehorcht. Oder vielleicht besteht die Lösung in einer Kombination all dessen – das läßt sich nicht mit Bestimmtheit sagen.«

Vallee hält Metaphern wie Initiation und Durchgangsritus für nützlich, solange sie nicht wörtlich oder linear verstanden werden. »Gerade die Erwartung eines ›Höhepunkts‹ könnte die übergeordnete Strategie der Verstärkung widerspiegeln«, meint Vallee. »Auch heute werden Prognosen für eine unmittelbar bevorstehende Lösung gemacht, ohne zu erwägen, daß jedes der vergangenen vier Jahrzehnte durch ähnliche Prophezeiungen geprägt war, die sich nicht erfüllt haben.« Er fügt hinzu:

> Was mich interessiert, ist die Tatsache, daß die gesellschaftlichen Auswirkungen mit jeder neuen Sichtungswelle größer werden. Die konventionelle Wissenschaft ist offenbar immer verblüffter und verwirrter, unfähig eine Erklärung zu liefern. Befürworter der ETI-Hypothese werden immer dogmatischer in ihren Forderungen. Immer mehr Leute sind fasziniert vom Weltraum und von neuen Grenzen des Bewußtseins. Immer mehr Bücher und Artikel erscheinen, die unsere Kultur in Richtung auf ein neues Menschenbild verändern. Unterdessen legt das Phänomen gelegentlich rationale Elemente an den Tag, um vertrauenswürdige Wissenschaftler anzulocken, um dann wieder ebenso viele

lächerlich absurde Elemente hinterherzuschicken und sich so selbst wirksam zu verleugnen, den Beweis seiner Existenz zu vernichten. Die meisten Ufologen sind sich ihrer rückkoppelnden Rolle in diesem Kreislauf jedoch nicht bewußt.

Die neue Generation in der Forschung, die verkündet, sie habe »den Kode« des Entführungsphänomens geknackt, läßt Vallee unbeeindruckt. »Was sind denn das für außerirdische Ärzte und Ärztinnen, die Hunderte von Patienten traumatisieren müssen, um ein bißchen Blut für ihre Embryos zu sammeln? Die Vorstellung, daß Außerirdische viele Lichtjahre reisen, um solche Experimente durchzuführen, damit sie ihre Rasse veredeln können, ist nichts anderes als ein weiterer Beitrag zur Absurdität des gesamten Phänomens.«

Mit *Absurdität* meint Vallee, daß »wir irregeführt werden müssen«, falls wir mit diesem Phänomen einem langwierigen Lernprozeß unterzogen werden sollen. Wie eine Ratte in einem Labyrinth, die auf Knöpfe drücken muß, um ihr Fressen zu erhalten, und versucht, den richtigen zu finden, »hungert der Mensch nach Wissen und Macht, und wenn es eine Intelligenz hinter den Ufos gibt, muß sie dem Rechnung getragen haben«. Aber wie die Ratte haben auch wir angesichts unseres Hungers keine echte Wahl. »Wir müssen uns letzten Endes mit den Ufos befassen, und daß wir dies tun, wird seinerseits unvermeidlich wieder zur Verstärkung beitragen.«

Zu sagen, Jacques Vallee sei mit seinen Worten auf taube Ohren gestoßen, wäre nicht ganz korrekt. Budd Hopkins und andere Ufo-Forscher, die Entführungsberichte wörtlich nehmen, warfen ihm vor, er verharre in »nicht fundiertem Verschwörungsdenken«. (Ironischerweise hatten jene, die Hopkins' Vorstellungen von Entführungen angriffen, ihm ihrerseits diesen Vorwurf gemacht.) Korrekter wäre es, zu sagen, daß Vallees Ansichten zwar vernommen wurden, daß aber niemand auf ihn *hörte*. In gewisser Weise war dies sogar unvermeidlich, denn er hatte die (durchschnittliche Ufologen) irritierende Angewohnheit, die Aufmerksamkeit stets

auf das ufologische Unterbewußtsein zu lenken, was offenbar die Grundvoraussetzungen des sich abmühenden Wissenszweigs unterhöhlte. In den Augen der meisten Ufo-Forschenden war eine so fundamentale Selbstkritik ein Luxus, den sie sich nicht leisten konnten, vor allem weil es *so viele wichtige Sichtungen zu analysieren galt.* Vallee und zahlreiche andere Ufologen der neuen Schule der Anti-Ufologie erwiderten, daß bereits die Absicht, das Phänomen »aktiv zu lösen«, indem alle denselben Fällen auf dieselbe Art nachgingen, die grundfalschen Annahmen über die Tiefe und das Ausmaß des Phänomens nur zementieren könne. Und so ging es dann weiter in die neunziger Jahre hinein: mit immer neuen Variationen einer gut etablierten, sich im Kreis drehenden Debatte über die Frage, worauf sich das Interesse bei den Ermittlungen konzentrieren sollte.
Die Kommunikationsschwierigkeiten verwiesen jedoch auf viel mehr als nur die Tatsache, daß zwei Ausrichtungen der Ufo-Forschung mittlerweile in verschiedenen Zungen redeten. Das tieferliegende Problem war die zweideutige »Struktur« der Ufos. »Wenn ein sogenannter erfolgreicher Kommunikationsvorgang in der konkreten Übermittlung von Information besteht und damit die beabsichtigte Wirkung auf den Empfänger hat, so ist Konfusion die Folge gescheiterter Kommunikation und hinterläßt den Empfänger in einem Zustand der Ungewißheit oder eines Mißverständnisses«, schreibt der Philosoph und Psychologe Paul Watzlawick. »Diese Störung der Wirklichkeitsanpassung kann von Zuständen leichter Verwirrung bis zu akuter Angst reichen [...]«
Der griechische Gott Hermes könnte etwas dagegen haben, daß seine Botschaften als »konfus« bezeichnet werden. Als Hüter von Schwellen, Durchgängen und *Rändern* zieht er es nämlich vor, nicht auf eine Bedeutung festgelegt zu werden – genau wie sein geistiger Bruder Proteus. Denn wie *langweilig* wäre dies schließlich, gemessen an der ungleich vergnüglicheren Alternative, die die Bibel in der Genesis (11,7) bietet:

> *Wohlan, lasst uns hinabfahren und daselbst ihre Sprache verwirren, daß keiner mehr des andern Sprache verstehe.*

15

Die unregelmäßig erscheinende Publikation *Saucer Smear* enthält Klatsch, Anspielungen, persönliches Klingenkreuzen und Ansichten zum Ufo-Phänomen – meist pointiert, oft ausgesprochen bissig geschrieben –, und ihre Seiten stehen grundsätzlich allen offen, die sich an den Herausgeber und Verleger James W. Moseley wenden, einen wohlhabenden Antiquitätenhändler aus Florida, der seit Kenneth Arnolds Sichtung im Jahre 1947 praktisch jeden Ufo-Fall mitverfolgt und kommentiert hat. *Saucer Smear*, angepriesen als »den höchsten Grundsätzen des ufologischen Journalismus verschrieben«, eröffnet einen einzigartigen Blick in die verworrene Seele der Ufologie und enthüllt die seltsam erhabene Hauptbeschäftigung einer kleinen Gruppe von Beobachtern, die Jahr um Jahr den abgrundtief maßlosen Ereignissen einen Sinn abzugewinnen suchen, die gemeinhin unter dem Kürzel *Ufo* zusammengefaßt werden.

Die Ausgabe vom Februar 1985 enthält Moseleys Eingeständnis, sein Glaube sei im Schwinden begriffen: »Es sieht so aus, als falle jeder auf den ersten Blick hervorragende Ufo-Bericht, sobald ihm objektiv und gründlich nachgegangen wird, auseinander – oder zumindest weist er starke Schwachstellen auf –, so daß aus ihm ein schlechter Bericht wird. Als Ergebnis haben wir nach beinahe vierzig Jahren Untertassentum Hunderte von erstklassigen rätselhaften Fällen, aber *keinen einzigen*, der restlos bewiesen wäre!« Und wehmütig gesteht Moseley, die Ufologie komme mit drei »unangenehmen Schlußfolgerungen« nur schlecht zurande, nämlich:

> 1. Die menschliche Wahrnehmung ist nicht so gut, wie allgemein angenommen. [...] Wer von uns hat den Mut, Muhammed Ali zu sagen, daß er bei seiner Sichtung während des Trainings im Central Park vor ein paar Jahren in Wirklichkeit eine Straßenlampe gesehen hat? [...] 2. Es *ist* ganz gewiß wichtig, die Hintergründe von Leuten, die Ufos sichten, zu prüfen. [...] 3. Die Bereitschaft zum Glauben ist bei vielen überwältigend, und dies verleitet sie nur zu oft zu einer »Hurra, wir haben gewonnen!«-Mentalität, die meilenweit entfernt ist von jeder noch so weitgefaßten Interpretation wissenschaftlicher Methodik; sie hat zur Folge, daß Elemente eines Falles, die nicht »passen«, fallengelassen oder übersehen werden und das Sichere daran betont wird.

Doch noch sei nicht alles verloren, versichert Moseley. »Etwas Rätselhaftes *findet statt*, auch wenn es sich irgendwann einmal als etwas rein Psychisches herausstellen sollte.« Die Frage ist: »*Welches* ist die wahre Natur dieses Rätsels?« »Weshalb behaupten so viele Leute, Nah-Sichtungen erlebt zu haben, Kontakte, ja sogar Entführungen?« fragt sich Moseley, wenn Ufos nur auf Wahnvorstellungen oder Massensuggestionen beruhten. Und selbst wenn Ufos nur eine Art seltsame Manifestationen der Psyche sein sollten, »brauchen wir doch *trotzdem* eine Erklärung dafür, *weshalb* so viele Leute so eigenartig ähnliche Halluzinationen hatten!«
Am Ende dieser qualvollen Beichte seiner Zweifel bekennt sich Moseley – wie ein Sünder, der reuig in den Schoß der Kirche zurückkehrt, oder ein rückfälliger Alkoholiker – erneut zu einem zentralen Dogma der Ufo-Mythologie: »Mit genügend Zeit, GELD und Forschung durch ausgebildete Wissenschaftler wird man die *wirkliche* Wahrheit irgendwann finden.« Und nachdem er so –

nicht zum ersten und bestimmt nicht zum letzten Mal – seinen Glauben wiederhergestellt hat, versichert Jim Moseley seinem Leserpublikum, er werde es nicht im Stich lassen.
In der folgenden Ausgabe wird Moseleys Versicherung von jemand anderem wiederholt: »Just im Augenblick, wenn einen die völlige Verzweiflung überkommt«, tauchten neue Fälle und Informationen auf, »und der Köder ist wieder da, der mich auf dem Posten hält und immer auf einen Durchbruch hoffen läßt.« Die Suche geht weiter.

SCHUTZSCHILD »STAR WARS« NICHT GEGEN RUSSEN, SONDERN ZUM SCHUTZ VOR AUSSERIRDISCHEN! Ein Artikel mit dieser Schlagzeile, der am 1. November 1985 im Boulevardblatt *The Globe and Mail* erschien, enthüllt, daß Präsident Ronald Reagans strategische Verteidigungsinitiative SDI in Tat und Wahrheit darauf abziele, Amerika vor einem Angriff von Außerirdischen, und nicht vor den Russen, zu schützen.
Saucer-Smear-Herausgeber Jim Moseley schreibt den Bericht »gewöhnlich gutunterrichteten Kreisen in Washington« zu, räumt jedoch ein, daß er keine Möglichkeit habe, die Behauptung zu überprüfen. »Wenn es wahr ist«, fügt Moseley hinzu, »ist das *die* Geschichte des Jahrzehnts!«
Philip Klass feuert einen geharnischten Brief auf Moseley ab des Inhalts, er und seine Kollegen bei der Zeitschrift *Aviation Week* hätten mit Sicherheit davon gehört, wenn dieses Gerücht wahr wäre. Und schon ist an der stets beweglichen Schnittstelle zwischen Tatsachen und Phantasie im Kosmos der Ufologie eine weitere suggestive Legende – abgerundet durch die dazugehörige skeptische Erwiderung – entstanden. Wenn es darum geht, den Ufo-Mythos zu erhalten und zu bestärken, erfüllen solche Gerüchte ihre Rolle schon allein dadurch, daß sie *erscheinen*.

Im Jahre 1985 findet die Konferenz von Mutual UFO Network, der größten nichtmilitärischen Forschungsgruppe der Vereinigten Staaten, in St. Louis statt, und tischt uns die zwei Arten von Botschaften auf, für die ihre alljährlichen Zusammenkünfte bereits bekannt sind: Berichte über Fallstudien, die sich auf die physikalisch nachweisbare Realität von Ufos konzentrieren, und sektiererisch anmutende Ermahnungen, welche die Getreuen daran erinnern, wie wichtig es ist, über die größten Feinde der Ufologie zu obsiegen, als da sind: Entlarver und Gleichgültigkeit der Öffentlichkeit.

Unter der erstgenannten Art informiert Budd Hopkins über den neuesten Stand seiner Entführungsforschung, indem er von neuen Fällen berichtet, in denen Entführte körperliche Untersuchungen in Ufos schilderten, die zu bleibenden Narben führten. Die meisten Narben wurden den Entführten laut Hopkins zugefügt, als sie noch Kinder waren, in der Regel im Alter von etwa sechs oder sieben Jahren.

In einem Fall trug eine Frau, die erstmals mit fünf, dann mit sechzehn und nochmals im Alter von neunzehn Jahren entführt worden war, ein runde Narbe von einem dreizackigen Gerät davon, das benutzt worden war, um an ihrem Bein eine Gewebeprobe zu entnehmen. Hopkins berichtet, es gebe zwei Sorten von Narben: einen schmalen, geraden, feinen Schnitt von etwa acht Millimeter Länge und einen runden kellenartigen Abdruck von etwa drei bis achtzehn Millimeter Durchmesser.

Warum geschieht so etwas? Gemäß Hopkins werden sozusagen immer irgendwelche Proben entnommen – Blut, Gewebe, Haut, manchmal Spermien oder Eizellen –, und gewöhnlich werden Sonden oder andere Überprüfungsvorrichtungen in den Köprer der Entführten eingeführt: Sender-Implantate. Aufgrund von vierunddreißig »erhärteten« Fällen und dreiundvierzig, die noch weiter untersucht werden müssen, kommt Hopkins zu dem Schluß, daß wir beobachtet und überwacht, auf subtile Weise konditioniert und für eine Art genetisches Experiment benützt werden. »Gibt es Motive, die wir uns nicht vorstellen können, weil uns die Technologie dazu noch fehlt?« Er vermutet, daß dem so ist; Einzelheiten

sollen bekanntgegeben werden, sobald sie ausfindig gemacht sind.
Unter den Ermahnern beginnt Stanton T. Friedman seine Rede, indem er sein Publikum daran erinnert, daß er seinen Vortrag »Fliegende Untertassen *SIND* real« mittlerweile an »über fünfhundert Colleges und vor Dutzenden von Berufsverbänden in achtundvierzig Staaten und acht Provinzen sowie in Washington und Puerto Rico« gehalten habe. Dann übt er sich in der erprobten ufologischen Praxis, »neugierige Negativisten« – darunter den verstorbenen Harvard-Astronomen Donald Menzel und den Nasa-Berater James Oberg – zu verdammen, weil sie die Logik der Vorstellung, daß wir von interplanetarischen Raumschiffen besucht werden, in Frage stellen. Friedman greift sich insbesondere den Wissenschaftspopulisten Carl Sagan heraus, der darauf bestanden habe, daß die Ufo-Forschung unumstößliche Beweise vorlege, obwohl er selbst bis jetzt Beweise für seine Behauptung, es müsse Zivilisationen geben, die viel älter und weiterentwickelt seien als die unsere, schuldig geblieben sei.
Friedman schließt seine Bemerkungen mit dem knappen Tip: »Hüten Sie sich vor neugierigen Negativisten.« Der Applaus zeugt von einer zufriedengestellten Gemeinschaft. In ähnlichem Stil (»Betonen wir das Positive«) gibt sich die Verantwortliche für Öffentlichkeitsarbeit Marge Christensen auf dem Rednerpult; sie ruft alle guten Ufologen dazu auf, die rasch näherrückende National UFO Information Week zu unterstützen, damit »die Öffentlichkeit wachgerüttelt und ihr das in Vergessenheit geratene und weitgehend ignorierte Ufo-Phänomen« in Erinnerung gerufen werde. Besonders gut, meint sie, wären mehr Poster und Flugblätter auf dem Campus und mehr Fotoausstellungen in Bibliotheken und Einkaufszentren.

J. Allen Hyneks Tod tritt für jene, die ihn gut kennen, am 27. April 1986 nicht überraschend ein. Trotzdem ist er nicht leicht zu akzeptieren. Nachdem Hynek erfahren hatte, daß er an einem Gehirntumor litt, der ihn irgendwann das Leben kosten würde, hatte er sich in aller Stille von dem Feld zurückgezogen, das er, mehr als jeder andere, zu dem einer seriösen wissenschaftlichen Lehre gemacht hatte. Zwanzig Jahre lang galt er als der einflußreichste Berater für die Forschungsprojekte der Luftwaffe über Ufos, ein Unterfangen, das er aufgab, als ihm klargeworden war, daß es wenig mehr als eine Public-Relations-Operation war. Seine wahre Ufo-Forschung begann, als er 1973 sein eigenes Center gründete.

Da er von Natur aus zuverlässig und umsichtig war, mißfiel Hynek ausnahmslos beiden Lagern. Den Ufo-Entlarvern war er Ufo-Behauptungen gegenüber zuwenig unbeugsam, während die Ufo-Befürworter sich fragten, weshalb es so lange gedauert hatte, bis er den Dienst der Luftwaffe quittierte. Sein langjähriger Gegenspieler Philip Klass – wie's aussieht jedermanns Gegenspieler – wurde nicht müde, Hynek als den typischen Fall eines alternden Wissenschaftler darzustellen, der versagt hat und sich schließlich in einer letzten verzweifelten Anstrengung, doch noch etwas Ruhm zu erwerben, den fliegenden Untertassen zugewandt hatte. Sein langjähriger Freund und Kollege Jacques Vallee hatte Hynek natürlich völlig anders in Erinnerung: als einen Mann, der »nie vergaß, daß hinter den Bemühungen der modernen Wissenschaft, sich mit Atomen, Galaxien und Computern auseinanderzusetzen, eine andere Suche nach einer wichtigeren Wahrheit steht, nämlich die nach der Identität des Menschen und seines ganzheitlichen Bewußtseins«.

Hynek »suchte sich seinen Weg durch dieses Minenfeld mit Vorsicht, wählte seine Auftritte sorgfältig aus, modifizierte seine Erklärungen, riet von vorschnellen Urteilen ab und setzte sich für einen durch und durch wissenschaftlichen Ansatz ein«, erinnerte sich David Jacobs, Autor von *The UFO Controversy in America.* In einem Fachgebiet, das von nicht überprüfbaren Theorien über die Ursprünge des Phänomens, von extravaganten Spekulationen über seine Ziele, verworrenen Phantasien über eine umfassende Verschwörung der Regierungsbürokratie und an das Mittelalter erinnernde Glaubensfehden beeinträchtigt wird, stellt dies eine Leistung dar, die man nicht unterschätzen darf. Der ehemalige Ufo-Forscher Eugene Steinberg sprach mit seinem Nachruf für viele:

> Als Dr. J. Allen Hynek vor über zwanzig Jahren ein wiedergeborener Ufologe wurde, kam ein noch nie dagewesenes Gefühl von Glaubwürdigkeit und des Möglichen auf: Wir würden diese sagenhaften, unheimlichen Scheiben irgendwann in ihrer ganzen außerirdischen Pracht kennenlernen. [...] Das Ansehen des sanften College-Professors verlieh einer nahezu gänzlich diskreditierten, ausgefallenen Studienrichtung eine (wenn auch kurze) Zeit der Erkenntnis und der unerhörten Möglichkeiten. [...] Es ist wahr, daß verstreut auf der Erde noch immer Ufos gesichtet werden. Vielleicht wird man solche Dinge bis ans Ende der Zeiten sehen, aus Gründen, die wir nicht kennen können. Doch für viele ist ihre Realität gestorben, und die Welt wird nie mehr dieselbe sein. [...]

Hynek erzählte Freunden, er wolle die Welt so verlassen, wie er sie betreten habe – »mit dem Kometen«. Am 5. Mai 1910, im Alter von fünf Jahren, hatte man den jungen Allen mit aufs Hausdach genommen, damit er den Kometen Halley sehen konnte. Einige von denen, die ganz früh bei ihm Astronomie studiert hatten, erinnerten sich daran, daß ihnen Hynek gesagt hatte, der Komet werde 1985/86 wiederkommen. *Haltet Ausschau nach ihm*, sagte er. Der Mann, dessen Begriffe Steven Spielberg für den Titel seines Films *Unheimliche Begegnungen der dritten Art* benutzte, hatte einen sprichwörtlichen letzten Wunsch: Er wollte vor seinem Tod den Kometen noch einmal sehen, wie vor ihm Mark Twain, der ihn am Anfang und am Ende seines Lebens gesehen hatte.
Also kletterte Allen Hynek am 26. März 1986 um vier Uhr morgens in seinem Wagen auf den Beifahrersitz mit flachgestellter Rücken-

lehne, ein Kissen unter dem Kopf, die März-Ausgabe von *Sky & Telescope* und ein Fernglas im Schoß; seine Frau Mimi setzte sich ans Steuer, seine langjährige Freundin und Forscherkollegin Jennie Zeidman auf den Rücksitz. Alle drei waren angesteckt von Allens großer Erwartung, und sie fuhren an den am Straßenrand geparkten Wagen von Schaulustigen vorbei und weiter in die Wüste hinein, wo sie auf einer unbefestigten Straße einen ruhigen Platz zum Anhalten fanden.

»Wir drei stiegen aus. Kies knirschte unter unseren Füßen, in der Ferne summte der Verkehr, und man hörte das leise Flüstern von anderen Schaulustigen in der Nähe«, erinnert sich Jennie Zeidman. »Wir hätten in einem Museum sein können oder an einer heiligen Stätte, wo man die Privatsphäre und Gefühle der anderen respektiert.«

Saturn und Mars waren leicht auszumachen. Dann glaubten sie, den Kometen zu sehen, hatten sich jedoch geirrt. Sie richteten ihre Taschenlampen auf die Karten, um es danach nochmals zu versuchen. Hynek lehnte gegen den Wagen. Plötzlich war er da!

»Kein Wunder hatten wir ihn nicht vorher gesehen«, sagt Zeidman. »Er stieg gerade erst auf, sein Schweif strömte wie ein Federbusch von seinem Kopf.« Hynek stand schweigend da, während *sein* mythischer Komet aufstieg und sich die Erde drehte. Bald wußten sie, daß es Zeit war zu gehen, und sie verließen den Ort. Es war alles so schnell vorbei. Hyneks Wunsch war erfüllt worden.

Jennie Zeidman erinnert sich an eine Szene, die sich 1971, also fünfzehn Jahre davor, abgespielt hatte: Allen Hynek hatte sich als Gast in ihr Haus zurückgezogen, um sein Buch *The UFO Experience* (UFO-Begegnungen der ersten, zweiten und dritten Art) zu schreiben. Sie machte sich Gedanken über die Kapitelüberschriften: »Unheimliche Begegnungen der ersten Art«, »Unheimliche Begegnungen der zweiten Art« und so weiter. »Es klingt alles zu abgehackt«, sagte sie.

»Nun«, sagte er, »mir gefallen sie irgendwie. Ich glaube, sie werden bleiben.«

Und sie werden bleiben, ich glaube, für immer, schreibt Jennie Zeidman, jetzt da ihr Freund und Mentor gestorben ist.

Nach Hyneks Tod fragten sich viele, wer – wenn überhaupt jemand – nun seine Vaterrolle in der Ufologie einnehmen konnte. »Eine integrierende Kraft ist von uns gegangen, und es wird Veränderungen geben«, schreibt der britische Ufologe Pete Tate in *Saucer Smear*. »Wenn die Ufologie ihren gegenwärtigen Kurs weiterverfolgt, wird sie als organisierte Interessengruppe in relativ naher Zukunft scheitern.« Der amerikanische Ufo-Forscher David Jacobs widerspricht dem: Er vertritt im Gegenteil die Meinung, die Zukunftsaussichten für die Ufo-Forschung seien vielversprechend, und zwar »allein schon dank dem Ausmaß des Phänomens, dank seiner Beständigkeit, seiner außergewöhnlichen Beziehung zur Gesellschaft und zum Individuum, seiner Faszination und inhärenten Bedeutung«.

Der *Saucer-Smear*-Korrespondent Tom Hackney aus New York sieht, wenn er dasselbe Terrain überblickt, die Ufologie nach der Hynek-Ära reichlich anders, nämlich als »einen glanzlosen Haufen von ›Spezialisten‹, dilettantischen Lumpensammlern, Angebern, Halbgöttern, Publicity-Geilen, Mitgiftjägern, Verkorksten, Witzbolden, Wunschdenkern, hargesottenen Esoterikern, verblendeten Seelenmasseuren, Schwachsinnigen, Psychotikern mit aufgerissenen Augen, religiösen Fanatikern und vielen anderen Affen«. Und Dennis Stillings, skeptisch gegenüber allem, was er als das ewige Wunschdenken ETI-befürwortender Ufologen betrachtet, bezeichnet das Fachgebiet als »einen Tummelplatz für Pfuscher und Stümper«.

Wenn die Ufo-Forschung ein derart weites Feld abzudecken vermag, sollten die surrealen Ereignisse der folgenden Jahre – und die ebenso phantastischen Debatten, die sie hervorriefen – niemanden mehr erstaunen, der die Ufo-Abenteuer der vergangenen vierzig Jahre verfolgt hat. Schon bald wird unmißverständlich klar: Es wird keinen neuen Vater geben, nur neue Splittergruppen – und natürlich unzählige alte.

Whitley Strieber tritt auf. Anfang 1986 stand er in der Tür eines führenden Ufo-Forschers, verzweifelt auf der Suche nach Hilfe, um mit den schrecklichen Nachwirkungen seiner Entführung durch nichtmenschliche »Besucher«, wie er sie nannte, fertigzuwerden. Innerhalb weniger Monate sollte ihm dieser Forscher vorwerfen, er habe ihn aus persönlichen und beruflichen Interessen mißbraucht. Als Strieber von der Ufo-Bühne einige Jahre später wieder abtrat, war er Autor zweier autobiographischer Bestseller, in denen er seine bizarren Begegnungen mit Außerirdischen schildert, und wurde als solcher von der orthodoxen Ufologie als ein von den Wahnvorstellungen seiner ausschweifenden Phantasie getäuschter Mann fallengelassen – von Tausenden jedoch als eine Art Prophet gefeiert, als moderner Seher, der über den Rand des Unbekannten hinauszusehen vermag.

Wer ist Whitley Strieber – und wer sind seine »Besucher«?

Strieber war in den siebziger Jahren als Autor von Horrorromanen bekannt geworden, darunter *The Wolfen (Wolfsbrut)*, eines kommerziell erfolgreichen und von der Kritik gefeierten Romans über graue Kreaturen, die sich nach Striebers Beschreibung, »in den Falten des Lebens versteckten und ihre enorme Intelligenz dazu benutzten, Lebewesen als natürliche und ihnen angemessene Beute zu jagen«. Später betätigte sich der Berufsschriftsteller als Mitautor von zwei Sachbüchern, die sich jedoch schlecht verkauften. So beschloß Strieber am Scheideweg seiner Laufbahn, sich wieder der Belletristik zuzuwenden. 1985 arbeitete er an einem historischen Roman, der in Rußland spielt.

Dann aber begann, nach allem, was man hört, sein Leben vollkommen auseinanderzubrechen.

In den Tagen nach Weihnachten 1985 verfiel Strieber in eine so schwere Depression, daß er weder weiterschreiben noch das bereits Geschriebene überarbeiten konnte. Während eines Aufenthalts mit seiner Frau Anne und ihrem kleinen Jungen Andrew in ihrer Blockhütte in Upstate New York begann Strieber gegen seine Familie und gegen seine Freunde ausfallend zu werden, geriet durch alltägliche Vorfälle völlig aus dem Häuschen und hatte Angst, es könnten sich nachts »seltsame Leute« in ihrem Haus

verstecken. Er gewöhnte sich an, heimlich in den Schränken und unter den Betten nachzusehen, bevor er sich schlafenlegte, und behielt stets eine Schrotflinte in der Nähe. All dies, obwohl er die in einer friedlichen Gegend auf dem Land gelegene Blockhütte bereits mit einer teuren Alarmanlage ausgestattet hatte.
Die psychischen Symptome waren begleitet von einer unerklärlichen Infektion am Zeigefinger seiner rechten Hand und von Schmerzen am Darmausgang, deretwegen er kaum noch sitzen konnte. Anfälle extremer Müdigkeit wechselten sich ab mit grippeähnlichen Schüttelfrösten. Er war überzeugt, daß er die ganze Zeit beobachtet wurde, und hatte das Gefühl, sich vor einer umfassenden Bedrohung schützen zu müssen. Es wurde so schlimm, daß er glaubte, er müsse die Blockhütte und die Wohnung in Greenwich Village verkaufen und in seine Heimatstadt Austin in Texas ziehen. Schon hatte er angefangen, ein Haus in Texas zu suchen, da gelangte er wieder zur Überzeugung, daß sie doch in New York bleiben müßten. Anne, die das manische Verhalten ihres Mannes nicht mehr ertrug und sich von seiner Paranoia und seinen verbalen Attacken zunehmend bedroht fühlte, erwog, die Scheidung einzureichen.
Laut Strieber war der 3. Januar 1986 der Tag, an dem er begriff, was mit ihm geschah: »Das Chaos ordnete sich zu einer Reihe klarer Bilder. Als ich sah, woraus sie bestanden, verging ich fast vor Entsetzen und Unglauben.« Strieber erinnerte sich daran, daß er mitten in der Nacht aus seinem Schlafzimmer entführt und an einen abgeschlossenen Ort gebracht wurde und dort von vier verschiedenartigen Formen nichtmenschlicher Geschöpfe einer Reihe von grauenhaften Operationen unterzogen wurde: von kleinen, roboterähnlichen Wesen, kleinen stämmigen Geschöpfen in dunkelblauen Overalls mit breiten Gesichtern, tiefliegenden Augen und Boxernasen, größeren, schlanken Kreaturen mit vorstehenden, mesmerisierenden schwarzen Augen und einer Gruppe »kauernder« Wesen mit runden, schwarzen Knopfaugen.
Vielleicht waren seine Erinnerungen aber auch gar nicht real. *»Vielleicht wirst du verrückt, vielleicht hast du auch einen Gehirntumor«*, sagte er sich. So oder so hatte Whitley Striebers Leben eine

katastrophale Wendung genommen. Hier, zusammengefaßt nach seinem Buch *Communion (Die Besucher)*, das Erlebnis, an das er sich erinnerte:
Am Abend des 26. Dezember, nach dem Abendessen aus Resten des Weihnachtsessens mit Frau und Kind, machte Strieber, bevor er zu Bett ging, auf der Suche nach möglichen Eindringlingen seine heimliche Runde durchs Haus und schaltete die Alarmanlage ein. Mehrere Stunden später wachte er auf und hörte ein »eigentümlich heulendes, sausendes Geräusch aus dem Wohnzimmer unten«, so als ob sich zahlreiche Menschen sehr schnell in dem Zimmer bewegten. Voller Angst und Schrecken prüfte Strieber die Schalttafel der Alarmanlage neben seinem Bett und sah, daß sie noch immer eingeschaltet war.
Er gibt zu, daß das, was er als nächstes tat – wieder ins Bett zurückgehen –, angesichts seiner Angst keinen Sinn ergibt. »Wenn etwas sehr seltsam ist, reagiert man darauf häufig anders, als man denkt. Der Verstand scheint instinktiv abzuschalten.« Dann merkte Strieber, wie sich die Doppeltür zu seinem Schlafzimmer langsam öffnete.
Er sagt, er habe sich gefragt, ob er noch normal sei, und sich bei vollkommen klarem Verstand befunden. Sein Herz begann heftig zu schlagen. Was mochte die Tür bewegt haben? Dann fand er es heraus. Eine »gedrungene Gestalt« mit einem glatten, runden Hut mit starrer Krempe – eine Gestalt mit »zwei dunklen Augenlöchern und einer dunklen, nach unten gezogenen Mundlinie, die später zu einem O wurde« – kam ins Zimmer gestürzt und ans Bett, wo Strieber jetzt aufrecht neben seiner schlafenden Frau saß.
Als nächstes erinnert sich Strieber daran, wie er gelähmt, ohne jedes Gefühl und in einem Zustand äußerster Panik aus dem Zimmer gezaubert wurde. Nachdem er in Ohnmacht gefallen war, wachte er wieder auf und fand sich in einer Mulde im Wald wieder, war jedoch überrascht, daß auf der grauen Erde kein Schnee lag. Immer noch unfähig, sich zu rühren, erspähte er aus den Augenwinkeln einige der obengenannten Geschöpfe. Zu seiner Rechten machte sich ein Wesen in einem dunkelblauen Overall »anscheinend an der rechten Seite meines Kopfes zu schaffen«. Dann hatte

Strieber den Eindruck, daß Zweige sein Gesicht streiften und er plötzlich »über den Bäumen« war.
Jetzt saß er in einem engen, stickigen »runden Raum, in dem ein schreckliches Durcheinander herrschte«, wo ihn eine solche Angst erfüllte, »daß sie meine Persönlichkeit auszulöschen schien«. Rings um ihn her bewegten sich winzige Wesen mit einer Geschwindigkeit, die er »beunruhigend« und »abstoßend« fand. Eines davon zeigte ihm ein winziges graues Kästchen mit Schiebedeckel, in dem eine »stark glänzende, haarfeine Nadel« lag. Strieber war in dem Augenblick klar, daß sie vorhatten, die Nadel in sein Gehirn einzuführen.
Halt, beschwor er sie, »ihr werdet meinen Verstand ruinieren.« Doch es half alles nichts. »Dann gab es einen Knall und einen Blitz.« Sie hatten den Eingriff ausgeführt; Strieber erinnert sich, wie er »in eine Wiege aus winzigen Armen niedersank«. Doch das Schlimmste sollte ihm noch bevorstehen. Nachdem er in eine Art kleinen Operationssaal gebracht worden war, zeigte man ihm einen »abstoßenden Gegenstand«, der »grau und schuppig war, mit einer Art Netz aus Kabeln am Ende«. Als sie dieses dreißig Zentimeter lange, schmale, triangelförmige Objekt in seinen After stießen, verwandelte sich seine Angst zum ersten Mal in Zorn. Er fühlte sich vergewaltigt.
Strieber erinnerte sich noch, daß ihm seine Entführer danach einen schmerzlosen Schnitt am Zeigefinger zufügten. »Und hier enden meine Erinnerungen. Am nächsten Tag war alles aus meinem Gedächtnis gelöscht.« Er fand sich in seinem Bett wieder, kämpfte »mit einem unbestimmten Gefühl des Unbehagens. Ich hatte eine sehr intensive Erinnerung daran, eine Schleiereule gesehen zu haben, die mich in der Nacht durch das Fenster angestarrt hatte.«
Dies führt uns wieder in die Tage seines Unwohlseins kurz nach Weihnachten zurück, als er eine ausgeprägte und verhängnisvolle Persönlichkeitsveränderung durchmachte, die in der eben beschriebenen Erinnerungsflut gipfelte. Nicht mehr in der Lage zu schreiben und zunehmend verängstigt von dem, was ihm zustieß, versuchte Strieber, ein Buch zu lesen, das ihm sein Bruder geliehen hatte: *Science and the UFOs* (Wissenschaft und Ufos). Strieber

beteuert, nie zuvor ein Buch über fliegende Untertassen gelesen oder sich auch nur für das Thema interessiert zu haben. Doch weil es ein Buch von seinem Bruder war, las er es. Als er zum Kapitel über das »archetypische Entführungserlebnis« kam, in dem Begegnungen beschrieben wurden, die seiner eigenen auf furchterregende Weise glichen, verfiel er in ein schockiertes Schweigen. Dann schlug er das Buch zu, »als wäre eine giftige Schlange darin«. *Niemand darf jemals davon erfahren, nicht einmal Anne.* Er beschloß, die Erinnerungen zu verdrängen und weiterzuleben, als ob nichts geschehen sei. Das erwies sich jedoch als unmöglich. Ihm fiel ein, daß in dem Buch ein gewisser Budd Hopkins erwähnt wurde, ein New Yorker Künstler und Spezialist für Entführungen durch Außerirdische. Als Strieber wieder in Manhattan war, fand er Hopkins im Telefonbuch. »Aber konnte ich ihn einfach anrufen? Was sollte ich ihm sagen? Kleine Männchen, fliegende Objekte, das klang ja idiotisch.« Strieber kam zu dem Schluß, daß ihm zwei Möglichkeiten blieben: Budd Hopkins anzurufen oder zum Fenster rauszuspringen. Er rief an.

Kaum hatte er ihm ein wenig von seiner Geschichte am Telefon erzählt, bat ihn Hopkins, in seine Wohnung zu kommen, die nur zehn Minuten von Striebers entfernt lag. »Hopkins war ein großer, kräftiger Mann mit einem der gütigsten Gesichter, die ich jemals gesehen habe«, schrieb er später. Bei der ersten von vielen Zusammenkünften erfuhr Hopkins, daß er mit seinem Leiden nicht allein war, daß viele andere ähnliche Qualen durchgemacht hatten. »Mit einem Mal wollte ich nicht länger alles verdrängen, sondern es verstehen«, sagte er und spürte zum ersten Mal seit Wochen wieder Boden unter den Füßen.

Doch die Begegnung der beiden war noch aus einem anderen Grund schicksalhaft. Sie kennzeichnete das erste Kapitel in einer Beziehung, die mit der gemeinsamen Verpflichtung begann, Striebers Selbstwertgefühl wiederherzustellen, aus der mit der Zeit beträchtliche ideologische Differenzen zwischen zwei komplexen Persönlichkeiten erwuchsen und die schließlich unter bitteren Bezichtigungen, bis zu Opportunismus, Geistesgestörtheit und Betrug, zum vollständigen Bruch führte.

Hopkins sagt, am deutlichsten erinnere er sich an Striebers extreme Angst anläßlich ihres ersten Treffens. »Als ich ihn kennenlernte, war Strieber der am tiefsten verängstigte und verwirrteste von den mehr als zweihundert Entführten, mit denen ich anderthalb Jahrzehnte lang zu tun hatte«, meint Hopkins. »Er war der einzige Entführte, der sich als selbstmordgefährdet beschrieb, und der einzige, der absolut darauf bestand, einen Psychiater zu konsultieren, bevor für die Ermittlungen eine regressive Hypnose vorgenommen werden konnte.«

Auf Hopkins' Vorschlag hin ging Strieber zu Donald Klein an der staatlichen psychiatrischen Klinik von New York. Während der ersten Sitzung, bei der Hopkins anwesend war, erinnerte sich Strieber an weitere Einzelheiten seiner Entführung. Die Gestalt, die sich seinem Bett näherte, berührte mit einem Stab mit silberner Spitze seinen Kopf, worauf Strieber Bilder sah, wie die Welt in einer gewaltigen Apokalypse zerstört wurde. In späteren Sitzungen erinnerte sich Strieber daran, von einem offensichtlich weiblichen Wesen sexuell erregt worden zu sein, das er als alt, mit einem großen kahlen Kopf beschrieb, mit vorstehenden Augen, die ihn an einen »Käfer« erinnerten.

Laut Hopkins rief ein eigenartig aufgekratzter Strieber täglich bei ihm an, »erzählte von häufigen neuen Begegnungen, oder was er dafür hielt, und legte neue Theorien über das Wesen und die Ziele seiner ›Besucher‹ dar. Seine Anrufe waren oft von verzweifelten Gefühlsausbrüchen erfüllt und in ihrer mystischen Komplexität wie ein Labyrinth.« Bereits während der ersten Monate seiner Therapie begann Strieber an einem Buch über sein Erlebnis zu arbeiten. Hopkins drängte ihn, diesen Entscheid nochmals zu überdenken und zu warten, bis er etwas Distanz dazu gewonnen habe. Strieber lehnte den Vorschlag jedoch ab; er wollte das Buch schreiben, solange seine Erinnerungen noch frisch waren.

Die Frage nach der Verläßlichkeit von Striebers Gedächtnis wurde von zentraler Bedeutung in den zwei ersten Zwischenfällen, die einen scharfen Keil zwischen ihn und Hopkins trieben. Die junge Entführte Kathy Davis, die Hauptperson in Hopkins' Buch *Eindringlinge*, kam nach New York, um ihre Hypnosesitzungen mit

Hopkins weiterzuführen. Strieber wollte sie kennenlernen, und so arrangierte Hopkins ein Treffen zum Lunch. Laut Davis begann Strieber sie während des Essens anzustarren und sagte, er müsse ihr etwas erzählen ... doch nein, er erzähle es ihr besser nicht, es würde sie aufregen. Anderseits sollte er es ihr vielleicht doch besser erzählen ... aber nein, wahrscheinlich sei es am besten, wenn er es nicht tue. Dies dauerte so lange, bis Kathy Davis reichlich nervös war, und da beschloß Strieber, es ihr doch zu erzählen.

»Kathy, ich glaube, ich habe dich schon einmal gesehen, in einem Ufo, aber du warst nicht mit dem ganzen Körper da. Nur dein Kopf war da, er lebte und stand in einem Regal.« Kathy Davis, die Strieber erzählt hatte, wie verletzlich, verwirrt und verängstigt sie seit ihrem Entführungserlebnis war, packte das nackte Entsetzen – und eine plötzliche, überwältigende Furcht vor dem Mann, der ihr gegenübersaß. Als sie in Hopkins' Wohnung zurückkehrte, rief Strieber an, um sich zu entschuldigen. Es sei zu spät, sagte Hopkins, den der Vorfall in seinem wachsenden Glauben bestärkte, daß Striebers Persönlichkeit im Laufe der Psychotherapie bei Klein nicht geordneter, sondern zerrütteter wurde.

In einem Interview fragte ich Strieber, ob er Kathy Davis wirklich erzählt habe, daß er ihren abgetrennten Kopf in einem Regal in einem Ufo gesehen habe. »Natürlich nicht«, antwortete er entrüstet. Ich hielt ihm entgegen, daß Kathy Davis unter Eid das Gegenteil ausgesagt hatte und daß sowohl sie als auch Hopkins' Frau April bezeugten, gehört zu haben, wie Strieber Hopkins anrief, um sich zu entschuldigen. »Hören Sie, ich habe Budd eine Zeitlang oft angerufen, aus verschiedenen Gründen, aber ich wiederhole, ich habe keine derartige Bemerkung zu Kathy Davis gemacht.« Nach einer Pause begann Strieber, diesmal in sanfterem Ton, wieder zu sprechen. »Doch was ich höchst interessant finde, ist die Tatsache, daß Kathy Davis wirklich glaubt, ich hätte diese Bemerkung gemacht ... *und Budd glaubt es auch.*« Dann sagte er, er habe dieser Angelegenheit nichts weiter hinzuzufügen.

Unwiderruflich zerbrach die Beziehung zwischen Whitley Strieber und Budd Hopkins über einer für beide wichtigen beruflichen

Angelegenheit. Anfang 1987, wenig mehr als ein Jahr nach ihrem ersten Treffen, hatte Strieber *Die Besucher* und Hopkins *Eindringlinge* etwa gleichzeitig soweit fertiggestellt, daß die Manuskripte in Druck gehen konnten. Ohne Hopkins' Wissen schrieb Strieber einen Brief an Hopkins' Verlagshaus Random House und legte den Verantwortlichen nahe, die Veröffentlichung von *Eindringlinge* zu verschieben, damit dieses Buch nicht von dem zu erwartenden Bestseller *Die Besucher* in den Schatten gestellt werde. Strieber ging in seinem Brief von der Annahme aus, er erweise seinem Freund damit einen großen Gefallen

Als Hopkins von seinem Verleger davon erfuhr, war er empört und fühlte sich betrogen. Strieber hatte anläßlich eines gemeinsamen Essens mit Hopkins und seiner Frau drei Tage davor den Brief mit keinem Wort erwähnt, obwohl er zu dem Zeitpunkt bestimmt schon den Entschluß gefaß hatte, ihn zu schreiben. Hopkins begann eine Gesetzmäßigkeit in Striebers Handlungen zu erkennen. Monate zuvor hatte ihm Strieber erzählt, er habe die Alarmanlage in seiner Blockhütte installiert und sich Waffen besorgt, weil rechtsradikale Terroristen gedroht hätten, seinen Sohn zu entführen. Laut Hopkins hatte Strieber später zugegeben, daß er die Geschichte aus »Angst« erfunden habe. Bei einer anderen Gelegenheit hatte (ebenfalls laut Hopkins) ein tränenüberströmter hysterischer Strieber Hopkins erzählt, die CIA habe sich gegen ihn verschworen, um zu verhindern, daß *Die Besucher* veröffentlicht werde. Hopkins zog daraus den Schluß: *Dieser Mann ist gestört, und man darf seinen Worten nicht mehr trauen.* Unmittelbar darauf schrieb er Strieber einen Brief, mit dem er seine Beziehung zu ihm abbrach:

> Ich kenne niemanden außerhalb der Familie Strieber, der oder die Dir zustimmt, daß Dein Antrag bei meinem Verleger zu meinem Wohl gewesen sein soll. [...] Hast Du geglaubt, ich würde mich freuen oder es sei mir egal, wenn Du mich auf diese Art hintergehst und an meinen Verleger schreibst? [...] Whitley, solltest Du wirklich geglaubt haben, daß Random House aufgrund Deines Briefes seine Pläne

> ändert und daß ich – der Mann, von dem Du gesagt hast, er habe Dein Leben gerettet – nicht zornig werden würde über Deine Einmischung, hast Du jeglichen Bezug zur Realität verloren.

Als ich Strieber interviewte, versicherte er mir, Hopkins habe seine ehrlichen Absichten mißverstanden, weil dieser, laut Strieber, »die Tatsache nicht akzeptieren konnte, daß ich das sogenannte Entführungsphänomen als ein *im Grunde* positives Erlebnis betrachte – für mich und für viele andere. Budd ist so stark seiner ›Eindringlings/Invasoren‹-These verhaftet, daß er keinen anderen Standpunkt akzeptieren kann. In meinen Büchern mache ich deutlich, wie wahrhaft bizarr und rätselhaft das Erlebnis des Besuchs tatsächlich ist, und ich bin nicht davor zurückgeschreckt, es auch auf seine tief religiösen Implikationen hin zu untersuchen. Deshalb hatten meine Bücher ein so großes Echo. *Eindringlinge* war dagegen im großen und ganzen ein Mißerfolg.«
Immerhin schaffte Hopkins mit *Eindringlinge* den Sprung auf die Bestsellerliste der *New York Times*, wenn er auch nie den ersten Platz erreichte, den Strieber 1987 mehrere Monate lang innehielt, was zuvor noch kein Ufo-Titel geschafft hatte. Sowohl in *Die Besucher* als auch in dessen Fortsetzung *Transformation* ging Strieber weit über den Bezugsrahmen fliegende Untertassen hinaus und gab sich im Einklang mit seinen jahrelangen eklektischen spirituellen Reisen visionären Spekulationen hin:

> Möglicherweise ist die Menschheit der Schoß der Engel. [...] Wir dürfen Zeugen sein, wie der Prozeß der Evolution aussieht, wenn er auf den bewußten Verstand angewandt wird. [...] Ein neues Denken ist vonnöten, um diese Materie zu verstehen – den Determinismus ein für allemal hinter sich zu lassen. Es ist möglich, sich reale, physische Wesen vorzustellen, die aus nichtphysischen Erfahrungen hervorgehen, und sich ihnen gegenüber so zu verhalten, als wäre ihre Existenz vollumfänglich erwiesen – und dann wieder alles in Frage zu stellen. [...] Wir lernen endlich, bewußt

> Begleitung Gottes zu werden, zumindest einige von uns [...] jene, die dabei sind, das Erscheinen des heiligen Bewußtseins in der physischen Welt zu entmythologisieren. Meiner Meinung nach gehört das Besucher-Erlebnis ebenfalls zu diesen Anstrengungen.

Eine Rezension in *Nation* ließ durchblicken, Strieber habe als professioneller Romanschriftsteller seine Geschichte einfach aufgrund dessen, was er über Entführungen durch Außerirdische gelesen habe, erfunden und als Tatsachenbericht verkauft. In der Tat beschreibt Strieber in seinen Romanen wiederholt Leute, die an Persönlichkeitszerfall leiden, und hat darin auch die bevorstehende Apokalypse zum Thema. Im Roman *The Night Church (Die Kirche der Nacht)* hat ein Zauberstab eine verheerende Wirkung auf den Geisteszustand der Hauptfigur. In *Communion (Die Besucher)*, mit dem Untertitel »Eine wahre Geschichte«, führen Außerirdische eine Nadel in Striebers Schädel ein und klopfen ihm mit einem Zauberstab auf den Kopf, was eine furchterregende Vision allumfassender Zerstörung hervorruft. Der Autor/Protagonist beteuerte, diese Themen seien in seinen frühen Romanen noch nichts anderes als »Deckerinnerungen«, Motive also, die noch nicht ins Bewußtsein gedrungene Begegnungen mit seinen »Besuchern« während seines ganzen Lebens verbargen. Andere zogen andere Schlußfolgerungen. In seinem Essay »Dying Worlds, Dying Selves« (Sterbende Welt, sterbendes Selbst) schrieb Martin Kottmeyer, daß Striebers »Jugend bekanntlich vollkommen mit der Anleitung übereinstimmt, wie man einen Paranoiker erzeugt: eine traumatische Kindheit, eine stolze, ehrgeizige Familie, der Sündenfall in den finanziellen Ruin und die gesellschaftliche Ächtung, Zurückweisungen und ein darauffolgender Rückzug auf sich selbst«. Die technikorientierten Durchschnitts-Ufologen, denen Striebers offen eingestandenes langjähriges Interesse für Mystik, Schamanismus und Hexerei verdächtig war, kamen ihrerseits zu dem Schluß, Strieber sei wahrscheinlich tatsächlich entführt worden, habe seiner metaphysischen Phantasie nach dem Erlebnis jedoch allzu freien Lauf gelassen. Vom psychoanalytischen Stand-

punkt aus rätselte man vor allem über die symbolischen Implikationen der »Aftersonde« in seinem Entführungsbericht. Und wie wir gesehen haben, begegnete Budd Hopkins Strieber zu guter Letzt mit unverhohlenem Mißtrauen – eine Haltung, die auf Gegenseitigkeit beruhte.
Es tauchte kein entscheidendes Beweismaterial auf, das irgendeine dieser Theorien und Reaktionen außer Kraft gesetzt hätte – wie immer im ufologischen Universum. Doch ganz abgesehen davon, wie das auserwählte Enfant terrible der Ufologie in einem psychologischen Kreuzfeuer zur Abklärung seiner charakterlichen Integrität, der Kohärenz seines Egos und der Anfälligkeit auf Phantasien auch abgeschnitten hätte, rührten die Ideen in Whitley Striebers gutkonstruierten Büchern doch direkt an einen Nerv bei vielen, für die bereits die erzählerische Struktur unerschrocken etwas ganz Ursprüngliches bezeugte – wie dies Jahrhunderte zuvor bereits in der epischen Erzählung eines anderen Reisenden der Fall gewesen war, nämlich bei Dante:

Als ich auf halbem Wege stand unseres Lebens,
Fand ich mich einst in einem dunklen Walde,
Weil ich vom rechten Weg verirrt mich hatte;
Gar hart zu sagen ist's, wie er gewesen,
Der wilde Wald, so rauh und dicht verwachsen,
Daß beim Gedanken sich die Furcht erneuet;
So herb, daß herber kaum der Tod mir schiene:
Doch eh' vom Heil, das drin mir ward, ich handle,
Meld' ich erst andres, was ich dort gewahrte.

Gemäß *Webster's New World Dictionary* ist ein Labyrinth »eine Struktur mit verschlungenen Wegen, denen man schwer folgen kann, ohne sich zu verirren«. Willkommen im Reich der Sichtungen von Gulf Breeze, einer komplexen Reihe von Begegnungen, die wie die Billy-Meier-Affäre, mit der sie schon bald verglichen wurde, für manche den langersehnten Durchbruch darstellte, für andere dagegen einen Konkurrenten der Schwergewichtsklasse für den Titel des berüchtigtsten Betrugs in der Geschichte der Ufos. Und wie immer im Kosmos der Ufologie *konnte* es nur das eine oder das andere sein.

Die Geschichte beginnt am 11. November 1987: Ed Walters, ein Bauunternehmer und Planer in der sechstausend Einwohner zählenden Stadt Gulf Breeze in Florida, sah hinter einer hohen Kiefer im Garten seines Vorortshauses ein ungewöhnliches Licht. Neugierig stand er vom Schreibtisch seines Arbeitszimmers auf und ging nach draußen, um die Quelle des Lichts besser sehen zu können: es war ein kegelförmiges Gefährt mit einer Reihe dunkler Quadrate und verschiedenen kleineren Öffnungen (»Bullaugen«) dazwischen und unten einem leuchtenden Ring.

Walters rannte ins Haus zurück, um seine alte Polaroidkamera zu holen, und kehrte gerade rechtzeitig in den Garten zurück, um ein Foto zu machen, als das Objekt hinter der Kiefer hervorkam. Er machte drei weitere Fotos, während das Gefährt langsam Richtung Nordosten schwebte. Als Walters ebenfalls in diese Richtung rannte, um noch mehr Aufnahmen zu machen, schoß das Ufo – es befand sich jetzt direkt über ihm – einen blauen Strahl ab, der ihn zuerst lähmte und dann mehrere Fuß vom Boden abhob. Ein durchdringender Geruch wie von Ammoniak, gemischt mit einer Prise Zimt, versengte seine Kehle und trocknete sie aus, so daß er glaubte, ersticken zu müssen.

Als Walters zu schreien begann, schnarrte eine Stimme in seinem Kopf: »Wir werden dir nichts tun.« Walters schrie weiter. Dieselbe computerähnliche Stimme in seinem Kopf antwortete: »Beruhige dich.« Walters schrie zurück: »Laßt mich runter!« Die Stimme in seinem Kopf wurde beharrlicher: *»Hör auf.«* Schließlich kam Walters zur Sache: »Scheißkerle!« Daraufhin war sein Kopf zu seinem noch blankeren Entsetzen erfüllt von aufblitzenden »Hundebildern«, die einander zum Klang einer Frauenstimme ablösten, als blättere jemand rasch die Seiten in einem Buch um. So überstürzt, wie er hochgehoben worden war, wurde Walters jetzt unsanft aufs Pflaster fallengelassen, der blaue Strahl war weg. Und als er zum Himmel hochsah, war auch das Ufo weg.

Walters entdeckte, daß sein Sohn vor dem Fernseher bei voller

Lautstärke eingeschlafen war und die ganze Szene verpaßt hatte. Als seine Frau Frances zurückkam, bemerkte sie sofort die Angst ihres Mannes und den schrecklichen Ammoniak-Zimt-Geruch, der an ihm haftete. »Ed, was ist los mit dir?« fragte sie. Er erzählte es ihr. Später erfuhren auch die Kinder, was vorgefallen war.
Das Ufo-Abenteuer von Gulf Breeze hatte begonnen.
Mehrere Tage später suchte Walters Duane Cook, den Herausgeber des *Gulf Breeze Sentinel*, auf und sagte, ihm seien die Ufo-Fotos – zusammen mit einem Brief – von einem Mr. X, der anonym bleiben wolle, anvertraut worden. Cook druckte die Fotos und den Brief, dazu die Bitte um Informationen von allen, die wußten, was da vor sich ging. Mehrere Anwohner meldeten sich und behaupteten, sie hätten das Objekt auf den Fotos auch gesehen. Im Verlauf der folgenden sechs Monate hörte Walters weiterhin innere Stimmen, manchmal auf Spanisch: »Du kannst ihnen nicht entkommen. Sie werden dir nicht weh tun. Nur ein paar Untersuchungen. Das ist alles.« Die Stimme forderte ihn beharrlich auf, keine Fotos mehr zu machen. *Laßt mich in Ruhe*, entgegnete Walters.
Dieses Glück sollte weder ihm noch seiner Frau beschieden sein. Am 2. Dezember sah Frances das Ufo zum ersten Mal, während Ed, der neben ihr stand, Stimmen hörte, die sich auf Spanisch darüber unterhielten, wie »Entführer« Babys mit Bananen fütterten. Ed machte anlässlich dieser Sichtung erneut Fotos. Später in derselben Nacht wachte er vom Bellen seines Hundes auf und begegnete einem etwas über einen Meter großen humanoiden Wesen mit großen schwarzen Augen, das vor der vergitterten Veranda stand. Die Gestalt hielt einen silbernen Stab in der rechten Hand. Laut Ed starrte ihn das Wesen »mit Augen an, die keine Furcht zeigten. Augen, die ruhig waren. Augen, die fast traurig waren. Augen, die irgendwie merkwürdig schienen.«
Ed stürzte sich auf das Wesen und verfolgte es, so gut er konnte. Da erfaßte ein blauer Strahl sein Bein, und Frances sah außer sich vor Entsetzen, wie ein Ufo, das etwa fünfzehn Meter über ihm schwebte, begann, ihn am Bein anzuheben. Bei zwei späteren Anlässen wurde dasselbe oder ein ähnliches Ufo von den beiden

Kindern der Walters gesehen sowie von einem Freund der Familie, während Ed eine Videoaufnahme davon machte, wie es hinter einem Baum vorüberglitt.

Am 12. Januar 1988 fuhr Walters auf einer verlassenen Landstraße und wurde von einem gleißenden weißen Blitzlicht geblendet, das seine Arme und Hände mit einem Gefühl von »Nadelstichen« erfüllte. Rund hundertfünfzig Meter vor seinem Lieferwagen schwebte ein Ufo. Walters stieg aus und kroch zum Schutz unter den Wagen. Während er das Ufo fotografierte, erfüllten die folgenden Worte seinen Kopf: »Du bist in Gefahr! Wir werden dir nicht weh tun. Komm hervor.« Da er erkannte, was die Botschaft in Wirklichkeit verhieß, verharrte Walters geduckt unter dem Wagen. Daraufhin schoß das vierzehn Meter lange Gefährt fünfmal hintereinander einen Strahl auf die Straße und setzte dabei jedesmal ein bizarres Wesen ab, die im Gleichschritt auf ihn zumarschierten, jedes mit einem silbernen Stab in der Hand. Walters begann sie aufs gröbste zu beschimpfen. Doch da die entschlossene Abordnung grotesker Figuren nicht dazu zu bewegen war, sich zurückzuziehen, sprang er in seinen Lieferwagen und raste davon.

Nach Eds Begegnung vom 1. Mai 1988, die, wie sich herausstellen sollte, seine letzte sein sollte, trat die uns von früheren Fällen – Betty und Barney Hill, Charlie Hickson und Calvin Parker, Pfarrer Gill, Lonnie Zamora – vertraute Abfolge in ihre nächste Phase. Wie ein Zirkus, der in die Stadt rollt und seine Zelte aufbaut, begann die Untersuchung von Ed und Frances Walters' außergewöhnlichen Behauptungen.

Die erste Hürde nahm Ed ohne Schwierigkeiten – die obligaten Lügendetektor- und psychopathologischen Tests: keiner davon wies auf Täuschung oder Schwindel hin. Niemand zeigte sich überrascht, daß Philip Klass – sofort zur Stelle und darauf eingestellt, sämtliche Behauptungen zu Walters' Gunsten sofort zu entlarven – derlei Tests an sich für ungenau erklärte. (Als sich Ufo-Zeugen in früheren Fällen geweigert hatten, sich einem Lügendetektortest zu unterziehen, hatte Klass diesen umstrittenen Tests viel mehr Bedeutung beigemessen. »Vermindere die Glaubwürdigkeit des Zeugen, Punkt«, schien eine seiner Faustregeln zu sein.)

Von da an konzentrierte sich die Debatte auf Eds Fotos; es waren in der Mehrzahl ziemlich scharfe und deutlich erkennbare Aufnahmen eines unkonventionellen Flugkörpers, der aussah wie ein Lampion. Der einzige andere Fall mit so scharfen Fotos und ausgedehnten Kontakten war der von Billy Meier. »Das Ganze war fast zu einleuchtend, um wahr zu sein«, schrieb Budd Hopkins in seiner Einführung zu Ed und Frances' späterem Buch *The Gulf Breeze Sighting (Ufos. Es gibt sie)*. Er habe schon immer vorausgesagt, daß gute Nahaufnahmen von Ufos unweigerlich als Fälschungen eingestuft würden; »und dies schien nun einzutreffen.«

Einen entscheidenden Unterschied zwischen Fall Meier und Fall Walters hielt Hopkins jedoch fest. Im erstgenannten waren später kleine Modelle gefunden worden, die wie die »Strahlenschiffe« auf Meiers Fotos aussahen. In einem Statement, das ihn und andere, die den Fall Walters ebenfalls für bare Münze nahmen, noch heimsuchen sollte, beteuerte Hopkins, es gebe keinen Hinweis auf einen Betrug dieser Art von seiten Eds oder Frances'. Zum Zeitpunkt, da er diese Aussage machte, hatte er auch durchaus recht.

Wie immer gingen die Meinungen – bei Fachleuten und Laien – auseinander. Der Optikspezialist und langjährige Ufo-Befürworter Bruce Maccabee fand keinen Hinweis auf einen Schwindel auf den Fotos, während Nasa-Forscher Robert Nathan die Fotos für »verdächtig« hielt und sich nicht für ihre Authentizität verbürgen wollte. Philip Klass wies darauf hin, daß die meisten Fotos mit einer alten Polaroidkamera aufgenommen worden seien und daß man damit ohne weiteres Doppelbelichtungen machen könne, wenn man den Film nach der ersten Aufnahme in der Kamera lasse. Ed Walters konterte, er habe keineswegs Doppelbelichtungen gemacht, er habe nicht einmal gewußt, daß so etwas mit einer einfachen Polaroidkamera überhaupt möglich sei.

Seine Glaubwürdigkeit erlitt jedoch einen schweren Knacks, als Zan Overall – bekannt als zwar unnachgiebiger, den Ufos jedoch grundsätzlich positiv gegenüberstehender Ermittler – aufdeckte, daß Walters ein gutes Jahr, bevor er öffentlich behauptet hatte, keine Ahnung von dieser Technik zu haben, auf Partys mit seiner alten Polaroidkamera derartige Überlagerungsfotos gemacht hatte. Overall fand ein Foto, das Ed an einem Kinderfest aufgenommen hatte. Nach Angaben von mehreren Teenagern, die dabeigewesen waren, hatte Ed vorausgesagt, daß auf dem Foto eines bestimmten Mädchens ein »Gespenst« über seiner Schulter erscheinen werde. Und siehe da, das Bild eines »Gespensts« schwebte über ihrer Schulter.

Walters versicherte später, das Bild sei nur durch die zufällige Spiegelung in einer Glastür auf der Nordseite des Zimmers entstanden. Niemals, antwortete Willy Smith, wie Overall ein Ufo-Befürworter, der Walters' Wahrheitsliebe und Motivation in Frage stellte. Als Smith Walters' »Gespenster-Foto« vergrößerte, fand er heraus, daß es keine Glastür gab, die eine solche Spiegelung ermöglicht hätte. Walters räumte später ein, er habe gewußt, daß man Trickaufnahmen machen kann, indem man die Linse der Polaroidkamera unscharf einstellt, bestand jedoch darauf, daß er während der beinahe zwanzig Jahre, die er die Kamera besitze, niemals eine Doppelbelichtungsaufnahme damit gemacht habe – weder absichtlich noch unabsichtlich.

In der Zwischenzeit fuhr eine Gruppe von Ufo-Ermittlern beider Lager fort, an Walters' Glaubwürdigkeit herumzubosseln. Als er zugab, fast drei Jahre im Gefängnis gesessen zu haben, weil er »einen ungedeckten Scheck weitergegeben« habe, erinnerte ihn Klass daran, daß er vielmehr des gravierenderen Verbrechens der *Fälschung* schuldig gesprochen worden sei. Als Walters und Klass im September 1990 zusammen in »Oprah« auftraten, bestritt Walters, je behauptet zu haben, von seinen außerirdischen Peinigern entführt worden zu sein. Als ihn Klass dazu anhielt, sein Buch nochmals zu lesen, antwortete Walters: »Ich habe nie – Zitat: lesen Sie es mir von den Lippen ab –, ich habe nie gesagt, ich sei entführt worden.« (Auf Seite 357 von *Ufos. Es gibt sie* schreibt Ed Walters: »Als ich einundvierzig war, fotografierte ich ein UFO und wurde entführt.«)

Trotz vieler solcher Widersprüche im Fall Gulf Breeze erklärte Walt

Andrus, der internationale Vorsitzende von Mutual UFO Network (MUFON), Walters' Begegnung sei »einer der wichtigsten Ufo-Fälle der letzten fünfzig Jahre. [...]«. Andrus schockierte viele mehr wissenschaftlich orientierte Mitglieder mit einer Analyse, die an die phantastischeren Kontaktlerbehauptungen erinnert:

> Wollte man über die Lösung des Rätsels von Gulf Breeze kurz spekulieren, könnte man sich das folgende Szenario vorstellen: Am oder vor dem 11. November 1987 implantierte die Intelligenz hinter den Ufos ein winziges Kommunikationsgerät in Eds Kopf; dadurch konnten sie ihn durch Stimmen oder Summen aufmerksam machen, wenn ihr Schiff in der Nähe war. [... Ich nehme an] Ed war programmiert, die Fotos zum Zweck der Veröffentlichung aufzunehmen; der Endzweck der Wesen war es, der Öffentlichkeit und den Regierungen der Welt allmählich ihre Gegenwart bekanntzugeben. [...] Offensichtlich wurde für diese letzte Enthüllung ein erfolgreicher Geschäftsmann und engagierter Bürger gewählt, damit die Ereignisse und Beweise [...] von den Wissenschaftlern [...] als echt anerkannt würden.

Daß Andrus Walters' Behauptungen, gestützt auf eine in den Augen zahlreicher langjähriger Ufo-Ermittler wenig mehr als oberflächliche Beurteilung der Fakten uneingeschränkt absegnete, vertiefte die zunehmende Spaltung unter den Ufologen über die Bewertung der Sichtungen noch zusätzlich. Auf absonderlichste Weise wendete sich das Blatt jedoch, als das *Pensacola News Journal* berichtete, auf dem Speicher des Hauses Silverthorn 612 in Gulf Breeze, wo die Walters früher gewohnt hatten, sei ein aus Schaumstoffplatten und Zeichenpapier gefertigtes Ufo-Modell gefunden worden. Und wenige Tage später wurde die Lage für Ed Walters noch bedenklicher, als der zweiundzwanzigjährige Tommy Smith, Sohn eines bekannten Anwalts in Gulf Breeze, mit seinen Eltern während einer Pressekonferenz auftrat und geltend machte, er habe gesehen, wie Ed Walters manche Ufo-Fotos gefälscht habe.

Unter der Schlagzeile STUDENT ERKLÄRT DOPPELBELICHTUNG schrieb Craig Myers vom *News Journal:* »Er [Tommy Smith] sagte, Walters habe das Modell ausgeleuchtet, indem er durch eine schwarz gestrichene, an das Modell geklebte PVC-Röhre eine Taschenlampe darauf richtete. Walters habe das erleuchtete Modell dann in einem verdunkelten Zimmer vor einem schwarzen Hintergrund fotografiert. Darauf sei er nach draußen gegangen und habe das Modell ein zweites Mal aufgenommen, damit es aussah, als sei es in der Luft.«

Von dem Zeitpunkt an geriet die Gulf-Breeze-Affäre in einen Strudel von Vorwürfen und Gegenvorwürfen, die den wenigsten außerhalb jenes ergebenen harten Kerns einsehbar waren, der sich einer unverrückbaren Haltung verschrieben hatte. Ed Walters wies Tommy Smiths Vorwürfe sofort mit lauter Entrüstung zurück und stellte verschiedene Einzelheiten in dessen Behauptungen erfolgreich in Frage.

Das Ufo-Modell, das man auf dem Speicher seines früheren Hauses gefunden hatte, erwies sich jedoch als Hindernis einer ganz anderen Größenordnung, denn Walters mußte gestehen, daß dafür Zeichenpapier mit seiner Handschrift verwendet worden war. Er blieb schließlich beharrlich bei der Behauptung, Entlarver hätten das Zeichenpapier aus seiner Mülltonne gefischt, ein Modell angefertigt, das dem Gefährt auf seinen – weitverbreiteten – Fotos ähnlich sei, und es auf dem Speicher seines früheren Hauses deponiert, um seine Glaubwürdigkeit zu untergraben.

Nachdem Walters das Gebilde untersucht hatte, beharrte er darauf, jemand habe dafür den Entwurf für ein Haus geklaut und benutzt, den er erst zwei Jahre, nachdem die ersten Ufo-Fotos bereits veröffentlicht worden waren, gezeichnet habe. Philip Klass roch Blut. Er und zahlreiche andere kamen zu einem anderen Schluß: daß Walters nämlich sehr wohl den vorherigen Entwurf für das Haus, den er Ende 1986 gezeichnet hatte, also ein paar Monate vor der Veröffentlichung seiner Ufo-Fotos, für das Ufo-Modell benutzt haben konnte, und in diesem Punkt mußten viele Ufo-Befürworter ihren Erzfeinden recht geben.

Als sich die Debatte (entsprechend der bewährten Formel für

schlagzeilenträchtige Ufo-Sichtungen) weiter polarisierte, gab Walt Andrus widerwillig dem Druck seiner Organisation nach und ließ die Ermittlungen wiederaufnehmen. Als die MUFON-Ermittler Rex und Carol Salisberry aus Florida – langjährige Getreue von Andrus – daraufhin ihre Schlußfolgerung vorlegten, »mehrere, wenn nicht sogar alle Fotos« seien »wahrscheinlich Fälschungen«, ließ Andrus wütend verlauten, die Salisberrys hätten »keine Befugnis, einen solchen Schluß zu ziehen, bevor wir Kenntnis davon haben«.
Überzeugt, daß die MUFON-Spitze mehr daran interessiert war, die Spuren ihrer ursprünglichen stümperhaften Untersuchung zu verwischen, als die Wahrheit über Walters' Fotos herauszufinden, traten die Salisberrys und mehrere andere erstklassige MUFON-Feldforscher aus der Organisation aus. Ironischerweise hatte Andrus zwanzig Jahre zuvor selbst einen Gruppenaustritt aus der Aerial Phenomenon Research Group (APRO) angeführt und deren Leitung der autoritären Führung bezichtigt. Jetzt wurde ihm von enttäuschten Mitgliedern seiner eigenen Gruppierung dasselbe Vergehen vorgeworfen.
Bis Mitte 1991 gelangten die meisten von denen, die den Fall einer neutralen Betrachtung unterzogen, zur Ansicht, daß die Parallelen zwischen dem Fall Walters und dem Fall Billy Meier viel weitreichender waren, als Budd Hopkins und andere angenommen hatten. Dennoch gab es einen bedeutenden Unterschied. Während Billy Meier mit Erklärungen über die unermeßliche religiöse Bedeutung seiner Begegnungen Bände füllte, sich einmal sogar den dreizehnten Jünger Christi nannte, zeigten Ed und Frances Walters keinerlei Anzeichen, daß sie jemals über die philosophische, spirituelle oder sonstige Bedeutung ihrer angeblichen Begegnungen nachdachten.
»Es bedeutet, daß die Außerirdischen sich für ihre Gunstbezeigungen einen ganz und gar unsensiblen Trottel ausgewählt haben«, schrieb Ufo-Beobachter Robert Girard, »[...] denn sonst ließe die Seichtheit dieses Buchs nur eine Erklärung zu: daß es aus Habgier, Geltungsdrang oder im Hinblick auf die Genugtuung geschrieben wurde, einer Gruppe von Einfaltspinseln einen riesigen Bären aufzubinden.« Auch anderen kam es verdächtig vor, daß den

Walters jegliches Bedürfnis, nach dem Hintergrund zu fragen, abging. Doch selbst wenn Ed alle Fotos gefälscht haben sollte – etwa, um die über eine halbe Million Dollar Vorschüsse für Buch- und Fernsehrechte behalten zu können, die er bis dahin kassiert hatte –, verblieben so manche Aspekte des Falls, die sich der mit sektiererischer Beharrlichkeit vorgetragenen endgültigen Entlarvung durch Philip Klass und anderen nicht aus der Welt schaffen ließen.

Eine Unmenge von Leuten aus der Umgebung von Gulf Breeze gaben an, sie hätten Objekte am Himmel gesichtet, die denen auf Walters' Fotos in vielerlei Hinsicht glichen. »Ich habe ein leuchtendes, orangefarbenes Objekt vorüberfliegen sehen, ohne einen Laut«, versicherte ein Mitglied des Stadtrats von Gulf Breeze. Ein Zeitungsverleger im Ruhestand gab an: »Als wir der Bucht entlang spazierten, sah ich ein leuchtendes Objekt mit Lichtern, die durch sowas wie Bullaugen schienen. Es sah genauso aus wie die Fotos, die wir in der Zeitung gesehen haben.« Eine ansässige Ärztin sagte: »Es schwebte hinter unserem Pier und warf einen weißen Strahl über das Wasser. Wir sahen genau das gleiche Gefährt, wie es [auf Ed Walters' Fotos] abgebildet war.«

Diese Berichte wurden eifrig gesammelt und von Walters und seinen Getreuen als Beweis für die Echtheit dessen vorgebracht, was er gesehen und fotografiert hatte. Nicht weniger gewichtig – und längerfristig vielleicht sogar noch gewichtiger – sind gewisse Einzelheiten, von denen die Verfechter von Walters' Position wußten, die sie jedoch im Zusammenhang mit den Sichtungen von Gulf Breeze nicht veröffentlichen wollten.

Einer der einflußreichsten Verfechter der Ansicht, daß Ed Walters die Wahrheit sagt, ist Donald Ware, der gleichzeitig in der Hierarchie derer, die im Mutual UFO Network die Hypothese der extraterrestrischen Intelligenz (ETI) vertreten, eine führende Rolle spielt. Dem Enthüllungsjournalisten Ed Conroy waren während der Recherchen in Gulf Breeze manch recht abstruse Vorkommnisse zu Ohren gekommen, die Ware in seinem MUFON-Bericht über die Gulf-Breeze-Ermittlungen nicht erwähnen wollte. Conroy sagte, Ware habe von Berichten darüber [erzählt], daß von Dezember 1987 (einen Monat nachdem Ed Walters seine erste Ufo-Sichtung meldete) bis im März 1990 in der weiteren Umgebung von Gulf Breeze wiederholt eine an die drei Meter große, menschenähnliche und haarige Gestalt gesichtet worden sei, und [...] von einem Bericht, laut dem im Jahre 1988 an den örtlichen Stränden verstümmelte Hundekadaver aufgefunden worden seien.

»Es besteht kein ersichtlicher Kausalzusammenhang zwischen den Berichten über die Ufos von Gulf Breeze und denen von ›Bigfoot‹«, hält Conroy fest, »aber viele, die sich mit paranormalen Erscheinungen beschäftigen, haben oft erlebt, daß Ufo-Meldungen mit anderen äußerst ungewöhnlichen Phänomenen zusammenfielen; dazu gehören Poltergeist-Phänomene, Berichte von spontanen Zusammenrottungen, aufflammender religiöser Fanatismus und sogar – eher umstritten – abnorme Verstümmelungen und das Verschwinden von Tieren.«
Laut Conroy schien es Donald Ware »für das beste zu halten, im Interesse der Öffentlichkeit gewisse Geschichten geheimzuhalten«. Da sich jedoch der Mythos von Gulf Breeze weiter entfaltet, wirft die Nachricht, daß man gewisse Einzelheiten, die man für zu abstrus hielt, als daß sie jemand geglaubt hätte, »verpaßt« hatte, nur wieder neue Fragen darüber auf, was für andere, ebenso phantastische »Randerscheinungen« in den Akten der orthodoxen Ufologie wohl regelmäßig ausgelassen werden.
Philip Klass und seine Entlarverschule irren sich vielleicht, wenn sie behaupten, Ufologen verfälschten fortwährend ihre Forschungsergebnisse, um alltägliche Ereignisse in phantastische Vorkommnisse zu verwandeln. Vielleicht ist nicht weniger oft genau das Gegenteil der Fall. Es sieht so aus, als müßte man sich fragen, ob Durchschnittsufologen, wenn auch unbewußt, nicht vielleicht gewohnheitsmäßig Einzelheiten »aus dem Weg räumen«, nur weil sie die verborgenen Vorstellungen ihrer schon fast religiösen Interpretation, daß »Extraterrestrische kommen, um mit uns Kontakt aufzunehmen«, nicht bestätigen.

Wenn Proteus, Hermes, der Schelm und Dionysos uns jedoch etwas beigebracht haben, so ist es dies: daß die sogenannten »untergeordneten Vorgänge«, die mit Ufos verbunden werden – einschließlich paranormaler Erfahrungen, Erscheinungen haariger Monster, Besuche dämonischer Männer in Schwarz, telepathisches Übermitteln von offensichtlichem Unsinn über Bananen, Babys und fliegende Hunde – sehr wohl *übergeordnet* sein könnten, gerade weil sie nicht »passen«.

Es ist auch sehr gut möglich, daß das Ufo-Phänomen letztlich noch viel abstruser ist, als wir es uns vorzustellen wagen – oder gar vorstellen *können.*

16

Wenn wir die Frage, wer und was Außerirdische sind und wo sie herkommen mögen, auch immer noch nicht geklärt haben, läßt sich doch nicht bestreiten, daß wir uns in über vierzig Jahren daran gewöhnt haben, sie uns in Relation auf uns Menschen vorzustellen – sie uns also durch unsere eigenen Metaphern näherzubringen. Sie kommen in »unsere Welt«. Die Prozeduren, die sie an Entführten vornehmen, sind »medizinisch«. Sie interessieren sich für »unser Erbgut«. Sie wollen sich »mit uns kreuzen«. Und so weiter. Wenn ich *sie* in diesem Kapitel als *Außeriridische* und nicht als *Engel* bezeichne, so soll das nicht heißen, daß ich die Hypothese von der extraterrestrischen Intelligenz (ETI-Hypothese) anderen Theorien (wie zum Beispiel denjenigen von Jung oder Vallee) vorziehe. Ich habe den Begriff *Außerirdische* deshalb gewählt, weil er im Zusammenhang mit Ufos stärker als jeder andere in der allgemeinen Vorstellungskraft Wurzeln geschlagen hat.
Während der vielen Monate, in denen ich recherchierte und schrieb, verspürte ich immer größere Lust, eben diese Relation umzudrehen, mir also den menschlichen Erfahrungsschatz in jenem größeren Zusammenhang vorzustellen, zu dem das Verhalten und die Fähigkeiten der Außerirdischen zu gehören scheinen. Denn es kommt mir so vor, als hätten wir Menschen, ohne es zu

realisieren, bereits großen Anteil an *ihrem* Bereich, als hätten wir Dinge *mit ihnen* gemeinsam, die auf derselben Grundlage beruhen, und als nähme die Menschheit, von einem evolutionären Standpunkt aus gesehen, möglicherweise einen (hauptsächlich unbewußten) Kurs in Richtung auf Dimensionen von »Kontakt«, die außergewöhnlicher und in sich geschlossener sind, als wir uns dies bis jetzt vorstellen.

Steuern wir gemeinsam mit ihnen irgendwohin? Irgendwo, wo sich das *Hier* und das *Dort* überlagern? Ist es möglich, daß wir uns irgendwann in einer neuen Verkörperung kennenlernen? Bewohnen wir bereits gemeinsam, was Michael Murphy eine »größere Erde« nennt?

In einer Hinsicht erscheinen derlei Fragen ungeheuerlich: Wenn die Außerirdischen tatsächlich real sind, *muß* ihr Bereich doch von unserem getrennt sein und irgendwo jenseits davon liegen. Muß das wirklich so sein? Ich glaube nicht, und ich will auch aufzeigen, warum. Diese vier Fragen bestätigen meine Lesart der ebenso »ungeheuerlichen« – und immer auch faszinierenden – Erfahrungen, die Menschen bei Ufo-Begegnungen gemacht haben. Meine Intuition sagt mir, daß diese außergewöhnlichen Begegnungen ungeahnte menschliche Potentiale freisetzen, rätselhafte Prozesse hinter der Fassade des Alltags enthüllen und auf zentrale Verbindungen zwischen unserer und ihrer Natur hinweisen könnten.

Ich gebe zu, daß ich nicht weiß, wohin mich meine Ahnungen führen werden. Ich werde meinen Spekulationen jedoch mit dem gleichen Entdeckergeist folgen, der die Anfänge der Ufologie kennzeichnete, als provokative Fragen noch als nützlicher galten denn Routineantworten.

Über vierzig Jahre Ufo-Geschichte machen nichts so deutlich, wie daß die Außerirdischen außergewöhnliche, überdurchschnittliche Wesen sind. Abgesehen davon, was man einmal über ihre Herkunft und Substanz, ihre Eigenschaften und die Ebene(n) ihres Wesen herausfinden mag, deutet eine höchst eindrucksvolle Zahl von Zeugenaussagen auf eine Reihe bemerkenswerter Eigenschaften hin: Sie haben die Fähigkeit, willkürlich ihre Form zu verändern, sich mit enormen Geschwindigkeiten über riesige Distanzen zu bewegen, mit großer Beweglichkeit Kunststücke auszuführen und verschiedene Grade von Leuchtkraft anzunehmen.

Wenn sich die Ereignisse, die in diesen Berichten geschildert werden, mit unserer Welt überschneiden (und es hat den Anschein, wenn auch das genaue Ausmaß noch nicht feststeht), kann man sich schwerlich des Eindrucks erwehren, daß sie Geheimnisse über Raum und Zeit, Materie und Form sowie die Kunst der »körperlichen Verwandlung« beherrschen, die wir Menschen nicht kennen.

Oder vielleicht doch – zumindest gewisse Menschen? Quer durch die verschiedensten Wissensgebiete und praktischen Lebensbereiche hindurch rücken immer wieder neue rätselhafte und unerforschte menschliche Fähigkeiten in unser Blickfeld.

Im Verlauf einer Therapie gegen sein Schlafwandeln werden auf den Armen eines Armeeoffiziers starke Druckstellen sichtbar, die aussehen, als ob sie von Seilen herrührten. Sie treten auf, als er noch einmal schmerzlich durchlebt, wie er früher ans Bett gefesselt wurde, weil man verhindern wollte, daß er im Schlaf umherwandelte.

Ein Mann mit der Diagnose Schizophrenie, der vom Wunsch, ein Kind zu gebären, beherrscht wird, fühlt, wie sich etwas in seinem Bauch zu regen beginnt – »wie ein Baby«, sagt er. Im Lauf der forgenden drei Wochen schwillt sein Leib mehr und mehr an, er nimmt, ohne seine Eßgewohnheiten zu ändern, sieben Kilogramm zu. Wiederholte medizinische Tests ergeben keinerlei krankhafte Veränderungen, denen diese Gewichtszunahme zugeschrieben werden könnte.

Verabreicht man einer Gruppe von Versuchspersonen ein Plazebo, nachdem man sie über die Wirkung eines bestimmten Medikaments informiert hat, reagieren sie nicht nur auf die Wirkungen der angeblich verabreichten Substanz, sondern sogar auf deren Nebenwirkungen.

Eine Frau, die physiologische Prozesse zu beeinflussen vermag, die man als dem Willen nicht für zugänglich hielt, macht vor, daß sie das Erregungsmuster ausgewählter Nervenzellen und den Muskel, an den sie angeschlossen sind, verändern kann.

Bei einem Mann, der an einer mehrfachen Persönlichkeitsspaltung leidet, stellt sich heraus, daß er in allen seinen Persönlichkeiten auf den Saft von Zitrusfrüchten allergisch ist – außer in einer. Und solange jene Persönlichkeit die Oberhand hat, reagiert er weder mit Ausschlägen noch mit anderen Symptomen.

All diese Beispiele stammen aus prestigeträchtigen medizinischen Fachblättern oder aus Büchern renommierter Wissenschaftler. Die Parallelen zwischen den einzelnen Fällen springen nicht unbedingt ins Auge. Betrachtet man sie jedoch genauer, werden bestimmte Muster erkennbar.

Vom Gehirn hervorgerufene Körpermale – darunter auch hysterische Symptome – erscheinen manchmal als spontane Reaktion auf das Abreagieren eines Traumas. Sie verweisen auf die Formbarkeit des Körpers und seine präzisen Reaktionen auf innere Bilder. Als sich eine Patientin des britischen Psychiaters Robert Moody in die Situation zurückversetzte, wie sie von ihrem Vater geschlagen wurde, entwickelte sie einen blauen Fleck auf ihrer Hand, der aussah wie der Abdruck eines kunstvoll geschnitzten Stocks.

Die Scheinschwangerschaft beweist ebenfalls, wie außerordentlich aufnahmefähig der Körper für Bilder und Sehnsüchte ist. Aufgrund der natürlichen Voraussetzungen für eine echte Schwangerschaft überrascht es nicht, daß das Syndrom bei Frauen häufiger auftritt als bei Männern.

Ein weiteres Beispiel für die Formbarkeit des Körpers – und den komplexen Zusammenhang zwischen Psyche und Organismus – bietet das Auftreten und Verschwinden von Allergien bei einer Person mit gespaltener Persönlichkeit.

Auch der Plazebo-Effekt gewährt Einblick in die enge Beziehung zwischen einer Veränderung in geistiger und körperlicher Hinsicht. Bei einer Studie, durch die man herausfinden wollte, ob der Verschluß der Brustarterie den von einer Angina pectoris verursachten Schmerz lindere, stellte sich heraus, daß es denen, die unter Narkose nur scheinbar einem Eingriff unterzogen wurden, zu hundert Prozent besser ging, im Gegensatz zu sechsundsiebzig Prozent bei denen, deren Arterie man tatsächlich abgebunden hatte.

Und auch die Frau, die die Erregungsmuster bestimmter einzelner Nervenzellen mit dem dazugehörigen Muskel verändern kann, ist mit ihrer Gabe nicht allein. Unter Biofeedbackforschern ist man sich heute einig, daß jeder physikalische Vorgang, der mittels Biofeedback bewußt gemacht werden kann, auch willentlich beeinflußt werden kann.

Aus diesen und anderen Beispielen für außergewöhnliche Funktionsweisen des menschlichen Organismus ließe sich eine verlokkende Hypothese ableiten: daß nämlich in der menschlichen Persönlichkeit Kräfte und Potentiale latent vorhanden sind, die entweder unbeachtet in uns brachliegen oder sich als spontane und außergewöhnliche psycho-physiologische Phänomene äußern. Oder ist es sogar so, daß latente geistig-körperliche Fähigkeiten – zum Teil scheinbar gewöhnliche und zum Teil ganz offenkundig ungewöhnliche – einer bewußten Steuerung durch verschiedenartige spezifische Vorgehensweisen, Übungen und Trainingsformen unterliegen?

Wie wir gleich sehen werden, gibt es gute Gründe, diese Frage zu bejahen. Außerdem liefern solche Phänomene möglicherweise wichtige Hinweise auf das Wesen mancher Ufo-Begegnungen. Mit der Aussicht auf diese Möglichkeit und in Erinnerung an den Leitsatz, daß außergewöhnliche Behauptungen nach außergewöhnlichen Beweisen verlangen, können wir nun fortfahren, Beispiele aus verschiedenen Versuchsbereichen zu betrachten.

Die medizinische Forschung hat ergeben, daß körperliche Fitneß eine Vielzahl vorteilhafter Veränderungen in bezug auf Kreislauf, Muskeltonus, Elastizität und Substanz der Knochen, auf das hormonale Gleichgewicht, auf die Haut, auf das Immunsystem, auf Vitalität, Stimmung und Gesamterscheinung hervorruft. Es besteht kein Zweifel an der grundlegenden Formbarkeit des menschlichen Körpers durch regelmäßiges Training.

Man kennt zahlreiche Beispiele spontaner, vollständiger Heilungen durch Heilige, Geistheiler oder mittels Reliquien. Kaum ein Fall ist jedoch verblüffender als der von Delizia Ciroli, einem sizilianischen Mädchen, dessen Knochenkrebsmetastasen am Knie so weit fortgeschritten waren, daß die Eltern bereits die Beerdigung vorbereiteten. Davon war jedoch keine Rede mehr, nachdem Delizia Wasser aus Lourdes getrunken hatte. Die Metastasen bildeten sich zurück, und die Ärzte erklärten sie als vollkommen geheilt.

Unzählige klinische und experimentelle Studien auf dem immer mehr Aufsehen erregenden Gebiet der Erforschung von inneren Bildern haben gezeigt, daß Therapien, die auf inneren Bildern aufbauen, zur Linderung von Depressionen, Schlaflosigkeit, Fettleibigkeit, chronischen Schmerzen, Phobien, Angstzuständen, Krebs und anderen Leiden beitragen können.

In der Religion findet man viele faszinierende Beispiele für die Wechselwirkungen von Geist und Körper. Der indische Yogi Swami Rama erzeugte zum Beispiel ohne erkennbare äußere Beeinflussung auf beiden Seiten seiner Hände einen Temperaturunterschied von sieben Grad Celsius. Tibetanische Lamas demonstrierten, daß sie die Temperatur ihrer Füße um bis zu acht Grad erhöhen können; der Vorgang ist unter der Bezeichnung *tumo* bekannt.

In einer anderen religiösen Tradition überwinden tibetanische Asketen die Schwerkraft: in einer Art Wach-Trance, genannt *long-gom*, einer Form von Yoga-Gehen, legen sie ungeheure Distanzen zurück.

In der katholischen Kirche gibt es über hundert gut dokumentierte Fälle von Menschen, die an ihren Händen und Füßen sichtbare Male – Stigmata – entwickelten, Symbole der Wunden Christi bei der Kreuzigung. Diese sichtbaren körperlichen Male erscheinen in der Regel im Zustand großer geistiger Konzentration, wie im Fall des stigmatisierten französischen Bauernmädchens Marie-Julie Jahenny. Sie konnte den Tag voraussagen, an dem auf ihrer Brust ein neues Stigma, und zwar in Gestalt eines Kreuzes, einer Blume und den Worten *O crux ave* erscheinen würde. In klinischen Studien wiesen hypnotisierte Versuchspersonen »Haut-Inschriften« auf, manchmal genau in dem von der hypnotisierenden Person bestimmten Augenblick.

Die heilige Theresia von Ávila, die große spanische Mystikerin und Mitbegründerin des Ordens der Unbeschuhten Karmeliterinnen, soll während ihrer kontemplativen Verzückungen frei geschwebt sein. Außerdem sagten zehn Personen unter Eid aus, sie hätten mit eigenen Augen gesehen, wie sie während ihrer Heiligsprechung in Ekstase geraten sei und levitiert habe. Vom heiligen Joseph von Cupertino, einem Franziskanermönch des siebzehnten Jahrhunderts, ist überliefert, es sei über hundertmal beobachtet worden, wie er in mystischer Verzückung über dem Boden schwebte.

Nun bestätigen derlei Berichte noch lange nicht die Realität von Levitationen. Und doch sollte man der Tatsache Rechnung tragen, daß es eine Todsünde ist, unter Eid zu lügen, und daß Menschen, die bei einem solchen Anlaß aussagen, in der Regel tief religiös sind. Pater Herbert Thurston, Autor von *The Physical Phenomena of Mysticism* (Körperliche Phänomene der Mystik), schreibt: »Es besteht praktisch kein Zweifel, daß [Papst] Benedikt XIV., ein kritischer Mann, der den Wert von Beweisen kannte und die Aussagen im Original studiert hatte wie kein Zweiter, glaubte, daß die Zeugen der Levitationen des Heiligen Joseph wirklich gesehen hatten, was sie gesehen zu haben angaben.«

Die übersinnlichen, fast mystischen Erfahrungen, wie sie oft von Profi- wie Amateursport Betreibenden geschildert werden, deuten darauf hin, daß auch Sport und Religion gewisse Berührungspunkte haben. Zu diesen Erfahrungen gehören überraschend auftretende Bilder von Organen und Zellen, ein verändertes Zeitgefühl, ein überdurchschnittlicher Energieausstoß, ein außergewöhnliches Bewußtsein für das Spielfeld oder die Umgebung, Telepathie, Hellsehen, Out-of-body-Erlebnisse, scheinbare Schwerelosigkeit (sogar das Gefühl einer vorübergehenden Überwindung der Schwerkraft, das heißt also von Levitation) und eine Empfindung tiefen, umfassenden Friedens.

Gibt es nun, um mit Gregory Bateson zu sprechen, ein Muster, das diese Bandbreite menschlicher Aktivitäten verbindet? Michael Murphy, ein langjähriger Erforscher derartiger Gesetzmäßigkeiten, glaubt diese Frage bejahen zu können. Es sei denkbar, daß solche Phänomene »ein unabsehbares Experiment der Natur darstellen, mit dessen Hilfe die menschliche Rasse lernt, wie sie ihren

Übergang zu neuen Funktionsebenen, ja sogar eine Art Evolution bewirken kann«.

Kühne Worte eines kühnen Denkers und kreativen Theoretikers über Geheimlehren. Zwischen zwanzig und dreißig unternahm Murphy seine erste Reise nach Indien, um sich in der Meditation zu üben und mit östlichem Gedankengut auseinanderzusetzen – was heute ein verbreiteter Durchgangsritus ist, Mitte der fünfziger Jahre jedoch vollkommen ungewöhnlich war. In Indien besuchte Murphy das Schulungszentrum von Sri Aurobindo, einem der größten Kenner des religiösen und philosophischen Gedankenguts Indiens. Aurobindo ging vom zentralen Gedanken aus, daß »alles Natürliche insgeheim etwas Übernatürliches« sei und der Struktur des normalen Lebens im tiefsten Innern ein nie zur Ruhe kommendes Drängen nach Verwandlung innewohne.

Die Evolution sei noch lange nicht vollendet, sagte Aurobindo, sie sei noch immer im Gang, ringe noch immer damit, sich selbst zu übertreffen, indem sie verborgene Dimensionen des Körpers, der Gefühle, des Verstandes, des Willens und Geistes hervorbringe. Aurobindo, tief verwurzelt in der religiösen Tradition der großen östlichen Mystiker, hatte für einen Inder insofern ungewöhnliche Vorstellungen, als er eine im Grunde evolutionäre Zukunftsvision hatte, die die westlichen Ideen einer natürlichen Selektion und Anpassung mit einschloß, ja sogar noch übertraf. Für Aurobindo war Evolution nichts Geringeres als das Abenteuer des Göttlichen in der materiellen Welt, das sich in Raum und Zeit realisiert und in einem riesigen Tanz von Gestalt und Bewußtsein zu sich selbst zurückkehrt.

Den jungen Michael Murphy faszinierte Aurobindos Vorstellung, die menschliche Erfahrung insgesamt als eine Versuchseinrichtung für evolutionäre Langzeitentwicklung zu betrachten. Dieses Konzept stimmte mit seinem eigenen Gefühl überein, daß »unsere wahrste Welt wie ein Phantom-Körperteil wartet« (wie es eine Figur in Murphys Roman *Jacob Atabet* formuliert). Ebenso selbstverständlich erschien Murphy Aurobindos Überzeugung, daß wir uns entweder weiterentwickeln oder stagnieren. Deshalb wandte sich Murphy als Geisteswissenschaftler Mustern »ungewöhnlicher

Funktionsweisen des Menschen« zu und befaßte sich unter anderem mit Physiologie, Medizin, experimenteller Psychologie, Meditationsforschung, Yoga und anderen kontemplativen Praktiken, mit Studien über Hypnose, innere Bilder und Biofeedback sowie mit Schamanismus, halluzinogenen Drogen und Geistheilen.
In der bahnbrechenden Studie *The Future of the Body* (Die Zukunft des Körpers) stützt Murphy seine These auf Beweismaterial aus der Literatur über all diese Gebiete: daß außergewöhnliche geistig-körperliche Phänomene für die Existenz noch unerforschter Kräfte sprechen, die »in uns stagnieren oder schmerzlich und entstellt hervorbrechen oder aber auf so eigenartige Weise zum Ausruck kommen wie durch religiöse Stigmata«. Weiter schreibt er:

> Mein ganzes Forschen ist auf die Vorstellung ausgerichtet, daß manche Menschen, wenn sie einen Blick auf diese Möglichkeiten erhaschen, die ihnen sowohl schön als auch schrecklich vorkommen mögen, mit einem Training beginnen, das eine körperliche und geistige Veränderung leichter macht. Man muß sich sehr anstrengen, um zu erkennen, was diese seltsamen, schönen Kräfte verheißen. Und man muß ihnen mit Weisheit und Mut begegnen, damit sie heilsam und lebensfördernd werden und nicht bloß Kuriosa oder krankhafte Erscheinungen bleiben.

Die Herausforderung, der wir uns gegenübersehen, besteht laut Murphy darin, Übungen und Trainingsformen zu entwerfen, die

> dem ganzen Wesen Erfüllung bringen: dem Körper, den Gefühlen, dem Verstand, dem Willen und dem Geist. Statt ungewöhnliche geistig-körperliche Phänomene als Behinderung des Seelenlebens oder Hindernis für die geistige Erweckung und Befreiung zu betrachten, wie dies die großen Religionen tun, könnten wir sie als Zeichen für die menschliche Weiterentwicklung ansehen, als Fähigkeiten, die einem Körper innewohnen, wie wir ihn vielleicht eines

Tages alle haben werden. Visionen, Verzückung und das Erstrahlen des Körpers, wie sie bei der Ausübung religiöser Praktiken manchmal vorkommen, sowie das Auftreten schmerzvoller Stigmata könnten auf eine vielschichtige Verwandlung unseres Geist-Körper-Komplexes hinweisen. Man könnte sie sozusagen als die knospenden Gliedmaßen und Organe unserer künftigen Natur betrachten.

Ergeben sich aus Murphys höchst spekulativen Gedanken Folgerungen für die unheimlichen Begegnungen mit Ufos? Ich denke schon. Auch meine Vorstellungen sind sehr spekulativ, und ich lege sie hier vor mit dem Ziel, neue und unbegrenzte Blickwinkel zu öffnen, insbesondere im Hinblick auf die Gemeinsamkeiten zwischen Außerirdischen (wer oder was sie letztlich auch sein mögen) und Menschen (wer oder was wir letztlich sein mögen). Angesichts der wiederkehrenden Muster in Berichten über unheimliche Begegnungen werden beide – in einem sehr wirklichen Sinn – zu Spezies ohne klar abgesteckte Grenzen.

Auf den vorangegangenen Seiten haben wir Mal um Mal Beispiele für Interaktionen zwischen Außerirdischen und Menschen gesehen, und sie haben zu einer reichlich großen Verunsicherung geführt, wo denn nun die Grenze (oder Pufferzone) zwischen Geist und Materie zu ziehen sei. Wie wir uns erinnern sagte C. G. Jung, daß die tieferen »Schichten« der Psyche zunehmend kollektiver werden und ins Stoffliche übergehen, um schließlich »Welt« zu werden. Nun wurden aber Dämonen und Engel von alters her in einer *Terra intermedia,* einem Zwischenbereich, angesiedelt. Derselbe Status wird auch den Wesen zugeschrieben, denen man im Land der Märchen sowie in den oberen und unteren Gefilden der Schamanen begegnet, sowie jenen Lichtwesen, die an der Schwelle des Todes Wache halten.

Ähnlich äußerte sich Michael Grosso über die »unwiderstehliche Mischung [...] aus objektiver Stofflichkeit und subjektiver Flüchtigkeit«, die das Ufo-Phänomen repräsentiere. Er hält fest, es sei offenbar in der Lage, »die Radarpeilung zu beeinflussen, verbrannte Stellen und Eindrücke auf der Erde zu hinterlassen und gleichzeitig durch Wände zu gehen, zu erscheinen und zu verschwinden wie ein Gespenst, die Schwerkraft zu überwinden, vielfältige symbolische Gestalten anzunehmen und an tiefe übersinnliche, mystische oder prophetische Empfindungen zu rühren«.

Die Frage, die mich an diesem Punkt interessiert, ist: *Kommen sie wirklich zu uns*, wie es den Anschein hat, oder *gehen wir ihnen unbewußt auf halbem Weg entgegen*, aufgrund unserer eigenen »unwiderstehlichen Mischung [...] aus objektiver Stofflichkeit und subjektiver Flüchtigkeit«? Meine Hypothese: Ganz offensichtlich trifft *beides* zu.

Damit diese Behauptung jedoch einen Sinn ergibt, müssen wir bereit sein, uns wieder auf die überlieferte Vorstellung, daß der »Körper« etwas Vielfältiges, Mannigfaltiges und durchdringend Dynamisches sei, einzulassen.

Die Taittiriya-Upanishad, einer der großen heiligen Texte Alt-Indiens, beschreibt die menschliche Natur als aus fünf ineinander verwobenen *sariras* (Seelenhüllen) bestehend, deren Grundprinzipien *anna* (Materie), *prana* (Lebenskraft), *manas* (Verstand), *vijana* (übersinnliche Wahrnehmung) und *ananda* (Lebensfreude oder unabhängiges Entzücken) sind. Die ersten vier Einheiten oder »Körper« gründen auf verschiedenen Ebenen der sichtbaren Welt, die fünfte im *Brahman*, dem Absoluten, wobei zusätzlich auch jede zu allen anderen nach einem einheitlichen, sich selbst ordnenden Prinzip in Beziehung steht.

Herausragende griechische Philosophen der Antike beschrieben verschiedene *ochemata*, Seelenhüllen oder »Vehikel«, die mit dem sichtbaren Körper verbunden sind. Der Neuplatoniker Damascius schrieb: »Die Seele besitzt ein gewisses leuchtendes (augoeides) Vehikel (ochema), das auch ›sternartig‹ (astroides) genannt wird und ewig ist.« Der schiitische Philosoph Sheik Ahmad nahm eine Vierteilung der Seele vor. Er unterschied zwei *jasads*, »lebende Organismen«, und zwei *jisms*, »Körpermassen« oder »Körpervolumina«. Der erste *jasad* ist der vergängliche grobe Körper, der zweite besteht aus subtilen, archetypischen Elementen. Die erste *jism* ist etwas aus dem Zwischenbereich, eine Art Astralkörper, die zweite ist der essentielle Hauchkörper, den man als eine unsterbliche, ewige, transzendente Individualität und als »Lichtkörper« betrachtete.

Die alten Ägypter glaubten an ein System von ineinandergreifenden feinstofflichen Körpern; dazu gehörten *ka* und *ba*, in die das Leben eingebettet war. All diese Formulierungen haben ihre Wurzeln in viel älteren Schamanen-Traditionen, bei denen Seelenreisen zwischen drei Welten – der oberen, mittleren und unteren – und die Interaktion mit ungewöhnlichen Wesen in jedem Bereich als selbstverständlich galten.

Die Vorstellung, daß bestimmte Kräfte und Zustände mit diesen abtrennbaren, jedoch untereinander verbundenen »Vehikeln« zusammenhingen, war weit verbreitet. Wenn sie sich auch in Einzelheiten voneinander unterschieden, »galt doch [bei diesen Traditionen] im allgemeinen, daß unsere physische Gestalt nur ein Aspekt einer umfassenderen Persönlichkeit ist, zu der man durch Introspektion oder inspirierte Sicht vordringt«, schreibt Michael Murphy. Man darf also diese Vorstellungen von mannigfaltigen Körpern ohne Bedenken als Vorläufer der modernen Idee betrachten, daß wir – wissentlich oder unwissentlich – auf verschiedenen Ebenen, von denen jede ihre eigenen Strukturen und Prozesse hat, zugleich existieren.

Ausgehend von diesen Bildern der menschlichen Identität als etwas wesentlich Vielfältigem, das sich über ein Kontinuum von subtilen psychischen und physischen Zuständen erstreckt, stellt Murphy aufgrund seiner in verschiedensten Wissensbereichen gesammelten Erkenntnisse die These auf, daß der menschliche Organismus als etwas extrem Formbares in der Lage ist, »während einer ›Nah-Tod-Erfahrung‹, intensiver Meditiation, sensorischer Deprivation oder ähnlichem *als Körper* in rätselhafte innere Bereiche [vorzudringen]. Offenbar kann *etwas* in unserem Geist-Körper-Komplex das beobachtende Selbst in andere Welten tragen, die sich durch eine räumliche Ausdehnung und eine Abfolge von Ereignissen auszeichnen, was uns das Gefühl gibt, daß die Zeit vergehe.«

Durch das Trainieren von Wahrnehmung und Konzentration wie beim Sport oder in religiösen Praktiken und manchmal offenbar

auch spontan geschieht es, daß wir Formen, Farben, Berührungen und Töne wahrnehmen, die in uns den Eindruck erwecken, in *diese* Welt seien noch *andere* Welten eingebettet. Bergsteiger und Segler mit bekanntlich viel Ich-Stärke berichten von Phantomen, die ihnen in Krisensituationen halfen oder sie auf ihren Abenteuern begleiteten. Yogis, Schamanen, streng religiöse, aber auch ganz gewöhnliche Menschen liefern immer wieder lebhafte Schilderungen von Interaktionen mit gutmütigen und bösartigen Gestalten, engelhaften Geschöpfen, verstorbenen Verwandten und Wesen, die zu wissen schienen, was in dieser Welt vorgeht.
»In all diesen Erfahrungen, angefangen von der allerleichtesten Bewußtseinsveränderung bis zu dreidimensionalen Visionen, fühlt sich die betreffende Person in der Regel, als würde sie etwas wahrnehmen, was jenseits dieser Welt liegt und eine eigene objektive Realität hat«, schreibt Murphy.

> Sind diese »Etwas« Aspekte einer höheren Daseinsstufe, möglicherweise verzerrt durch den Filter subjektiver Wahrnehmung? Für das einfache Auge eines Frosches kommt die Welt in blassen Grau- und Schwarztönen daher. Sind wir mit unserem beschränkten Wahrnehmungsvermögen wie Frösche, die nur einen Teil des Universums erfassen, in dem sie leben? Erwachen wir jetzt als menschliche Spezies in die Wirklichkeit multidimensionaler Welten hinein, in denen die Materie eine umfassende Neuordnung in einer Art Hyper-Raum durchmacht? Ist visionäre Erfahrung den ersten Atemzügen der Amphibien analog? Sind wir im Begriff, auf einer »größeren Erde« an Land zu gelangen?

Der englische Essayist Thomas Browne bezeichnete den Menschen in einem vielzitierten Abschnitt seiner *Religio Medici* als »das große und eigentliche Amphibium, das seiner Natur nach nicht allein dazu bestimmt ist, in verschiedenen Elementen zu leben, sondern in unterschiedlichen, unvereinbaren Welten«. Wenn man aus den Untertassen »eine Lehre« ziehen kann, so ist es vielleicht die, uns an die verschiedenartigen Welten zu erinnern, in denen

wir leben, eine Realität, mit der ein großer Teil der Menschheit während Jahrhunderten gelebt hat.
Und gerade in seiner Vielfältigkeit erinnert das Ufo-Phänomen an eine Vorstellung, deren Wurzeln in die Antike zurückreichen: das Universum als eine große Kette des Daseins, gekennzeichnet durch eine in kontinuierlicher Abstufung gegliederte Fülle an Formen. Dieser Kette entlang findet man nach der Vorstellung der Antike Geistwesen, die entsprechend ihrer Fähigkeit, das Gute zu erkennen, in unterschiedlichen Graden an der Vollkommenheit teilhaben. Dabei gab es keine Lücken – denn wie hätte es das Göttliche unterlassen können, eine Möglichkeit zu aktualisieren? Und die Bereiche oder Ebenen gingen in einer kontinuierlichen Abstufung dank *unzähligen* Zwischendimensionen nahtlos ineinander über.
Stellt man sich das Ufo-Phänomen unter diesen Voraussetzungen vor, verringert sich der vermeintliche Widerspruch, daß manche Ufo-Wesen in der Entwicklung weiter zu sein scheinen als andere, wohlmeinender in ihrem Verhalten und ihren Absichten, während andere – vor allem diejenigen, die Menschen entführen und gegen ihren Willen festhalten – sich mehr wie Terroristen aufführen als wie eine gütige »geistige Führung«. Einige Ufo-Forscher gehen denn auch davon aus, daß zur Zeit tatsächlich mehrere Arten Außerirdischer mit Menschen in Kontakt stehen und daß es deshalb auch nicht nur ein einziges »Persönlichkeitsprofil« für die Außerirdischen gibt.
Die klassische Theologie, die am Modell des Universums als einer Hierarchie von Engeln beziehungsweise als einer großen Kette festhielt, und die heutige Ufologie, die die verschiedenen Typen von Außerirdischen katalogisiert, können als Detektive betrachtet werden, die derselben Spur folgen. Die Kette des Daseins liefert ein Bild der Psyche und des Kosmos zugleich, der individuellen und der Weltseele, als von – freundlichen und weniger freundlichen – personifizierten Wesen bevölkert, deren Autonomie die Gewißheit eines souveränen menschlichen Ichs notgedrungen in Frage stellt. Das Bild der zusammenhängenden Kette gibt einem Phänomen Kontinuität, das sich – in dieser Vorstellung – von

einem äußeren in einen inneren Bereich erstreckt, mit einem unabsehbaren Gebiet dazwischen.
Unter diesem Gesichtspunkt ist das eigentlich Abnorme nicht das Auftreten von Engeln und Außerirdischen, sondern das noch nie dagewesene Vorhaben der westlichen Welt, ganze Dimensionen der Wirklichkeit auszugrenzen, wodurch diese gezwungen werden, in den verschiedensten Formen – auch als Ufo-Phänomen – um so stärker wiederzukommen. In diesem Sinn ist die Tatsache, daß wir die »Signale« dieses Phänomens ernst nehmen, auch wenn wir sie nicht »entziffern« können, ein Zeichen dafür, daß wir nach einem langen Schlaf der Verleugnung dessen, was schon immer »direkt vor unserer Nase« lag, aufwachen.
In diesem Sinne kommt dem Ufo-Mythos durchaus eine historische Notwendigkeit zu.
Mich hat Murphys Analogie zwischen der beschränkten Sicht eines Frosches und der eines Menschen besonders beeindruckt. Die Sehvorrichtung eines Frosches besteht nur aus einer Handvoll Nervenzellen und ist verglichen mit der Struktur des menschlichen Auges rudimentär. Der Frosch sieht laut Murphy nicht viel mehr als unscharfe Gestalten und Formen in grau-schwarzen Schattierungen. Das soll aber keineswegs heißen, daß der tapfere Frosch »nicht richtig« sehen kann, sondern nur, daß *der Frosch sieht, was er entsprechend seiner Wahrnehmungsstruktur sehen kann*, was ja auch vollkommen ausreicht, um mit der Zunge Insekten zu fangen und – meistenteils – seinen Feinden zu entgehen. Wir Menschen wissen, daß es »mehr« zu sehen gibt, der Frosch dagegen nicht – zumindest, soviel wir wissen.
Es gibt dazu Analogien in unserem Lebensbereich. Der Psychologe Jean Piaget weist darauf hin, daß dem Kleinkind nicht bewußt ist, daß die Mutter weiterexistiert, wenn sie aus seinem Gesichtsfeld verschwindet. Es dauert etwa achtzehn Monate, bis die kognitive Permanenz des Gegenstands entwickelt ist, das heißt, bis das Kind weiß, daß die Mutter immer noch »da« ist (immer noch existiert), auch wenn sie »nicht da« (nicht zu sehen) ist. Das bedeutet nicht, daß das Kleinkind eine falsche Wahrnehmung hätte, sondern daß es die Welt wie der Frosch entsprechend seiner Wahrnehmungs-

struktur wahrnimmt. (Wobei natürlich festzuhalten ist, daß sich die Wahrnehmungsstruktur des Frosches im Unterschied zu derjenigen des Kindes nicht verändert. Anders als beim Frosch entwickelt sich beim Kind die kognitive Fähigkeit im Lauf der Zeit.)
Was haben nun aber diese Beispiele mit den Menschen und dem Ufo-Phänomen zu tun? Es ist denkbar, daß wir Ufos und andere »abnorme« Phänomene entsprechend unserer dominierenden, sich jedoch immer noch weiterentwickelnden psychischen und geistigen »Struktur« wahrnehmen. So wie der Frosch in eine Welt von Formen »eingebettet« ist, die er nicht vollständig begreift, wie das Kleinkind, das entsprechend seiner »einfacheren« Denkstruktur nur zum Teil »in der Wirklichkeit funktioniert«, könnte das, was wir Menschen »Realität« nennen, tatsächlich ein begrenztes Spektrum eines viel größeren Bereichs von Möglichkeiten sein, in dem sich »Geist« und »Materie« noch nicht vollständig in den wenigen Dimensionen verteilt haben, die wir »erfassen« können.
Unsere Welt könnte sehr wohl eine »Welt innerhalb von Welten« sein. Mit Michael Murphys Worten: diese Erde könnte in eine »größere Erde« eingebettet sein. In manchen veränderten Bewußtseinszuständen vermögen wir diesen größeren Bereich besser zu verstehen. Das Betreten einer solchen »Hyperdimensionalität« kann spontan und »zufällig« erfolgen wie im Fall des Phänomens Ufo-Entführungen und bei anderen Arten unvorhergesehener und außerordentlicher Entrückungen: man denke an den brennenden Dornbusch bei Moses, das sich drehende Rad bei Ezechiel. Oder es kann geschehen durch ein unerklärlich bezwingendes, verbindendes Moment beim Liebesakt, beim Betrachten einer blühenden Feldblume an einem Frühlingstag oder wenn wir in der ekstatischen Pein eines hungrigen Babys die göttliche Stimme vernehmen.
Man kann jedoch auch absichtlich dorthin gelangen: mit Hilfe der aufwendigen Praktiken von Yogis und anderen tief religiösen Menschen, durch die intensive Konzentration beim Schaffen eines Kunstwerks oder im Spitzensport, durch Psychotherapien, bei denen man hyperventiliert, oder durch Einnehmen bewußtseinsverändernder Stoffe, um nur ein paar Möglichkeiten zu nennen.

Ein chinesisches Sprichwort lautet: »Der Fisch ist der letzte, der erfährt, daß er im Wasser lebt.« Für den Fisch ist es selbstverständlich, daß das Medium, das er kennt, das wahre Element ist – ja, das *einzige* Element überhaupt. Warum sollte er sich etwas anderes vorstellen? Aber dann schwimmt ein bestimmter Fisch eines Tages in einen abgelegenen Teil des Sees und erblickt dort ein rätselhaftes Objekt über sich. Der Fisch hat keinen Namen für das, was er von unten sieht; wir aber, die wir darüber stehen, würden das Objekt als »Schwimmer« bezeichnen. Entgeistert kehrt der Fisch zu seinem Schwarm zurück und erzählt, was er gesehen hat. Die Geschichte ist zwar eindrucksvoll, aber die anderen Fische interessieren sich dennoch nicht besonders dafür. Schließlich gilt es, stets frischen Tang zu finden, ganz zu schweigen davon, größeren hungrigen Fischen auszuweichen. Die Nachricht von solch rätselhaften Objekten kann nur eine gefährliche Ablenkung von der Gesamtaufgabe des Schwarms mit sich bringen.
Mit der Zeit sehen jedoch auch andere diesen Schwimmer, und eine unverwüstliche Zahl von Legenden entsteht. Dann, an einem ganz bestimmten Tag, schwimmt ein Fisch zu nahe an das Objekt heran und wird »gefangen«. Unvermutet spürt der Fisch, wie er *nach oben* und *hinaus* gezogen wird, in einen riesigen und ganz und gar entsetzlichen Bereich von Formen *darüber* und *jenseits*. Aber jene, die den Fisch an Land gezogen haben, begutachten ihn nach bestimmten Kriterien, sie wollen ihn nicht behalten und werfen ihn ins Wasser zurück. Verwirrt schwimmt der Fisch zurück. Er hat jetzt eine noch viel unglaublichere Geschichte über eine andere – völlig andere – Welt zu erzählen, die von höchst erstaunlichen Wesen bevölkert ist.
Je nachdem, wie diese Nachricht enthüllt und aufgenommen wird, wird der Fisch als Gott verehrt, gefressen oder schlichtweg vom Rest des Schwarms isoliert, wo er unüberhörbar vor sich hin sinniert: »Wasser! Wir leben und schwimmen in *Wasser*! Ich habe soeben etwas gesehen, das *nicht* Wasser ist: Ich habe ›trockenes Land‹ erblickt und einen ›offenen Himmel‹. Hört mir denn niemand zu? *Interessiert* sich denn niemand dafür?«
Es scheint mir richtig, wenn wir uns mit dem prophetischen Fisch

identifizieren. Jede Kultur, jeder Stamm braucht visionär Veranlagte für die Erneuerung des gemeinschaftlichen Lebens. Auf ähnliche Weise zweifeln die ebenso von der Gemeinschaft isolierten Schamanen keinen Augenblick an der Bedeutung ihrer Sitzungen mit dem Anderen, das die verschiedensten Gestalten und Gesichter annehmen kann. Mit der Zeit kommen viele prophetische Fische mit der immer gleichen Botschaft zurück: »Die Beweislast ist groß, es gibt mehr *Dasein* im Dasein, es gibt so viele andere Ebenen, wir müssen auf *Entdeckungen* aus! Der Schwimmer liefert wichtige Hinweise für das Verständnis unseres ›gewöhnlichen Wassers‹ – wenn wir nur die Verbindung zu den größeren Bereichen, denen wir angehören, zu begreifen wagten. Versteht ihr das denn nicht?«
Und doch scheint es natürlich, sich auch mit dem Widerstand der übrigen Fische zu identifizieren, dem Schwarm als Ganzes. Es ist die Kehrseite: »Und *weshalb* sollten wir uns über den Anblick wunderbarer Wesen, die ein Element bewohnen, das von unserem so verschieden ist, freuen? Gibt es *diesseits* des lächerlichen Schwimmers nicht genug Interessantes? Wißt ihr denn nicht, daß der Wunsch, solche Wesen kennenzulernen, bewirken könnte, daß wir amphibisch werden oder erkennen, daß wir auf einer bestimmten Ebene *bereits* amphibisch *sind*? Sind wir wirklich *bereit* für einen Wandel dieser Größe? Wir haben uns ja noch kaum daran gewöhnt, daß wir *Fische* sind!«
Und so geht es weiter und weiter. Ich will hier nicht versuchen, die Spannung zwischen diesen Perspektiven in bezug auf das »Ufo-Phänomen als Werkzeug der Evolution« aufzulösen. Ich bin im Gegenteil viel mehr daran interessiert, diese Spannung noch zu verstärken, um dadurch ihre Rolle bei der Entwicklung des Ufo-Mythos zu verstehen, und zwar vor allem im Hinblick auf die Ufo-Entführungen.
Das Phänomen der Entführung durch Außerirdische ist ausgesprochen komplex. Wenn wir den Berichten derer, die »geholt und zurückgebracht« wurden, Glauben schenken, ist keineswegs klar, daß es die Verantwortlichen gut mit uns meinen, genauso wie ja auch die meisten numinosen Gestalten traditioneller Weltbilder dem Wohlergehen der Menschen gegenüber niemals als beson-

ders freundlich galten. Indem sie in unsere Träume eindringen und uns in unbekannten Hinterhöfen des Universums in die Mangel nehmen, sich an unserem Erbgut zu schaffen machen und unsere Psyche neu verdrahten, führen uns diese Agenten des Phantastischen unverhohlen und auf unheimliche Art und Weise die menschlichen Schattenseiten vor, vergrößern wie in einem Zerrspiegel unsere Grausamkeit gegenüber anderen Menschen und unsere geflissentliche Gleichgültigkeit gegenüber verschiedenen nichtmenschlichen Arten.

Es ist zum Beispiel schwierig, den Blick nackter Panik in den Augen eines Rindes mißzuverstehen, wenn es festgehalten wird, während wir ihm sein Fleisch mit einem heißen Eisen versengen, um ihm den Stempel einer menschlichen Hieroglyphe aufzudrükken, die soviel besagt wie »Privateigentum«. Oder schlicht gesagt: das Entführungsszenario enthält viel Schrecklichkeit, vieles, was uns bedrohlich erscheint.

Aber im Einklang mit einem der ältesten Mythen überhaupt *kreuzen* sich die Außerirdischen auch mit uns: Göttinnen und Götter paaren sich mit Sterblichen, was zur Geburt von Heldengestalten führt (Jesus, Konfuzius, Achilles und anderen). Und laut denen, die sich mit dem entsprechenden Teil des Mythos befassen, gibt es auch Entführungen, die den Menschen zuträglich sind. (Ein Forscher, der mit Hilfe von Hypnose Kontakte zwischen Außerirdischen und Menschen untersucht, erzählte mir: »Also, die Blonden sind richtige Profis, das ist eine sehr weit entwickelte Art von Außerirdischen. Die verdammten Grauen, diese echsengesichtigen Gangster sind es, die die Leute aus den Betten holen – sie sind es auch, die die restlichen Außerirdischen in Verruf bringen.«)

Auf diese Weise verstrickt und kreuzt das Motiv der Entführung Ominöses mit Numinosem, Dämonisches mit Engelhaftem, Schatten mit Licht und hinterläßt dabei im menschlichen Schattenbild Elemente aus jedem Bereich, was daher rührt, daß unser göttlicher Aspekt unserer Aufmerksamkeit ebenso oft entgeht wie unser Barbarentum – und beide können leicht nach außen projiziert werden.

Es gäbe in dieser Richtung noch viel Lohnenswertes zu entdecken.

Joseph Campbells Mahnung ist jedoch nicht weniger wichtig: daß die Reise von mythischen Reisenden erst dann vollendet ist, wenn sie zurückkehren und ihre übermenschliche Vision in bezug auf den Menschen verstehen. Deshalb interessieren mich folgende Fragen: Was für ein heldisches Wesen, welch wunderbares Wunderkind geht aus der Paarung von Ufo-Insassen und Menschen hervor – und auf wie vielen Ebenen zugleich? Welch garst'ge Bestie »kriecht gen Bethlehem«? Was wäre im Zusammenhang mit diesen Vorstellungen als *menschlich* zu definieren – vor allem angesichts der vielen Belange, in denen ein offenbar autonomes Anderes keine Achtung vor der menschlichen Autonomie zeigt?

Da ich von Proteus gelernt habe, daß man sich vor »endgültigen« Lösungen hüten soll, stelle ich lieber weitere Fragen, um unsere Überlegungen offenzuhalten. Sind wir und das Ufo-Phänomen auf irgendeine Art Aspekte nicht gelebten Lebens des jeweils anderen, zwei Seiten eines größeren Bereichs? Gehören wir ebenso zu ihren Träumen und Mythen wie sie zu unseren? Verkörpert das Ufo-Phänomen als Ganzes eine Form von »Koppelung mit unserem Engel«, wie dies Darwin Fall in Michael Murphys Roman *Jacob Atabet* vorschlägt? Falls dem so wäre, wie könnten wir wünschen, diesen Engel kennenzulernen? Was für eine Form von Ausweitung wäre dazu auf menschlicher Seite nötig? Könnten Abenteuerlustige in einer fernen Zukunft – Magellane, die erst noch geboren werden müssen – angesichts von Murphys Forschung, die eine radikale Schnittstelle zwischen Form und Bewußtsein nahelegt, lernen, in hypersomatische Bereiche vorzudringen und sie zu erforschen und so dem Ufo-Phänomen auf einer Ebene gegenübertreten, die *ebensosehr unsere wie ihre* ist? Sollten wir auch nur versuchen, uns an ein solches Unterfangen heranzuwagen?

Ist das Ufo-Phänomen ein »kosmischer Schamane« (wie sich Kenneth Ring ausdrückte), der in Zeiten von Initiationen und Übergängen die Seele von einzelnen und des Kollektivs führt? Was können wir über das Erlebnis von Ufo-Begegnungen erfahren, wenn wir die physischen und mentalen Phänomene Trance, Persönlichkeitsspaltung und Nah-Tod-Erfahrung, Stigmata, Out-of-body-Erlebnisse und Legenden über die Bilokation und Entmaterialisation von Menschen untersuchen? Was meinte Thomas von Aquin, als er sagte, Engel brauchten nicht etwa ihretwegen, sondern unsertwegen einen Leib?

Derlei Fragen interessieren mich viel mehr als die beliebten Fragen im Fernsehen: »Wo kommen sie her?« und »Weshalb sind sie hier?« Meine Rückfragen geben meine unerschütterliche Vermutung wieder, daß das Ufo-Phänomen eine Art Schlüssel für die menschliche Zukunft darstellt – wenn auch nicht notwendigerweise für eine nahe, unausweichliche oder auch nur wünschenswerte Zukunft. Das Ufo-Phänomen interessiert mich jedoch auch in der Hinsicht, als es menschliche Alternativen ausschließt und gleichsam als leuchtender Sand im Getriebe von Fundamentalismus, Monotheismus und Buchstabenglaube wirkt; als hartnäckige Nemesis für jegliche Manifestation von »Eindimensionalität« und von »Newtonschem Schlaf«.

Ich bin soweit, mir das Ufo als »kosmische Palästinenser« vorzustellen, die auf der Suche nach ihrer Heimat Gebiete zurückfordern, die ihnen vom herrschenden Ich entrissen wurden. Wie Jasir Arafat steht auch das Ufo nicht auf der offiziellen Gästeliste. So sei es. Wir mögen unsere Hierarchien von Engeln vor langer Zeit abgelegt haben, doch das Dämonische hat nicht vergessen, wo wir zu finden sind, und nun die Absicht, durch die am schlechtesten gesicherte Tür wieder hereinzukommen – das heißt, sofern man die Entführungen überhaupt als ein Indiz dafür gelten läßt.

Das Bild vom Ufo als Retter nimmt einen ehrenvollen Platz in der Ufo-Mythologie ein, aber ich muß zugeben, daß ich jedesmal frohlocke, wenn sich die Ufos dem Bild eines Deus ex machina – eines mechanischen Gottes, der herabsteigt, um einen schwachen Handlungsverlauf zu retten – verweigern. Ich bin überzeugt, daß dieser Engel schlicht zu gut ist im Improvisieren – ganz zu schweigen davon, daß er zu clever ist –, als daß er sich auf dem Höhepunkt seiner Karriere auf eine derartige Sackgassen-Rolle festlegen ließe. Wenn wir also nicht von Errettung sprechen können, dann vielleicht immerhin von Initiation? Und wenn ja, zu welchem Behuf?

Die früheren Alchimisten benutzten den Ausdruck *Opus contra naturam*, um damit die Kraft zu bezeichnen, die der Natur entgegenwirkt und sie schließlich verwandelt. In diesem Bild wird das Ufo zu einer Gegenwart, die die natürliche Ordnung sich selbst entgegenwirken läßt, gleichsam Blei in Gold verwandelt, wenn die »innere Temperatur« stimmt, und an Michelangelos unermüdliches Meißeln erinnert, um die Form im Innern des Steines freizulegen.

Selbst wenn plötzlich alle Ufos in herkömmlichen Begriffen erklärt werden könnten, würden – dessen bin ich ziemlich sicher – nur wenige, die das Ufo-Zeitalter erlebt haben, die wiederkehrenden Bilder einer *Gegenwart* so leicht vergessen, die mit enormer Intensität aus dem Schatten hervortrat, buntgescheckte Aussagen voller Widersprüche machte und sich wieder und wieder zurückzog; als komme und gehe sie durch tiefe Wunden im Fleisch der Weltseele.

Allein, diese Metaphern werden der Sache nicht gerecht, sie deuten die Spannung innerhalb der Materie nur an: die »Träne im Innern eines Steines« bei Lukrez, Wallace Stevens' »Gedicht im Herzen der Dinge«. Solche Bilder erinnern uns an Jakob, der mit dem Engel *rang* (ein Engel, der in krassem Gegensatz steht zur Kitschbildchenvorstellung von Engeln als »Seelchen, die im Nachthemd durch den Himmel trippeln«). Robert Avens bietet ein Bild auf, das den Erfahrungen, wie sie in der Ufo-Literatur immer wieder geschildert werden, bedeutend näher kommt:

> Engel [...] sind in Wahrheit Dämonen der Macht und des Schreckens, die den Menschen dazu bringen, ihrem Bild zu entsprechen. Wie die Sufi-Mystiker wiederholt betonen: »Wir ringen nicht *gegen*, sondern *für* den Engel« – das heißt für unser »wahres« Selbst, das archetypische Bild, nach dem wir geformt sind. Sich selbst zu kennen heißt, seinen Engel zu kennen.

Mir gefällt die Vorstellung, daß wir, wenn wir erst einmal den Entschluß gefaßt haben, mit dem Engel Ufo zu ringen – was mit der Erkenntnis beginnt, daß wir auf unbekannte Weise auf ein unbekanntes Phänomen ausgerichtet sind, dessen Gegenwart mannigfaltige, langzeitliche und irreversible Folgen hat –, schließlich *für* den Engel ringen, für diese verlockende, großartige und oft furchterregende Dimension der Natur, der sich Weise und Heilige, dichterisch und künstlerisch Tätige sowie die entrückt Verrückten aller Zeiten stellten.

Die *»Dämonen der Macht und des Schreckens, die den Menschen dazu bringen, ihrem Bild zu entsprechen«* verkörpern den Aspekt, auf den das menschliche Ich lieber verzichten würde, nicht zuletzt, weil er bestätigt, daß nichts fest ist – oder daß im Gegenteil das, was fest (ein »Naturgesetz«) zu sein scheint, etwas ausdrücken könnte, was über unsere Denkfähigkeit, um nicht zu sagen, über unsere Fähigkeit, uns zu verwandeln, hinausgeht.

Ich habe angekündigt, daß ich in diesem Kapitel zu spekulieren gedenke. Mein Ziel war es, unser herkömmliches Denken über Ufos und Außerirdische sowie unsere Beziehung zu ihnen zu erweitern. Aber ich bin auch darauf gefaßt, daß sich in einer abschließenden Analyse möglicherweise nichts Gemeinsames mit derlei Kräften ergeben könnte. Vielleicht haben ja die Durchschnittsufologen recht, wenn sie beharrlich behaupten, die Entführer kämen aus einem vollkommen anderen Kosmos, der unserem Universum, unserer Natur, ja uns selbst unerbittlich fremd sei.

Mit Sicherheit sieht ihr *formaler* Status im Ufo-Mythos wie folgt aus: Sie können gar nichts anderes als *Fremde* sein. Als solche halten sie die Karten in der Hand, und wir können auf ihre Pläne nur reagieren. Wir sind ihr Projekt. So hat die Legende ihren Lauf genommen.

Und trotzdem wird ein doppeltes Spiel mit uns gespielt. Wie gewöhnlich. Das gegenwärtige Denken in der orthodoxen Ufologie unterhöhlt die Hypothese, daß die Ufos etwas ganz und gar *anderes* seien. Ich spreche von der Tatsache, daß entgegen aller vorstellbaren Wahrscheinlichkeit unsere Weltraumreisenden und wir untereinander fruchtbar sind – wenigstens diejenigen, von denen Budd Hopkins' Abteilung der Ufologie berichtet. Sie sind die gentechnisch Versierten und Babyräuber schlechthin, ein Thema, das heute bei denen, die die extraterrestrisch orientierte Ufo-Forschungsrichtung bis zum letzten vertreten, mythische und religiöse Zwischentöne anklingen läßt.

Wie fast jedes Element im Ufo-Mythos legt die Vorstellung von außerirdischer Spitzenbiologie mehr von unserer als von ihrer Seele bloß – und enthüllt in diesem Fall, wie unglaublich wenig Vertrauen die Verfechter der Genmanipulationslegende in die beseelte, verkörperte Erfahrung des Menschseins haben. Vieles in der Ufologie ist einfach nur absurd, aber diese düstere, wie ein Zwangsschicksal sich gebärende Ecke ihres Denkens erfüllt mich mit großer Sorge.

Dabei ergibt, so schreibt Richard Grossinger, der Begriff *außerirdisch* nur auf der Grundlage unserer »ursprünglichen, unanfechtbaren Integrität« einen Sinn. »Der ursprüngliche Boden, auf dem wir stehen, ist diese Welt, die Vertrautheit mit unserem Körper/Geist, unserer Sprache und Zivilisation, wie sehr sie auch in einer Krise zu stecken scheinen mag, ganz abgesehen davon, daß wir glauben, sie übel zugerichtet zu haben.« In einem packenden Essay mit dem Titel »Giving Them a Name« (Geben wir ihnen einen Namen) fragt sich Grossinger, warum es uns »auch nur entfernt beruhigen sollte, daß etwas Anderes genetische Experimente mit uns anstellt«, angesichts der Tatsache, daß

> [...] wir nur als das legitime Produkt jener Kräfte existieren, die wir zum Ausdruck bringen. Wir können nichts anderes sein, und ich würde argumentieren, daß dies sogar zutrifft, auch wenn wir eines anderen Experimentiermasse sein sollten – ich komme gleich zur Sache: selbst wenn eine wissenschaftlich weit fortgeschrittene Rasse mit uns genetische Experimente anstellen sollte, kann das Experiment nur in einer Manipulation bereits vorhandener Lebensformen bestehen; die Erfindung unserer gesamten Existenz gehört nicht dazu. Unsere Gene können künstlich zusammengebaut oder umgeformt, der biologische Rahmen des Lebens kann verändert werden, doch die Biologie kann

nicht von etwas aus dem Nichts erfunden werden, das selbst ein evolutionäres Produkt dieses Universums ist.

Wir sind biologische Wesen, sie logischerweise auch, wenn sie für unsere DNS Verwendung haben. Deshalb bleibt »die Erfahrung, auf die die Biologie verweist, intakt«, versichert Grossinger. Wenn wissenschaftlich geschulte Außerirdische gelernt haben, genetisches Material zu manipulieren, ist dies eine Kunst, die sie mit den wissenschaftlich geschulten Menschen gemeinsam haben. Niemand – weder die Außerirdischen noch die Menschen – ist dadurch weiser geworden, denn weder wir noch sie können das Verdienst in Anspruch nehmen, »diese schöpferische Kraft« *erfunden* zu haben, »diese ursprüngliche Phänomenologie, den Impuls, daß etwas zu einem Universum wird, wo ebenso gut nichts hätte sein können«, wie es Grossinger formuliert hat.
Also gibt es doch Gemeinsamkeiten: Menschen und Humanoide sind *Kinder derselben Schöpferkraft*.
Michael Murphys Sicht, daß diese gemeinsame Basis in der Praxis viel größer sein könnte, als wir uns vorstellen, fasziniert mich. Ich frage mich, ob man Murphys Gedanken aktiv testen könnte, da ja eine wachsende Zahl von Entführten behauptet, regelmäßig »geholt« zu werden.
Was würde geschehen, wenn immer mehr Entführte asiatische Kampfsportarten erlernten und ihr *Ki* und *Ch'i*, ihre verborgenen Energiekörper, entwickelten? Würden sie sich in den »überirdischen« Elementen, in denen sie sich plötzlich befinden, besser zurechtfinden? Nehmen wir einmal an, daß einmal Entführte später zu meditieren beginnen und einfache Konzentrationsübungen machen, um ihre Sinneswahrnehmung darauf zu trainieren, daß sie jedesmal sofort wieder in die Gegenwart zurückkehrt, sobald sie nachzulassen droht oder durch andere Gedanken abgelenkt wird. Nehmen wir einmal an, sie übten sich in der Kunst der Schamanen, in Traumzuständen hellwach zu bleiben. Würde es ihnen beim nächsten Entführungsversuch womöglich leichter fallen, ihre Aufmerksamkeit stärker auf feinstoffliche Körperebenen zu richten, würden sie äußere Reize und innere Reaktionen besser

verfolgen können, ihre Vorstellungs- und Konzentrationsfähigkeit schärfen?
Hätten diese Personen einen Vorteil gegenüber anderen – zum Beispiel, indem sie beim Übergang zwischen der Alltagswelt, aus der sie geholt werden, und dem phantastischen Bereich, in den sie gleiten oder getragen werden, bei Bewußtsein blieben? (»Torweg«-Amnesie nennen die Ufo-Forscher das charakteristische Fehlen der Erinnerung an dieser zentralen Schwelle. In der griechischen Mythologie gehören Torwege, Schwellen und Durchgänge zum Herrschaftsbereich eines ganz bestimmten Gottes: Es ist kaum überraschend, daß er Hermes heißt.)
Darauf wollte ich hinaus: Wenn wir wirklich »Amphibien« sind, ist es vielleicht notwendig, daß wir zuerst einmal den Willen aktivieren, damit wir unsere wachsenden Glieder überhaupt benutzen können. Wie würde das Entführungserlebnis für Menschen aussehen, zu spüren sein, sich anhören, die Außerirdischen zu begegnen wünschten, *als würden* sie einen bedeutenden Zwischenbereich mit uns als »hyperdimensionale« Wesen teilen?
Mir ist es mit diesen Vorschlägen durchaus ernst – ich habe große Achtung vor den Entführten, sie verdienen nichts so sehr, wie für eine in der Regel unmögliche Situation gestärkt zu werden. Ich schlage kein olympisches Trainingsprogramm vor, nur eine kleine Ertüchtigung im Hinblick auf eine bessere Bewältigung des Lebens: von Körper, Verstand, Gefühlen, Vorstellungskraft und Geist. Im wesentlichen schlage ich ein Experiment vor. Es ist an der Zeit, mutiger zu werden.
Ohne Zweifel wird beim Lesen dieses Buches klar, daß ich nicht unterstütze, was mir lediglich als Theorien paranoiden Ehrgeizes von zahlreichen heutigen Entführungsforschern erscheint. Aber ich weiß auch, daß viele von ihnen so manchen, die von persönlichen Erfahrungen überwältigender Beklemmungszustände berichten, echte Hilfe leisten, und ich achte sie dafür. Ich hoffe nur einfach, daß bei der Beratung von Entführten *wirksamere* Strategien entwickelt werden, mit etwas weniger melodramatisch-ohnmächtigem Fäusteschütteln gegen den dunklen Himmel, vor allem falls die meisten Entführungen tatsächlich wiederholte Erlebnisse

sein sollten. Ufo-Entführte brauchen Lebenshilfe, keine Aufforderung, sich am Persönlichkeitskult rivalisierender Forscher zu beteiligen.

Kurz gesagt, wir könnten hier eine nützliche wissenschaftliche Aufgabe erfüllen, indem wir bei einem bestehenden Experiment, von dem wir gewisse Parameter bereits kennen (rätselhaftes Licht am Himmel, abgestorbener Motor, fehlende Zeit, schreckliche Erinnerungen und so weiter), eine neue Variable einführen. Und wir würden zweifellos einen neuen Korpus von Abenteuergeschichten erhalten: Berichte einer neuen Generation von Entführten, die ihre Bemühungen schildern, die Erfahrung auf eine Art zu erleben, die sie nicht für möglich gehalten hätten.

Mag sein, daß die meisten Entführten während des tatsächlichen Erlebnisses dann noch immer das Gefühl hätten, von einer überwältigenden Kraft gelähmt zu werden – das ist durchaus möglich. Falls die Außerirdischen tatsächlich intelligente Wesen sind, die auf uns reagieren wie wir auf sie, würde eine Veränderung auf unserer Seite auch eine Veränderung auf ihrer Seite provozieren. Die Möglichkeiten sind unbegrenzt, schließlich sprechen wir ja von *Ufos.* Nichts könnte rätselhafter sein, als was wir seit Kenneth Arnolds schicksalhaftem Tag im Jahre 1947 gesehen haben.

Halte deine Zunge im Zaum, sagt mir eine Stimme. Wenn ich es mir recht überlege, könnten die wirklich phantastischen Vorkommnisse noch vor uns liegen. Oder im Himmel über uns. Oder in den unsichtbaren Tiefen der mythischen Vorstellungskraft. Höchstwahrscheinlich in allen dreien.

Epilog

So ist es all die Jahre über gegangen; so wird es weitergehen.

Und während das Phänomen Ufo auf der modernen Weltbühne ins fünfte Jahrzehnt geht, wird keine Frage öfter gestellt als diese: Sind unbekannte fliegende Objekte nun real oder nur symbolisch? Für den harten Kern ihrer Anhänger wie der Entlarver ist es die einzige, die zählt – also eine Art Feuerprobe für das Wunderding Ufo.

Aufgrund unserer bisherigen Betrachtungen ist aber die Annahme, daß Ufo-Vorfälle real *oder* symbolisch sein könnten (was in dem Fall soviel heißt wie »nur« symbolisch), willkürlich und auch unberechtigt. Ein *Symbol,* abgeleitet vom griechischen Wort *symbolon* (»Zusammengefügtes«), bezeichnet das Zusammengehen zweier Welten. Ein Ereignis, Wort oder Bild ist nicht »symbolisch«, weil es *für etwas anderes* steht, sondern weil es auf *mehr als* seine offensichtliche und unmittelbare Bedeutung verweist und sich einer genauen Definition oder Erklärung entzieht, während es gleichzeitig unbewußte Bereiche anspricht.

Wird das Gegensatzpaar *real/symbolisch* wörtlich genommen – wie ja so vieles von beiden Lagern in der Ufo-Debatte wörtlich aufgefaßt wird –, kann es den Sinn, in dem das Ufo-Phänomen dank seiner mythischen, metaphorischen und allegorischen Di-

mensionen nicht weniger wirklich, sondern wirklicher wird, nur verdunkeln. Es ist sicherlich von Bedeutung, daß die vertrauten Ufo-Bilder wie Überflüge, Landungen, unheimliche Begegnungen, unheimliche Berufungen, geheimnisvolle Gerüchte und Gerüchte über Geheimnisse sowie angestrengte offizielle Dementis, immer wieder neue Anfänge und natürlich die Entführungen durch Außerirdische auch in Zukunft auf scheinbar unergründliche Tiefen hindeuten und damit Ufo-Befürworter wie Ufo-Gegner in ihren Bemühungen frustrieren, das Phänomen in unterschiedliche ideologische Ecken abzuschieben.
Vielleicht werden wir eines Tages die Gewißheit haben, daß Ufos extraterrestrische Raumschiffe sind, die von humanoiden Außerirdischen gesteuert werden; oder aber daß sie mit Absicht, sozusagen aus einer Laune heraus oder aufgrund unwillkürlicher Signale der menschlichen Psyche, aus parallelen Dimensionen auftauchen.
Selbst dann aber würde das zählen, was diese Erkenntnis bei uns auslöst: wie eine solche Enthüllung unsere mythische Vorstellungskraft erfaßt. *Wörter in den Nachrichten* werden bedeutsam, wenn sie zu *Welten in unserem Leben* werden. Und wer wollte bezweifeln, daß die Menschheit eine klare Bestätigung eines dieser Szenarien nicht als äußerst bedeutsam einstufen würde?
Wie wir jedoch gesehen haben, ist ein kategorischer Beweis für einen Durchbruch (oder jedes andere endgültige und umfassende Resultat, einschließlich einer definitiven Entlarvung) genau das, was sich noch immer allen noch so sorgfältig ausgewählten ufologischen Abordnungen erfolgreich entzieht, und dies obwohl sämtliche Verlautbarungen im Verlauf der Jahrzehnte regelmäßig aktualisiert wurden:

> Das Verdächtige wurde zuletzt gesehen, wie es am Stadtrand in der Nähe des Horizonts des Möglichen herumwirbelte. Gerüchten zufolge ist es außerordentlich komplex, kann Leben verändern und hat religiöse Verbindungen. Annäherung zwingend, jedoch nur mit Ehrfurcht, Angst,

Arroganz und Respektlosigkeit – Mischverhältnis unbekannt.

Während die entschlossenen ETI-Sucher auf die große Neuigkeit warten (»die Regierungsverschwörung kann nun jeden Moment auffliegen«), festigen die Ufos ihren Status als kosmisches Chamäleon, das zwischen Geist und Materie vor und zurück schießt, schamlos mit den Elementen im Zentrum jedes Bereichs herumspielt, hohen Regierungsbeamten seine streng geheimen Wahrheiten ins Ohr flüstert (dies besagt zumindest die Verschwörungslegende), uns diese jedoch verschweigt.

Während eine bestimmte Forschungsrichtung auf ihrer Behauptung besteht, daß Außerirdische physikalische Sonden in die Schädel entführter Menschen implantieren, schlagen kraftvolle mythische Bilder Wurzeln im Unterbewußtsein unserer Kultur.

Während Ermittler lokale TV-Nachrichtenstationen dazu bewegen, Videoaufnahmen von sich eigenartig fortbewegenden Lichtern am Himmel, die sie in der Woche davor gesichtet hatten, zu senden, schwärmen wahre Armeen von verlockenden Möglichkeiten unterschwellig aus, um von der kollektiven Vorstellungskraft Besitz zu ergreifen, was zu neuen Forderungen nach vom Fernsehen übertragenen Hearings vor dem Kongreß führt und neue Gefechte zwischen den beiden Lagern der Ufologie – *denen, die Bescheid wissen*, und *denen, die nicht Bescheid wissen* – anheizt, unter dem Motto: »Keine Gefangenen.«

Kurz gesagt, nicht losgelöst von der Debatte, ob Ufos echt seien oder nicht, sondern exakt in ihrem fruchtbaren Zentrum tut das Ufo-Phänomen, was seine unabdingbare Pflicht zu sein scheint: in der kollektiven Psyche die unabhängige Erwartung eines unbestimmten, aber unvermeidlichen »Kontakts« zwischen der Menschheit und einem unfaßbaren *Andersartigen* zu nähren. Und weil die Beschaffenheit dieses »Kontakts« und dieses *Andersartigen* nicht näher beschrieben wird und deshalb unbegrenzten Mutmaßungen offensteht, entwickeln die symbolischen Dimensionen des Phänomens einen immer größeren Reiz.

So ist es all die Jahre über gegangen; so wird es weitergehen.

Ein Ufo-Fall nach dem anderen läuft ab: Es wird etwas Außergewöhnliches beobachtet. Zeugen bieten ihre Aussagen an. »Experten« weisen diese Aussagen zurück. Die Zeugen und eine breite Öffentlichkeit greifen zu neuen Erklärungen; auch diese werden zurückgewiesen. Ufo-Verfechter entdecken neue Muster, kommen zu endgültigen Schlußfolgerungen. Entlarver weisen jedes neue Muster zurück und gelangen zu entgegengesetzten endgültigen Schlußfolgerungen. Die Ufo-Vorkommnisse nehmen immer bizarrere Formen an; alte Muster zerfallen. Die Ufo-Debatte wird mit jeder neuen Runde verworrener.
In der Zwischenzeit gehen weiterhin interessante Meldungen über Sichtungen ein, oft von sehr glaubwürdigen Zeugen. Während die – Regierungs-, Armee-, akademischen und wissenschaftlichen – Spezialisten sich zunehmend weigern, die wachsende Zahl von Berichten aus erster Hand zu prüfen, kommen die Zeugen und die breite Öffentlichkeit zu ihren eigenen Schlußfolgerungen über die wahre Natur der Ufo-Ereignisse.
Begierig nach Geschichten wenden sich die News-Medien an Zeugen »im Ruhestand« – Betty Hill, Lonnie Zamora, Charlie Hickson und Calvin Parker –, und fordern sie auf, ihre Gedanken über die Erlebnisse, die ihr Leben nachhaltig verändert haben, zum Besten zu geben; so halten sie die Bereiche vergangener Bilder für die kollektive Vorstellungskraft wach. Dann werden andere nach ihren Antworten befragt, worauf von astronomischer, psychologischer und theologischer Seite, von Beamten der Luftwaffe und zivilen Ermittlern die verschiedensten Ansichten geäußert werden, die ihrerseits die weitreichende Bedeutung der drei Buchstaben Ufo verstärken.
Wie immer wiederholen die Entlarver ihr hinlänglich vertrautes Mantra *Schwindel, Halluzination, Fehlinterpretation*, während Ufo-Befürwortende darauf bestehen, daß *Ufos nicht nur real sind, sondern das wichtigste Geschehen in der Geschichte der Menschheit überhaupt*. So wissen die Mitspielenden genau, auf welche Seite sie sich schlagen müssen, wenn sie mitmachen wollen: auf unsere. Die Mitspielenden unterwerfen sich bestimmten Regeln: 1. Versuche, überzeugend zu wirken. 2. Streng dich noch mehr

an. Und zum Vorgehen lautet die Spielregel: Das Schiedsgericht jeder Partei entscheidet das Spiel. Was schließlich das Ziel betrifft: Die Oberhand gewinnen. (»Jeden Augenblick ... für diesmal aber *endgültig.*«)
All das steht unter dem nie festgeschriebenen, unausgesprochenen Diktat: Niemand wird je die Oberhand gewinnen.
Niemals.
Vor allem anderen muß das Spiel weitergehen. Die Geschworenen gelangen nie zu einem endgültigen Urteil, weil es keine Geschworenen gibt – oder vielmehr alle, die eine Meinung haben, zu den Geschworenen gehören, die für immer zu gespalten bleiben, um sich auf etwas zu einigen, zu verstrickt, um jemals aufhören zu können.
Die Untertasse schwebt nie nahe genug heran, um irgendeiner aller Legenden den Platz im ausufernden Ufo-Mythos streitig zu machen, und doch nahe genug, daß die Ziellinie in Sicht bleibt.

Vor über vierzig Jahren glaubten Edward Ruppelt und J. Allen Hynek, die für die Luftwaffe ermittelten, an eine schnelle Lösung des Phänomens, das sie untersuchen sollten. Während der folgenden Jahrzehnte wurde ihre Vorhersage von vielen anderen vor allem in Zeiten von Sichtungsflauten solange wiederholt, bis sie als das orthodoxe Ufo-Dogma galt.
Heute, da es aus ufologischer Sicht weniger »qualitativ hochstehende Sichtungen« gibt, sagt der langjährige Ermittler (und Weltmeister der ETI-Hypothese) Jerome Clark eine unmittelbar bevorstehende Lösung der gesamten Kontroverse voraus.
Nicht nur die Boulevardpresse, sondern auch die ernstzunehmenden Nachrichten-Medien werden laut Clark die Ergebnisse der Ufologie bald durch eigene großangelegte Untersuchungen bestätigen.
»Unsere lange Suche ist schon fast zu Ende«, sagt Clark. »Ich glaube, wir werden bald wissen, was Ufos sind.«
Budd Hopkins, spezialisiert auf Entführungen durch Außerirdische, ist ähnlicher Ansicht: »Nach Jahrzehnten mühevoller und hartnäckiger Forschung mit unzähligen falschen Fährten und

Sackgassen enthüllt das Ufo-Phänomen endlich seine innersten Geheimnisse.«

Und der Ufo-Historiker und Entführungsforscher David M. Jacobs fügt hinzu: »Kann sein, daß wir an der Schwelle bedeutsamer Entdeckungen stehen.«

Kann sein, daß das Ende in der Tat nah ist.

Ja.

Diesmal. Endlich.

Andererseits vielleicht aber auch nicht. Wir müssen noch eine letzte Gestalt aus den dunklen Niederungen der Mythologie kennenlernen, eine Gestalt, deren Name gleichbedeutend ist mit dem, was weitergeht und kein Ende hat.

Sisyphos wurde von den Göttern dazu verurteilt, unablässig einen Felsbrocken auf einen Berggipfel zu wälzen, worauf der Stein durch sein Gewicht immer sofort wieder nach unten rollte. Nach Albert Camus hatten die Himmlischen gute Gründe für die Annahme, daß es »keine fürchterlichere Strafe gibt als eine unnütze und aussichtslose Arbeit«, insbesondere, wenn sie von jemandem ausgeführt wird, der »das ganze Ausmaß seiner unseligen Lage« kennt, wie das bei Sisyphos in der Tat der Fall ist. Camus richtete sein Interesse besonders auf den Augenblick, der unmittelbar auf das Hinabrollen des Steins an den Fuß des Berges folgt – die wenigen Sekunden, bevor Sisyphos entsprechend seiner lebenslänglichen Strafe wieder zur unteren Welt hinabsteigt. »In diesen Augenblicken, in denen er den Gipfel verläßt und allmählich in die Höhlen der Götter entschwindet, ist er seinem Schicksal überlegen«, betont Camus. »Er ist stärker als sein Fels.«

Wir müssen die grundlegende Wahrheit begreifen: Es gibt keinen Ausweg für Sisyphos, keine Begnadigung, keine Strafmilderung. Er ist ein tragischer Held, weil er sich seiner vergeblichen Aufgabe *bewußt* ist. »Das Wissen, das seine eigentliche Qual bewirken sollte, vollendet gleichzeitig seinen Sieg«, schreibt Camus. Dies ist der Dreh der Geschichte, und die Götter sind natürlich überrascht. Sisyphos, machtlos und rebellisch, bietet ihnen die Stirn, wird zum

Herrn seines Schicksals, indem er ein einziges Wort sagt – *ja* –, obwohl er weiß, daß dies bedeutet, eine Ewigkeit unaufhörlicher Mühsal zu bejahen, die als Qual gedacht war.

Indem Sysiphos der ihm zugewiesenen Arbeit einen *Sinn* abgewinnt, vertreibt er »aus dieser Welt einen Gott, der mit dem Unbehagen und mit der Vorliebe für nutzlose Schmerzen in sie eingedrungen war«. Camus unterstreicht, daß Sisyphos noch heute »immer unterwegs« ist, wie »ein Blinder, der sehen möchte und weiß, daß die Nacht kein Ende hat. [...] Sein Fels ist seine Sache. [...] Der Stein rollt wieder.«

Über Jahrhunderte hinweg haben verschiedene Kulturen verschiedene Mythen und wiederum Mythen über diese Mythen entwikkelt, um die Substanz des *Andersartigen* einzufangen. Sisyphos war jedesmal dabei, wenn man irgendwo glaubte, kurz davor zu stehen, dieses die Geschichte verfolgende Gespenst zu erklären – oder wegzuerklären –, dessen Gesicht und Gestalt sich von einem Zeitalter zum nächsten verändert, dessen Faszination jedoch so auffallend gleichgeblieben ist.

Jedesmal wenn eine neue Theorie über den Ursprung der Ufos vorgebracht wird, jedesmal wenn man die Ufos *gefaßt* hat, steht der triumphierende Sisyphos wieder »auf dem Gipfel« und ruht sich aus. Und so wie jede Theorie zu kurz greift für ein umfassendes Verständnis und für Gewißheit, stürzt Sisyphos' Fels wieder den Hang hinunter. So beginnen Aufstieg und Abstieg immer wieder von neuem, und beide Seiten in der Debatte sind sich einig darüber, wie wichtig es ist, die wahren, eindeutigen Ursprünge des Ufo-Phänomens »aufzudecken«.

Genauso wichtig ist, daß beide Seiten behaupten, diese Ursprünge könnten (und müßten) gefunden werden. Nun erweist es sich aber in einem Ufo-Fall nach dem anderen, daß die definitiven Ursprünge nicht faßbar sind. Dennoch versuchen es die Ufologen beider Lager weiter in der Erwartung, es doch noch zu schaffen. Der Mann, der von den Göttern zu einer ewigwährenden zwingenden Vergeblichkeit verurteilt wurde, »kennt das ganze Ausmaß seiner unseligen Lage: über sie denkt er während des Abstiegs nach«. Die Ufologen denken dagegen an die bevorstehende Vollendung ihres

Bestrebens, wenn ihr »Fels« stilliegt und das Ufo-Phänomen endgültig voll und ganz erklärt ist.
Dieses Ringen mit dem Engel Ufo an der Grenze, wo die Machtprobe zwischen dem Menschlichen und dem Übermenschlichen stattfindet, stellt eine Art ewiger Wiederkehr dar, einen Zyklus, ein sich unaufhörlich wiederholendes Ritual, ein anschauliches Beispiel dafür, wie sich der Ouroboros in den Schwanz beißt. In Sisyphos' endlosen Strapazen finden wir eine ähnliche Beharrlichkeit wie bei den Ufos, die immer wieder verschwinden und immer wieder zurückkehren, oder wie in dem aus einer scheinbar grenzenlosen metaphysischen Ruhelosigkeit hervorgegangenen Streben der menschlichen Psyche.
Was das Ufo-Phänomen so attraktiv macht, ist seine hartnäckige Beständigkeit als historische Größe, die immer noch Wahrheiten erster Ordnung heraufbeschwört; seine Fähigkeit, über lange Zeit und mit Erfolg das mythische Moment hervorzurufen, die alltägliche Geschichte in einem kosmischen Rhythmus zu unterbrechen, der uns – wie könnte es anders sein? – aus allen Himmeln fallen läßt.
Damit scheint es angemessen, daß wir Sisyphos verlassen, der am Fuß des Berges *seine Kräfte sammelt*, um »den gewaltigen Stein« einmal mehr »hinaufzuwälzen«. Der menschliche Geist willigt immer ein, den Aufstieg noch einmal zu machen, obwohl er nicht genau weiß, weshalb, irgendwie darauf vertrauend, daß beim Kreuzen und Verstricken von menschlichem und göttlichem Schicksal der Mensch letztlich nicht in Verlegenheit geraten wird.

> »Eigentlich«, sagte Tarrou schlicht, »möchte ich gerne wissen, wie man ein Heiliger wird.« – »Aber Sie glauben ja nicht an Gott.« – »Eben. Kann man ohne Gott ein Heiliger sein? Das ist das einzig wirkliche Problem, das ich heute kenne.« – [...] – »Was mich interessiert, ist, ein Mensch zu sein.« – »Ja, wir suchen das gleiche, nur bin ich weniger anspruchsvoll.«
>
> (Albert Camus, *Die Pest*)

Mich verblüffen gewisse Ähnlichkeiten zwischen Homers *Odyssee* und dem Ufo-Phänomen. Beide haben epische Ausmaße, beide handeln von den Taten eines »Helden«, der scheinbar ziellos umherstreift und Prüfungen und Leiden durchmachen muß. Beides sind »gehobene« Erzählformen, die *Odyssee* als inspirierte Dichtung, das Ufo-Phänomen in seinem Auftreten in Form phantastischer Ereignisse. Beide sind auch allegorisch – sie beziehen sich auf viel mehr, als ihre Oberfläche vermuten läßt. Es gibt jedoch auch bedeutende Unterschiede. Odysseus' Reisen *scheinen* nur endlos; sie gipfeln schließlich »in einem einzigen großen Ende«, wie es Henry Fielding formuliert hat, in der Heimkehr des Helden. Bei unserem Thema, von dem wir uns bald verabschieden, ist kein solches Ende in Sicht. Weil das Zuhause des Ufo-Phänomens ein Geheimnis bleibt, gehen seine Reisen immer weiter. »Ich stelle mir immer noch vor, wie Sisyphos zu seinem Stein zurückkehrte«, schreibt Camus, und etwas später: »Der Stein rollt wieder.«
Diese Gedanken rühren an das, was der Literaturwissenschaftler Angus Fletcher als die einzige Schwäche der Allegorie bezeichnet, nämlich ihre Neigung zu einem »Auseinanderfließen des inneren Zusammenhalts, denn die typische Allegorie läuft Gefahr, nie zu enden«. Wenn eine Allegorie immer weiter geht, »können wir von der rituellen Aneinanderreihung von Rätsel und Abenteuer betäubt werden«. Die erhabensten und bildhaftesten Qualitäten einer Allegorie – gerade die Qualitäten, die unsere Vorstellungskraft beflügeln – können uns dann lähmen. Die Rätsel, die zu Beginn verblüffen, beginnen uns allmählich einzulullen.
Etwas Ähnliches scheint in den letzten Jahren innerhalb des Ufo-Universums stattgefunden zu haben. Ufos sprechen zwar noch immer das Außergewöhnliche, Mythische an, aber nicht mehr auf einer breiten Basis. Einmal als eine radikal neue Möglichkeit wahrgenommen, vermochten sie nicht mehr zu schrecken oder zu verblüffen. Dabei fordern weiterhin neue Rätsel Einlaß in den Ufo-Mythos; denken Sie nur an die bemerkenswerten Kreis-Phänomene in Kornfeldern, von denen in Großbritannien, Australien, Japan, der Gemeinschaft Unabhängiger Staaten, Kanada und im

Mittleren Westen der USA immer öfter berichtet wird. Man sagt, die Muster (»Agriglyphen«, wie sie genannt werden), die gewöhnlich über Nacht in knie- oder hüfthohem Getreide entstehen, ohne daß Pflanzen geschnitten oder beschädigt werden, seien von Stromstörungen, schwebenden Lichtern, Summen und anderen ungewöhnlichen Phänomenen begleitet. Seit 1976 wurden weit über sechshundert solche Kreise gemeldet, die einen Durchmesser bis zu dreißig Metern haben. »Was auch immer ihre Ursache sein mag, die Kreise sind besonders faszinierend, weil sie so schön geometrisch angeordnet sind, die Halme werden in einem ganz präzisen Muster flachgelegt«, schrieb *Time* am 18. September 1989. (Eines der Muster hatte Ähnlichkeit mit einem keltischen Kreuz.) Die Kreise wurden zum Thema lebhafter Diskussionen bei Forschungskonferenzen über Ufos, und viele glauben, sie stammten von außerirdischen Raumschiffen.

So geht es weiter.

Gut möglich, daß die zentrale gesellschaftliche Bedeutung der Ufos im Moment weniger in ihren extraterrestrischen Ursprüngen beziehungsweise deren Fehlen liegt, als in der Tatsache, daß ein ansehnlicher Teil der Gesellschaft glaubt, sie seien real, und sich ungeachtet fehlender Beweise dafür auch so verhält. Laut Meinungsumfragen glauben immer mehr Amerikannerinnen und Amerikaner, wir seien nicht allein im Universum. Daß sich dieses Resultat mit mehr als vierzig Jahren Ufo-Sichtungen deckt, ist mit Sicherheit von Bedeutung.

Während wir ans Ende unserer Untersuchung kommen, scheinen sich manche Fragen, die uns zu Beginn interessierten, gelöst zu haben. Kommen Ufos aus dem Weltall oder aus der Mythologie? Die Antwort könnte lauten: beides. Selbst wenn Ufos tatsächlich außerirdische Raumschiffe sein sollten, haben sie es geschafft, sich einen Platz in der traditionellen Mythologie zu sichern, neben anderen Göttern und Göttinnen. In diesem Sinne – und nur in diesem Sinne – sind Ufos tatsächlich hier *gelandet* und bleiben vielleicht für immer hier.

Einige langjährige Beobachter sind zu dem Schluß gekommen, daß es mit dem Ufo-Phänomen, außer in der Mythologie, offenbar vorbei ist – und zwar für immer. Als Beweis dafür führen sie die ungewöhnliche Ruhe an, die sich am Ufo-Horizont breit gemacht hat. Noch immer werden zwar Entführungen gemeldet, aber nicht mehr auf den Titelseiten, und es besteht keine Gewißheit, daß neue Entführungen nicht einfach symbolische Wiederholungen von früheren sind, oder daß die ursprünglichen nicht sogar symbolische Wiederholungen von wer weiß was sind. Genauso lösen Ufo-Sichtungen im Moment auch keine großen Kontroversen aus, wie das in den sechziger und siebziger Jahren noch der Fall war, als Ufo-Feldforscher begierig auf den nächsten Einsatz vor Ort warteten und ihre Stellungnahmen der Nation von den Fernsehketten übermittelt wurden.

Diese und andere Anzeichen werden dahingehend interpretiert, daß das Ufo-Phänomen auf genauso seltsame Weise einfach verblassen wird, wie es erschienen ist, daß es seinen Platz in den Volksmärchen einnehmen wird wie die ebenfalls für eine bestimmte Epoche charakteristischen Vampire, Kobolde und Werwölfe.

Verlaßt Euch bloß nicht darauf, antworten andere Ufologen. Das Ufo-Phänomen festigt sich nur gerade auf seiner gegenwärtigen Ebene. Wir müssen erst das bereits Selbstverständliche aufnehmen, bevor *das Andersartige* mit einer neuen Revue zurückkehrt, behauptet dieser Forschungszweig. Im Moment ist das Phänomen lediglich damit beschäftigt, sich zu besinnen, seine Bilder und Wirkungsweisen zu sammeln, neue Entwürfe in der labyrinthischen menschlichen Psyche zu überwachen, wie ein Thermostat, der die Zimmertemperatur überwacht, bereit, eine Flamme hochzüngeln zu lassen, wenn die Zeit reif ist.

Welche Sicht trifft denn nun zu? Mittlerweile dürfte auf der Hand liegen, daß die Suche nach einem Ja oder Nein, nach Schwarz oder Weiß vergeblich ist. Wir können mit derselben Gewißheit sagen, wer mit seiner Zukunftsprognose recht hat, wie wann Becketts so sehnlichst erwarteter Godot endlich eintreffen wird.

Aber nehmen wir einmal an, die erste Gruppe hätte recht. Nehmen wir an, es würde keine Ufo-Meldungen mehr geben und wir hätten nur noch unsere Erinnerungen, wie Negative von Fotos, die einst

so lebensecht wirkten. Stellen wir uns als Gedankenexperiment einmal vor, sie kämen nicht mehr.
Vielleicht würde diese Entwicklung genügen, um die Aufmerksamkeit von der bizarren Debatte an der Oberfläche der Allegorie über die Ursprünge und Beschaffenheit von Ufos abzulenken und dazu führen, daß wir schließlich zu erkennen vermögen, wie sehr diese Debatte eine Diskussion darüber verhindert hat, was es heißt, Mensch zu sein. Vielleicht würde dann klar, daß die mehr als vier Jahrzehnte, seit der Begriff *fliegende Untertasse* zum erstenmal ausgesprochen wurde, viel mehr über unser eigenes Wesen enthüllt haben als über das ihrige.
Kann sein, daß Ufos das wichtigste Phänomen seit Menschengedenken sind. Kann aber auch sein, daß sie sich als wenig mehr denn »bloße ornamentale Garnitur« entpuppen, wie Angus Fletcher eine Funktion der Allegorie beschreibt. In jedem Fall liegt – wie immer – ein »Fels« vor uns. Werden wir unseren Platz dahinter noch immer einnehmen, obwohl uns langsam dämmert, daß mythische Wirklichkeiten immer viel mehr enthalten, als präzise definiert oder vollumfänglich erklärt werden kann?
Sind wir damit einverstanden, uns stets von neuem auf unseren mühsamen Weg zurück auf den Gipfel zu machen, auch wenn wir uns eingestehen müssen, daß, egal zu welchen Schlußfolgerungen über Ufos wir gelangen, sie doch immer nur wieder neue Fragen darüber provozieren, was es heißt, in einer Galaxie von ungewisser Gastfreundschaft ein menschliches Leben zu leben?
Werden wir einfach einen anderen Bereich finden, in dem wir unsere unweigerlich *religiöse* Suche nach der verlorenen Intimität fortsetzen können, wenn Ufos morgen verschwinden sollten? Natürlich, das haben wir schon immer getan. Weil es nicht weniger als für Sisyphos unsere Art ist, Steine zu schieben. Und der Stein rollt weiter: einmal mehr hinauf, dann wieder hinunter, dann wieder hinauf.
So ist es all die Jahre über gegangen, so wird es weitergehen.

Dank

In der Zeit, in der dieses Buch entstanden ist, genoß ich die Unterstützung einer ganzen Menge Leute, und sie vertraten zusammen eine wundersame Vielfalt von Standpunkten dem Wunderding Ufo gegenüber.

Dafür, daß sie mir für Interviews und in manchen Fällen für weitere Gespräche zur Verfügung standen, und/oder dafür, daß sie mir bestimmte Unterlagen zur Verfügung stellten, danke ich Walt Andrus, Jerome Clark, Ed Conroy, Richard Haines, Budd Hopkins, David Jacobs, Philip Klass, Gordon Melton, Leo Sprinkle, Dennis Stacy, Dennis Stillings, Whitley Strieber, John Timmerman und Jacques Vallee.

Don Michael, David Pursglove, Ken Ring, Jane Rock, Charlie Sweet und Mary Wickwire haben mich ermutigt, ganz besonders durch ihre Aufgeschlossenheit dem gegenüber, was »an der Grenze« gedeiht. Michael Murphy unterstützte die Idee für dieses Buch von Anfang an, nicht zuletzt indem er die Patenschaft für eine kleine private Zusammenkunft von Ufo-Forschern zum Austausch von Ideen am Esalen Instititute übernahm. Bocara Legendres finanzielle Unterstützung dieses Treffens hat wesentlich zu dessen Gelingen beigetragen.

Besonderer Dank gebührt meinem Agenten Fred Hill für viele hilfreiche Anregungen in den Tagen, als ich mich darum bemühte,

grob umrissene Ideen in ein konkretes Buchprojekt zu übertragen, sowie Stuart Miller für sein frühes Interesse und seine Unterstützung.
Ich stehe weiterhin in der Schuld von Laurence S. Rockefeller für seine großzügige Unterstützung meiner Arbeit während der letzten Jahre, und ebenso bin ich Jean Lanier, George Lamb und Elizabeth McCormack verpflichtet und dankbar.
Mein Lektor William Patrick verstand und unterstützte den Geist von *Engel und andere Außerirdische* von Anfang an. Sein Scharfblick und seine Hellhörigkeit als Romanautor trugen zur Verbesserung des Buches bei, und seine Wärme und sein Humor erleichterten mir die Arbeit immer wieder. Ebenso danke ich Beth Burleigh, Hartley Ferguson, Ted Laux, Richard Rossiter, Nancy Bell Scott, Sharon Stecher und Joyce Weston dafür, daß sie ihre Arbeit so gut gemacht haben.
Für viele Stunden ausgiebiger und ergiebiger Gespräche über Kunst und Mythen, Symbole und die Weltseele sowie für ihre Freundschaft reiche ich meine Hände in Dankbarkeit Phil Cousineau und Peter Rojcewicz: Gelehrte, Künstler, Gauner, Mitreisende.
Am meisten danke ich Dir, Kathryn, dafür, daß Du die Besessenheit während der Zeit, in der mich dieses Buch gefangenhielt und davontrug, ertragen hast. Zu wissen, daß Du in der Nähe warst, mit Tyler und Yoshi, hat alles viel leichter gemacht. Ich werde das nie, nie vergessen.
Und schließlich die Tatsache, die so offenkundig ist, aber leicht übersehen wird: Wäre das unbekannte, unstete Wesen mit dem Namen Ufo nicht gewesen – seine Geschicke und Mißgeschicke in einer Welt, die es nicht haben will –, dann wäre es niemals zu diesem Buch gekommen. »Am besten gefällt uns gewöhnlich solcherlei, was uns am wenigsten vertraut ist und von ganz weit her.«

Anmerkungen

Vorwort

In seinem Buch *Creation Myth* definiert ...: Stewart, Seite 11.

Joseph Campbell schreibt ...: Campbell, 1986, Seite 18.

»die angebliche Gewißheit der Tatsachen und das Illusorische der Fiktion ...«: Hillman, Seite 55.

»Wir haben hier eine Gelegenheit zu sehen ...«: Jung, 1958, Seite 19.

Kapitel 1

»PENDLETON, Oregon, 25. Juni (AP) ...«: Strentz, Seite 24.

»verwandelte sich die Skepsis in Verwunderung ...«: Jacobs, *The UFO Controversy in America*, 1975, Seite 37.

»Sprecher der Armee wie der Zivilluftfahrtbehörde ...«: Strentz, Seite 24.

»Ich könnte nicht einmal annähernd abschätzen ...«: Lagrange, Seite 30.

»PENDLETON, Oregon, 27. Juni (UP) ...«: Strentz, Seite 25.

»Die *New York Times* schrieb in einem Leitartikel ...«: Jacobs, 1975, Seite 41.

»fehlgeleitete Heiligenscheine auf der Suche nach all den...«: *Life*, 21. Juli 1947, Seiten 14–16.

»Und wenn ich ein zehnstöckiges Gebäude ...«: Jacobs, 1975, Seite 38.

»von der Mehrheit der Bevölkerung «: Ebda.

»Ein moderner Mythus von Dingen, die am Himmel gesehen werden«: Jung, 1958.

Eine viel publizierte Gallup-Umfrage ...: Gallup, Seite 666.

Ein Privatpilot namens Vernon Baird: Jacobs, 1975, Seite 39.

Fliegende Untertassen gehörten in dieselbe Kategorie ...: *New York Times*, 27. Dezember 1947, Seite 28.

»Die gemeldete Erscheinung...«: Fawcett und Greenwood, Seite 213. [Deutsch zitiert nach Hynek, 1978, Seite 17, A. d. Ü.]

»Die Haltung gegenüber dieser Aufgabe ...«: Ruppelt, 1956, Seiten 13 f.

»Eiswaffeltüte mit rotem Deckel ...«: Story, 1980, Seite 220.

»Es scheint ein metallisches Objekt zu sein ...«: Good, 1988, Seite 146.

»von einer Düse oder etwas ähnlichem …«: Clark, angekünd. für 1991.

»keine astronomische Erklärung …«: Ebda.

»Anstatt den Ursprung eines möglicherweise …«: Jacobs, 1975, Seite 50.

mit dem Verfasser einer zweiteiligen Artikelserie …: *Saturday Evening Post*, 30. April 1949, 7. Mai 1949, Seiten 20 f., 136–139; Seite 36, 184 bis 186.

»Während der vergangenen hundertfünfundsiebzig Jahre …«: Keyhoe, 1967, Seite 7.

»Charley, es kursiert ein Gerücht, daß …«: Keyhoe, 1950, Seite 73.

Kapitel 2

Mythische Ereignisse … »bilden den Grund …«: Jung und Kerényi, 1951, Seite 16.

In einem Beitrag für das englische Magazin *Magonia* …: Kottmeyer, 1990, Seite 3–10.

das Resultat »einer ganzen Menge Mißverständnisse« …: Ebda., Seite 4.

ein Mythos … »immer einen Präzedenzfall …«: Jung und Kerényi, 1951, Seite 6.

»Der Mythos […] in seiner lebendigen ursprünglichen Form …«: Ebda., Seiten 14 f.

Und ebenso ließ man […] der deutsche Physiker Werner Heisenberg gemacht hatte …: Watzlawick, 1984, Seite 101.

»Wenn zwei Leute gewohnheitsmäßig…«: Keeney, Seite 71.

»dann«, so führte Michel aus, »wird es, was wir auch tun …«: Fitzgerald, Seite 69.

Proteus' »sich unendlich wandelndes Bild …«: Hillman, Seite 203.

»Aber selbst der geschickteste Frager …«: Campbell, 1978, Seite 365.

»da menschliches Wissen doch nichts anderes ist …«: zitiert nach Watzlawick, 1984, Seite 29.

»Als erster wünschen wir uns …«: Segal, Seite 31.

»All das ist soweit recht banal …«: Hayward, Seite 19.

Kapitel 3

»Es sah ganz so aus, als hätte die Luftwaffe …«: Jacobs, 1975, Seite 62.

»Praktisch gleich darauf sahen wir […] sechs leuchtende Objekte …«: Clark, angekündigt für 1991; Sachs, 1980, Seiten 218 f.; Story, 1980, Seite 243; Story, 1982, Seite 138.

Für die Piloten sah es »fast aus …«: Ebda.

»Unsere Schicht war seit etwa vierzig Minuten …«: Story, 1980, Seite 388.

Wie bereits in der Woche davor …: Jacobs, 1975, Seiten 75 ff; Sachs, Seite 362; Story, 1980, Seiten 361 f.

Die Luftwaffe hielt entschieden fest, es sei »keinerlei Gesetzmäßigkeit festgestellt worden …«: Story, 1980, Seite 389.

»Ich kann zu keinem andern Schluß kommen, als daß …«: Strentz, Seite 41.

»WASHINGTON, 28. Juli (INS) – Die Luftwaffe gab heute …«: Ebda., Seite 42.

»Die Luftwaffe ist nun bereit, einzuräumen …«: *Life*, 7. April 1952, Seite 80.

»Ich bin vollkommen davon überzeugt …«: Ebda., Seite 86.

»Die am wenigsten unwahrscheinliche Erklärung ist die …«: Ebda., Seite 86.

»Die wahren Tiefen des Rätsels um die fliegenden Untertassen entziehen sich …«: Strentz, Seite 89.

»Der Artikel entspricht den Tatsachen …«: Jacobs, 1975, Seite 71.

Walter Kaempffert, der Wissenschaftsjournalist ...: *New York Times,* 12. April 1952, Seite 10.

In einem Leitartikel der *Times* wurde bedauert ...: *New York Times,* 13. April 1952, Sect. IV, Seite 9.

»DAYTON, Ohio, 19. Juli (AP) – Ein Sprecher des Luftwaffenstützpunktes ...«: Strentz, Seiten 38 f.

»Es war nicht zu vermeiden, daß irgendwo ...«: Stacy, Seite 121.

daß er sich »in der Gegenwart eines Menschen aus dem All ...«: Adamski, Seite 66.

»Die Kontaktler hatten keine Angst vor Spott ...«: Jacobs, 1975, Seite 109.

»Ufologie«: *Webster's New World Dictionary* definiert Ufologen als Personen, die sich für Ufos interessieren und diese insbesondere für Gefährte aus dem Weltraum halten. [Gemäß Duden ist die Ufologie eine »in den USA entstandene Heilslehre, nach der außerirdische Wesen auf die Erde kommen, um sie zu erretten«, A. d. Ü.].

Da sah er ein »leuchtendes eiförmiges Flugobjekt mit gewaltiger Geschwindigkeit ...«: Story, 1980, Seite 282.

»viel schöner war als der sämtlicher Frauen ...«: Ebda.

»Was sie wollten, [war] ein guter Beschäler ...«: Story, 1980, Seite 383.

Kapitel 4

»sagt die Allegorie etwas und meint etwas anderes ...«: Fletcher, Seite 2.

Im sechzehnten Jahrhundert beschrieb der Gelehrte Henry Peacham die Allegorie ...: Peacham, Seite 27.

»fundamentalen Prozeß zur Kodifizierung unserer Sprache«: Fletcher, Seite 3.

»Doch irgendwie suggeriert diese wortwörtliche Ebene ...«: Ebda., Seite 2.

es hätten »mindestens zehn unidentifizierte fliegende Objekte Manöver ...«: Strentz, Seite 41.

»Jemand mußte Josef K. verleumdet haben ...«: Kafka, Seite 7.

»Das Verschwiegene in einer Allegorie ist ebenso voller Bedeutung ...«: Fletcher, Seite 107.

»Wer danach strebt, eine Wahrheit zu vermitteln ...«: Vallee, 1988, Seite 107.

»gleichzeitig zu verunsichern und zu beruhigen ...«: Ebda., Seite 178.

»führt zur Zurückweisung der Geschichte ...«: Ebda., Seite 179.

»für deren Verständnis mindestens zwei Geisteshaltungen ...«: Fletcher, Seite 18.

»als ein von Einzel- oder Massenhalluzination begleitetes Gerücht ...«: Jung, 1972, Brief vom 6. Februar 1951 an Dr. Beatrice Hinkle, Seite 206.

»Ist es ein Gerücht, dann muß es sich bei der Erscheinung der runden Scheiben ...«: Ebda., Seite 207.

»Es wird etwas gesehen ...«: Jung, 1958, Seite 8.

»daß das offenbar komplizierte Phänomen ...«: Ebda., Seite 8.

»ob eine primäre Wahrnehmung ein Phantasma im Gefolge hat ...«: Ebda., Seite 9.

»eines Elias, der Feuer vom Himmel herunterruft ...«: Ebda., Seite 24.

»Im religiösen Erlebnis begegnet der Mensch ...«: Ebda., Seite 40.

Ufos könnten [...] »deshalb leicht als ›Götter‹ ...«: Ebda., Seite 23.

Er zog die Möglichkeit in Betracht, daß Ufos »materialisierte[s] Psychische[s] sein könnten ...: Ebda., Seite 108.

Archetypen »halten ganze Welten zusammen ...«: Hillman, 1983.

»Die tieferen ›Schichten‹ der Psyche …«: Jung, 1976, Seite 187.

Rojcewicz, ein Volkskundler, der sich in der …: Rojcewicz, 1987, Seiten 148–160.

Der Ufologie-Veteran John Keel berichtete von verwirrenden persönlichen Begegnungen …: Keel, 1976, Seite 255.

»Die wirkliche Ufo-Geschichte muß erst …«: Ebda., Seite 39.

»Nur dann, wenn der Wanderer Ernst macht …«: Campbell, 1978, Seite 365.

Kapitel 5

Ein durch und durch frustrierter Keyhoe kam ins Bild …: Clark, angekündigt für 1991.

»darauf abgezielt, Zensur zu insinuieren …«: Ebda.

»Jeder Hinweis auf eine Abweichung davon …«: Ebda.

»die sensationellen, unbestätigten Behauptungen …«: Jacobs, 1975, Seite 56.

In einem Brief […] schrieb Ruppelt: »Ich habe das Projekt Blue Book …«: Clark, angekündigt für 1991.

»Vogel-Strauß-Politik betreibt …«: Keyhoe, 1961, Seiten 6–8.

»direkt oder indirekt unter Druck stand …«: Keyhoe, 1959, Seite 5 f.

»Lassen Sie sich nicht reinlegen …«: Ebda.

»Es scheint eigenartig …«: Ruppelt, 1960, Seite 6.

Als er zum Himmel aufblickte …: Story, 1980, Seite 150.

»als wollten sie etwas in Ordnung bringen …«: Ebda.

»Ich reckte meinen Arm in die Höhe …«: Ebda.

»ihrem großen weißen Führer …«: Clark, 1978, Seite 43.

»Die Geschichte mit dem ›großen weißen Führer‹ …«: Ebda.

»Ich sah die Venus …«: Cruttwell, 1960.

»Winzige Unregelmäßigkeiten an den …«: Menzel, Seite 169.

Mois Name »weist auf eine enge Freundschaft« …: Klass, 1974, Seite 279.

»Als ich hier auftauchte …«: Clark, 1978, Seite 44.

»Ich traute meinen Augen kaum …«: Klass, 1974, Seite 279.

»Taten sagen mehr als Worte.«: Ebda., Seite 288.

»Nachdem wir Freitag abend …«: Clark, 1978, Seite 44.

»Jedes astronomische Objekt …«: Clark, angekündigt für 1991.

»wie man jede nur erdenkliche Theorie …«: Fitzgerald, Seite 7.

»Für die Luftwaffe stellten Hearings vor dem Kongreß …«: Jacobs, 1975, Seite 158.

Captain George T. Gregory betonte zum Beispiel bei der Gelegenheit …: Ebda., Seiten 161 f.

»Einerseits kamen ihm die politischen Erklärungen …«: Ebda., Seite 172.

»einigen von uns, die bei Verstand waren …«: Story, 1980, Seite 410.

»Obwohl sie mit offensichtlich unanfechtbaren Beweisen konfrontiert sind …«: Ebda.

»Das Problem mit der Öffentlichkeitsarbeit …«: Jacobs, 1975, Seite 172.

»stufenartiges Flugmuster …«: Story, 1980, Seite 173.

»Ich glaub' das nicht! …«: Ebda.

»Die besondere Anziehungskraft der Hypnose …«: Story, 1982, Seite 199.

was Barney sah, als er durch sein Fernglas blickte …: Ebda., Seite 204.

»Das Hauptproblem bei beiden Versuchen …«: Ebda.

»Dies ist auch der Grund, weshalb …«: Ebda., Seiten 204 f.

Kapitel 6

»Alle Institutionen mythologischer Zeitalter ...«: Jung und Kerényi, 1951, Seite 19.

»wenn auch nur ein Aspekt des Ufo-Phänomens wahr ist ...«: Hopkins, 1987, S. XIII.

»Vor der Hypnose-Sitzung vom 22. Februar 1964 ...«: Kottmeyer, »Gauche Encounters«, Seiten 8 f.

»Die einzigen Einflüsse ...«: Ebda., Seite 4.

»Warum nehmen Sie nicht offen Kontakt auf?« ...: Vallee, 1990, Seite 179.

Eine Publikation, die der deutsche Gelehrte Hartmann Schaeden vorbereitet hat ...: Vallee, 1965, Seite 9.

In Nürnberg (1561) und Basel (1566) berichteten Zeugen ...: Jung, 1958, Seiten 94 f.

»[...] sah ich unmittelbar über meinem Haupt eine Lichtsäule ...«: Smith, Seite 56.

»[...] ein Sturmwind daherkam von Norden her ...«: Altes Testament, Ezechiel 1,4–1,7, 1,13–1,18.

Kapitel 7

»wie sich das Objekt von mir entfernte ...«: Story, 1980, Seite 342.

Der Astrophysiker und Informatiker Jacques Vallee ...: Sachs, Seite 299.

»Dulles [habe] genügend Chuzpe ...«: Ebda.

Klass begann, Zamoras Glaubwürdigkeit zu untergraben ...: Klass, 1974, Seite 124–134.

»Das Grundstück, auf dem das Ufo gelandet sein soll ...«: Ebda., Seite 134.

»Ich wollte ja alles für mich behalten ...«: *The El Paso Times*, 24. April 1965.

29. Juni 1964. Der Kaufmann Beaufort E. Parham ...: Hall, Seite 248.

»etwas, das sich mit furchterregender Geschwindigkeit ...«: Ebda. Seiten 252 f.

19. August 1965. Harold Butcher, sechzehn ...: Ebda., Seite 254.

»Fliegende Untertassen stehen kurz davor, sozusagen an die Labortür zu klopfen ...«: *Christian Science Monitor*, 21. August 1965.

»Es begann uns so vorzukommen, als könnten die Ufos ...«: Interview des Autors mit J. Allen Hynek, 16. April 1985.

»Diese Objekte konnten sich mit phantastischer Geschwindigkeit fortbewegen ...«: Constable, Seite 106.

»Die Lage war so emotionsgeladen...«: Ebda., Seiten 107 f.

»Ich beobachtete mit Schrecken ...«: Ebda. Seite 109.

»nicht gerade beneidenswerten Lage« ...: Jacobs, 1975, Seite 206.

»Erst nach dem Vorfall mit dem ›Sumpfgas‹ ...«: Hynek und Vallee, Seiten 199 f.

»Ja, ganz entschieden ... Es tut mir leid ...«: Strentz, Seite 120.

»das beleidigendste, was einer Abteilung unserer Streitkräfte seit langem ...«: Jacobs, 1975, Seite 210.

»als einzige Hoffnung, um den Spannungen, den Gefahren ...«: *Nation*, 26. September 1966, Seite 269.

»den wichtigsten Entwicklungsschritt in der Geschichte ...«: Jacobs, 1975, Seite 210.

»Es war ein Vergnügen, sich mit Leuten zusammenzusetzen ...«: Hynek, 1969, Seite 39.

»Ich bin geneigt, der Regierung zu empfehlen ...«: Constable, Seite 116.

»Unsere Studie würde beinahe ausschließlich von Skeptikern ...«: Flammonde, Seite 213.

Jacques Vallee meinte später dazu ...: Hynek und Vallee, Seite 222.

Die *New York Times* lobte Condon ...:

New York Times, 8. Januar 1969, Seiten 1 f.
eine »großangelegte Kampagne zur Aufdeckung…«: Jacobs, 1975, Seite 244.
als hätte »Mozart einen uninspirierten Ohrwurm …«: Hynek, 1969, Seite 41.
»Sowohl die Öffentlichkeit als auch der Mitarbeiterstab des Projekts …«: Hynek, 1969, Seite 42.

Kapitel 8
»Eine Allegorie beruht auf Parallelen …«: Fletcher, 1964, Seite 113.
»Aber willst du, so will ich beim Haupt meines Vaters dir schwören …«: Homerische Hymnen, 1989, Seite 77.
»Hermes ist zu klug, um frontal …«: Paris, Seite 74.
beides einen Akt von *Verschiebung* enthält …: Ebda., Seite 70.
»irgendwo zwischen dem Expliziten und dem Impliziten …«: Ebda., Seite 63
»nimmt die Kommunikation im Zeichen von Hermes Zuflucht zu …«: Ebda.
»will das Publikum für sich gewinnen …«: Ebda. Seite 82.
»von einer bestimmten Form des Zauberns fasziniert zu sein scheint …«: Ebda., Seite 105.
»Hermes mithilft, Innenräume hermetisch zu verschließen …«: Bly, 1991, Seite 203.
in einem solchen »von Mauern umgebenen Ort« statt: Ebda., Seite 203.
»Wenn wir im Bereich des Hermes sind …«: Ebda., Seite 200.
Denn nicht nur auf etwas unmittelbar Einleuchtendes, sondern …«: Kerényi, 1944, Seite 13.
»Gelächter, Humor und Ironie durchpulsen alles …«: Radin, Seite 8.
»Vorläufer des Heilbringers und, wie dieser, Gott, Mensch und Tier …«: Ebda., Seite 196.
gemäß Jung »in gewissen Hinsichten dümmer als die Tiere …«: Ebda.
»Zufälligkeiten« des Schicksals …: Ebda., Seite 194.
»Schelmenspiele mit dem Tode im Bereich des Gespenstischen«: Ebda., Seite 180.
»Offenbar steckt eine Art Intelligenz hinter all diesen Erscheinungen…«: Keel, 1978, Seite 133.
Ginette Paris argumentiert …: Paris, Seite 104.
»Vertrauen in unsere Verhaltensweise …«: Ebda.
»mit ihrem ganzen Selbst in ihrer Rolle aufgehen …«: Ebda.
»*Dionysos ist nicht der Gott hinter der Maske* …«. Ebda.
Karl Kerényi, der Kulturen untersucht hat …: Kerényi, 1960.
»Diese negative Definition der Maske …«: Paris, Seiten 52 f.
Gaston Bachelard hält in seinem Buch …: Bachelard, Seite 211.
»Die letzte Inkarnation des Ödipus mag diesen Nachmittag …«: Campbell 1978, Seite 14.

Kapitel 9
»daß man nicht versuchen sollte zu beweisen …«: Vallee, 1965, Seite V.
»die moderne Wissenschaft beherrscht ein eng definiertes Universum …«: Vallee, 1969, Seite 157.
»[…] die Ufologie ist ein so hochspezialisierter Bereich geworden …«: Ebda., Seite 25.
stellte Vallee fünf »zentrale Punkte« zusammen: Ebda., Seiten 160 f.
»ist es sehr wohl denkbar …«: Ebda., Seite 154.
»daß es im Universum intelligente Geschöpfe geben könnte …«: Ebda., Seite 155.

»stehen wir der dualen Möglichkeit …«: Ebda.

»ein Auge darauf haben«: Story, 1982, Seite 182.

»Es bewegte sich nicht, es *stand still* …«: Story, 1980, Seite 93.

Fünf Augenzeugen auf dem Erdboden …: Ebda., Seiten 94 f.

Philip Klass hatte ermittelt …: Klass, 1974, Seiten 395–411.

Die Ufo-Forscherin Jennie Zeidman …: Story, 1980, Seite 95.

Im Lauf der folgenden Jahre versuchte Klass immer wieder …: Klass, 1983, Seiten 158–160.

»Coyne innerhalb der Ufologie zu einer internationalen Berühmtheit geworden«: Ebda., Seite 158.

»Von vier glaubwürdigen Zeugen wurde etwas beschrieben …«: Story, 1982, Seite 184.

»leise gesummt – *nnnnnnnn nnnnnnnn* – einfach so …«: Blum, Seite 31.

»PASCAGOULA, Mississippi – Zwei Werftarbeiter …«: *San Francisco Chronicle*, 13. Oktober 1973.

»Als erstes wollten sie einen Lügendetektortest machen …«: Blum, Seite 14.

»Calvin: Ich muß nach Hause und ins Bett …«: Ebda., Seiten 35 f.

»Wenn sie lügen …«: Ebda., Seite 10.

»Es gab da mit Sicherheit etwas …«: Meldung der United Press International (UPI) vom 14. Oktober 1974.

»Ein irgendwie erschreckendes Erlebnis, ja …«: Ebda.

Warum, so wollte Klass wissen, gab es denn …: Klass, 1974, Seiten 342 bis 344 und 347–369.

»Wissen Sie, nachts liege ich dann im Bett …«: Blum, Seite 139

die »prä-inkaischen Völker veranlaßt haben …«: von Däniken, Seite 40.

die »nichts Besseres zu tun [hatten] …«: Ebda., Seite 42.

»jeden Megalith, jedes scheinbare technische Überbleibsel …«: Fitzgerald, Seite 22.

»Das Raumschiff setzt also auf dem Boden auf …«: Bradbury, Seite 307.

Allen Hynek meinte, von Däniken sei auf einen »empfindlichen Nerv in unserem …«: Hynek und Vallee, Seite 231.

»Es gibt ein großes Defizit an Glaubwürdigkeit …«: Ebda.

»als offizielles Gremium gehandelt, welches …«: Jacobs, 1975, Seiten 280 f.

»Zahlreiche Leute wünschten sich von Herzen, daß die Ufos verschwänden …«: Ebda., Seite 293.

Kapitel 10

»das Werden einer That und ihre Folgen auf das Gemüth«: Freytag, 1887, Seite 18.

»Wir haben hier eine Gelegenheit …«: Jung, 1958, Seite 19.

»der nicht klug, doch zu sehr liebte«: Shakespeare, Othello, 5. Akt, 2. Szene.

»Eine Allegorie beruht auf Parallelen …«: Fletcher, Seite 113.

»Allegorische Erzählungen gibt es gewissermaßen deshalb …«: Ebda., Seite 79.

»nichts anderes sind als das Wiederemporkommen …«: Vallee, 1969, Seite 36, 131 und 149.

»Das einzige uns heute bekannte Objekt …«: Ebda., Seite 2.

27. Oktober 1180 …: Ebda., Seite 4.

12. September 1271 … : Ebda., Seite 5.

8. März 1468 …: Ebda., Seite 6.

»Es geschah, daß in Lyon eines Tages drei Männer und eine Frau gesehen wurden …«: Ebda., Seite 12.

»Eine Gruppe von Jungen sah eines Tages draußen …«: Ebda., Seite 26.

»Sie gehören nicht der Arbeiter-, son-

dern einer militärisch-aristokratischen Klasse an ...«: Ebda., Seite 27.
»Überlieferungen von Kleinkindern, die von Elfen ...«: Vallee, 1988, Seite 52.
stieß der Volkskundler Thomas Bullard auf ähnliche Anhaltspunkte wie Vallee ...: Bullard, Seite 390.
»Fragen zu stellen, die genügend Tiefe und Resonanz haben ...«: Vallee, 1988, Seite VI.
Der Eintopf-Denker werfe »in der Regel alle erhältlichen Informationen ...«: Hopkins, 1991, Seiten 8 f. und 12.
»Entführungen sind entschieden eine neue ...«: Interview des Autors mit Budd Hopkins, 6. Juli 1990.
»Erinnern wir uns daran, daß Betty Hill ...«: Interview des Autors mit Jacques Vallee, 8. August 1990.
Im Rahmen seiner ausführlichen Dissertation ...: Bullard, Seite 23.
»Der Begriff der Zufälligkeit hat nur in Beziehung zu den Beobachtenden Sinn«: Watzlawick, 1978, Seite 69.
»Sie können aber auch als zwei Erlebnisse ein und desselben als Individuum ...«: Glasersfeld, Seite 32.
»die Kriterien, anhand derer Gleichheit oder Verschiedenheit festgestellt werden ...«: Ebda., Seite 34.
Angus Fletcher wurde bereits an anderer Stelle zitiert ...: Fletcher, Seite 73.

Kapitel 11

ALAMOSA, Colorado (AP) ...: Strentz, Seite 276.
»Die Abgasflecken und die Stellen, wo das Gebüsch ...«: Ebda.
»einem neugierigen Jungen, der ausprobieren wollte ...«: Ebda., Seite 279.
»Noch immer warten Millionen von Leuten auf einen ...«: *Denver Post*, 11. November 1967, Seite 69.
»Ich hab' bis jetzt noch nie einen Kojoten gesehen ...«: Howe, Seite 11.
»Jeden Tag – kurz vor der Dämmerung ...«: Ebda., Seite 9.
»Verbindungen zu Experten für Veterinärmedizin ...«: Clark, 1984.
1. Das »saubere, unblutige, manchmal unglaublich perfekt ausgeführte ...«: Adams, Seite 46.
»Ist es möglich, daß wir mit Ufos konfrontiert werden ...«: Ebda., Seite 55.
»mindestens eine Form von nichtmenschlicher Intelligenz ...«: Howe, Seite XVIII.
»Linda Howes Geschichte ist so attraktiv und packend ...«: Ebda., Seite XIII.
Tarragona, Spanien. Zwei Ehepaare aus Almosa ...: Buckle, Seiten 2 f.
Milford Haven, Wales. An einem Sommermorgen ...: Holiday, Seite 10.
Matles-Barbosa, Brasilien. Brasilianische Zeitungen meldeten ...: Creighton, Seite 26.
»Obwohl man bis 1979 in den Vereinigten Staaten ...«: Kinder, Seite 220.
»Als ich das Oxid mit einer rostfreien Stahlsonde ...«: Ebda., Seite 225.
»Die Bilder sehen echt aus ...«: Ebda., Seite 232.
Bei den Tonbandaufnahmen vom Geräusch der angeblichen »Strahlenschiffe« ...: Ebda., Seite 239.
Steve Ambrose, der Tontechniker von Popstar Stevie Wonder ...: Ebda., Seite 241.
»Ich bin sicher, daß [Meier] solche Kontakte hat ...«: Ebda. Seiten 263 f.
»das Objekt gleichmäßig von einer Seite der Szene zur anderen ...«: Ebda., Seite 281.
»Vielleicht ist er einfach einer der besten Illusionisten ...«: Ebda., Seite 306.

Kapitel 12

eine Redewendung: *das Muster, das verbindet* ...: Bateson, Seite 15.

Welches Muster verbindet den Krebs mit dem Hummer ...: Ebda.

»Ich möchte von Ihnen die Argumente hören, die mich davon überzeugen, daß ...«: Ebda., Seite 14.

Welches ist Ihre Beziehung zu diesem Geschöpf? ...: Ebda., Seite 16.

»Sehr gut. Sie meinen also, sie ist *komponiert* ...«: Ebda., Seite 17.

»Ja, eine Schere ist größer als die andere ...«: Ebda.

»daß *Größe* von primärer oder tieferer Bedeutung ...«: Ebda.

»*Informationen* bestehen aus Unterschieden ...«: Ebda., Seite 123.

»Wir konnten in jedem Bein Teile ausmachen ...«: Ebda., Seite 17.

»Der Oberarmknochen entspricht dem Oberschenkelknochen ...«: Ebda., Seiten 17 f.

»Meine zentrale These läßt sich nun in Worten andeuten ...«: Ebda., Seite 19.

daß »irgendein A für irgendein B relevant ist ...«: Ebda., Seite 21.

Allen Hynek führte 1972 die folgenden Kategorien zur Klassifizierung ...: Hynek, 1972, Seiten 115–206.

»Die Stechinstrumente, welche die Außerirdischen für ihre Untersuchung benutzen ...: Bullard, Seite 431.

Lactantius, ein christlicher Apologet des dritten ...: Schneweis, Seite 47.

eher »ein dynamisches, sich ständig weiterentwickelndes Panorama vom ...«: Godwin, Seite 11.

»Träte der Erzengel jetzt, der gefährliche ...«: Rilke, 1966, »Die zweite Duineser Elegie«, Seite 445.

Plutarch spricht in seiner Abhandlung ...: nach Fletcher, Seite 40.

sagt Diotima von Eros, er sei »ein großer Daimon...«: Platon, 1974, Seiten 150 f. (203a).

»Der Begriff Dämon hatte in der Frühgeschichte ...«: Fletcher, Seite 43.

Die ausführlichst dargelegte Ansicht von Entführungsforscher Budd Hopkins ...: Hopkins, 1983, 1987.

»Alle Quellen deuten auf die unbestrittene Tatsache hin ...«: Godwin, Seite 81.

»Diese Qualität [von Kräften] aber, die man den magisch ...«: Otto, Seite 145 und Seite 16.

von »einem Summen oder Brummen, daß Helligkeit und Wärme der Sonne abnahmen ...«: Vallee, 1988. Seite 97.

»Dieses letzte ›Wunder‹ war auf dem Höhepunkt einer präzisen Folge ...«: Ebda., Seite 200.

»Indem ein Schamane vermittelnd zwischen der heiligen und der alltäglichen Welt agiert ...«: Drury, 1982, Seite 3.

»Ich habe Dinge gesehen, wie wenn jemand eine Tür öffnet ...«: Nicholson, Seite 62.

»Nachdem ihre Initiation vollzogen ist, kehren sie ...«: Ring, 1989, Seiten 15 f

»wie eine Million von gleichzeitigen und doch präzisen, scharfen Bildern ...«: Ring, 1986, Seite 76.

»Man erfaßt das Wesentliche im eigenen Leben ...«: Ebda.

»Man würde am liebsten darüber sprechen, aber wer ...«: Ebda., Seite 77.

»Alles, was man sicher weiß, ist...«: Ebda.

Kapitel 13

»zusammen mit Jimmy Hoffa ...«: Early, Seite 85.

»In den späten vierziger Jahren und vielleicht sogar noch später stürzten im Südwesten der USA ...«: Clark, 1990, Seite 57.

Er sei sehr gesprächig gewesen, »was höchst ...«: Berlitz/Moore, Seiten 105 f.

»kleine Bruchstücke, kaum größer als ein Quadratzentimeter ...«: Clark, 1990, Seite 60.

»Die vielen Gerüchte über die fliegenden Scheiben wurden gestern Wirklichkeit ...«: Berlitz/Moore, Seite 34.

»Die Geschichte mit dem Wetterballon diente [Ramey] nur dazu ...«: Clark, 1990, Seite 61.

»Wenn einen damals die Armee befahl, über etwas nicht zu sprechen ...: Ebda., Seite 62.

»Im Grunde fand ich nach jedem ergiebigen Regen wieder ein, zwei Stücke...«: Ebda.

»Natürlich versprach ich das, aber es kam nie dazu ...«: Ebda.

O. W. Henderson, ein Zeuge der Armee ...: Randle und Schmitt, Seite 82.

An jenem Abend klagte O'Barski unter anderem über eine »Erkältung im Knie«, die ihm ...: Bloecher, Seite 3.

»Es steckt wahrscheinlich nichts dahinter ...«: Hopkins, 1981 [a], Seite 40.

Man vereinbarte darauf einen Termin für eine Hypnosesitzung ...: Ebda., Seiten 40–78.

»Ich will mich nicht mehr daran erinnern ...«: Ebda., Seite 56.

»eine grundlegende, auffallende Abweichung vom [klassischen] Modell ...«: Interview des Autors mit Budd Hopkins, 5. August 1990.

»Die Gedächtnisblockaden [...] hängen vielleicht mit der Rolle der Entführten ...«: Hopkins, 1981, S. 223.

»homogenisiert auf ungerechtfertigte Weise die Vielfalt ...«: Interview des Autors mit Dennis Stillings, 12. November 1990.

»die spirituellen Überlieferungen aus aller Welt davor warnen, den ...«: Interview des Autors mit Michael Grosso, 29. Juni 1991.

»das undeutliche Gefühl hatte, daß ihm eines Nachts ...«: Klass, 1989, Seite 82.

»eine unbekannte Technologie der Gehirnwäsche ...«: Interview des Autors mit Budd Hopkins, 5. August 1990.

»eigenartig, wenn Kilburn [in dieser Zeit] nicht aus Neugier die Berichte ...«: Klass, 1989, Seite 81.

»Die Vorfälle, die eine Vielzahl von Leuten ...«: Hopkins, 1981 [a], Seite 237.

»Ich kann nicht beurteilen, ob das Erlebnis ...«: Ebda., Seite 238.

»Wer sich wirklich erschüttern lassen will ...«: Ebda., Seite 57.

»Die Entführungen schreien geradezu nach einer symbolischen Lesart ...«: Interview des Autors mit Jacques Vallee, 30. Juli 1990.

STRENG GEHEIM/MAJIC/VERTRAULICH ...: Maccabee. [Interpunktion beim Datum analog zum Originaldokument, A. d. Ü.].

»OPERATION MAJESTIC ist eine STRENG GEHEIME ...«: Ebda. [Interpunktion beim Datum analog zum Originaldokument, A. d. Ü.]

Warum war der Film zum Beispiel Shandera zugeschickt worden ...: Klass, Winter 1987/88, Frühling 1988, Seiten 137–146 und 279–289.

»Wer auch immer das Hillenkoetter-Briefing getippt hat ...«: Ebda. [Das Datum wird in der Regel »November 18, 1952« geschrieben; daneben wird aber auch die Form »18 November 1952« verwendet, A. d. Ü.]

»Aus meiner Ablage von Moores Briefen geht hervor ...«: Ebda.

»Dank der Erfindung des Fotokopiergeräts ist es jedoch leicht ...«: Ebda.

»im Gegensatz zum eleganteren, mit einem offenbar neuen Farbband getippten ...«: Ebda.

»die logische Wahl für den Auftrag, ein streng geheimes Projekt aufzuziehen ...«: Moore, 1982, Seite 101.

»Wenn ich zu jener Zeit ein Gremium hätte wählen müssen ...«: Klass, Winter 1987/88, Frühling 1988, Seiten 137–146 und 279–289.

»ihnen das Glück lachte und Moore und Shandera ...«: Ebda.

»Entscheidender ist, daß Robert Cutler das Memo von letzten Änderungen ...«: Ebda.

»zuversichtlich [gewesen], innerhalb weniger Monate oder höchstens eines Jahres...«: Ruppelt, 1956, Seite 46.

die Jacques Vallees ketzerischer Vorschlag...: Interview des Autors mit Jacques Vallee, 30. Juli 1990.

»Hauptziel«, nämlich »jedem Bezirk oder Landkreis in den USA einen ...«: Andrus, Seite 24.

»Ich wäre überglücklich, wenn ich dieses Feld ...«: Interview des Autors mit Philip Klass, 3. Januar 1991.

Kapitel 14

»Riten, die mit jedem Wechsel von Ort, Staat ...«: Turner, Seite 4.

Van Gennep zeigte auf, daß alle Durchgangsriten durch drei Phasen gekennzeichnet sind ...: Ebda., Seite 5.

»Der Heros verläßt die Welt des gemeinen Tages ...«: Campbell, 1978, Seite 36.

daß »die Bestimmung den Helden erreicht und seinen geistigen Schwerpunkt ...«: Ebda., Seiten 62 f.

»Tag und Nacht wird man gejagt von dem Gott ...«: Ebda., Seiten 64 f.

»Whitley hörte auf zu existieren ...«: Strieber, Seite 24.

»Ich glaub' das nicht! Ich glaub' das nicht! ...«: Story, 1980, Seite 173.

Die korrekte Frage »ist *nicht*, ob [Ufos] existieren oder ...«: Raschke, Seiten 24–26.

»[...] denn da ist keine Stelle, die dich nicht sieht ...«: Rilke, »Archaischer Torso Apollos«, aus: »Der neuen Gedichte anderer Teil« (1908), Seite 313.

»Ist der Mensch das, als was er erschien? ...«: Strieber, Seite 89.

Der Anthropologe Victor Turner schreibt ...: Turner, Seite 6.

»Für die meisten von uns hat es mit Erinnern begonnen ...«: Hopkins, 1981 [a], Seite 197.

»Und dann gab's auch noch das Problem ...«: Ebda.

»ihres besonderen Wissens und ihrer ungewöhnlichen, zum Teil beunruhigenden Gegenwart«: Ring, 1989, Seiten 15 f.

»mit beiden Füßen fest in der Luft zu landen«: Interview des Autors mit Donald Michael, 3. September 1986.

»Veränderungen in der Konstellation der psychischen Dominanten ...«: Jung, 1978, Seite 7.

»das Leben [werde] ebensosehr durch die Übergänge ...«: James, Seite 1180.

»Während Sie in den Spiegel blicken, scheinen Sie und der Apfel mit ...«: Rojcewicz, 1989, Seite 12.

»Annäherung von zwei scheinbar wesensfremden Dingen ...«: Haftmann, 1979, Seite 219.

»Der Jünger ward gesegnet mit einer das Blickfeld ...«: Campbell, 1978, Seite 226.

»Es ist möglich, daß wir durch Filme und Science-fiction ...«: Interview des Autors mit Leo Sprinkle, 30. Juni 1990.

»Was sich beim Ufo-Phänomen herauskristallisiert, ist kein ...«: Inter-

view des Autors mit Jacques Vallee, 30. Juli 1990; Vallee, 1988, Seiten 271–276.
»Gerade die Erwartung eines ›Höhepunkts‹ könnte ...«: Interview des Autors mit Jacques Vallee, 30. Juli 1990.
»Was mich interessiert, ist die Tatsache, daß ...«: Ebda.
»Was sind denn das für außerirdische Ärzte und Ärztinnen ...«: Vallee, 1988, Seiten 268 f.
daß »wir irregeführt werden müssen«, falls wir mit diesem Phänomen ...: Ebda., Seite 275.
»Wenn ein sogenannter erfolgreicher Kommunikationsvorgang in der konkreten Übermittlung ...«: Watzlawick, 1978, Seite 13.

Kapitel 15

»Es sieht so aus, als falle jeder auf den ersten Blick hervorragende Ufo-Bericht ...«: Moseley, 5. Februar 1985, Seite 1.
»gewöhnlich gut unterrichteten Kreisen in Washington ...«: Moseley, April 1985, Seite 1.
»Gibt es Motive, die wir uns nicht vorstellen können ...«: Hopkins, 1985, Seite 75.
Stanton T. Friedman seine Rede, indem er sein Publikum daran erinnert ...: Friedman, Seite 98, 11.
»die Öffentlichkeit wachgerüttelt und ihr das in Vergessenheit geratene ...«: Christensen, Seite 18.
Hynek »suchte sich seinen Weg durch dieses Minenfeld mit Vorsicht ...«: Jacobs, Mai/Juni 1986, Seite 6.
»Als Dr. J. Allen Hynek vor über zwanzig Jahren ein wiedergeborener Ufologe wurde ...«: Steinberg, Seite 6.
»Wir drei stiegen aus ...«: Zeidman, Seite 20.
»Eine integrierende Kraft ist von uns gegangen ...«: Tate, Seite 1.
und zwar »allein schon dank dem Ausmaß des Phänomens ...«: Jacobs, September/Oktober 1986, S. 21.
»einen glanzlosen Haufen von ›Spezialisten‹, dilettantischen Lumpensammlern ...«: Hackney, Seite 5.
»einen Tummelplatz für Pfuscher und Stümper«: Stillings, Seite 3.
»Das Chaos ordnete sich zu einer Reihe klarer Bilder ...«: Strieber, Seite 33.
»Vielleicht wirst du verrückt ...«: Ebda., Seite 34.
»eigentümlich heulendes, sausendes Geräusch aus dem Wohnzimmer unten ...«: Ebda., Seite 20.
»Wenn etwas sehr seltsam ist, reagiert man darauf ...«: Ebda.
»daß sie meine Persönlichkeit auszulöschen schien«: Ebda., Seite 24.
»stark glänzende, haarfeine Nadel«: Ebda., Seite 26.
»ihr werdet meinen Verstand ruinieren«: Ebda., Seite 27.
»Und hier enden meine Erinnerungen ...«: Ebda., Seite 29.
»als wäre eine giftige Schlange darin«: Ebda., Seite 38.
»Aber konnte ich ihn einfach anrufen?...«: Ebda.
»Hopkins war ein großer, kräftiger Mann...«: Ebda., Seiten 38 f.
»Als ich ihn kennenlernte, war Strieber ...«: Interview des Autors mit Budd Hopkins, 3. April 1991.
»erzählte von häufigen neuen Begegnungen, oder was er dafür hielt, und ...«: Ebda.
»Kathy, ich glaube, ich habe dich schon einmal gesehen ...«: Ebda.
»Natürlich nicht...«: Interview des Autors mit Whitley Strieber, 10. April 1991.
Als Hopkins von seinem Verleger davon erfuhr ...: Interview des Autors mit Budd Hopkins, 3. April 1991.

»Ich kenne niemanden außerhalb der Familie Strieber, der oder die Dir zustimmt ...«: Hopkins, Anfang 1987, Seiten 3 f.

»die Tatsache nicht akzeptieren konnte ...« Interview des Autors mit Whitley Strieber, 10. April 1991.

»Möglicherweise ist die Menschheit der Schoß der Engel...«: Conroy, 1989, Seiten 354–360.

Eine Rezension in *Nation* ließ durchblicken, Strieber habe als ...: Ebda., Seiten 126–130.

In einem Essay »Dying Worlds, Dying Selves« ...: Kottmeyer, nicht veröffentlicht, nicht datiert.

»Als ich auf halbem Wege stand unseres Lebens ...«: Dante, Seite 11.

Als Walters zu schreien begann, schnarrte eine Stimme ...: Walters und Walters, Seite 36.

»Du kannst ihnen nicht entkommen...«: Ebda., Seite 58.

»Stimmen hörte, die sich auf Spanisch darüber unterhielten ...«: Ebda., Seite 73.

»mit Augen an, die keine Furcht zeigten ...«: Ebda., Seite 84.

»Du bist in Gefahr! Wir werden dir nicht wehtun ...«: Ebda., Seite 168.

»Das Ganze war fast zu einleuchtend, um wahr zu sein ...«: Ebda., Seite 22.

Zan Overall – bekannt als unnachgiebiger, den Ufos jedoch grundsätzlich positiv gegenüberstehender Ermittler ...: Overall, 1990, Seiten 1–44.

»einer der wichtigsten Ufo-Fälle der letzten fünfzig Jahre ...«: Walters und Walters, Seite 489.

»Wollte man über die Lösung des Rätsels von Gulf Breeze kurz spekulieren ...«: Ebda., Seite 491.

STUDENT ERKLÄRT DOPPELBELICHTUNG ...: Conroy, 1990, Seite 4.

»mehrere, wenn nicht sogar alle Fotos« ...: Klass, November 1990, Seite 1.

»keine Befugnis, einen solchen Schluß zu ziehen ...«: Ebda.

»Es bedeutet, daß die Außerirdischen ...«: Klass, Mai 1990, Seite 3.

»Ich habe ein leuchtendes orangefarbenes Objekt vorüberfliegen sehen ...«: Walters und Walters, Buchumschlag der englischen Ausgabe.

»Als wir die Bucht entlangspazierten, sah ich ein leuchtendes Objekt ...«: Ebda.

»Es schwebte hinter unserem Pier ...«: Ebda.

»von Berichten darüber [erzählt], daß von Dezember 1987 ...«: Conroy, 1990, Seite 10.

»Es gibt keinen ersichtlichen Kausalzusammenhang ...«: Ebda.

»für das beste zu halten, im Interesse der Öffentlichkeit, gewisse Geschichten ...«: Ebda.

Kapitel 16

Im Verlauf einer Therapie gegen sein Schlafwandeln wurden auf den Armen ...: Robert L. Moody, 1946, Seite 721.

Ein Mann mit der Diagnose Schizophrenie, der vom Wunsch ...: Evens und Seely, Seite 38.

Verabreicht man einer Gruppe von Versuchspersonen ein Plazebo, nachdem ...: Murphy, 1992.

Eine Frau, die physiologische Prozesse ...: Simard und Basmajian, Seite 19.

Bei einem Mann, der an einer mehrfachen Persönlichkeitsspaltung leidet ...: Institute of Noetic Sciences, Seiten 3–6.

Als sich eine Patientin des britischen Psychiaters Robert Moody in die Situation ...: Moody, 1948, Seite 964.

Bei einer Studie, durch die man herausfinden wollte, ob ...: Dimon, Kittle und Crockett, Seiten 483–486.

von Delizia Ciroli, einem sizilianischen Mädchen, dessen ...: Dowling, Seite 636.

Der indische Yogi Swami Rama erzeugte ...: Green und Green, Seiten 197–199.

Tibetische Lamas demonstrierten, daß sie die Temperatur ...: Benson, Seiten 46–61.

wie im Fall des stigmatisierten französischen Bauernmädchens Marie-Julie Jahenny ...: Thurston, Seiten 63 f.

»Es besteht praktisch kein Zweifel ...«: Ebda., Seiten 17 f.

»ein unabsehbares Experiment der Natur darstellen ...«: Interview des Autors mit Michael Murphy, 5. Dezember 1989.

In der bahnbrechenden Studie *The Future of the Body ...:* Ebda.

über die »unwiderstehliche Mischung [...] aus objektiver Stofflichkeit und subjektiver Flüchtigkeit« ...: Grosso, Seite 10.

»Die Seele besitzt ein gewisses leuchtendes (augoeides) Vehikel (ochema) ...«: zitiert nach von Franz, Seite 177.

Der schiitische Philosoph Sheik Ahmad ...: Ebda., Seite 180.

»galt doch [bei diesen Traditionen] im allgemeinen ...«: Murphy, 1992.

»während einer ›Nah-Tod-Erfahrung‹, intensiver Meditiation, sensorischer Deprivation ...«: Ebda.

»In all diesen Erfahrungen, angefangen von der allerleichtesten Bewußtseinsveränderung ...«: Ebda.

»das große und eigentliche Amphibium, das seiner Natur nach nicht allein ...«: Browne, Seite 65.

Welch garst'ge Bestie »kriecht gen ...«: Yeats, »The Second Coming« (Die Wiederkunft).

»Engel [...] sind in Wahrheit Dämonen der Macht ...«: Avens, Seite 5.

»Der ursprüngliche Boden, auf dem wir stehen, ist diese Welt, die Vertrautheit ...«: Grossinger, Seite 48.

Epilog

»Unsere lange Suche ist schon fast zu Ende ...«: Klass, 1991, Seite 8.

»Nach Jahrzehnten mühevoller und hartnäckiger Forschung ...«: Interview des Autors mit Budd Hopkins, 3. April 1991.

»Kann sein, daß wie an der Schwelle bedeutsamer ...«: Interview des Autors mit David Jacobs, 6. Mai 1991.

»keine fürchterlichere Strafe gibt als eine unnütze ...«: Camus, 1985, Seite 80–83.

»Eigentlich«, sagte Tarrou schlicht ...: Camus, 1987, Seite 262.

»Auseinanderfließen des inneren Zusammenhalts ...«: Fletcher, Seite 367.

»bloße ornamentale Garnitur«: Ebda., Seite 368.

Bibliographie

Adams, Thomas R., »Animal Mutilations: A Decade of Mystery«, *MUFON Symposium Proceedings* (1984), Seiten 44–63

Adamski, George, *Inside the Spaceships*, Abelard-Schuman, New York 1955, zit. nach der Originalausgabe; dt. *Im Innern des Raumschiffes*, Ventla, Wiesbaden 1989

Andrus, Walt, »Director's Message«, *MUFON UFO Journal* 269 (September 1990), Seiten 1–24

Avens, Robert, *The New Gnosis*, Spring Publications, Dallas 1984

Bachelard, Gaston, *Poetik des Raumes*, Fischer, Frankfurt 1992; zit. nach der amerikanischen Ausgabe

Bateson, Gregory, *Geist und Natur. Eine notwendige Einheit* (dt. von Hans Günter Holl), Suhrkamp, Frankfurt am Main 1982. Originalausgabe: *Mind and Nature. A Necessary Unity*, E. P. Dutton, New York 1979

Benson, Herbert, *Beyond the Relaxation Response*, Times Books, New York 1984

Berlitz, Charles, und Moore, William L., *Der Roswell-Zwischenfall. Die Ufos und der CIA* (dt. von Elisabeth Hartweger), Zsolnay, Wien 1980

Die Bibel, Verlag der Zwingli-Bibel, Zürich 1966

Bloecher, Ted, »The ›Stonehenge‹ Incidents of January 1975«, *Flying Saucer Review* 22, Nr. 3 (Oktober 1976), Seiten 3–7

Blum, Judy und Ralph, *Beyond Earth*, Bantam Books, New York 1974

Blumrich, Joseph, *The Spaceships of Ezechiel*, Bantam Books, New York 1974

Bly, Robert, *Eisenhans. Ein Buch über Männer* (dt. von Ulrike Wasel und Klaus Timmermann), Kindler, München 1991

Browne, Sir Thomas, *Religio Medici. Ein Versuch über die Vereinbarkeit von Vernunft und Glauben (1642)*, (übertragen und herausgegeben von Werner von Koppenfels), Karl H. Henssel, Berlin 1978

Bradbury, Will (Hrsg.), *Into the Unknown*, Reader's Digest Association, Pleasant Ville, N.Y. 1981

Buckle, Eileen, »Spanish UFO Fiesta«, *Flying Saucer Review* 20, Nr. 3 (Dezember 1974), Seiten 2–7

Bullard, Thomas Eddie, »Misteries in the Eye of the Beholder: UFOs and Their Correlates as a Folkloric Theme Past and Present«, Dissertation, Indiana University 1982

Campbell, Joseph, *Der Heros in tausend Gestalten* (dt. von Karl Koehne), Suhrkamp, Frankfurt am Main 1978

Campell, Joseph, *The Inner Reaches of Outer Space*, Alfred van der Marck, New York 1986

Camus, Albert, *Die Pest* (dt. von Guido G. Meister), Suhrkamp, Frankfurt am Main 1987

Camus, Albert, »Der Mythos von Sisyphos«, in: *Unter dem Zeichen der Freiheit, Camus Lesebuch*, hrsg. von Horst Wernicke (dt. von Hans Georg Brenner und Wolf Dietrich Rasch), Rowohlt, Reinbek bei Hamburg 1985

Christense, Marge, »Shifting the Burden of Proof«, *MUFON Symposium Proceedings* (1985), Seiten 14–20

Clark, Jerome, *The Emergence of a Phenomenon; UFOs from the Beginning Through 1959*, Band 2 von *The UFO Encyclopedia*, Apogee Books, Detroit, angekündigtes Erscheinungsjahr 1991

Clark, Jerome, »Close Encounters: History's Best Case«, *Fate* 31, Nr. 2 (Februar 1978), Seiten 38–46

Clark, Jerome, »Reality Mutilation«, *Fate 37*, Nr. 415 (Oktober 1984), Seiten 99–103

Clark, Jerome, *UFOs in the 1980s*, Apogee Books, Detroit 1990

Condon, Edward U., *Scientific Study of Unidentified Flying Objects*, Bantam Books, New York 1969; dt. »Wissenschaftliche Untersuchung über unidentifizierte fliegende Objekte« in: GEP-Sonderheft, 2 [Gesellschaft zur Erforschung des UFO-Phänomens], Lüdenscheid, 2. Auflage 1986 [Auszug aus dem Condon-Report]

Conroy, Ed, *Report on Communion*, William Morrow, New York 1989

Conroy, Ed, »Who is the Joker in the Gulf Breeze UFO ›Hoax‹?«, *The Communion Letter* 2, Nr. 2 (Sommer 1990), Seiten 1–16

Constable, George (Hrsg.), *The UFO Phenomenon*, Time-Life Books, Richmond 1987

Creighton, Gordon, »Uproar in Brazil«, *Flying Saucer Review* (Dezember 1971), Seiten 24–28

Cruttwell, N. E. G., »What Happened in Papua 1959«, *Flying Saucer Review* 6, Nr. 6 (November/Dezember 1960), Seiten 3–7

Däniken, Erich von, *Erinnerungen an die Zukunft. Ungelöste Rätsel der Vergangenheit*, Econ, Düsseldorf/Wien 1968

Dante Alighieri, *Die Göttliche Komödie*, (dt. von Philaletes [d. i. König Johann von Sachsen]), Diogenes, Zürich 1991

Dimon, E. G., Kittle, C. F., und Crokkett, J. E., »Comparison of Internal Mammary Artery Ligation and Sham Operation for Angina Pectoris«, *American Journal of Cardiology* 5 (1960), Seiten 483-486

Dowling, St. John, »Lourdes Cures and Their Medical Assessment«, *Journal of the Royal Society of Medicine* 77 (1984), Seite 636

Drury, Nevil, *The Shaman and the Magician*, Arcana, London 1982, zit. nach der Originalausgabe; *Der Schamane und der Magier. Reisen zwischen den Welten* (dt. von Jürgen Saupe), Sphinx, Basel 1989

Early, George W., »Crashed Saucers and Pickled Aliens«,
Teil 2, *Fate* 34, Nr. 4 (April 1981), Seiten 84-89

Mircea, Eliade, *Mythos und Wirklichkeit* (dt. von Eva Moldenauer), Insel, Frankfurt am Main 1988

Evans, D., und Seeley, T., »Pseudocyesis in the Male«, *The Journal of Nervous and Mental Disease* 172 (1984), Seite 38

Fawcett, Lawrence, und Greenwood, Barry J., *The UFO Coverup*, Prentice-Hall 1984

Fitzgerald, Randall, *The Complete Book of Extraterrestrial Encounters*, Macmillan, New York 1979

Fletcher, Angus, *Allegory: The Theory of a Symbolic Mode*, Cornell University Press, Ithaca, N. Y. 1964

Franz, Marie-Louise von, *Traum und Tod. Was uns Träume Sterbender sagen*, Knaur, München 1990

Freytag, Gustav, *Gesammelte Werke*, Band 14, »Die Technik des Dramas«, Hirzel, Leipzig 1887, Seite 18

Friedman, Stanton T., »Flying Saucers, Noisy Negativists and Truth«, *MUFON Symposium Proceedings* (1985), Seiten 98-112

Gallup, George H., *The Gallup Poll: Public Opinion 1935–1948*, Random House, New York 1972

Glasersfeld, Ernst von, »Einführung in den radikalen Konstruktivismus« in: *Die erfundene Wirklichkeit. Wie wissen wir, was wir zu wissen glauben?*, hrsg. und kommentiert von Paul Watzlawick, Piper, München 1985, Seiten 16–38

Godwin, Malcolm, *Angels. An Endangered Species*, Simon and Schuster, New York 1990

Good, Timothy, *Above Top Secret: The Worldwide UFO Coverup*, William Morrow, New York 1988

Green, E. und A., *Beyond Biofeedback*, Delta, New York 1979

Grossinger, Richard, »Giving Them a Name«, *ReVISION* 11, Nr. 4 (Frühjahr 1989), Seiten 43–48

Grosso, Michael, »Transcending the ›ET Hypothesis‹«, *California UFO* 3, Nr. 3 (1988), Seiten 9–11

Hackney, Tom, *Saucer Smear*, Nr. 8 (15. November 1987), Seiten 1–8

Haftmann, Werner, *Malerei im 20. Jahrhundert 1*, Prestel, München 1979

Haines, Richard F., *Advanced Aerial Devices Reported During the Korean War*, LDA Press, Los Altos, Kalif., 1990

Hall, Richard, *Uninvited Guests*, Aurora Press, Santa Fe 1988

Hayward, Jeremy H., *Die Erforschung der Innenwelt. Neue Wege zum wissenschaftlichen Verständnis von Wahrnehmung, Erkennen und Bewußtsein* (dt. von Jochen Eggert), Scherz, Bern/München 1990

Heisenberg, Werner, *Physik und Philosophie*, Hirzel, Stuttgart 1959

Hillman, James, *Healing Fiction*, Station Hill, Barry Town, N. Y., 1983

Holiday, F. W., »Some Recent Welsh Cases«, *Flying Saucer Review* (Oktober 1974), Seiten 9–12

Homer, *Homerische Hymnen*, griechisch und deutsch herausgegeben von Anton Weiher, Artemis, München und Zürich 1989

Homer, *Ilias*, in der Übertragung von Johann Heinrich Voss, München 1976

Hopkins, Budd, *Intruders*, Random House, New York 1987, zit. nach der Originalausgabe; *Eindringlinge. Die unheimlichen Begegnungen in den Copley Woods* (dt. von Hans J. Bekker), Michael Kellner, Hamburg 1991

Hopkins, Budd, Brief an Whitley Strieber von Anfang 1987

Hopkins, Budd, *Missing Time*, Berkley Books, New York 1983

Hopkins, Budd, »Stewpot Thinking – An Obstacle to Science«, *MUFON UFO Journal* 251 (März 1991), Seiten 8–9, 12

Hopkins, Budd, »The Evidence Supporting UFO Abduction Reports«,

MUFON Symposium Proceedings (1985), Seiten 66–77

Hopkins, Budd, »UFO Abductions: The Invisible Epidemic« *MUFON Symposium Proceedings* (1981 [a]), Seiten 44–59

Howe, Linda Moulton, *An Alien Harvest*, Eigenverlag, Littleton, Col., 1989

Hynek, J. Allen, *The UFO Experience*, Corgi Books, London 1972 (zit. nach der Originalausgabe), dt. *UFO-Begegnungen der ersten, zweiten und dritten Art*, Goldmann, München 1978

Hynek, J. Allen, *Ufo-Report. Ein Forschungsbericht* (dt. von Tony Westermayr), Goldmann, München: 1978

Hynek, J. Allen, »The Condon Report and UFOs«, *Bulletin of the Atomic Scientists* 25 (April 1969), Seiten 39 bis 42

Hynek, J. Allen, und Vallee, Jacques, *The Edge of Reality*, Henry Regnery Co., Chicago 1975

Institute of Noetic Sciences, »Multiple Personality: Mirrors of a New Model of Mind?«, *Investigations* (Sausalito, Kalif.) I (1985), Seiten 3–6

Jacobs, David M., »J. Allen Hynek and the UFO Phenomenon«, *International UFO Reporter* 11, Nr. 3 (Mai bis Juni 1986), Seiten 4–8

Jacobs, David M., »Does UFO Research Have a Future?«, *International UFO Reporter* 11, Nr. 5 (September bis Oktober 1986), Seiten 14–16

Jacobs, David M., *The UFO Controversy in America*, Indiana University Press, Bloomington 1975

James, William, »A World of Pure Existence«, in: *William James 1902–1910*, hrsg. von Bruce Kuklick, Library of America, New York 1987

Jansma, Sidney J., *UFOs, Satan and Evolution*, ohne Verlag und Ort 1980

Jung, Carl Gustav, *Ein moderner Mythus. Von Dingen, die am Himmel gesehen werden*, Rascher, Zürich/Stuttgart 1958

Jung, Carl Gustav, *Die Archetypen und das kollektive Unbewußte*, Gesammelte Werke, Bd. 9, 1. Halbband, Walter, Olten/Freiburg im Breisgau 1976

Jung, Carl Gustav, *Briefe*, hrsg. von Aniela Jaffé, 2. Bd. (1946–1955), Walter, Olten/Freiburg im Breisgau 1972

Jung, Carl Gustav, und Kerényi, Karl, *Einführung in das Wesen der Mythologie. Das göttliche Kind. Das göttliche Mädchen* Rhein, Zürich 1951

Kafka, Franz, *Der Prozeß*, hrsg. von Max Brod, Fischer, Frankfurt am Main 1983

Keel, John A., *The Cosmic Question*, Granada Publ., New York/London 1978

Keel, John A., *UFOs: Operation Trojan Horse*, Manor Books, New York 1976

Keeney, Bradford P., *Ästhetik des Wandels* (dt. von Hartwig Eckert), ISKO-PRESS, Hamburg 1987

Kerényi, Karl, *Hermes, der Seelenführer*, Albae Vigiliae, Rhein, Zürich 1944

Kerényi, Karl, »Man and Mask«, in: *Spiritual Disciplines*, Papers from the Eranos Year Books, Bd. 4, Pantheon Books, New York 1960

Keyhoe, Donald, »Captain Keyhoe Revising His UFO Book, Air Force Rumored to be Pressuring Former Project Chief«, *The UFO Investigator* 1, Nr. 8 (Juni 1959), Seiten 5–6

Keyhoe, Donald, »The Captain Ruppelt Letters«, *The UFO Investigator* 11, Nr. 1 (Oktober 1961), Seiten 6–8

Keyhoe, Donald, *The Flying Saucers Are Real*, Fawcett Publ., New York 1950

Keyhoe, Donald, *The TRUE Report on Flying Saucers*, Fawcett Publ., New York 1967

Kinder, Gary, *Light Years*, Pocket Books, New York 1987

Klass, Philip J., »The MJ-12 Crashed Saucer Documents«, Teile 1 und 2, *Skeptical Inquirer* 12, (Winter 1987/88, Frühjahr 1988), Seiten 137 bis 146 und 279–289

Klass, Philip J., *Skeptics UFO Newletter* 3 (Mai 1990), 6 (November 1990) und 9 (Mai 1991)

Klass, Philip J., *UFO Abductions: A Dangerous Game*, Prometheus Books, Buffalo, N. Y., 1989

Klass, Philip J., *UFOs Explained*, Vintage Books, New York 1974

Klass Philip J., *UFOs: The Public Deceived*, Prometheus Books, Buffalo, N. Y., 1983

Kottmeyer, Martin, »Dying Worlds, Dying Selves«, undatierter und unveröffentlichter Aufsatz

Kottmeyer, Martin, »Entirely Unpredisposed«, *Magonia* 35 (Januar 1990), Seiten 3–10

Kottmeyer, Martin, »Gauche Encounters: Bad Films and the UFO Mythos«, undatierter und unveröffentlichter Aufsatz

Lagrange, Pierre, »It Seems Impossible But There It Is«, in: *Phenomenon: Forty Years of Flying Saucers*, hrsg. von John Spencer und Hilary Evans, Avon Books, New York 1988, Seiten 26–45

Maccabee, Bruce (Hrsg.), *Documents and Supporting Information Related to Crashed Flying Saucers and Operation Majestic Twelve*, Mount Rainier, Md., Fund for UFO Research 1987

Menzel, Donald H., »UFOs – The Modern Myth«, in: *UFOs – A Scientific Debate*, hrsg. von Carl Sagan und Thornton Page, W. W. Norton, New York 1972

Moody, Raymond A., *Leben nach dem Tod. Die Erforschung einer unerklärten Erfahrung* (dt. von Hermann Gieselbusch und Lieselotte Mietzner), Rowohlt, Reinbek bei Hamburg 1986

Moody, Robert L., »Bodily Changes During Abreaction«, *The Lancet* (1946), Seite 721

Moody, Robert L., »Bodily Changes During Abreaction«, *The Lancet*, Brief vom 19. Juni (1948), Seite 964

Moore, William L., »The Roswell Investigation: New Evidence in the Search for a Crashed UFO«, *MUFON Symposium Proceedings*, (1982), Seiten 84-104

Moore, William L., und Friedman, Stanton T., »MJ-12 and Phil Klass: What Are the Facts?«, *MUFON Symposium Proceedings*, (1988), Seiten 205–241

Moseley, James W., *Saucer Smear* 32, Nr. 2 (5. Februar 1985), Seiten 1–8, und Nr. 4 (20. April 1985), Seiten 1–8

Murphy, Michael, *The Future of the Body*, J. P. Tracher, Los Angeles, 1992

Nicholson, Mary (Hrsg.), *Shamanism*, Theosophical Publ. House, Wheaton, Ill., 1987

Otto, Rudolf, *Das Heilige. Über das Irrationale in der Idee des Göttlichen und sein Verhältnis zum Rationalen*, Beck, München 1963 (ungekürzte Sonderausgabe)

Overall, Zan, *Gulf Breeze Double Exposed*, J. Allen Hynek Center for UFO Studies 1990

Paris, Ginette, *Pagan Grace*, Spring Publications, Dallas 1990

Peacham, Henry, *The Garden of Eloquence*, Faksimile-Ausgabe von W. G. Crane, Gainsville, Fl., 1954

Platon, *Symposion*, in: Bd. III (Meisterdialoge) der Ausgabe »Sämtliche Werke in acht Bänden«, eingeleitet von Olof Gigon, übertragen von Rudolf Rufener. Artemis, Zürich/München 1974

Radin, Paul, Kerényi, Karl, und Jung, Carl Gustav, *Der göttliche Schelm. Ein indianischer Mythen-Zyklus*, Rhein, Zürich 1954

Randle, Kevin D., und Schmitt, Donald R., *UFO Crash at Roswell*, Avon Books, New York 1991

Raschke, Carl, »UFOs: Ultraterrestrial Agents of Cultural Deconstruction«, *Archaeus: Cyberbiological Studies of the Imaginal Components in the UFO Contact Experience* 5 (1989), Seiten 21–32

Rilke, Rainer Maria, *Werke in drei Bänden*, Erster Band, Gedicht-Zyklen, Insel, Frankfurt am Main 1966

Ring, Kenneth, *Life at Death*, Cowan, McMann & Geohegan, New York 1980

Ring, Kenneth, »Near-Death and UFO Encounters as Shamanic Initiations: Some Conceptual and Evolutionary Implications«, *ReVISION Journal* 11, Nr. 3 (Winter 1989), Seiten 14-22

Ring, Kenneth, »Near-Death Experiences: Implications for Human Evolution and Planetary Transformation«, *ReVISION Journal* 8, Nr. 2 (Winter/Frühjahr 1986), Seiten 75–86

Rojcewicz, Peter M., »The Folklore of the ›Men in Black‹: A Challenge to the Prevailing Paradigm«, *ReVISION Journal* 11, Nr. 14 (Frühjahr 1989), Seiten 5–16

Rojcewicz, Peter M., »The ›Men in Black‹ Experience and Tradition: Analogues with the Traditional Devil Hypothesis«, *Journal of American Folklore* 100, Nr. 396, (April bis Juni 1987), Seiten 149–160

Ruppelt, Edward J., *The Report on Unidentified Flying Objects*, Ace Books, New York 1956

Ruppelt, Edward J., »Ruppelt Reverses Stand on UFOs«, *The UFO Investigator* 1, Nr. 9 (März 1960), Seite 6

Sachs, Margaret, *The UFO Encyclopedia*, Pedigree Books, New York 1980

Schneweis, Emil, *Angels and Demons According to Lactantius*, Catholic University Press, Washington D. C. 1944

Schumer, Arlen, *Visions From the Twilight Zone*, Chronicle Books, San Francisco 1991

Scully, Frank, *Behind the Flying Saucers*, Henry Holt, New York 1950

Segal, Lynn, *The Dream of Reality*, W. W. Norton, New York 1986

Simard, T., und Basmaijan, J., »Methods in Training the Conscious Control of Motor Units«, *Archives of Physical Medicine* 48 (1967), Seiten 12–19

Smith, Joseph, *Die köstliche Perle*, Eine Auswahl aus den Offenbarungen, Übersetzungen und Schilderungen Joseph Smiths. 6. Auflage (übertragen 1882 von J. J. Walser, 1902 bearbeitet von Robert A. Stelter, 1924 von Jean Wunderlich), Kirche Jesu Christi der heiligen letzten Tage, Berlin/Basel/Frankfurt am Main 1950

Stacy, Dennis, »The Contactee Era«, in: *Phenomenon: Forty Years of Flying Saucers*, hrsg. von John Spencer und Hilary Evans, Avon Books, New York 1988, Seiten 121–133

Steinberg, Eugene, *Saucer Smear*, 33, Nr. 5 (15. November 1987), Seiten 1–8

Stevens, Anthony, *Archetypes*, William Morrow, New York 1982

Stewart, R. J., *Creation Myth*, Element Books, Longmead, England 1989

Story, Ronald D., *The Encyclopedia of UFOs*, Doubleday, New York 1980
Story, Ronald D., *Sightings*, Quill, New York 1982
Strentz, Herbert, »An Analysis of Press Coverage of Unidentified Flying Objects 1947–1966«, Dissertation, Northwestern University 1970
Strieber, Whitley, *Die Besucher. Eine wahre Geschichte* (dt. von Joachim Körber und Angelika Felenda), Ueberreuter, Wien 1988
Strieber, Whitley, *Transformation*, Heyne, München 1992
Strieber, Whitley, *Wolfsbrut*, Heyne, München 1990
Tate, Pete, *Saucer Smear* 33, Nr. 5 (25. Juni 1986), Seiten 1–8
Thurston, Herbert, *The Physical Phenomena of Mysticism*, Burns Oates, London 1952
Turner, Victor, »Betwixt and Between: The Liminal Period in Rites of Passage«, *Betwixt and Between: Pattern of Masculine and Feminine Initiation*, hrsg. von Louise Carus Mahdi, Steven Foster und Meredith Little, Open Court Press, La Salle, Ill., 1987, Seiten 3–19
Vallee, Jacques, *Anatomy of a Phenomenon: UFOs in Space*, Ballantine, New York 1965
Vallee, Jacques, *Confrontation: A Scientist's Search for Alien Contact*, Ballantine, New York 1990
Vallee, Jacques, *Dimensions: A Casebook for Alien Contacts*, Contemporary Books, Chicago 1988
Vallee, Jacques, *Passport to Magonia*, Henry Regnery, Chicago 1969
Vico, Giambattista, *De Antiquissima Italorum Sapientia*, Stamperia de' Classici Latini, Neapel 1858
Vycinas, Vincent, *Earth and Gods*, Martinus Nijhoff, Den Haag 1961
Walters, Ed und Frances, *Ufos. Es gibt sie* (dt. von Mara Huber), Droemer Knaur, München 1990
Watzlawick, Paul, *Wie wirklich ist die Wirklichkeit? Wahn, Täuschung, Verstehen*, Piper, München 1978
Watzlawick, Paul, »Selbsterfüllende Prophezeiungen« in: *Die erfundene Wirklichkeit. Wie wissen wir, was wir zu wissen glauben?*, hrsg. und kommentiert von Paul Watzlawick, Piper, München 1985. Seiten 91–110
Watzlawick, Paul, Weakland, John H., und Fisch, Richard, *Lösungen. Zur Theorie und Praxis menschlichen Wandels*, Hans Huber, Bern 1974
Zeidman, Jennie, *International UFO Reporter* 11, Nr. 3 (Mai bis Juni 1986), Seite 20

Register